THE RIDE OF A LIFETIME
디즈니만이 하는 것

The Ride of a Lifetime
: Lessons Learned from 15 Years as CEO of the Walt Disney Company

Copyright ⓒ 2019 by Robert Iger
All rights reserved.

Korean translation copyright ⓒ 2020 by Sam & Parkers.
Korean translation rights arranged with ICM Partners, New York, N. Y.
through EYA(Eric Yang Agency), Seoul.

이 책의 한국어판 저작권은 EYA(Eric Yang Agency)를 통한
ICM Partners사와의 독점계약으로 ㈜쌤앤파커스가 소유합니다.
저작권법에 의해 한국 내에서 보호를 받는 저작물이므로 무단전재 및 복제를 금합니다.

THE RIDE OF A LIFETIME

디즈니만이 하는 것

로버트 아이거 지음 | 안진환 옮김

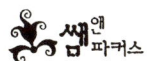

윌로에게:
"당신이 없었다면 어떻게 살았을지 모르겠소."

케이트와 아만다, 맥스, 윌에게:
"너희들의 사랑과 이해, 그리고
너희와 함께 누린 그 모든 기쁨에 감사한다."

과거와 현재의 모든 디즈니 직원들, 캐스트 멤버들에게:
"여러분에 대해 저는 항상 무한한 감사와 자부심을 느낍니다."

| 이 책에 쏟아진 찬사 |

밥 아이거는 "나는 디즈니를 이끈 사람이 쓴 책이라면 세상에서 가장 매력적인 스토리텔링과 가장 깊이 있는 리더십 지혜가 담겨야 한다고 생각했다."고 말했다. 밥 아이거는 결국 그렇게 해냈다. 이 책은 가히 리더십의 황금률이다. 독자는 이 책에 나오는 이야기와 교훈들을 절대 잊지 못할 것이다.

— **브렌 브라운**, 심리학자, 휴스턴대학교 교수, 《리더의 용기》 저자

창의력을 키우는 것은 기술보다는 예술에 더 가깝다. 특히 브랜드 하나만으로 창의력과 동의어가 되는 이 회사에서는 말이다. 물론 그만큼 감수해야 할 것도 많다. 밥 아이거는 아흔여섯 살의 디즈니를 획기적으로 바꿔놓았을 뿐만 아니라 '디즈니'라는 브랜드를 누구도 예상하지 못할 만한 놀라운 수준으로 만들어놓았다. 우아하고 대담하게 그 일을 해냈다. 이 책에는 어떻게 그런 일이 일어났는지 자세히 나와 있다.

— **스티븐 스필버그**, 영화감독

밥 아이거의 리더십에는 어떤 비밀이 있을까? 이러한 궁금증을 가진 수많은 사람들이 오랫동안 기다려온 책이 드디어 나왔다. 기대한 것 이상으로 완벽하게 훌륭한 책이다. 이 책은 단순한 회고록이 아니다. 책을 읽는 것만으로도 세상에서 가장 현명한 CEO와 개인적으로 만나는 기분이 들 것이다. 시대와 조직의 변화를 이끌어내고, 최신기술을 활용하면서 지속가능한 문화를 만들고, 구성원들의 마음에 의욕과 열정을 불어넣어주는, 우리 시대의 주요 과제에 대한 해법이 담겼다. 책장이 너덜너덜해질 때까지 읽고 또 읽어도 아깝지가 않다.

— **대니얼 코일**, 저널리스트, 《컬처 코드》 저자

누구든 통찰력이 필요하다면, 바로 이 책에서 답을 찾을 것이다. 미디어, 콘텐츠의 미래를 만들어 나가는 밥 아이거의 모험은 아직 끝나지 않았다.   - 〈블룸버그〉

나는 밥 아이거야말로 우리 시대의 가장 위대한 경영자라고 생각한다. 그는 모든 의사결정에서 대단히 품위 있는 승리를 거머쥐었다.   - 오프라 윈프리

이 책은 대담함과 올바름을 동시에 성취한 특별한 리더십을 담았다. 밥 아이거는 중요한 인수합병의 협상과정을 상세하게 털어놓으며, 주요 회사 고위임원들의 권력관계는 물론 그 자신의 자아를 어떻게 관리했는지 흥미진진하게 이야기한다.   - 〈포브스〉

디즈니라는 대단한 글로벌 기업을 15년간 이끌어온 이 생생한 이야기는 진정으로 읽을 가치가 있다. 세상의 모든 리더십에 경종을 울리는 책이다.   - 〈파이낸셜 타임스〉

그 모든 일을 직접 추진하고 이끌어간 CEO의 관점에서 디즈니가 해낸 일련의 대규모 인수합병과 성장전략을 자세히 담고 있다. 디즈니의 흥망성쇠뿐만 아니라 미래전략까지도 흥미진진하게 소개한다.   - 〈월스트리트 저널〉

이 책은 자서전이 아니다. 또한 반드시 리더십 교훈만 담겨 있다고 볼 수도 없다. 하지만 분명한 것은, 세계 최고의 글로벌 콘텐츠 기업을 운영하면서 매일 터져 나오는 사건에 대처하는 것이 어떤 것인지를 통찰하게 해주는 아주 재미있는 책이라는 것이다.   - 〈USA투데이〉

목차

시작하며: 지난 15년간 디즈니를 이끌며 내가 배운 것들
상하이에서 보낸 악몽의 1주일 014 | "아이 부모님과 통화를 좀 해봐야겠소." 019 | 좋은 일은 잘 키우고, 나쁜 일은 잘 관리하는 10가지 원칙 027

Part 1.
배우다 Learning

1. 바닥에서 시작하다
이타카에서 가장 인기 없는 사람 041 | "봐라, 네 눈엔 상황이 어때 보이냐?" 047 | 좀 더 낫게 만들기 위해 필요한 모든 일 053 | 길이가 좀 더 긴 스노클 060

2. 인재에 투자하다
"실은 떠나겠다는 얘기를 하러 온 겁니다." 071 | 최악의 조건에서 만들어낸 최고의 시청률 077 | 나 자신에게 증명해 보이고 싶은 것들 081

3. 모르는 것은 배우고 행하는 것은 믿는다

트윈 픽스, 이건 무조건 해야 한다 093 | 믿을 수 없는 찬사가 쏟아진 최악의 실패작 097 | 얼간이는 가능해도 개자식은 안 된다 102 | ABC, 시청률 1위 등극 108

4. 디즈니에 들어가다

196억 달러짜리 거래보다 어려운 것 116 | "트롬본 오일 제조 사업에는 뛰어들지 말라." 127 | 최악의 인재 영입 참사 131

5. 2인자에 오르다

상하이 디즈니랜드, 18년 대장정의 시작 143 | 길고도 따뜻한 이별 145 | "자네가 그만둬야 할 상황이네." 153

6. 좋은 일은 일어날 수 있다

애플, 픽사, 그리고 스티브 잡스 167 | 하늘이 무너져 내리고 있다면 172 | 픽사와의 결별 178 | 재래식 전쟁터에 떨어진 핵무기 183 | "내부에 저 말고 다른 후보가 또 있습니까?" 186

7. 문제는 미래다

지금까지 디즈니를 이끌어온 3가지 핵심 197 | "당신의 평판은 이미 더럽혀졌어요." 201 | 불안발작, 폭발해버린 마지막 인터뷰 204 | 최종결정 210

Part 2.
이끌다 Leading

8. 존중의 힘

다만 존중받길 원하는 한 사람 221 | "이것이 애플이 새로 개발한 비디오 아이팟이에요." 226 | 사내 경찰이 되어버린 전략기획실 231

9. 디즈니─픽사, 새로운 길을 열다

"우리가 픽사를 인수하는 방법도 있습니다." 243 | 명백히 말도 안 되는 거래 252 | 디즈니 성을 룩소 주니어로 밝힐 수 있을까? 259 | 영광은 먼지와 땀과 피로 범벅된 자의 몫 267 | "스티브, 나한테 지금 그 말을 하는 이유가 뭐죠?" 273

10. 마블, 과감한 리스크 감수와 경이로운 성과

은둔의 경영자, 아이크 펄머터를 만나다 282 | "밥, 이게 당신에게 중요한 일인가요? 정말 마블을 원해요?" 289 | 창작자 집단을 경영하는 가장 지혜로운 방법 298 | 세상의 모든 편견을 깨부순 '블랙 팬서'의 성공 306

11. 스타워즈

"내 부고기사는 '스타워즈의 창시자'로 시작될 거예요." 317 | 번번이 결렬되던 협상을 구원한 것 324 | "이건 40억 달러짜리 영화라네." 330 | 돈보다 중요한 진실함 335

12. 혁신 아니면 죽음

디즈니플러스의 시작 345 | 모든 단계가 물살을 거슬러 헤엄치는 듯했다 350 | "자네, 대선에 출마할 건가?" 354 | 21세기폭스, 무한한 잠재력과 그 이상의 리스크 359

13. 돈으로 살 수 없는 고결함

고통스럽지만 올바른 의사결정 367 | 완전히 새로운 미디어 기업을 위한 즉각적인 조직개편 372 | "트위터를 멀리 하는 게 좋겠어요." 376

14. 핵심가치

콘텐츠 제국, 디즈니 은하계를 완성하다 389 | 디즈니 이전의 삶과 이후의 삶 394

부록 399
감사의 말 412

시작하며

지난 15년간 디즈니를 이끌며 내가 배운 것들

2016년 6월, 나는 중국을 방문했다. 6개월 사이에 11번째 방문이었다. 그 이전 18년 동안에는 무려 40번이나 중국에 갔다. 상하이 디즈니랜드 개장을 앞두고 최종 준비를 감독하기 위해서였다. 당시 나는 11년째 월트디즈니컴퍼니의 CEO로 재직 중이었는데, 상하이 디즈니랜드를 개장하고 나서 은퇴할 계획이었다. 스릴 넘치는 직장생활이었고, 상하이 디즈니랜드는 그중 가장 큰 성과였다. 삶의 행보에 전환을 시도하기에 적절한 시점이었다. 그러나 삶은 역시 기대한 대로만 흘러가지 않는다. 늘 그렇듯이 전혀 예상치 못한 일이 발생한다. 이 글을 쓰는 지금도 내가 여전히 디즈니 CEO라는 사실이 그 증거다. 훨씬 더 심오한 차원에서 그 주에 내가 상하이에서 겪은 사건들 역시 거기에 해당한다.

상하이 디즈니랜드는 6월 16일 목요일에 개장될 예정이었다. 개장에 앞서 그 주 월요일에 첫 번째 VIP 손님 일행이 도착하기로 되어 있었다. 디즈니의 핵심 중역들과 가족, 이사회 임원들, 크리에이티브 파트너들, 투자자들과 월스트리트의 분석가들 등이었다. 세계 각국의 취재진이 이미 대규모로 들어와 있었고, 그보다 많은 수의 미디어 관계자들이 계속해서 날아오고 있었다. 상하이에서 벌써 2주 동안 준비 과정을 점검하던 나는 아드레날린 분비가 최고조에 달해 있었다. 1998년에 부지 조사 차 처음 중국을 방문한 이래로, 첫 시작부터 개장까지 프로젝트 전 과정에 참여한 유일한 사람이 나였고, 그런 만큼 하루라도 빨리 상하이 디즈니랜드를 세상에 보여주고 싶어 안달이 난 상태였다.

월트 디즈니가 캘리포니아 애너하임에 디즈니랜드를 건립하고 60여 년의 세월이 흐르는 동안 회사는 올랜도와 파리, 도쿄, 홍콩에 놀이공원을 개장했다. 규모 면에서는 올랜도의 디즈니월드가 여전히 최대였지만, 상하이 디즈니랜드는 규모 이외의 여러 면에서 다른 공원들과 달랐다. 먼저 회사 역사상 가장 큰 금액이 투자되었다. 숫자로 놀이공원의 진가를 판단할 수는 없지만, 몇 가지는 그 차이를 이해하는 데 도움이 되므로 소개한다.

상하이 디즈니랜드는 약 60억 달러(한화로 약 7조 1,400억 원-옮긴이)의 건설비용이 들어갔다. 부지의 면적 역시 애너하임 디즈니랜드의 약 11배인 963에이커(약 390만 평방미터-옮긴이)에 달한다. 완공까지 총 1만 4,000명의 노동자가 현장에서 거주했다. 또한 무대공연과 거리공연에서 활약할 1,000여 명의 가수와 무용수, 배우를 선발하기 위해 중국의 6개 도시에서 캐스팅 콜을 개최했다. 공원 건립이 진행된 18년 동안 나는 중국의 국가주석 3명과 상하이 시장 5명, 그리고 일일이 다 기억할 수 없을 정도로 많은 당 비서들을 만났다(그중 한 명은 우리와 협상을 벌이던 중에 부정부패 혐의로 체포되어 중국 북부로 유배되었고, 그로 인해 프로젝트가 거의 2년이나 지체되었다).

우리는 부지 계약과 파트너십 지분, 관리 역할 등을 놓고 끝없이 협상을 벌였다. 중국 노동자들의 안전과 편의 같은 중요한 사안은 물론이고, 개장일의 테이프커팅 여부 같은 사소한 문제까지 심사숙고해서 결정했다. 상하이 디즈니랜드의 건립은 지정학적 학습의 장이었고, 해외 확장 가능성과 문화 제국주의의 위험 사이에서 균형을 잡기 위한 노력의 연속이었다. 그중에서도 가장 압도적인 도전과제는 "진정한 디즈니와 뚜렷한 중국"을 동시에 느낄 수 있는 고객경험을 창출하는 것이었다. 이 문구는 내가 우리 팀에 얼마나 많이 반복해 말했던지 프로젝트에 참여하는 모든 사람들의 만트라가 되었다.

상하이에서 보낸 악몽의 1주일

6월 12일 일요일 저녁, 상하이에 있던 우리 팀은 올랜도 디즈니월드에서 약 24km 떨어진 펄스Pulse 나이트클럽에서 총기난사 사건이 벌어졌다는 소식을 들었다. 우리는 충격과 공포를 애써 진정시키며 우리 직원이 사건 현장에 있었는지 확인하기 위해 분주히 움직였다. 당시 7만 명 이상의 직원들이 올랜도에 거주하고 있었다. 상하이에 와 있던 보안팀장 론 이든Ron Iden이 본국의 보안 관계자들에게 전화를 돌렸다. 처음 그 소식을 들었을 때, (상하이보다 12시간 빠른) 올랜도는 해가 뜨기 직전의 새벽이었다. 론은 내게 아침이 되면 좀 더 많은 정보를 입수하게 될 것이라고 말했다.

다음 날 나의 첫 일정은 투자자들과의 조찬 모임에서 프레젠테이션을 하는 것이었다. 이어서 '굿모닝 아메리카Good Morning America'의 로빈 로버츠Robin Roberts와 장시간의 인터뷰를 가져야 했다. 거기에는 로빈과 스태프들을 대동하고 공원을 돌아보며 놀이기구를 시승하는 것도 포함되었다. 그런 다음에 중국 공무원들을 만나 개장식 의전을 확정해야 했고, 저녁에는 이사회 임원 및 고위간부들과 만찬을 가져야 했으며, 마지막으로는 내가 주최하는 개장일 저녁 콘서트의 리허설을 참관해야 했다. 론은 틈틈이 새로 들어온 소식을 들고 나를 찾았다.

총격 사건의 사망자는 50명이 넘었고 부상자도 거의 그 정도였다. 범인은 오마르 마틴Omar Mateen이라는 남자였다. 보안 팀은 데이터베이스를 돌려 그 남자가 두세 달 전에 매직킹덤Magic Kingdom을 방문했고 사건 발생 이전 주말에도 방문했다는 사실을 발견했다. 그의 마지막 방문 모습이 찍힌 CCTV 영상도 확보했는데, 다운타운 디즈니에 있는 하우스오브블루스House of Blues 근처 출입구 주변을 서성거리는 모습이었다.

그다음에 확인된 내용은 더 충격적이었다. 연방 수사관에 따르면, 마틴이 애초에 타깃으로 삼은 곳은 디즈니월드였다. 수사관들은 사건 현장에서 그의 전화기를 발견했는데, 그 전화기가 사건 당일 저녁 디즈니월드의 무선 기지국 통신 반경 내에 들어왔다는 것이다. 그들은 CCTV 영상을 조사해 하우스오브블루스 근처의 출입구 앞에서 어슬렁

거리는 그를 발견했다. 마침 그날 밤 거기서 헤비메탈 콘서트가 열렸는데, 덕분에 5명의 무장경찰이 보안요원으로 추가 투입되었다. 마틴이 몇 분 동안 근처를 살피다가 차로 돌아가는 모습이 CCTV에 생생히 찍혀 있었다.

마틴은 반자동 소총과 반자동 권총을 준비했다. 2정의 무기는 아기 담요로 덮인 채 유모차에 실려 있었다. 수사관들은 그가 공원 입구까지 유모차를 밀고 간 다음에 무기를 꺼내들 계획을 세웠던 것으로 추정했다.

공원 및 리조트 책임자인 밥 채펙Bob Chapek도 나와 함께 상하이에 있던 터라 우리는 론이 시시각각 전하는 소식을 놓고 하루 종일 논의를 이어나갔다. 우리는 여전히 나이트클럽에 우리 직원이 있었는지에 관한 소식을 불안한 마음으로 기다리고 있었다. 그런 불안감에다 이제 디즈니월드가 타깃이었다는 뉴스가 새어나가면 어쩌나 하는 걱정까지 더해졌다. 이 사건은 지역사회에 엄청난 슬픔과 고통을 안겨줄 것이 분명했다.

다른 누구와도 의논할 수 없는 정보를 공유하며 함께 스트레스에 대응하는 순간에 형성되는 유대감은 실로 강력하다. CEO로 재직하며 겪은 모든 비상상황에서, 나는 그렇게 우리 팀의 능력과 냉철한 사고, 인간애의 덕을 보았다. 밥의 첫 번째 조치는 상하이에 와 있던 월트디즈니월드의 책임자 조지 칼로그리디스George Kalogridis를 올랜도로 돌려보내 현장 직원들에게 경영진의 지원을 확대하는 것이었다.

마틴은 자동차로 돌아온 후 휴대전화로 올랜도 소재 나이트클럽을 검색했다. 그리고 화면에 뜬 첫 번째 클럽으로 차를 몰았지만 마침 진입로에서 공사를 하고 있던 까닭에 차가 밀렸다. 화면에 뜬 두 번째 검색결과가 펄스였다. 결국 그는 거기로 가서 대학살을 저질렀다. 사건의 세부사항이 드러날수록, 공포심과 함께 희생자들에 대한 슬픔이 몰려왔다. 이와 동시에 신의 가호 덕분에(우리가 증원한 보안요원들로 인해) 그가 발길을 돌렸다는 사실에 역겨운 안도감을 느끼기도 했다.

내가 자주 받는 질문 가운데 하나는 내 업무 중 가장 밤잠을 설치게 만드는 것이 무엇이냐는 것이다. 솔직히 나는 일에 대해 그렇게 심각하게 고민하는 스타일이 아니다. 뇌 속 화학물질이 특이해서 그런지, 어린 시절에 개발한 방어기제 때문인지, 오랜 세월 수련의 결과인지, 아니면 이 모든 것의 조합으로 인한 건지 모르겠지만, 어쨌든 나는 그렇다. 나는 일이 계획대로 돌아가지 않을 때 그다지 걱정하지 않는 편이다. 그리고 나쁜 소식도 그저 내게 일어나고 있는 무엇이 아니라 부딪쳐서 해결할 수 있는 문제, 즉 내가 통제할 수 있는 무엇으로 보고 접근한다. 그러나 디즈니가 테러의 타깃이 되었다는 사실은 달랐다. 아무리 주의를 기울이고 삼엄하게 경계해도 모든 것에 대비할 수 없다는 사실에 나는 강한 압박감을 느꼈다.

예상치 못한 일이 발생하면 내 안에서는 일종의 본능적인 심사, 선별 과정이 개시된다. 내 나름의 내적 '위협 저울'에 올려보고 판단하는 것이다. 모든 것을 중단해야 하는 사건이 있지만, 다음과 같이 평가해야 하는 사건도 있다. '이것은 심각하다. 조치를 취해야 하는 상황이지만 우선은 다른 더 중요한 것에 초점을 맞추고 그다음에 이 문제를 해결한다.' 때로는 '책임자'라 하더라도 자신이 추가로 개입할 필요가 없는 상황도 있다. 그런 경우 직원들이 각자의 임무를 수행하도록 믿고 맡기며, 자신의 에너지는 다른 현안에 집중시키는 것이 현명한 처사다.

이것이 당시 올랜도와 지구 반 바퀴 거리만큼 떨어져 있는 상하이에서 내가 스스로에게 되뇐 내용이었다. 상하이 프로젝트는 1971년 디즈니월드가 문을 연 이래로 회사가 착수한 가장 중대한 과업이었다. 디즈니는 거의 100년에 달하는 역사에서 이처럼 막대한 성공 혹은 실패의 가능성을 가진 무언가에 투자한 적이 없었다. 나는 개장 행사의 마지막 세부사항에 집중하기 위해 상하이 일과 올랜도 사건이 서로 영향을 미치지 않도록 했다. 올랜도 사건은 현장의 팀과 우리가 확립해놓은 프로토콜을 믿어야만 했다.

우리는 재난이 발생할 때마다 직원들을 추적하는 시스템을 보유하고 있다. 비행기 추락사고나 허리케인 또는 산불이 나면 나는 우리 직원 가운데 누가 행방불명이고 누가 피난했으며 누가 친구나 친척, 반려동물을 잃었고 누가 재산 손실을 입었는지 등에 대한 보고서를 받는다. 세계 곳곳에서 20만 명이 넘는 직원들이 일하고 있기 때문에 재난상황이 발생했을 때 우리 직원 중 단 한 명도 영향을 받지 않을 확률은 그리 높지 않다. 2015년 파리에서 테러가 발생했을 때 나는 몇 시간도 지나지 않아 우리와 일하는 한 광고 대행사의 직원들이 사망했다는 보고를 받았다. 2017년 가을 라스베이거스에서 총격사건이 벌어졌을 때도 그날 밤 그 야외 콘서트에 우리 직원 60명 이상이 참석했다는 보고가 내게 즉각 전달되었다. 애석하게도 그들 중 50명은 사망하거나 다친 사람과 친분이 있었다. 그 자리에 있던 직원 가운데 3명이 총에 맞았고, 그중 한 명이 사망했다(디즈니랜드 소속 직원이었다).

"아이 부모님과 통화를 좀 해봐야겠소."

상하이의 화요일 아침, 파트타임 직원 2명이 나이트클럽 총기난사 사건으로 사망했다는 사실을 알게 되었다. 다른 직원 여러 명은 희생자들의 친구나 친척이었다. 우리는 즉시 전담 카운슬러를 그들에게 보내 상담 등 정신건강 서비스를 제공했다.

공원 개장일까지 이어진 며칠 동안 내 일정은 분 단위로 짜였다. 공원 투어 인솔, 인터뷰, 개장식 공연 최종 리허설 참관, 오찬과 만찬 주최, 주주 및 벤더와의 미팅, 이사회 회의, 중국 고위 인사들과의 만남, 상하이 소아병원 병동 헌정식, 개장식 연설 연습(만다린이 일부 포함된 연설문 외우기) 등이었다. 심지어 일정과 일정 사이의 짧은 휴식 시간에도 화장을 하거나 옷을 갈아입거나 간식을 먹는 일이 예정되어 있었다.

수요일 아침에 나는 약 100명의 초대 손님으로 구성된 VIP 투어를 인솔했다. 제리 브룩하이머Jerry Bruckheimer와 조지 루카스George Lucas도 일행에 포함되었다. 나의 직속부하 간부 몇 명과 그들의 가족도 함께했다. 내 아내 윌로와 아이들도 참석했다. 모두 헤드셋을 착용했고, 나는 마이크를 들고 설명하며 공원을 안내했다.

밥 채펙이 내게 다가와 소매를 슬쩍 잡아끌었을 때 우리가 정확히 어디를 지나고 있었는지 나는 지금도 생생하게 기억한다. 어드벤처 아일랜드Adventure Island와 파이어릿 코브Pirate Cove 사이였다. 총기난사 사건과 관련된 새로운 소식일 거라 생각한 나는 그에게 몸을 기울이며 귀를 내주었다. 귓속말로 은밀히 소식을 전하라는 뜻이었다.

"올랜도에서 악어가 손님을 공격했답니다." 밥이 속삭였다. "악어 한 마리가 어린아이를, 남자 아이를 공격했습니다."

우리는 손님들로 둘러싸여 있었다. 밥이 지금까지 파악한 내용을 들려주는 동안 나는 치솟는 충격과 공포를 감추기 위해 애써야 했다. 악어의 공격은 그랜드 플로리디안Grand Floridian 호텔 리조트에서 저녁 8시 30분경에 발생했다. 내가 상하이에서 그 소식을 들은 게 오전 10시 30분경이었으니, 2시간 전에 발생한 사건이었다.

"아직 아이의 상태는 확인되지 않았습니다." 밥이 속삭였다.

나는 본능적으로 아이가 제발 죽지 않았기를 기도하기 시작했다. 그러면서 머릿속으로 회사의 연혁을 찬찬히 훑었다. 전에도 이런 일이 있었는가? 내가 아는 한, 그 공원이 문을 연 지난 45년 동안 동물이 손님을 공격한 사건은 단 한 번도 발생하지 않았다. 나는 공원 전체를 머릿속으로 그려보기 시작했다. 밥은 리조트 내 호숫가에서 그 일이 일어났다고 말했다. 나는 그랜드 플로리디안에 수차례 머문 적이 있어 그 호숫가를 잘 알고 있었다. 석호가 있는데…, 그 안에 들어가 수영하는 사람은 본 적이 없었다. 잠깐, 그렇지 않았다. 아이가 호수에 빠뜨린 고무풍선을 찾아오기 위해 헤엄쳐 들어가는 남자의 모습이 떠올랐다. 5년쯤 전이었다. 그가 고무풍선을 들고 헤엄쳐 돌아오는 모습을 내가 사진기에 담은 기억이 났다. '자식을 위해서라면 물불을 가리지 않는 게 부모구나.' 하며 혼자 낄낄거리지 않았던가.

나는 투어를 마치고 좀 더 자세한 소식이 들어오길 기다렸다. 우리에게는 내가 직접 나서야 하는 일과 담당자가 다루어야 하는 일을 구분해서 정의한 프로토콜이 있다. 우리 팀은 특정 상황에 대해 정확한 내용을 확보할 때까지 보고를 미룬다(그들로서는 당황스럽겠지만, 나는 때로 나쁜 소식을 더 빨리 내게 보고하지 않는다고 그들을 책망한다). 이번에는 거의 즉각적으로 내게 보고되었지만, 나는 더 자세한 내용이 알고 싶어 미칠 지경이었다.

나이트클럽 총기난사 사건 후 우리가 미국으로 돌려보낸 조지 칼로그리디스는 마침 리조트 사건이 발생했을 때 올랜도에 도착했다. 그는 즉시 상황을 파악하고 필요한 조치를 취하며 관련 정보가 입수되는 대로 우리에게 전달했다. 아이는 실종상태였고 구조대는 아직 아이를 찾지 못했다. 아이의 이름은 레인 그레이브스Lane Graves, 나이는 두 살이었다. 그랜드 플로리디안에 머무르던 그레이브스 가족은 야외 스크린에서 상영하는 영화를 보기 위해 호숫가로 내려갔다. 번개 때문에 영화 상영은 취소되었지만 그들과 몇몇 다른 가족들은 그곳에 머물면서 아이들에게 놀 시간을 주었다. 레인은 장난감 양동이에 물을 채우기 위해 물가로 다가갔다. 주변에 어둠이 내려앉는 가운데 먹이를 찾기 위해 올라온 악어가 얕은 물속에 도사리고 있었다. 놈은 아이를 낚아채 물속으로 사라졌다.

조지의 전언에 따르면, 그레이브스 가족은 네브래스카에서 디즈니월드에 놀러온 것이었다. 우리의 위기관리 팀이 그레이브스 가족을 돌보고 있었다. 나는 그 팀의 팀원 몇 명을 잘 알고 있었다. 실로 탁월한 직원들이어서 그들이 거기에 있다는 사실이 그나마 다행스러웠다. 하지만 그들 역시 극단적인 상황에 직면한 셈이었다.

그날 밤 상하이에서는 개장 기념 콘서트가 열렸다. 500인조 오케스트라와 세계적인 피아니스트 랑랑, 중국 최고의 작곡가와 가수, 뮤지션들이 만들어내는 웅장하고 화려하며 환상적인 무대가 펼쳐졌다. 콘서트에 앞서 나는 일단의 중국 관료들을 초대해 만찬을 주최하고 고위 인사들을 예방했다. 나는 나의 책무에 집중하기 위해 기울일 수 있는 모든 노력을 쏟았다. 하지만 마음은 계속 올랜도의 그레이브스 가족에게 가 있었다. 그들은 다른 모든 곳을 제쳐놓고 디즈니월드에 와서 그렇게 상상할 수조차 없는 끔찍한 일을 겪었다. 이 생각이 머릿속을 떠나지 않았고 모든 것에 그림자가 드리워진 듯했다.

6월 16일 목요일, 드디어 상하이 디즈니랜드의 개장일이었다. 나는 새벽 4시에 일어나 정신을 차리려고 방 밖으로 나섰다. 우리가 투숙한 층의 라운지에서 역시 일찍 일어나 나와 있던 최고홍보책임자CCO 제니아 무차Zenia Mucha를 만났다. 제니아와 나는 벌써 십수 년을 함께 일해온 사이였다. 강인한 성격의 그녀는 그 세월 동안 좋은 일이건 나쁜 일이건 나와 적절히 호흡을 맞추었다. 특히 그녀는 내가 실수한다는 생각이 들 때면 언제든 즉각적으로 지적하며 항상 회사에 가장 이로운 방향으로 움직였다.

리조트 사건 소식은 이제 널리 보도되었고, 나는 내가 직접 입장을 표명해야 한다고 생각했다. 나는 위기상황에서 '회사 대변인'을 내세우는 다른 회사들을 볼 때마다 너무 냉정하고 조금 비겁하다는 생각을 하곤 했다. 기업의 시스템은 종종 지나칠 정도로 CEO를 분리하고 보호하는 방향으로 흐른다. 나는 우리 회사에서 그런 일이 일어나게 해서는 안 된다고 결심했다. 그래서 제니아에게 내 이름으로 성명서를 발표해야겠다고 말했다. 그녀 역시 즉각 동의했다.

사실 이와 같은 상황에서 대외적으로 내놓을 수 있는 말이라는 게 거의 없지만, 우리는 라운지에서 곧바로 성명서를 작성하기 시작했다. 나는 현재 상황에 대해 내가 느끼는 감정을 있는 그대로 구술했다. 나 역시 아버지이자 할아버지이기에 희생된 아이의 부모가 느낄 상상할 수 없는 고통을 조금이나마 들여다볼 수 있다고 말하며 안타깝고 비통한 심정을 표했다. 15분 후에 성명서가 발표되었고, 나는 개장 행사를 준비하기 위해 방으로 돌아왔다. 아내 윌로가 일어나 거실에 나왔고, 아이들은 여전히 자고 있었다. 나는 할 일이 많았지만 아무것도 할 수가 없었다. 소파에 앉아 멍하니 있다가 몇 분 후에 다시 제니아에게 전화를 걸어 이렇게 말했다.

"아이 부모님과 통화를 좀 해봐야겠소."

이번에는 그녀와 회사 법무자문위원인 앨런 브레이버맨Alan Braverman이 모두 반대할 거라 예상했다. 법적으로 복잡한 상황이 전개될 수도 있는 사안인 데다 내가 피해자 가족들과 통화를 하다가 회사의 법적 책임을 부풀릴 수도 있기 때문이다. 회사 변호사는 당연히 그런 가능성 자체를 없애고 싶어 하기 마련이다. 그러나 이번에는 누구도 이의를 제기하지 않았다. "전화번호를 알아봐드릴게요."

제니아가 말했다. 몇 분 후 내 손에는 매트Matt와 멜리사Melissa 그레이브스 부부의 친구인 제이 퍼거슨Jay Ferguson의 전화번호가 들려 있었다. 제이는 소식을 듣고 즉시 올랜도로 날아와 있던 터였다.

나는 혼자 침실로 들어가 침대 가장자리에 걸터앉아서 전화를 걸었다. 무슨 말을 해야 할지 몰랐지만, 제이가 전화를 받자 일단 내가 누구인지 밝히고 상하이에 와 있는 상황을 설명했다.

"그분들이 저와 대화하고 싶어 하실지 모르겠지만, 혹시 그런 기회가 주어진다면 조금이나마 위로의 말씀을 드리고 싶습니다. 혹시 통화를 원하지 않으신다면 대신 제 말씀을 좀 전해주시기 바랍니다."

"잠깐만 기다려보세요."

제이가 말했다. 수화기 너머로 무언가 얘기를 나누는 소리가 들리더니 갑자기 아이의 아버지인 매트가 나왔다. 나는 그저 내 마음을 솔직하게 얘기했다. 성명서에 밝힌 내용과 다르지 않았다. 나 역시 아버지이자 할아버지라고, 하지만 그레이브스 가족이 견뎌내야 하는 고통을 가늠할 수조차 없다고 말했다. 나는 그들이 이 상황을 이겨내도록 돕기 위해 할 수 있는 모든 일을 다 하겠다는 말을 하고 싶었고, 회사의 최고 책임자가 직접 말씀드리는 게 도리라고 생각해서 전화를 걸었다고 했다. 그리고 매트에게 내 직통 전화번호를 알려주면서 필요한 것이 있으면 아무 때건 전화를 해달라고 말했다. 그런 다음 내가 지금 그들에게 무엇을 해주면 좋을지 물었다.

"아들의 희생이 헛된 일이 되지 않도록 만들어주세요." 그가 말했다. 흐느낌을 애써 억누르는 목소리였다. 그 너머로 멜리사가 흐느끼는 소리도 들렸다. "약속해주세요. 이런 일이 다시는 다른 아이들한테 발생하지 않게 하겠다고 말입니다. 이런 일을 막기 위해 할 수 있는 모든 조치를 취하겠다고 말입니다."

나는 그에게 약속했다. 나 역시 법인의 책임자로서 어떤 말이든 회사의 과실을 인정하는 말을 함부로 해서는 안 된다는 것을 잘 안다. 법적인 문제가 생기지 않도록 대응하는 법을 오랫동안 훈련받았기 때문이다. 하지만 지금 이 순간 나는 그 어떤 것도 신경 쓰지 않았다. 나는 제이에게도 그들이 필요로 하는 것이 있으면 언제든 내게 전화로 알려달라고 거듭 당부하고는 전화를 끊었다. 온몸이 덜덜 떨렸다. 침대 가장자리에 앉아 얼마나 흐느꼈는지 양쪽 콘택트렌즈가 모두 빠져버렸다. 바닥을 더듬어 그것을 찾고 있을 때 윌로가 방에 들어왔다.

"방금 아이의 부모와 통화를 했어."

나는 내 감정을 어떻게 설명해야 할지 알 수 없었다. 아내는 다가와 나를 감싸 안았다. 그녀는 자신이 무엇을 어떻게 해주면 좋을지 물었다. "계속 움직여야 하는데…." 내가 입을 열었다. 그러나 손끝 하나 움직일 수가 없었다. 지난 2주 동안 내게 힘을 주었던 아드레날린이, 이 프로젝트가 내게 의미하던 모든 것이, 그것을 공유하며 느끼던 스릴이 모두 사라져버렸다. 30분 후에 나는 중국의 국가부주석과 중국 주재 미국 대사, 미국 주재 중국 대사, 상하이 당 비서, 상하이 시장 등을 만나

공원 투어를 인솔해야 했다. 하지만 손끝 하나 움직일 수 없을 것 같은 느낌이 일었다.

마침내 나는 팀에 전화를 걸어 호텔 라운지에서 보자고 했다. 팀원들에게 아이의 부모와 통화한 내용을 자세히 설명하면 또다시 울음이 터질 것 같았다. 그래서 통화했다는 사실만 짧게 알리고 밥 채펙에게 매트 그레이브스와 약속한 내용을 전했다. 밥은 "바로 착수하겠습니다."라고 답하고는 올랜도의 팀에 즉시 내용을 전달했다(그후 올랜도의 팀이 수행한 일은 실로 놀라웠다. 공원 안에는 수백 개의 석호와 운하가 있고 수천 마리의 악어가 서식한다. 그들은 24시간 이내에 공원 전역에 걸쳐 로프와 울타리를 설치하고 표지판을 세웠다. 맨해튼 크기의 2배에 달하는 전 구역에 말이다).

나는 중국 고위인사들을 만나러 호텔을 나섰다. 우리는 놀이기구도 타고 함께 모여 사진을 찍기도 했다. 나는 미소를 지으며 쇼를 계속 진행시키기 위해 애썼다. 겉모습과 내면이 얼마나 다를 수 있는지를 보여주는 냉혹하면서도 전형적인 사례였다. 투어가 끝나면 나는 공원에 모인 수천 명의 사람들과 TV를 보는 수백만 명의 중국인들을 상대로 연설을 하고 테이프커팅 행사를 치른 후 공식적으로 상하이 디즈니랜드의 개장을 온 세상에 선언하기로 되어 있었다. 디즈니의 중국 본토 진출은 중요한 사건이었다. 전 세계에서 날아온 언론인들이 그 사실을 입증했다. 시진핑 주석과 오바마 대통령은 개장식에서 낭독하라고 축사를 써서 보냈다. 나는 그 모든 것이 얼마나 중요한지 잘 알고 있었지만, 수화기로 너머로 느껴진 그레이브스 부부의 고통에서 빠져나올 수가 없었다.

내가 부주석에게서 멀어지자 우리와 파트너십을 맺은 중국 기업인 상하이 셴디 그룹의 사장이 나를 쫓아와 팔을 잡아끌었다. "올랜도 일은 얘기하지 않으실 거죠? 그렇죠?" 그가 말했다. "오늘은 기쁜 날이잖아요. 즐거운 날로 가야죠." 나는 그에게 분위기를 해칠 말은 하지 않을 것이라고 안심시켰다.

그러고 나서 30분이 채 지나지 않아 나는 디즈니 성에서 긴 의자에 홀로 앉아 무대감독의 사인을 기다렸다. 개장연설을 할 시간이었다. 만다린으로 연설할 부분을 외워두었는데, 잘 떠오르질 않았다. 나는 기억을 더듬어내느라 애를 썼다. 사실, 기쁜 날이었다. 나는 그 점에 초점을 맞추고 오늘을 위해 그토록 오랜 시간 열심히 뛰었던 사람들을 치하하며, 더욱 의미 있는 순간이 되도록 하기 위해 노력했다. 나 자신을 비롯해 수많은 미국의 어린이들이 그랬듯이, 중국인들도 디즈니랜드에 가보기를 꿈꾸고 디즈니랜드를 사랑할 것이다. 그들을 위해서도 나는 이 날을 축하해야 마땅했다. 그렇게 기쁜 날이었다. 하지만 내가 경력을 쌓으며 살아온 가운데 가장 슬픈 날이기도 했다.

좋은 일은 잘 키우고, 나쁜 일은 잘 관리하는 10가지 원칙

나는 같은 회사에서 45년 동안 일했다. 처음 22년은 ABC에서, 1995년 디즈니가 ABC를 인수한 이후로는 디즈니에서 23년을 근무했다. 특히 지난 14년 동안은 모두가 부러워할 만한 자리에서 직무를 수행했다. 1923년 월트 디즈니가 디즈니를 창립한 이래로 6번째 CEO가 되어 회사를 경영했다. 그리고 지금 이 순간에도 그 자리에 있다.

힘겨운 날도 있었고 비극적인 날도 있었다. 그러나 또한 디즈니 CEO의 일은 지구상에서 가장 재미있는 직무라는 사실을 부인할 수 없다. 우리는 영화와 TV쇼, 브로드웨이 뮤지컬, 게임과 코스튬, 장난감과 책을 만든다. 테마파크와 놀이기구, 호텔, 유람선도 만들고, 전 세계 14개 공원에서 매일 퍼레이드와 거리공연, 콘서트를 개최한다. 우리는 재미를 제조한다.

나는 때때로 이런 생각을 한다. '어떻게 이런 일이 일어났을까? 어떻게 내가 이렇게 운이 좋았던 거지?' 디즈니랜드에서는 가장 크고 흥미진진한 놀이기구를 'E-티켓'이라고 부르는데, 내가 했던 일에 대해 생각하면 가장 먼저 떠오르는 것이 바로 그 표현이다. 내가 월트디즈니 컴퍼니라는 거대한 E-티켓 놀이기구를 14년 동안 타고 있는 것처럼 느껴지기 때문이다.

그러나 늘 재미있기만 한 것은 아니다. 디즈니는 분기별 수익 보고서와 주주의 기대, 그리고 전 세계의 거의 모든 국가에서 사업을 운영하는 데 따르는 무수히 많은 책무도 떠안고 있다. 아무런 사건이 없는 가장 평온한 날에도 디즈니 CEO는 지속적으로 적응하고 또 적응해야 한다. 투자자들과 함께 성장전략을 구상하고, 이매지니어(Imagineer, '상상imagine'과 '기술자engineer'의 합성어로 새로운 아이디어를 발굴하는 직원이라는 의미-옮긴이)들과 새로운 놀이기구 설계안을 검토하고, 새 영화의 1차 편집본을 보며 토론하고, 보안 조치와 이사회 지배구조, 티켓 가격, 급여 체계를 논의하는 등, 실로 다양한 업무에 시시각각 관여해야 한다. 따라서 도전적이고 역동적인 나날들 속에서 여러 가지 문제들을 매 순간 분리하고 구분해야 한다. 예를 들어 '요즘 같은 세상에 디즈니 공주가 갖춰야 할 자질은 무엇이며, 우리는 그것을 어떻게 제품에 구현해야 하는가?'에 대해 고민한 다음 곧바로 '앞으로 8년간 마블Marvel 영화들을 어떻게 개발해야 하는가?'를 고민한다.

게다가 처음 세운 일정대로 일이 진행되는 경우는 매우 드물다. 앞서 설명한 상하이에서의 1주일이 분명히 보여주듯이, 결코 완벽하게 대비할 수 없는 위기나 실패들이 시도 때도 없이 닥친다. 물론 그 주처럼 그렇게 비극적인 사건들이 연이어 터지는 경우는 극히 드물었지만 사건사고가 끊이지 않는 것은 사실이다.

월트디즈니뿐 아니라 세상의 모든 기업, 조직도 마찬가지다. 항상 일이 생긴다. 이 책의 주제 역시 가장 간단하게 말하자면, '좋은 일은 잘 키우고 나쁜 일은 잘 관리하는 데 도움이 되는 일련의 원칙들'이라고 할 수 있다. 사실 나는 오랫동안 그런 것에 대해 글을 쓰기를 꺼렸다. 아주 최근까지도 '나의 리더십 원칙'이나 그와 비슷한 아이디어를 밝히는 것조차 피했다. 내가 그것을 완전하게 '행동으로 보여주었다'는 확신이 서지 않았기 때문이다. 하지만 45년 넘게 한 분야에서 일했고 특히 지난 14년간 CEO로 재임해보니, 내 경험을 넘어서는 부분에 대해서도 독자들에게 유용한 통찰을 갖게 되었다는 확신이 생겼다.

내가 이 책을 집필한 이유는, 사업체를 운영하든 팀을 관리하든 공동의 목표를 위해 누군가와 협력하는 사람들에게 도움을 주기 위해서다. 나는 처음부터 끝까지 미디어와 엔터테인먼트 분야에서만 경력을 쌓았지만, 내가 배운 원칙들은 다른 업계에서도 보편적으로 적용해볼 수 있을 것이다. 다음 5가지의 바탕이 되는 원칙이다.

첫째, 리스크를 감수하고 창의성을 장려하는 것.
둘째, 신뢰의 문화를 구축하는 것.
셋째, 자신에 대한 깊고 지속적인 호기심을 배양해 주변 사람들에게 영감을 불어넣는 것.
넷째, 변화를 거부하지 않고 수용하는 것.
다섯째, 항상 정직하고 고결하게 세상을 살아가는 것(그럼으로써 힘겨운 상황에 직면하게 될 것이 분명할 때조차도).

아직은 모두 추상적으로 들리겠지만, 이제부터 내게 중요한 의미를 주었던 실제 사례를 소개할 것이다. 그것을 토대로 위의 원칙들을 살펴보면 좀 더 구체적이고 연관성 있게 느껴질 것이다. 나의 이야기가 대망을 품은 CEO들뿐만 아니라 직장생활이나 사회생활 또는 개인적인 삶에서 두려움을 떨쳐내고 자신감 있게 나아가고자 하는 모든 이에게 도움이 되길 바란다. 분명 그렇게 될 것이다.

ABC 방송국에 입사한 이래로 나는 20가지 직무를 거치며 총 14명의 직속상사를 모셨다. 첫 시작은 일일연속극 제작현장의 가장 낮은 직급이었다. 그리고 역사상 가장 혁신적인 TV 프로그램 몇 개(그리고 가장 악명 높은 실패작도 하나)를 제작한 방송국의 경영자 자리에 올랐다. 나는 두 차례나 인수대상 기업의 편에 서서 협상에 참여했고, 다시 반대편에

서서 다른 여러 기업들을 인수하거나 흡수, 합병했다. 거기에는 픽사와 마블, 루카스필름, 그리고 최근 21세기폭스 등이 포함된다. 나는 스티브 잡스Steve Jobs와 엔터테인먼트 산업의 미래를 설계했고, 조지 루카스가 잉태한 '스타워즈' 신화의 수호자를 자처하기도 했다. 덕분에 미디어를 제작하고 제공하고 경험하는 방식을 재정의하는 기술혁신을 늘 예의주시해왔으며, 그래서 현대의 청중을 사로잡는 동시에 100년 역사를 가진 브랜드를 지켜나가는 것이 무슨 의미인지 일상적으로 고심해왔다. 나는 그 브랜드와 전 세계 수십억 명의 사람들을 연결하기 위해 진정으로 열심히 사려 깊은 노력을 기울여왔다. 어쩌면 그 모든 것이 종반전으로 향해 가는 지금, 그동안 내가 배운 것을 되돌아보면서 진정한 리더십의 10가지 대원칙을 아래와 같이 소개한다. 나에게 도움이 되었듯이 독자 여러분에게도 유용하길 바란다.

낙관주의

훌륭한 리더의 가장 중요한 자질 중 하나는 낙관주의, 즉 '달성할 수 있는 것에 대한 실용적인 열정'이다. 어려운 선택과 기대 이하의 결과에 직면하더라도 낙관적인 지도자는 비관론에 굴복하지 않는다. 간단히 말해서, 사람들은 비관론자에게서 동기를 부여받거나 활력을 얻지 못한다.

용기

리스크를 감수하려면 용기라는 굳건한 토대가 필요하다. 끊임없이 변화하고 방해꾼들이 속출하는 비즈니스 세계에서 리스크 감수와 혁신은 필수적이다. 진정한 혁신은 오직 용기 있는 사람들에게서만 나온다. 이는 인수와 투자, 자본할당 같은 상황에도 해당된다. 특히 창의적인 의사결정에 용기는 필수다. 실패에 대한 두려움은 늘 창의성을 파괴한다.

명확한 초점

가장 중요하고 가치 있는 전략이나 문제, 또는 프로젝트에 시간과 에너지, 자원을 할당하는 일은 매우 중요하다. 따라서 우선순위를 자주, 명확하게 알리는 것이 필수적이다.

결단력

아무리 어려운 결정이라도 시의 적절하게 내려야 한다. 그렇게 할 수 없는 결정이란 것은 세상에 존재하지 않는다. 리더는 견해의 다양성을 장려하되 결정을 내리고 실행에 옮겨야 한다. 리더가 늘 우유부단하면 효율과 생산성이 떨어질 뿐만 아니라 조직의 사기도 크게 저하된다.

호기심

깊고 지속적인 호기심은 새로운 사람들과 장소, 아이디어를 발견하게 하고, 시장과 그 변화하는 역학에 대한 이해도 돕는다. 혁신의 길은 호기심에서 시작된다.

공정성

사람들을 공정하고 품위 있게 대하는 태도가 겸비되어야 진정으로 강력한 리더십을 발휘할 수 있다. 공감능력은 사람들이 쉽게 다가설 수 있도록 하는 태도와 마찬가지로 필수적이다. 자신이 저지른 실수를 정직하게 인정하고 반성했다면, 그에게는 마땅히 두 번째 기회를 주어야 한다. 사람들을 너무 가혹하게 판단하면 두려움과 불안감이 조장되고, 불안은 의사소통과 혁신을 방해한다. 공포스러운 문화보다 조직에 더 해로운 것은 없다.

사려 깊음

사려 깊은 태도는 훌륭한 리더십 자질이지만, 가장 과소평가되는 부분이기도 하다. 사려 깊은 태도를 가진 사람은 지식과 정보를 수월하게 얻고, 의견을 제시할 때 더욱 신뢰받는다. 또한 좀 더 정확하게 의사결정을 내릴 가능성이 높다. 사려 깊은 태도를 가지려면 어떻게 해야 할까? 가장 쉬운 방법은, 무언가 의견을 주장할 때 정확한 정보를 바탕으로 견해를 개발하고 숙고해 다듬는 것이다.

진정성

항상 정직하고 진정성 있게 상황에 임해야 한다. 어떤 것도 조작해서는 안 된다. 진실과 진정성은 존중과 신뢰를 낳는다.

완벽주의

완벽주의는 어떤 대가를 치르더라도 완벽을 추구하라는 뜻이 아니다. 평범함을 거부하라는 의미다. 무언가가 '웬만큼 좋다'고 변명하지 말아야 한다. 무언가가 더 나아질 수 있다고 믿는다면, 그에 걸맞은 노력을 기울여야 한다. 특히 당신이 무언가를 만드는 비즈니스에 몸담고 있다면, 그것을 최고로 위대하게 만들어야 한다.

고결함

어떤 기업이든 품질과 고결함, 이 2가지보다 더 중요한 것은 없다. 여기서 말하는 '품질과 고결함'이란 구성원과 제품 모두에 해당한다. 회사의 성공은 크고 작은 모든 사안에 대해 높은 수준의 윤리적 표준을 적용할 수 있는가에 달려 있다. 다르게 표현하면, 어떤 업무든 그것을 수행하는 방식이 다른 모든 것을 수행하는 방식과 똑같아야 한다. 그것이 바로 고결함이다.

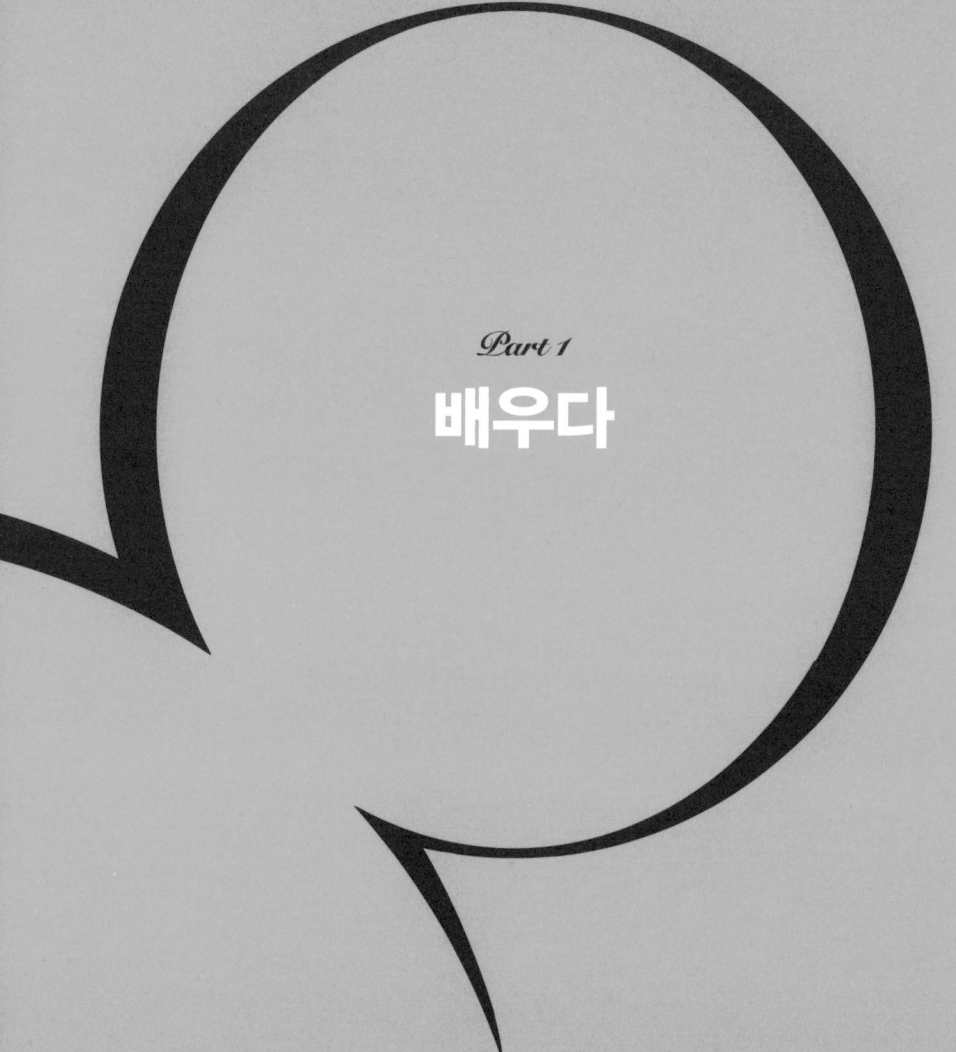

Part 1
배우다

LEARNING

1.
바닥에서 시작하다

STARTING AT THE BOTTOM

이 책은 회고록이 아니다. 그러나 내가 전문경영인으로서 경력을 밟아오는 동안 큰 도움이 되었던 특질에 대해 얘기하면서 나의 어린 시절을 되돌아보지 않는 일은 불가능하다. 나의 사고방식과 행동방식은 천성과 가정교육의 불가해한 조합의 결과이기 때문이다(한 가지 예를 들자면, 나는 기억할 수 있는 아주 어린 시절부터 일찍 일어나는 습관이 있었다. 그리고 세상 사람들이 깨어나기 전까지 내게 주어지는 그 시간을 소중히 아끼며 살아왔다).

물론 성장하면서 내가 목적의식을 갖고 결심해 몸에 배게 만든 여타의 특성과 습관도 있다. 대부분의 사람들처럼, 그런 결심을 할 때 어느 정도는 부모님의 영향을 받았다. 내 경우는 특히 아버지의 영향이 컸다. 아버지는 머리가 매우 좋으셨지만, 한편으로는 이해하기 힘든 면도 지닌 복잡한 분이었다.

아버지는 내게 세상에 대한 호기심을 심어주었다. 우리 집에는 책이 가득한 서재가 있었는데, 아버지는 그 책들을 1권도 빠짐없이 다 읽으셨다. 어릴 때 나는 책을 그다지 열심히 읽지 않았지만, 고등학생이 되고부터 진정한 독서광이 되었다. 그 역시 아버지 덕분이었다. 아버지는 주로 '이 달의 책' 북클럽에 주문해 책장을 채웠는데, 피츠제럴드, 헤밍웨이, 포크너, 스타인벡 등 미국 문학계 거장들의 작품을 모두 소장했다.

나는 《밤은 부드러워라》,《누구를 위하여 종은 울리나》 등을 한 권 한 권 꺼내 읽기 시작했다. 아버지는 그런 나를 흐뭇하게 바라보며 더욱 많이 읽으라고 독려하곤 했다. 우리 가족은 저녁식탁에서 주로 국제정세나 시사문제에 대해 이야기를 나누었다. 열 살 무렵부터 나는 앞마당에 배달된 〈뉴욕타임스〉를 들고 들어와 식구들이 일어나기 전까지 식탁에 앉아 꼼꼼히 읽곤 했다.

우리 가족은 롱아일랜드의 오션사이드라는 소도시에서 전형적인 미국식 복층주택에 살았다. 오션사이드는 주민 대부분이 노동자 계층인 동네였다. 나는 우리 집 장남으로 세 살 어린 여동생이 한 명 있다. 어머니는 따뜻하고 자상한 분이었으며, 내가 고등학교에 진학할 때까지 전업주부로 지내다가 그즈음에 지역 중학교 도서관에 사서로 취직했다. 아버지는 해군 참전용사로 전쟁에서 돌아와 밴드에서 트럼펫을 연주했지만, 뮤지션으로 생계를 이어나가기는 힘들었기 때문에 그 일을 전업으로 하지는 않았다. 아버지는 펜실베이니아 대학교 와튼 스쿨에서 마케팅을 전공했고, 첫 번째 정식 일자리는 식품 제조회사의 마케팅 부서였는데, 그 일을 계기로 광고 전문가가 되었다. 아버지는 매디슨 애비뉴의 한 광고대행사에서 올드 밀워키Old Milwaukee와 브런즈윅

볼링Brunswick Bowling을 담당했지만, 결국 일자리를 잃고 말았다. 이후 아버지는 여러 광고대행사를 전전했는데, 거의 같은 직급으로 옮겨가는 수준이었다. 열 살인가 열한 살이 될 즈음에 나는 아버지가 왜 이렇게 직장을 자주 옮기는지를 궁금해하기 시작했다.

아버지는 항상 당신의 '매우 강력한 자유주의적 정치성향'을 분명히 드러냈다. 한번은 마틴 루서 킹 주니어 목사의 연설을 듣기 위해 워싱턴 행진에 참여하느라 직장을 잃었다. 상사는 그날 휴가를 줄 수 없다고 말했지만 아버지는 그 말을 무시하고 워싱턴에 갔다. 아버지가 먼저 사표를 내고 행사에 참석한 것인지, 가지 말라는 상사의 얘기를 무시하고 참석해 그 이후에 해고당한 것인지는 알 수 없었지만, 어쨌든 종종 그런 일로 회사를 그만두었다.

나는 아버지의 그런 확고한 성품과 정치성향을 자랑스럽게 여겼다. 아버지는 올바르고 공정한 것을 맹렬히 신봉했으며 항상 약자의 편에 섰다. 하지만 한편으로는 감정조절에 어려움을 겪었고, 종종 스스로를 곤경에 빠뜨리는 말실수를 했다. 나중에 나는 아버지가 조울병 진단을 받았고, 전기충격 요법을 비롯한 다양한 치료를 시도했다는 사실을 알게 되었다.

집안의 맏이로서 나는 아버지의 예측할 수 없는 감정변화를 감내해야 했다. 아버지에게 위협을 느낀 적은 없지만 아버지의 어두운 감정이 강렬히 느껴질 때면 나도 슬펐고, 퇴근 무렵 어떤 아빠가 돌아올지 몰라 불안했다. 2층의 내 방에 앉아 있다 보면 아버지가 현관문을 여닫거나 계단을 오르는 소리를 듣고 즐거운 아빠가 왔는지 슬픈 아빠가

왔는지 알 수 있었다.

아버지는 때때로 내 방 앞을 지나가다가 내가 (당신 표현으로) '생산적으로 시간을 보내고 있는지' 확인하곤 했다. 독서나 숙제 혹은 어떤 식으로든 '좀 더 나은' 나를 만드는 데 도움이 되는 활동을 의미했다. 아버지는 우리 남매에게 즐겁게 지내는 것도 좋지만 시간을 지혜롭게 쓰고 목표를 향해 경주하는 것 역시 매우 중요하다고 말씀하셨다. 시간관리에 대한 나의 경계심(누군가는 '강박'이라고 할지 모르겠지만)은 분명 아버지로부터 물려받은 것이리라.

이타카에서 가장 인기 없는 사람

나는 일찍이 내가 우리 가족의 중심이 되어야 한다고 생각했는데, 그것은 집 안팎의 실질적인 문제로까지 확장되었다. 무언가가 고장 나면 어머니는 늘 나에게 고쳐달라고 부탁했고, 덕분에 나는 어릴 때부터 무엇이든 고치는 방법을 배우고 궁리했다. 기술에 대한 나의 호기심은 그렇게 어린 시절부터 도구를 사용해 무언가를 분해하고 작동방식을 이해하려 했던 데서 시작된 것 같다.

부모님은 늘 걱정이 많았다. 당장 무언가 나쁜 일이 생길 거라고 끊임없이 걱정했다. 유전적인 이유 때문인지 아니면 부모님의 과도한 불안에 대한 반작용 때문인지 몰라도, 나는 항상 그 반대였다. 나는 미래에 대해 그다지 걱정하지 않고, 무언가를 시도하고 실패하는 것에 대해서도 그다지 두려워하지 않는다. 이 점은 내 인생에서 거의 예외 없는 부분이다.

나이가 들어감에 따라 나는 아버지가 스스로에게 갖는 실망감에 대해 더 많이 알게 되었다. 아버지는 스스로 만족스럽지 못한 삶을 살았고, 그래서 당신 자신을 실패자라 여겼다. 자식들에게 열심히 공부하고 시간을 생산적으로 쓰라고 그토록 강조한 것 역시 그 때문이었다.

한편 아버지의 잦은 이직과 실직은 내가 스스로 용돈을 마련해야 한다는 것을 의미했다. 돈이 필요하면 일자리를 찾아야 했다. 나는 8학년(중학교 2학년-옮긴이) 때부터 마당의 눈을 치우는 일이나 베이비시터, 철물점 점원으로 아르바이트를 하기 시작했다. 열다섯 살 여름방학 때는 학교 잡역부로 일했다. 새 학년이 시작되는 9월이 오기 전에 전 교실을 깨끗이 청소하는 일이었다. 각 교실의 모든 히터를 청소하는 것은 물론, 책상 밑면에 붙어 있는 껌을 일일이 다 떼어냈다. 1,000여 개에 달하는 책상의 껌을 제거하다 보면 적어도 단조로움을 참아내는 인내심은 단련된다.

고등학교 졸업 후 나는 이타카 대학에 진학했고, 입학해서 2학년 때까지는 거의 매 주말 밤을 동네 피자헛에서 피자를 구우며 보냈다. 고등학교 때는 대부분 B학점 정도였고(A학점도 몇 개 있긴 했지만) 공부에 그다지 흥미가 없었다. 하지만 대학에 들어가자 무언가가 불현듯 분명해졌다. 열심히 공부하고 싶었고, 가능한 한 많은 것을 배우고 싶었다. 그런 결심 역시 아버지와 관련이 있었다. 아버지가 느낀 것과 같은 열패감을 갖고 싶지 않았다. 나는 '성공'이 무엇인지에 대한 명확한 생각도 없었다. 부를 쌓거나 권력을 잡겠다는 식의 구체적인 비전도 없었다.

그러나 실망스러운 삶을 살지 않겠다는 결심만큼은 확고했다. 어떤 인생을 살든 불만이나 좌절로 괴로워하며 살지는 말아야겠다고 다짐했다.

행복하지 못했던 아버지, 그로 인해 함께 괴로워했던 어머니를 지켜봐야만 하는 고통 외에는 어린 시절에 특별히 다른 어려움이나 곤경은 없었다. 아버지가 좀 더 당당하게, 자부심을 갖고 사시면 좋을 텐데 하는 아쉬움이 있을 뿐이다. 나와 내 여동생은 결코 애정결핍으로 고통받는 아이들이 아니었다. 쉴 수 있는 집이 없던 적도, 끼니를 때울 음식이 없던 적도 없었다. 다만 다른 여유를 누릴 돈이 없을 뿐이었다. 휴가철에는 대개 우리 차로 평범한 휴양지나 집에서 몇 분 떨어진 해변으로 놀러가곤 했다. 남들 보기에 부끄러운 옷을 입은 적은 없지만, 그렇다고 새 옷이 남아돈 적도 없었다. 가을에 바지가 찢어지면, 새 옷을 살 돈이 생길 때까지 천 조각을 덧대 꿰맨 옷을 입었다. 돈이 생기기까지 수개월이 걸리기도 했지만, 그 시절에 나는 스스로 가난하다고 느낀 적이 없었고 남들도 나를 그런 식으로 보지 않았다. 하지만 실제 형편은 겉보기보다 훨씬 나빴고, 나이가 들면서 그 사실을 더 명확하게 알게 되었다.

훗날 디즈니의 CEO가 되고 나서, 나는 아버지를 뉴욕으로 모셔와 점심식사를 대접했다. 우리는 아버지의 정신건강과 아버지의 인생에 대해 이야기를 나눴다. 나는 부모님이 우리 남매를 위해 해준 모든 것, 우리에게 물려주신 윤리의식과 넘치는 애정에 대해 얼마나 크게 감사하고 있는지 말했다. 나는 아버지에게 그 정도면 충분했다고, 충분한 것 이상이었다고 말했고, 그런 마음이 아버지를 실망에서 조금이라도 벗어나게 해주길 바랐다. 나의 경력에 도움이 되었던 많은 특성들은 아버지와 함께 시작되었다는 것, 아버지도 그 점을 알아주셨으면 좋겠다.

나는 1974년 7월 1일 ABC에서 TV 스튜디오 스태프로 일하며 본격적인 사회생활을 시작했다. 그 전에는 뉴욕의 이타카에 있는 작은 케이블 방송국에서 기상캐스터 겸 특집 뉴스 리포터로 1년 정도 일했다. 변변치 않은 무명 리포터로 지내면서 나는 열다섯 살 때부터 간직해온 꿈을 버렸다. 내 꿈은 공중파 방송국의 뉴스 앵커가 되는 것이었다. 나는 요즘도 가끔 이타카 주민들에게 매일 날씨정보를 전하면서 내게 필요한 중요한 기술, 즉 나쁜 소식을 전달하는 능력을 길렀다고 농담 반 진담 반으로 말하곤 한다. 10월부터 4월까지, 그러니까 1년 중 거의 절반에 해당하는 그 길고 황량한 기간 내내 나는 이타카에서 가장 인기 없는 사람이었으니까 말이다.

내가 ABC에 입사하게 된 것은 밥 외삼촌의 시력이 나빠진 덕분이었다. 내가 좋아하던 밥 외삼촌이 눈 수술을 받은 후 맨해튼의 한 병원에 며칠간 입원했는데, 마침 같은 병실에 ABC의 하급임원 한 명이 함께 있었다. 무슨 이유에선지 그는 외삼촌에게 자신이 방송계의 거물이라고 거들먹거렸다. 마치 방송국에서 중요한 전화가 온 것처럼 병상에 누워 가짜 통화를 하기도 했고, 외삼촌은 그런 그에게 속아 넘어갔다. 그가 퇴원하기 전, 외삼촌은 조카가 뉴욕에서 TV 방송 분야의 일자리를 찾고 있다고 말했다. 그는 외삼촌에게 전화번호를 건네며 "조카한테 전화 한 번 하라고 하세요."라고 말했다.

내가 실제로 그에게 전화했을 때 그는 내가 누구인지 몰라 다소 당황한 기색이었다. 나는 (외삼촌이 묘사한 것처럼) 그가 방송국에서 막강한 영향력을 발휘하는 최상위 임원이길 기대했다. 사실 그는 그런 자리와는 거리가 멀었지만 약속을 저버리지 않고 실제로 나에게 자신이 맡은 작은 부서에 면접을 보게 해주었다. 프로덕션 서비스 부서였고, 나는 얼마 지나지 않아 스튜디오 스태프로 고용되었다.

그 자리는 주급 150달러로 ABC라는 거대한 사다리에서 가장 말단이었다. 나를 포함해 스튜디오 스태프 6명은 게임쇼와 일일연속극, 토크쇼, 뉴스쇼, 특집방송 등 기본적으로 ABC의 맨해튼 스튜디오들에서 제작되는 모든 프로그램과 관련된 온갖 종류의 하찮은 일을 도맡았다. 나는 '나의 모든 아이들All My Children'과 '한 번뿐인 인생One Life to Live', '라이언의 희망Ryan's Hope', '1만 달러 피라미드The $10,000 Pyramid', '돈의 미로The Money Maze', '쇼다운Showdown', '딕 카벳 쇼The Dick Cavett Show', 제랄도 리베라Geraldo Rivera가 진행한 '굿나이트 아메리카', '해리 리즈너의 ABC 저녁뉴스' 등의 제작현장에 투입되었다.

내 업무는 매우 간단했다. 나를 필요로 하면 어디든, 언제든 달려가서 시키는 모든 일을 수행하는 것. 나는 종종 오전 4시 30분에 스튜디오로 달려가 '조명팀 호출' 전화를 돌렸다. 일일연속극의 세트는 촬영 전날 밤에 설치되기 때문에 새벽부터 조명감독과 무대 담당자들에게 연락해 조명을 설치해야 했다. 감독과 배우들이 첫 번째 리허설을 시작하기 전에 조명이 준비되어야 하기 때문이다.

또한 나는 목수, 소품 담당자, 전기 기술자, 메이크업 아티스트, 의

상 담당자, 헤어스타일리스트가 다 왔는지 확인하고, 업무순서를 조정해 그들이 제때에 출격하도록 도왔다. 그러려면 그들의 노동시간과 불만사항, 노조 규칙 위반여부 등도 미리 파악해야 했다. 그 외에도 음식이 제시간에 도착하는지, 뜨거운 조명 아래에서 촬영을 시작해도 괜찮을 정도로 에어컨이 충분히 가동되는지 등을 확인했다. 화려함과는 거리가 먼 업무였지만 제작과 관련된 모든 내용을 배울 수 있는 자리였다. 덕분에 나는 (남들은 잘 알아듣지 못하는) 업계 전문용어에 숙달했고, TV 프로그램을 만드는 모든 사람들의 면면을 파악했다. 어쩌면 그때 배운 것 중 가장 중요한 것은, 프로그램 제작에 수반되는 까다로운 요구사항들을 즉각 해결하는 법과 극한의 업무량을 견뎌내는 법이 아닐까 싶다. 그때 익힌 근면함은 지금까지도 내 든든한 자본이다.

오늘날까지 나는 거의 매일 새벽 4시 15분에 일어나는 생활을 이어왔지만, 지금은 순전히 이기적인 이유 때문에 그렇게 하고 있다. 하루의 과업을 수행하기 전에 사색하고 독서하고 운동할 시간을 갖기 위해서다. 일상적으로 그런 시간을 가지면 일의 중압감에서 잠시 벗어나 생각을 좀 더 자유롭게 전개할 수 있다. 훨씬 더 창의적이고 자유로운 방식으로 문제에 접근할 수 있고, 상황을 뒤집어볼 수도 있다. 그래서 나에게는 더없이 소중한 시간이다. 이메일과 문자메시지, 전화통화에 신경 쓰지 않아도 되는 새벽 시간이 없다면 나의 생산성과 창의성도 그만큼 떨어질 것이다.

"봐라, 네 눈엔 상황이 어때 보이냐?"

그 시절의 방송산업은 지금과 매우 달랐다. 어떤 면에서는 더 좋았다. 경쟁은 훨씬 단순했고, 세상은 덜 세분화되었다. 미국인 대부분이 공유하는 국민적 내러티브가 있었고, 상식적으로 받아들여지는 사회적 신념이 확실했다. 하지만 다른 여러 면에서는 지금보다 나쁜 시절이었다. 우선, 요즘 같으면 절대 받아들일 수 없는 수준의 무례함이 어느 정도 용인되는 시절이었다. 특히 여성들 혹은 대표자가 불충분한 집단에 속한 사람들은 훨씬 더 힘겨운 나날을 보냈다. 나는 그런 경우는 아니었지만, 먹이사슬의 맨 아래에 위치한다는 것은 언제든 해고당할 수 있는 무관심한 학대에 노출되는 것을 의미했다.

당시의 그런 풍조를 여실히 보여주는 일화가 있다. ABC 저녁뉴스는 동부 표준시로 오후 6시에 방송을 탔다. 그 시절, 뉴스의 앵커 해리 리즈너와 화이티(Whitey, 흑인들이 백인을 가리키는 비어로 '흰둥이'의 의미 —옮긴이)라 불리던 그의 무대 매니저는 방송이 끝나면 웨스트 67번가에 있는 호텔 데 아티스트Hotel des Artistes의 세트장을 벗어나 바에서 시간을 보내곤 했다(저녁뉴스는 그 오래된 호텔의 무도회장을 개조한 스튜디오에서 생방송으로 진행되었다). 해리는 매일 저녁 영국식 엑스트라 드라이 마티니 더블을 온더락으로 비우는 습관이 있었다.

내가 맡은 일 중에는 PD가 방송된 내용을 검토하는 동안 기다렸다가 시간대가 다른 지역에 방송하기 전에 업데이트나 수정이 필요한 경우 해리와 스튜디오 담당자들에게 그 내용을 알리는 것도 포함되었다. 어느 날 밤 해리는 마티니를 두 잔째 주문하며 나에게 스튜디오에 가서

PD에게 상황이 어떠한지 물어보라고 했다. 나는 심호흡을 하고 부조정실에 들어가 말했다.

"해리가 어떤 상황인지 알아보라고 해서 왔습니다."

PD는 나를 완전히 무시하는 눈길로 쳐다보더니 갑자기 바지의 지퍼를 내리고 자신의 성기를 꺼내들며 말했다.

"봐라. 네 눈엔 상황이 어때 보이냐?"

45년이 지난 지금도 그 순간을 떠올리면 분노가 솟구친다. 회사는 직원을 공정하고 평등하게 대하고, 직장에서는 그 누구도 신체적, 정신적 학대를 당하면 안 된다는 것을 지금은 누구나 잘 안다. 하지만 여기까지 오는 데 너무 오랜 시간이 걸린 게 아닌가 싶다.

1974년 가을, 나는 '메인이벤트The Main Event' 현장에 투입되었다. '메인이벤트'는 매디슨스퀘어가든에서 열리는 프랭크 시나트라Frank Sinatra의 콘서트를 ABC에서 생중계하는 특집방송이었다. 내가 맡은 현장 스튜디오 스태프의 임무는, 그 엄청난 규모의 매디슨스퀘어가든 무대 담당자들의 심부름을 하는 것이었다. 그 행사에 참여할 수 있다는 사실만으로도 나는 흥분을 참지 못했다. 그만큼 내게 근사한 임무였다. 아버지는 늘 거실의 턴테이블에 시나트라의 레코드를 올려놓고 들었다. 아버지가 거실에 서서 시나트라의 노래에 맞춰 트럼펫을 불던 모습이 아직도 머릿속에 생생하다.

프랭크 시나트라와 같은 공간에서 리허설에 참여하고 행사가 순조롭게 진행되도록 작으나마 역할을 수행하게 되다니…. 나의 행운이 믿기지 않을 정도였다. 그중에서도 가장 멋진 순간은 콘서트가 시작되기 몇 시간 전에 찾아왔다. 한 동료가 내게 신속하게 밖으로 나가 구강청결제 한 병을 사서 시나트라의 대기실로 가져가라는 지시를 전달했다. 나는 두어 블록 떨어진 약국으로 달려가 눈에 띄는 가장 큰 리스테린 한 병을 샀다. 그러는 내내 '지금 프랭크의 목에 문제가 생겼고, 콘서트 생중계 전체가 내 어깨에 달려 있다'고 생각했다.

나는 구강청결제를 손에 들고 바짝 긴장한 상태에서 숨을 헐떡이며 대기실 문을 노크했다. 문이 열리자 위압적인 체구의 보디가드가 대체 무슨 일이냐는 듯 나를 훑었다.

"시나트라 씨에게 리스테린을 전달하러 왔습니다."

그가 뭐라 대응하기 전에, 방 안 깊숙한 곳에서 친숙한 목소리가 들려왔다.

"들어오라고 해."

이윽고 나는 주인공 앞에 섰다.

"이름이 뭔가, 친구?"

"밥입니다."

"고향은?"

나는 나름의 이유가 있어 '브루클린'이라고 답했다. 브루클린은 내가 태어나서 다섯 살 때까지, 그러니까 우리 가족이 롱아일랜드로 옮기기 전까지 살던 곳이었다. 어떻게든 그에게 좀 더 현실적으로 보이고 싶어 그렇게 대답했던 것 같다. '오션사이드'는 그런 감흥을 자아내는 지명이 아니었기 때문이다.

"브루클린!"

프랭크는 마치 그곳이 호보컨(프랭크 시나트라의 고향-옮긴이) 다음으로 최고의 동네라도 되는 것처럼 감탄을 섞어 되뇌며 빳빳한 100달러 지폐 1장을 내게 건넸다. 그는 또한 콘서트가 끝난 후 방송 관계자들에게 매끈한 도금 라이터를 1개씩 돌렸다. "LOVE, SINATRA(사랑을 담아, 시나트라)"라는 문구가 새겨진 라이터였다. 그때 받은 100달러는 곧바로 써버렸지만, 그 라이터는 지금까지도 내 책상 서랍에 고이 모셔두었다.

'메인이벤트'는 제리 와인트로브Jerry Weintraub와 룬 얼리지Roone Arledge가 기획하고 연출한 특집 프로그램이었다. 당시 룬은 43세로 ABC스포츠를 이끌며 이미 TV 방송계에서 전설로 통하던 자신만만한 임원이었다. 그는 ABC스포츠에서 수하의 PD들을 많이 끌어와 '메인이벤트'를 진행했다. 콘서트 전날 밤, 공연 전체에 대한 리허설이 진행되었다. 하워드 코셀Hardward Cosell이 마이크를 잡고 마치 프로 복싱선수를 소개하듯 프랭크를 무대로 불러냈다(무대 자체도 경기장 중앙의 복싱링처럼 보이게 설치되었다). 프랭크는 무대에 등장해 2시간에 가까운 공연을 소화해냈다.

룬이 직접 나서는 것을 본 것은 그때가 처음이었다. 그는 리허설을 처음부터 끝까지 지켜본 다음 거의 모든 것을 폐기하고 다시 구성하라고 지시했다. 세트도 재설계하고 하워드의 소개방식과 멘트도 재구성하고 조명 콘셉트도 근본적으로 바꾸라는 얘기였다. 룬은 프랭크가 청중과 소통하는 방식 전체를 다시 설계해야 한다고 말했다.

나는 내가 맡은 소소한 일을 수행하며 모든 것을 내리고 다시 올리는 과정을 지켜보았다. 누구 하나 욕설 한 마디, 신음 한 번 토해내지 않았다. 앞으로 24시간 이내에 전파를 타야 하는 생중계 콘서트가 리허설과 전혀 딴판이 되리라는 사실을 모두가 알았음에도 불구하고 말이다. 나는 룬이 왜 그렇게 했는지 당시에는 이해하지 못했지만, 나중에 '웬만큼 괜찮은 것'을 받아들이지 않는 태도, 자기가 맡은 일을 최고로 위대하게 만들기 위해서라면 옴짝달싹할 수 없는 데드라인 앞에서도 대담하게 밀어붙이는 것(그리고 그 과정에서 수많은 사람들을 기진맥진하게 만드는 것)이 전형적인 룬의 방식임을 알게 되었다.

'메인이벤트'에 참여하면서 느꼈던 스릴은 일일연속극과 게임쇼 같은 평범한 일상으로 돌아오자마자 사그라졌다. 하지만 얼마 지나지 않아 나는 내 자신의 드라마와 씨름하게 되었다. 내가 속한 작은 부서의 책임자는 부서의 예산으로 자신과 ABC의 몇몇 임원을 위한 일(그는 이것을 '정부 일'이라고 불렀다)을 하도록 벤더와 공급업체들에 돈을 지불하고 리베이트를 받아 챙기는 부패한 간부였다. 그는 또한 일일연속극 세트에 필요하다며 가구를 사들여서는 내연녀를 위해 마련한 미드타운의 아파트로 옮겨놓기도 했다. 그것도 무대 담당자들의 손을 빌려서 말이다. 나는 그런 일이 있을 때마다 따라가서 일손을 보태거나 여타의 방식으로 도우라는 지시를 받았다. 화가 치밀었지만 혼자 씩씩거리는 것 말고는 다른 방도가 없었다. 결국 나는 부서의 몇몇 사람들에게 그와 관련해 내가 취할 수 있는 방법이 있는지 묻기 시작했고, 나의 그런 행동은 얼마 후 부서장의 귀에 들어갔다.

어느 날 그가 나를 자신의 집무실로 불렀다. 내가 방에 들어서자 그는 즉시 회사의 규칙을 위반했다고 나를 비난했다.

"자네 무슨 생각으로 그런 건가?" 그가 말했다. "자네가 회사 트럭을 사용해서 새 아파트로 이사를 했다던데?"

사실, 내가 회사의 픽업트럭을 쓸 수도 있는 상황이 잠깐 생기긴 했었다. 그때 몇몇 동료들에게 농담으로 막 세를 얻은 아파트로 이사할 때 그 트럭을 이용하면 좋겠다고 말한 적이 있었다. 하지만 나는 결코 그렇게 하지 않았기에 그에게 있는 그대로 말했다. 하지만 그 순간 내가 말썽을 일으키고 있다고 누군가가 그에게 고자질한 게 틀림없다는 생각이 들었다.

"자네가 나에 대한 소문을 퍼뜨리고 있다며?"

나는 그에 대한 얘기를 하고 다녔다는 사실을 부인하지 않았다. 그러자 그는 한동안 나를 노려보더니 이렇게 말했다.

"그거 아나, 아이거? 자네에게는 이제 더 이상 승진은 없네."

그는 내게 2주의 시간을 줄 테니 다른 부서에서 일자리를 찾아보라고 했다. 그렇지 않으면 회사에서 더 이상 일할 수 없을 것이라면서 말이다. 나의 방송계 경력은 고작 스물세 살에 끝난 것처럼 느껴졌다.

그래도 나는 ABC 사내에 구인구직 게시판이 있는 곳으로 발걸음을 옮겼다(그 시절에는 그렇게 사내에서 부족한 인력을 구하는 클립보드가 벽에 걸려 있었다). 그곳에 가서 리스트를 살펴보니 자격이 부족해 지원할 수 없는 25개의 다른 일자리와 함께 ABC스포츠에 자리 하나가 비어 사람을 구한다는 공지가 올라와 있었다. 나는 즉시 시나트라 콘서트에서 알게 된 사람들 중 한 명에게 전화를 걸어 내가 어려운 상황에 처했다고 설명했다. 그는 1330으로 내려오라고 말했다(ABC 본사의 번지수인 '아메리카스 애비뉴 1330번지'를 뜻하는 말이었다).

한 달 후, 나는 ABC스포츠에 스튜디오 운영 관리자로 고용되었다. 덧붙이자면 그 새로운 일자리는 이전에 했던 일에 비하면 조금은 빛이 나는 직무였다. 하지만 그로 인해 내 인생의 방향이 완전히 달라지기 시작했다. 나는 그것이 어느 정도는 프랭크 시나트라 덕분이라고 지금도 믿고 있다. 또 한편으로는 나중에 횡령으로 회사에서 쫓겨난 그 인간(부서장) 덕분이기도 했다.

좀 더 낫게 만들기 위해 필요한 모든 일

한창 잘나가던 1970~1980년대 초반 동안, ABC스포츠는 회사에서 가장 높은 수익성을 자랑하는 곳이었다. 주로 '먼데이 나이트 풋볼Monday Night Football'과 '폭넓은 스포츠 세계Wide World of Sports'의 걸출한 인기 덕분이었다. 또한 ABC스포츠는 대학 미식축구와 메이저리그 야구, 그리고 다수의 메이저 골프 토너먼트와 복싱 세계챔피언 타이틀전 등의 중계방송을 위시하여 '아메리칸 스포츠맨The American Sportsman'과 '슈퍼스타The Superstars' 같은 프로그램으로 막강한 라인업을 보유했다. 더불어 4년마다 올림픽 주관방송사로 활약하며 1964년부터 1988년까지 거의 모든 올림픽 게임을 방영했다.

ABC스포츠에서 일하는 사람들은 회사에서 '멋진 친구들cool kids'

로 통했고, 그런 지위는 그들이 옷을 입는 방식(양복 차림에 구찌Gucci 로 퍼를 꼭 맨발로 신었다)과 먹고 마시는 것(점심식사에도 비싼 와인이나 스카치를 종종 곁들이곤 했다), 그리고 친하게 지내는 할리우드 스타와 유명 운동선수, 정치인 등 그들 주변의 거의 모든 것에 투영되었다. 그들은 늘 이국적인 어떤 곳으로 해외출장을 떠났고, 때로 콩코드를 타고 파리 지국으로 날아갔으며, 다시 거기서 스포츠 이벤트를 취재하기 위해 몬테카를로나 장크트모리츠 같은 곳으로 향하곤 했다.

그곳에서 결국 나 역시 콩코드에 오를 수 있을 정도로 지위가 높아졌다. 특히 '폭넓은 스포츠 세계' 취재를 위해 출장을 다니면서 삶이 바뀌었다. 그 전까지 미국 밖으로 나가본 적이 한 번도 없던 내가 갑자기 전 세계를 날아다니고 있었다. '폭넓은 스포츠 세계'는 매주 "여러분을 세계 곳곳의 다양한 스포츠 현장으로 안내합니다."라는 짐 맥케이 Jim McKay의 보이스오버 오프닝 멘트와 함께 전파를 탔다. 주말이면 나는 하와이의 서핑 선수권대회나 프라하의 피겨스케이팅 행사, 부다페스트의 역도 대회, 샤이엔의 프론티어 데이 로데오 등의 현장을 누비고 다녔다. 아카풀코에서 절벽 다이빙을 카메라에 담기도 했고, 키츠뷔엘의 내리막 스키, 중국이나 루마니아, 소련의 체조를 다루기도 했다.

ABC스포츠는 내게 세상을 보여주었고, 전에는 한 번도 생각해본 적이 없는 것들에 노출된 덕분에 나는 세련되고 교양 있는 사람이 되어갔다. 파리에서 처음으로 훌륭한 프랑스 요리를 먹은 것이 어디에서였는지, '몽라셰'(Montrachet, 프랑스 산 고급 화이트 와인-옮긴이)라는 단어를 처음으로 입 밖에 낸 것이 언제였는지, 럭셔리 스포츠카를 몰고 처음으로 모나코를 달린 것이 언제였는지 지금도 정확히 기억한다. 뉴욕 오션사이드의 노동자 계층 동네에서 성장한 나에게는 그 모든 것이 머리가 핑핑 돌 정도로 현란한 경험이었다.

물론 나의 출장은 단순히 상류사회 체험에서 그치지 않았다. 나는 정기적으로 개발도상국에 찾아갔고, 공산권 국가의 행사도 취재했다. 그러자면 비협조적인 정권과 협상을 벌여야 했고, 종종 권모술수로 뒤얽힌 부패한 시스템을 뚫고 나가야 할 때도 있었다. 나는 철의 장막 뒤에서 사람들이 어떻게 사는지 직접 목격하며 그들이 일상적으로 겪는 생활고를 이해할 수 있었다(루마니아의 수도 부쿠레슈티에서는 겨울에 전력망을 폐쇄한 정부의 조치로 인해 야간 부분 소등이 실시되었는데 어두워진 도시를 호텔 창밖으로 내다본 기억이 지금도 생생하다). 그들의 꿈이 평범한 미국인들의 꿈과 다를 바 없다는 사실도 알게 되었다. 정치인들은 세상을 나누고 우리 대 저들, 선 대 악의 사고를 조장하려고 애썼지만, 나는 그보다 훨씬 더 미묘한 인간세상의 현실을 직접 경험했다.

지금 돌아보면 누구라도 당시 ABC스포츠의 그 모든 호사와 사치가 무책임하고 방만한 일이었다고 비난할 것이다(실제로 당시에도 그런 지적이 나왔다). 그러나 ABC스포츠가 제 궤도를 쌩쌩 달리던 그 시절, ABC 전체에 적용되던 규범이 그곳에는 종종 영향을 미치지 못했다. 그 중심에 룬 얼리지가 있었다. 룬은 1960년대 초부터 ABC스포츠를 운영했고, 내가 합류했을 때는 이미 'TV의 왕'이었다. 그는 방송 역사상 누구보다도 많이, 우리가 TV로 스포츠를 경험하는 방식을 바꿔놓았다.

그는 스포츠 프로그램이란 이벤트를 방송하는 것이 아니라 스토리를 전달하는 것이라는 점을 강조했다. 훌륭한 스토리를 전하려면 탁월한 재능이 필요하다. 그는 내가 만난 상사 중 가장 유능한 인물이자 무슨 일에도 굴하지 않는 혁신가였지만, 주변에 자신만큼 유능한 사람들을 두어야 한다는 사실도 잘 알았다. 짐 맥케이와 하워드 코셀, 케이스 잭슨Keith Jackson, 프랭크 기포드Frank Gifford, 돈 메레디스Don Meredith, 크리스 스켄켈Chris Schenkel, 스키 해설위원 밥 비티Bob Beattie, 자동차 경주 해설위원 재키 스튜워트Jackie Stewart 등이 바로 그가 영입한 인물들이었다. 그들은 하나같이 시청자들을 강하게 휘어잡는 개성 넘치는 스타일로, 룬은 그들을 전국적인 유명인사로 만들었다.

"스포츠 경쟁의 휴먼 드라마." 이것이 '폭넓은 스포츠 세계'의 또 다른 오프닝 멘트다. 바로 이것이 우리가 취재하는 이벤트를 바라보는 룬의 방식이었다. 운동선수들은 우리가 전개하는 내러티브의 등장인물이었다. 그들은 어디서 왔는가? 그들은 이러한 경지에 이르기까지 무엇을 극복했는가? 이 경쟁은 지정학적 드라마와 어떠한 유사성을 갖는가? 그것은 어떻게 다른 문화를 들여다보는 창이 되는가? 그는 우리가 스포츠뿐만 아니라 전 세계를 수백만 미국인의 거실로 데려온다는 개념을 특히 맘에 들어 했다.

그는 또한 내가 만난 상사 중에서 자신의 일과 그것을 수행하는 방식을 혁신하기 위해 기술 진보를 받아들인 첫 번째 인물이었다. 역각도 reverse-angle 카메라와 슬로우모션 재생, 위성 생중계 등이 바로 룬이 방송에 도입한 첨단기술이었다. 그는 한 치의 주저함도 없이 모든 새로운 도구를 시험하고 모든 진부한 형식을 깨부쉈다. 그는 언제나 시청자에게 관심을 끌고 소통할 수 있는 새로운 방법을 찾았다. 룬이 내게 준 금언이 하나 있다. 그것은 이후 내가 맡은 모든 직무에 길잡이가 되었다. '혁신 아니면 죽음이다. 새로운 것이나 검증되지 않은 것을 두려워하면 혁신은 없다.'

그는 또한 가차 없는 완벽주의자였다. ABC스포츠에 입사한 초기 시절, 나는 주말의 대부분을 66번가에 있는 지하 부조정실에서 보냈다. 당시 내가 맡은 일 중에는 세계 각지에서 들어온 피드(feed, 원필름)를 프로듀서와 편집자에게 전달하는 것도 포함되었다. 룬은 종종 부조정실에 들르거나 그럴 수 없는 경우 어디에서든 전화를 걸곤 했다(우리가 취재하는 모든 이벤트 현장에는 물론이고 맨해튼의 모든 부조정실에도 빨간색의 '룬 전용 전화'가 놓였다). 집에서 방송을 보면서(그는 언제 어디에서든 늘 방송을 보았다) 무언가 맘에 들지 않는 부분이 포착되면 그는 곧바로 전화해서 지적했다. '이 카메라는 각도가 잘못되었다. 그 부분은 스토리라인을 더욱 강조해야 한다. 앞으로 일어날 일에 대해 복선을 깔아줘야 마땅하지 않은가!' 등등.

룬에게는 너무 사소해서 무시해도 좋은 세부사항이라는 게 없었다. 그가 생각하는 완벽은 모든 사소한 것들을 바로 잡아서 얻어내는 결과였다. 시나트라 콘서트에서 내가 목격한 그대로 그는 방송 직전에 프로그램 전체를 뒤집어엎고 재작업을 지시하는 경우가 무수히 많았다. 그것은 곧 편집실에서 모든 스태프가 밤을 새야 하는 것을 의미했다. 그는 고함을 질러대는 스타일은 아니었지만 냉정하고 까다로웠으며, 무엇이 잘못되었고 어떻게 고쳐야 하는지, 그러기 위해 어떤 희생이 따르더라도 별로 개의치 않는다는 점을 매우 분명한 표현과 어조로 전달했다. 중요한 것은 '쇼'였다. 그에게는 쇼를 만든 사람들보다 쇼 자체가 더 중요했으며, 그와 함께 일하려면 그런 점을 마음 편하게 받아들여야 했다.

작품을 가장 위대하게 만들고자 하는 헌신은 곧 그의 활력소였다. 주위 사람들은 종종 지치거나 불만스러워했지만(그의 피드백을 받고 수정하려면 제작이 너무 늦게 완료되는데 항상 그 시간까지 기다려야 했으니 말이다), 그의 헌신적인 태도는 모두에게 활력을 주었다. 그리고 그러한 활력은 불만을 잠재우기에 충분했다. 그가 완벽을 기하는 데 얼마나 신경을 쓰는지 알고 나면, 그저 그의 기대에 부응해 최선을 다하는 것 말고는 다른 방도가 없었다.

그의 만트라는 간단했다.

"좀 더 낫게 만들기 위해 필요한 모든 일을 하라."

내가 룬에게서 배운 모든 것 중, 지금의 나를 만드는 데 가장 큰 영향을 미친 것이 바로 이것이다. 리더십의 특질 중 하나인 이것을 나는 '완벽에 대한 집요한 추구'라고 표현한다. 실제로 이것은 수많은 의미를 담고 있어서 한마디로 정의하기가 쉽지 않다. 사실 특정한 규칙의 집합이라기보다는 일종의 사고방식이기 때문이다. 적어도 내가 내면화한 바로 그것은 '어떤 것을 희생하더라도 반드시 달성해야 하는 완벽주의'가 아니다(룬은 그런 완벽주의에는 그다지 관심이 없었다). 평범함을 받아들이기를 거부하는 환경을 조성하는 것이 핵심이다. 사람들은 본능적으로 '시간이 충분하지 않아서', '의욕이 없어서', '그러려면 곤란한 대화를 나눠야 해서' 같은 핑계를 먼저 댄다. 그러면서 '그저 적당한 수준'임에도 불구하고 '이만하면 괜찮지' 하며 스스로를 납득시키기 위해 많은 방법을 동원한다.

룬을 떠나 수십 년이 흐른 후, 나는 TV에서 '스시 장인: 지로의 꿈'이라는 다큐멘터리를 보았다. 오노 지로라는 도쿄의 스시 셰프 이야기로, 그의 식당은 미슐랭 3스타를 보유하며 세계에서 가장 예약하기 힘든 곳 중 하나다. 촬영 당시 그는 80대 후반이었는데 여전히 자신의 기술을 좀 더 완벽하게 만들기 위해 노력했다. 그는 '쇼쿠닌職人'의 살아 있는 화신으로 묘사되곤 했는데, 그것은 '대의를 위해 끝없이 완벽을 추구하는 장인'이라는 의미였다.

나는 그 다큐멘터리를 보면서 주인공인 오노 지로는 물론이고 '쇼쿠닌'이라는 개념에도 깊이 매료되었다. 2013년, 도쿄 출장길에 동료들을 대동하고 그 식당을 찾았다. 우리는 지로를 만났고 그는 우리를 위해 저녁식사를 준비했다. 나는 그가 35분에 걸쳐 19점의 아름다운 스시를 하나씩 하나씩 솜씨 좋게 배치하는 모습을 경외에 찬 시선으로 지켜보았다(식사 속도는 체온과 같은 온도의 밥으로 스시를 제공하려는 그의 헌신에 맞춰졌다. 시간이 너무 오래 걸리면 밥이 섭씨 37도에서 2도 정도 떨어지는데, 그는 그것을 받아들이지 못했다).

나는 그 다큐멘터리가 너무 맘에 들어서 디즈니 연수원에서 250명의 임원들에게 요약본을 보여주기까지 했다. 임원들이 지로의 예를 통해 내가 말하는 '완벽에 대한 집요한 추구'의 의미를 좀 더 잘 이해하길 바랐다. 그것이 바로 스스로 창출하는 결과물에 개인적으로 커다란 자부심을 갖는 길이며, 완벽을 향한 본성과 그에 따라 임무를 완수하는 노동관, 둘 다를 보유하는 길이기 때문이다.

길이가 좀 더 긴 스노클

룬과 나눈 대화 중 가장 기억에 남는 것이 있다. 입사 초에 나는 룬과 같은 층에서 일했다. ABC스포츠는 비교적 규모가 작은 편이었지만, 가장 말단이었던 나는 우연히라도 룬을 직접 만나볼 기회가 없었다. 복도에서 형식적으로 '굿모닝' 인사를 건넨 적은 있었지만, 그는 내가 무슨 일을 하는지도 모르는 것 같았다. 그러던 어느 날 화장실에서 소변을 보던 내 옆에 룬이 와서 서는 게 아닌가. 놀랍게도 룬은 내게 말까지 걸었다.

"어때, 일은 할 만한가?"

잠시 얼어붙어 입을 못 떼다가 나는 이렇게 답했다.

"글쎄요, 어떤 날에는 간신히 물 밖으로 머리만 내밀고 버티는 것조차 버겁다는 느낌도 듭니다."

룬은 나를 똑바로 쳐다보며 한 템포도 늦추지 않고 이렇게 말했다.

"길이가 좀 더 긴 스노클을 구하게나."

그러곤 볼일을 마치고 걸어 나갔다.

그는 변명을 용인하지 않았다. 나중에야, 그러니까 그와 더욱 긴밀하게 일하게 된 후에야 나는 '그는 아니오라는 대답을 거부한다'는 사람들의 말이 무슨 뜻인지 제대로 이해했다. 그가 만약 당신에게 무언가를 하라고 요구했다면, 그것은 '가능한 모든 방법을 총동원해서 그 일을 완수할 것으로 기대한다'는 뜻이었다. 당신이 돌아가서 시도했지만 완수할 수 없었다고 말하면, 그는 "다른 방법을 찾아보세요."라고 답할 것이다.

1979년 세계탁구선수권대회가 북한의 평양에서 열렸다. 하루는 룬이 나를 집무실로 호출했다. "평양의 탁구대회, 꽤 흥미로울 것 같지 않아? '폭넓은 스포츠 세계'에서 다뤄보는 게 어때?" 나는 그가 농담하는 것이라고 생각했다. 그 역시 북한의 스포츠 행사에 대한 취재권을 확보하는 일 자체가 불가능하다는 것을 분명 알고 있었다. 하지만 그는 농담이 아니었다.

나는 곧 취재권을 확보하기 위해 전 세계를 돌며 방법을 찾는 작업에 착수했다. 첫 번째 기착지는 웨일즈의 카디프였다. 거기서 국제탁구연맹 총재를 만났다. 그런 다음 거기서 (내가 북한에 들어가는 것이 허용되지 않았던 관계로) 베이징으로 날아가 북한 대표단을 만났다. 두어 달에 걸쳐 치열한 협상을 벌인 끝에 우리는 계약을 체결하는 데 합의했다. 그런데 도장을 찍기로 한 전날 밤, 미국 국무부의 아시아 담당부서에서 전화가 걸려왔다.

"당신이 그들과 함께 진행하고 있는 모든 것이 불법입니다." 담당자는 말했다. "북한과 그 어떤 거래도 금지하는 미국의 엄격한 제재를 위반하는 것이란 말입니다."

분명 막다른 길에 도달한 것처럼 보였지만, 나는 또한 룬을 떠올리지 않을 수 없었다. 그는 분명히 내게 다른 길을 찾아보라고 말할 것이 뻔했다. 다른 경로로 알아보니 미국 국무부는 우리가 북한에 입국하는 것을 반대하는 것이 아니었다. 그들은 사실 우리가 카메라를 들고 들어가 포착할 수 있는 북한의 모습을 최대한 찍어 나온다는 아이디어를 환영했다. 단지 우리가 취재권을 얻는 대가로 북한에 돈을 지불하거나 모종의 계약을 맺는 것을 허용하지 않을 뿐이었다. 내가 그 점을 북한의 대표단에게 설명하자, 그들은 불같이 화를 냈다. 모든 노력이 수포로 돌아가는 것처럼 보였다. 나는 결국 주최국인 북한이 아니라 국제탁구연맹을 통해 취재권을 확보하는 제2의 해결책에 도달했다. 북한 정부는 우리가 대가를 지불하지 않는 상황임에도 우리를 받아들이는 데 동의했고, 그럼으로써 우리는 수십 년 만에 처음으로 북한 땅을 밟는 최초의 미국 방송사가 되었다. 이것은 스포츠 방송 역사상 또 하나의 획기적인 사건이었다. 룬은 내가 그 일을 성사시키기 위해 얼마나 먼 길을 돌고 돌았는지 알지 못했지만, 그의 기대에 부응하고픈 나의 열망이 없었다면 내가 그렇게까지 뛰지는 않았으리라는 사실을 나 역시 잘 알고 있었다.

직원들에게 무언가를 수행하라고 지시하는 것과 실패에 대한 두려움을 주입하지 않는 것 사이에서 균형을 찾는 일은 결코 쉽지 않다. 당시 룬의 밑에서 일하던 나와 내 동료들 대부분은 그가 세운 기준에 부응하고자 노력했지만, 그는 그 어떤 변명도 용납하지 않았고 일이 불만족스럽게 진행되었을 경우 유난히 매섭고 다소 잔인한 방식으로 기습

공격을 가했다.

매주 월요일 아침이면, ABC스포츠의 고위임원들은 회의실 테이블에 모여 앉아 지난 주말의 방송 내용을 검토하고 금주의 방송에 대한 계획을 세웠다. 나머지 직원들은 임원들이 앉은 바깥쪽 가장자리에 원을 그리듯 둘러앉아 방영된 작품들에 대한 평가와 금주의 작업에 대한 지침이 내려지기를 기다렸다.

어느 날 아침, 그러니까 내가 '폭넓은 스포츠 세계' 팀에 합류한 초기이자 '좀 더 긴 스노클' 얘기를 들었던 무렵의 어느 날 아침, 룬이 회의실에 들어와 영국의 중거리 달리기 선수인 세바스찬 코Sebastian Coe가 노르웨이의 오슬로에서 열린 육상경기에서 1마일 세계 신기록을 세운 사실을 보도하지 못한 것을 놓고 전 직원에게 맹비난을 퍼붓기 시작했다. 우리는 통상 그런 것들을 훤히 파악하고 있었지만, 그 건은 예상치 못한 복잡한 일이 생기는 바람에 내가 제때 방송권을 확보하지 못해 놓친 것이었다. 나는 월요일 회의 때 분명히 지적받을 것이라고 생각했지만, 한편으로는 별 다른 언급 없이 넘어갈 수도 있다는 비현실적인 희망을 품기도 했다.

역시 그런 운은 따르지 않았다. 룬은 간부들을 쭉 둘러보며 그것이 누구의 잘못인지 알고 싶어 했다. 나는 방의 가장자리에서 손을 들고 나의 실수라고 말했다. 회의실에 일순 무거운 침묵이 흘렀다. 20여 명이 모두 나를 바라보았다. 누구도 아무런 말을 하지 않았고, 다음 사안으로 넘어갔다. 회의가 끝난 후 여러 명이 내게 다가와 소곤거렸다.

"아니, 대체 무슨 생각으로 그런 거야?"

"무엇을 말입니까?"

"왜 자기 잘못이라고 인정했느냐고?"

"무슨 뜻이죠?"

"여기선 아무도 그런 걸 인정하지 않는단 말이야."

룬은 그와 관련해 아무 말도 하지 않았지만, 그 이후로는 나를 다르게 대하는 것 같았다. 나를 약간 더 존중하는 쪽으로 바뀌었다는 뜻이다. 그 일을 통해 나는 일을 망쳤을 때 잘못을 인정하고 책임을 지는 것이 얼마나 중요한지 배웠다. 직장생활에서든 개인의 삶에서든, 성식하게 실수를 인정하면 주변 사람들이 당신을 더욱 존중하고 신뢰하게 된다. 살면서 실수를 저지르지 않을 수는 없다. 하지만 실수를 인정하고, 실수에서 배우고, 때로는 실수를 해도 괜찮다는 본보기가 되는 것은 가능하다. 용인할 수 없는 것은 거짓말하거나 자신을 보호하기 위해 다른 사람을 깎아내리는 행태다.

하지만 몇 년 후, 진정한 리더의 위치에 올랐을 때 나는 이와 연관된 교훈이 하나 더 있다는 사실을 깨달았다. 너무나 간단명료한 교훈이라 굳이 언급할 필요가 있을까 싶기도 하다. 그러나 현실에서는 놀라울 정도로 희귀한 행동방식이기도 하다. 그것은 바로 '사람을 존중하라'는 교훈이다. 모든 사람을 공감하는 자세로 공정하게 대해야 한다. 그렇다고 해서 당신의 기대치를 낮추거나 실수가 중요하지 않다는 메시지를 전하라는 의미는 아니다. 당신이 사람들의 말을 끝까지 들어줄 뿐 아니라 정서적으로 일관되고 공정하며, 잘못을 솔직하게 인정하는 사람에게는 두 번째 기회를 준다는 사실을 모두가 알고 느끼는 환경을 조성하라는 뜻이다(만약 자신의 실수를 인정하지 않거나 다른 누군가에게 덮어씌우거나 비윤리적인 행동방식에서 실수가 비롯된 경우라면, 얘기가 달라진다. 그것은 용인해서는 안 된다).

ABC스포츠에는 룬의 힐책을 두려워하는 사람들이 있었다. 그 결과 그들은 리스크 감수를 회피하거나 너무 무모한 짓을 벌이곤 했다. 나는 그렇지 않았지만, 다른 사람들이 그렇게 느낀다는 것을 알 수 있었다. 그들이 왜 그랬는지도 이해되었다. 룬은 변덕스러운 상사였다. 상사의 변덕은 시간이 갈수록 직원의 사기에 큰 타격을 준다. 그런 상사는 당신이 부서에서 가장 중요한 존재인 것처럼 느끼게 만들었다가 갑자기 비난을 퍼부으며 기를 죽일 수도 있고, 분명치 않은 이유로 당신의 등에 칼을 꽂을 수도 있다.

룬은 또한 직원들이 서로 경쟁하고 논쟁을 벌이도록 유도하곤 했는데, 나는 그것이 의도적인 전략인지 아니면 그저 그의 성격 탓인지 분간할 수가 없었다. 엄청난 재능과 성공에도 불구하고 룬은 마음이 불안정했으며, 그런 불안정으로부터 자신을 지키기 위해 주변 사람들에게 불안감을 조장했다. 직원들은 종종 그를 만족시키기 위해 더욱 열심히 일하기도 했다. 나름의 효과를 거둔 셈이다. 그러나 때때로 그는 나를 미칠 지경으로 몰아붙여 퇴사를 결심하게 만들기도 했다. 물론 그렇게 생각하는 직원이 나 혼자만은 아니었다.

하지만 나는 회사를 그만두지 않았다. 나는 룬이 자신의 권위를 행사하는 방식을 편안하게 받아들일 수 있었고, 그의 좋은 면에 대해서는 동기를 부여받고 나쁜 면에 대해서는 사적으로 상처받지 않기 위해 노력했다. 타고난 회복력도 한몫했지만, 룬 밑에서 일하며 그런 성향이 더욱 강력해졌다. 그리고 열심히 일하는 나 자신에 대해 자부심을 느꼈고, 특히 나보다 나은 배경에서 성장해 더 많은 교육을 받은 사람들과 함께 일하는 게 좋았다. 거기서 근본적으로 내가 다른 누구보다 일을 더 열심히, 더 잘할 수 있다는 사실이 내게는 중요했다. 그래서 나는 룬의 기분에 휘둘리는 대신 내가 하는 일과 내가 몸담은 직장의 긍정적인 면에 초점을 맞추었다.

나는 나중에, 지난 시절을 되돌아보면서 비로소, 우리가 성취한 많은 것들 중 상당수는 그토록 많은 대가를 치를 필요가 없었다는 사실을 깨달았다. 나는 룬의 '완벽 추구'에 동기를 부여받았고, 이후 그것을 나의 신조로 삼아왔다. 하지만 나는 그 과정에서 다른 것도 배웠다. '탁월함excellence과 공정함fairness은 서로 배타적일 필요가 없다'는 교훈이 바로 그것이다.

룬의 팀에서 일하던 그 시절에는 이런 식으로 명료하게 표현하지 못했을 것이다. 나는 그저 내 일을 잘하는 데 집중했을 뿐, 내가 룬의 입장이라면 무엇을 어떻게 다르게 할지에 대해서는 별로 생각하지 않았다. 그러나 세월이 흘러 조직을 이끌 기회가 주어지자 나는 완벽을 위해 노력해야 할 필요성과 사람은 제쳐놓고 제품에만 관심을 기울이는 행태의 위험성을 본능적으로 인식할 수 있었다.

2.
인재에 투자하다

BETTING ON TALENT

1985년 3월, 나는 34세였고 바로 얼마 전에 ABC스포츠 부사장으로 승진한 상태였다. 그 즈음에 ABC의 창립자이자 회장 겸 CEO인 레너드 골든슨Leonard Goldenson이 훨씬 더 작은 회사인 캐피털시티즈커뮤니케이션즈Capital Cities Communications에 ABC 전체를 매각하기로 결정했다. 통상 '캡시티즈'라 불리는 그 회사는 규모가 ABC의 1/4에 불과했는데, 35억 달러에 ABC를 인수했다. ABC의 모든 사람들은 이 발표에 눈과 귀를 의심했다. 캡시티즈 같은 회사가 어떻게 갑자기 (전국적인 방송망을 갖춘) 주요 공중파 TV 네트워크를 소유할 수 있단 말인가? 그들은 도대체 어떤 인물들인가? 어떻게 이런 일이 일어났는가?

그들은 톰 머피Tom Murphy와 댄 버크Dan Burke였다. 그들은 수년 전 캡시티즈를 창업해 뉴욕 주 올버니에서 작은 TV 방송국을 출범시킨 후 인수에 인수를 거듭하며 성장해왔다. 톰의 절친 워런 버핏Warren Buffett이 35억 달러의 거래를 지원한 덕분에 그들은 자신들보다 훨씬 더 큰 회사를 집어삼킬 수 있었던 것이다(톰은 당시 자신들을 '고래를 삼킨 피라미'라고 표현했다).

톰과 댄은 방송계 출신이 아니었다. 당연히 우리 눈에 그들은 삼류였다. 그들은 지역 TV, 라디오 방송국, 중형 신문사 몇 곳을 포함한 성장세의 출판 사업을 보유했다. 그들은 성당에 다니는 가톨릭 신자였으며(캡시티즈 뉴욕 지사는 매디슨 애비뉴에 있는 뉴욕 가톨릭 대교구 소유 건물에 위치했다), 전국방송 네트워크 경험이 없었고, 할리우드와도 친하지 않았으며, 극단적인 구두쇠 전략을 펴는 것으로 유명했다. 우리는 회사가 넘어간 뒤 어떤 일이 일어날지 전혀 몰랐지만, 기존에 익숙했던 모든 것이 바뀌리라는 것만은 분명했다.

매각 계약은 1986년 1월에 완료되었다. 얼마 후 톰과 댄은 피닉스에서 사장단 연수회를 열었다. 나는 부사장이어서 초대받지 않았지만, 거기서 돌아온 다른 ABC 임원들로부터 톰과 댄의 촌스러운 조직운영 방식과 그들이 추구하는 소박한 가치 등에 대한 불만과 조소를 수없이 들었다. 나 역시 나중에야 우리가 모두 속물적인 냉소주의에 빠져 있었음을 깨달았다. 이후 몇 년 동안, 그러한 '촌스럽고 소박한' 전통은 사내에 진정한 동지애를 형성하는 데 많은 도움이 되었다. 할리우드에 대한 톰과 댄의 알레르기는 ABC의 많은 임원들이 초기에 걱정한 것과 달리 세련되지 못함을 의미하지도 않았다. 그것은 그들의 본질을 보여주는 한 요소일 뿐이었다. 그들은 현란함에는 아무 관심 없었고 오직 일에만 초점을 맞추며 허튼짓을 하지 않는 비즈니스맨들이었다.

하지만 거대한 엔터테인먼트 회사를 운영하는 일은 이전에 해본 적이 없으니 문외한이나 마찬가지라는 점은 사실이었다. 우선, 그들은 세계적인 수준의 인재를 관리해본 적이 없었다. 그런 미숙함은 룬과의 관계에서 여실히 드러났다. 캡시티즈가 ABC를 인수하던 당시 룬은 ABC스포츠와 ABC뉴스 두 부문을 모두 책임지고 있었다. ABC뉴스는 1977년 시청률이 바닥을 치자 룬의 손에 맡겨졌다. 그는 ABC스포츠에서 그랬던 것처럼, 존경받는 유명 앵커를 영입해 일련의 뉴스쇼에 배치하는 것으로 ABC뉴스에 대변혁을 일으켰다. 피터 제닝스Peter Jennings, 바버라 월터스Barbara Walters, 테드 코펠Ted Koppel, 다이앤 소여Diane Sawyer 등이 바로 그들이다. 그리고 '20/20'과 '월드 뉴스 투나이트', '나이트라인' 등의 프로그램을 신설했다. 이들 뉴스쇼는 ABC가 이란 인질 위기를 전격 보도함으로써 인기를 끌기 시작했다. 그는 또한 스포츠 방송을 키울 때와 마찬가지로 가차 없는 경쟁의식과 매력적인 시각적 감성을 뉴스 보도에 도입했다.

톰과 댄은 룬을 존경했고, 그의 재능과 명성을 익히 잘 알고 있었다. 하지만 그들은 또한 룬에게 다소 겁을 먹기도 했다. 룬은 그들에게 익숙하지 않은 언어를 사용했고, 잘 모르는 세상에서 움직였으며, 그런 부분을 자신에게 유리하게 이용했다. 룬은 그들과 거리를 두었으며 때때로 대놓고 비판했다. 종종 회의에 늦게 모습을 드러냈고 종종 (그가 보기에) '회계통'에 불과한 그들이 내놓은 일부 방침을 노골적으로 무시하기도 했다.

"실은 떠나겠다는 얘기를 하러 온 겁니다."

그 시절 나는 ABC스포츠 출신으로 여전히 자리를 지키던 마지막 몇 사람 중 하나였다. 룬은 그런 나에게 종종 위로를 건넸다. 일과가 끝날 시간이면 룬의 비서에게서 전화가 걸려오는 일이 잦았다. 나에게 ABC뉴스로 건너오라는 전갈이었다. 내가 도착하면 룬은 자신이 애호하는 이탈리아 산 화이트와인을 꺼내놓았다. 에미상 트로피들이 벽면을 메운 그의 사무실에 그렇게 자리 잡고 나면, 룬은 톰과 댄이 어떤 식으로 자신의 스타일을 망쳐놓고 있는지 불평불만을 쏟아내곤 했다.

"도통 이해를 못해. 그런 식으로 도대체 어떻게 성공하겠다는 건지…."

룬은 '위대함'을 추구하는 과정에서 비용을 아껴서는 안 된다고 믿었으며, 자신이 일하는 방식을 예산에 맞게 바꿔야 한다는 말을 듣기 싫어했다. 그는 수익성을 별로 신경 쓰지 않았지만, 경영진의 압박을 받으면 언제나 그때까지 자신이 벌어들인 수입을 거론하며 제작비를 넉넉하게 늘려야 더욱 놀라운 프로그램이 만들어질 뿐 아니라 광고주들이 너도나도 달려드는 세련됨과 화려함의 아우라가 창출된다고 강조했다.

톰과 댄은 그런 식으로 일하지 않았다. 그들은 계약서에 날인을 하자마자 우리가 그동안 누려왔던 모든 특전을 없앴다. 더 이상 ABC 본사 앞에 줄지어 경영진을 기다리던 리무진을 볼 수 없었고, 콩코드나 일등석을 타고 출장 가던 관행도 사라졌으며, '한도 없는 비용 계정'이라는 것도 용인되지 않았다. 톰과 댄 역시 이러한 방식이 ABC 구성원 대부분이 받아들이고 싶지 않은 방식이라는 점을 잘 알았다. 수익이 갈수록 줄어들고 있었으며, 경쟁이 더욱 가열되고 있었다. 심지어 사내에서도 스포츠 전문 케이블 방송인 ESPN이 자리를 잡아가고 있었다(결국 ESPN의 성장은 ABC스포츠에 직접적인 영향을 미친다).

톰과 댄은 단순히 '도통 이해를 못하는' '소박한' 사람들이 아니었다. 그들은 바람이 어느 쪽으로 부는지를 감지한 기민한 사업가였다(참고로 그들은 과감하게 돈을 써야 하는 부분에 대해서는 주저 없이 그렇게 했다. 그리고 누구보다도 룬이 그런 부분의 혜택을 많이 받았다. ABC뉴스에 완전한 올스타 팀을 갖추기 위해 CBS의 다이앤 소여와 NBC의 데이비드 브린클리David Brinkley를 영입할 때 특히 그랬다).

그들이 ABC를 인수한 후 처음으로 한 일 중 하나는 룬이 스포츠 부문과 뉴스 부문 중 하나만 맡도록 조치한 것이다. 그들은 룬에게 선택권을 주었고, 그는 뉴스 부문을 택하며 한 가지 예외적인 조건을 관철시켰다. 캘거리에서 열릴 1988년 동계올림픽 중계는 본인이 책임 프로듀서를 맡는다는 조건이었다.

나는 그렇게 공석이 된 ABC스포츠 책임자 자리가 내부 승진으로 채워질 것이라고 생각했다(그리고 내가 그 자리에 오를 가능성도 있다고 조금 기대했다). 하지만 톰과 댄은 대신 데니스 스완슨Dennis Swanson을 데려왔다. ABC 산하 지역 TV 방송국 예닐곱 개를 관리하던 인물이었다(자타 공인 데니스의 가장 큰 자랑은 1983년 시카고에서 오프라 윈프리Oprah Winfrey를 TV에 출연시킨 인물이 바로 자신이라는 것이었다).

하룻밤 새에 나는 역사상 가장 성공한 스포츠 TV 경영자 밑에서 일하다가 전국방송 네트워크나 스포츠 방송에서 1분도 일해본 적 없는 사람을 모시게 되었다. 내가 전에 모시던 상사 짐 스펜스Jim Spence 역시 룬의 자리를 넘겨받을 것으로 기대되던 인물 중 한 명이었다. 톰과 댄이 데니스를 데려오겠다고 발표하자 짐은 사표를 던졌고, 다른 고위 임원 몇 명도 그 뒤를 따랐다. 짐은 인재 에이전시 ICM으로 자리를 옮겨 스포츠 부문을 신설했다. 나는 그대로 자리를 지키며 모종의 기회가 열리기를 바랐다. 하지만 데니스 밑에서 얼마간 일한 후에 나는 짐에게 전화를 걸어 더 이상 내게 남은 게 아무것도 없는 것 같아 나가야겠다고 말했다. 짐은 ICM으로 넘어와 자신의 팀에 합류해달라고 요청했고, 우리는 신속하게 계약조건을 도출했다. 나는 ABC와의 계약에 묶여 있었지만 그들이 나를 풀어줄 것으로 생각해 다음 날 데니스에게 알려야 겠다고 결심했다.

데니스에게 면담을 요청하기 전에, 그가 스포츠 부문의 경영에 도움을 받기 위해 데려온 ABC 인적자원부 부장 스티브 솔로몬Steve Solomon과 먼저 얘기를 나눴다. 나는 스티브에게 회사를 떠날 계획이라고 말했다. 그러자 스티브는 "먼저 데니스와 얘기를 나눠보세요. 데니스에게 다른 아이디어가 있는 것으로 알고 있거든요."라고 말했다. 그러고 나서 내가 데니스의 사무실에 들어서자 그가 이렇게 말했다.

"밥, 좋은 소식이 있습니다. 당신을 프로그래밍 담당 수석 부사장으로 승진시킬 겁니다. ABC의 모든 스포츠 프로그램에 대한 청사진을 만들어주길 바랍니다."

나는 몹시 당혹스러워하며 이렇게 말했다.

"실은 떠나겠다는 얘기를 하러 온 겁니다."

"떠난다고요?"

"여기에 더 이상 내가 나아갈 길이 남아 있는가 하는 의문이 들었습니다."

나는 짐 스펜스가 ICM에서 스포츠 부문을 출범시켰고, 그래서 거기 합류하기로 결정했다고 설명했다.

"실수하시는 것 같은데요." 데니스가 말했다. 그는 우선 회사가 계약을 풀어줄지 의문이라고 했다. "이것은 당신에게 큰 기회입니다. 밥, 나는 당신이 이 기회를 그냥 날려버려선 안 된다고 생각해요." 그는 하루만 더 생각해보고 답을 달라고 했다.

그날 밤 나는 집에 돌아와 당시의 아내 수전Susan과 긴 대화를 나누었다. 우리는 데니스 밑에서 일하는 상황에 대한 불안감과 새로운 일자리의 잠재력을 놓고 저울질을 했다. 우리는 두 딸에 대해서도, 내가 잘 아는 곳에 머무는 경우의 안정성과 새로운 모험을 시작하는 경우의 리스크에 대해서도 얘기를 나누었다. 결국 나는 머물기로 결정했다. ABC 스포츠가 그동안 내게 그토록 좋은 직장이었고 그런 그곳을 아직 포기할 준비가 되어 있지 않았기 때문이었다.

우리의 경력과 삶에는 분명 변곡점 같은 순간이 존재하지만, 그런 순간이 매번 그렇게 명백하게, 또는 극적으로 드러나는 것은 아니다. 나 역시 내가 올바른 결정을 내리는 건지 확신이 서질 않았다. 내가 아는 곳에 머무르는 것이 필경 더 안전하긴 할 터였다. 하지만 나는 또한 자존심에 상처를 입었다거나 데니스와 관련해서 내가 모종의 우월감을 느꼈다는 것과 같은 이유로, 너무 충동적으로 회사를 떠나고 싶지는 않았다. 내가 기어코 떠난다면, 그것은 절대로 거절할 수 없는 대단한 기회가 생겼을 경우여야 했다. ICM의 일자리는 그런 기회가 아니었다.

데니스의 제안에 따라 계속 그와 함께 일하기로 한 것은 결국 내가 경력을 밟아오는 가운데 내린 최상의 결정이었다. 나는 곧 내가 그를 완전히 잘못 평가하고 있었다는 사실을 알게 되었다. 그는 정감이 넘치고 재미있는 사람이었다. 그의 에너지와 낙관주의는 전염성이 있었다. 그리고 결정적으로 그는 자신이 무엇을 모르는지 알았을 뿐 아니라 모른다는 것을 인정할 줄도 아는 사람이었다. 이는 상사들에게서 보기 드문 특성이다.

대개 데니스와 같은 입장에 처하면 일종의 작위적 권위나 지식을 뽐내며 전국방송 네트워크에 대한 자신의 경험부족을 덮으려 과도하게 애쓰기 십상인데, 그는 그런 사고방식을 가진 인물이 아니었다. 같이 앉아 회의할 때 모종의 사안이 불거지면 데니스는 허세를 부리며 상황을 넘기려 하는 대신 자신이 모르는 부분이라고 솔직하게 밝히고, 나나 여타의 참석자에게 도움을 청하곤 했다. 그는 고위임원들과의 회의석상에서도 종종 내게 대화의 주도권을 넘겨주고 물러나 앉곤 했으며, 기회가 생길 때마다 톰과 댄에게 나의 장점을 극찬하곤 했다. 동계올림픽 방송에 대한 사전준비 기간에는 우리의 계획에 대한 프레젠테이션을 나에게 맡아달라고 부탁했다. 최고경영진을 모시고 진행하는 프레젠테이션 말이다. 그것은 나에게 엄청난 기회였고, 또한 결코 자신을 내세우지 않는 데니스의 방식을 보여주는 완벽한 사례였다.

천성적으로 관대한 사람, 그것이 그의 참모습이었다. 하지만 그것은 또한 톰과 댄이 창출한 조직문화 덕분이기도 했다. 톰과 댄은 내가 만나본 사람 중에서 가장 믿을 만한 사람들이었다. 절제가 필요한 수준의 야욕도 없고 거만함도 없고 거짓도 없는, 항상 진실한 사람들이었다. 누구와 대화를 나누든 일관되게 정직하며 솔직한 태도를 취했다. 그들은 상황판단이 빠른 사업가였지만(워런 버핏은 나중에 그들에 대해 "경영계에서 이제껏 본 적이 없고 앞으로도 나올 일이 없을 최상의 콤비"라고 평가했다), 거기서 그치지 않았다. 나는 그들에게서 진징한 예의범절과 직업적 경쟁력이 상호 배타적인 것이 아님을 배웠다. 실제로 진정한 고결함(자신의 참모습을 알고, 옳고 그름에 대한 명료한 인식을 바탕으로 처신하는 자세)은 일종의 비밀병기다. 그들은 자신들의 본능을 믿고 주위 사람들을 존중했으며, 시간이 흘러감에 따라 스스로 삶의 신조로 삼아온 가치들을 회사 경영에도 반영하기 시작했다. 당시 우리 중 다수는 경쟁사로 이직할 경우 챙길 수 있는 돈보다 적은 연봉을 받고 있었다. 모두 그들이 인색하다는 사실을 잘 알았지만 떠나지 않고 회사에 머물렀다. 그 두 인물에게 그토록 충의를 느꼈기 때문이다.

그들의 사업전략은 매우 단순했다. 비용관리에 고도로 주의를 기울이면서 중앙집권형이 아닌 분산형 조직의 가치를 믿었다. 모든 핵심적인 결정을 반드시 최고위경영진이나 본사의 소규모 전략가들이 내려야 한다고 생각하지 않았다는 뜻이다. 그들은 똑똑하고 품위 있고 열심히 일하는 사람들을 고용해 막중한 책임을 져야 하는 자리에 앉혔고, 대신 자율성을 보장하며 일하는 데 필요한 지원을 아끼지 않았다. 또한 직원들이 항상 쉽고 편하게 다가갈 수 있도록 시간을 엄청나게 후하게 내주었다. 때문에 경영진을 비롯한 구성원 대부분이 그들의 우선순위가 무엇인지 명확히 이해하고 있었고, 언제나 중요한 일에 집중할 수 있었다.

최악의 조건에서 만들어낸 최고의 시청률

1988년 2월, 우리는 동계올림픽을 중계하고 보도하기 위해 캘거리로 날아갔다. 앞서 협의된 조건에 따라 룬이 책임 프로듀서를 맡았고, 나는 수석 프로그램 책임자 역할을 수행했다. 수석 프로그램 책임자는 장기간의 사전준비에서부터 모든 중계방송 프로그램의 복잡한 편성, 올림픽조직위원회 및 전 세계 다양한 정부기관과의 협상과 의사소통 등을 책임지는 자리였다. 룬은 개막식 며칠 전에 캘거리에 모습을 드러냈고, 나를 자신의 스위트룸으로 불렀다.

"어때? 준비는 잘되고 있나?" 그가 물었다.

우리가 함께 일한 지 2년이 지났지만, 표면적으로 달라진 것은 전혀 없는 것 같았다. 좋은 쪽으로든 나쁜 쪽으로든 말이다. 우리는 개막식 전날 밤 3시간에 걸쳐 올림픽 '미리 보기'를 방영하기로 했고, 나는 그 시점까지 몇 주 동안 룬이 거기에 집중하도록 만들기 위해 노력해왔다. 그는 캘거리에 도착한 후 마침내 방송 예정일 전날 밤에 그것을 보았다.

"다 잘못됐어." 그가 말했다. "너무 밋밋하잖아. 긴장도, 흥분도 느낄 수 없고."

팀 전체가 그의 지적사항을 프로그램에 반영하느라 밤을 꼬박 샜다. 코앞에 닥친 방송 시간을 맞추려면 다른 방법이 없었다. 물론, 그가 옳았다. 그의 스토리텔링 감각은 여전히 예리했다. 하지만 꼭 이런 식으로 극심한 스트레스를 유발하며 일을 추진해야 하는가? 적시에 피드백을 주지 않는 한 사람의 태도가 어떤 식으로 조직에 불필요한 중압감과 비효율을 야기하는지 절감했다.

우리는 캘거리 외곽에 있는 휑뎅그렁한 창고에 현장 운영본부를 차렸다. 우리는 창고 내부에 소형 건물 몇 채를 세우고 트레일러도 몇 대 들여놓아 다양한 연출, 기술 인력을 수용했다. 부조정실도 그곳에 있었는데, 룬이 사령탑에 앉았고 나는 뒷줄에서 물류를 관리했다. 부조정실 뒤로는 VIP를 위해 유리로 벽을 두르고 소파와 탁자를 놓은 부스도 마련되었다. 올림픽 기간 내내 톰과 댄을 위시하여 몇몇 이사회 임원들과 게스트들이 종종 그 부스에서 시간을 보내며 우리가 일하는 모습을 지켜보곤 했다.

처음 며칠은 별 문제없이 흘러갔지만 모든 것이 하룻밤 새에 바뀌었다. 강한 치누크 바람(chinook wind, 북미의 로키 산맥을 넘어 부는 바람-옮긴이)이 몰려와서는 기온을 섭씨 15도 윗선으로 끌어올렸다. 알파인 코스의 눈과 봅슬레이의 얼음이 녹아버렸다. 취소되는 경기가 속출했고, 예정대로 진행되는 경기조차 짙은 안개 때문에 카메라에 제대로 담아낼 수 없었다.

그다음 며칠 동안 매일 아침 나는 그날 저녁에 우리가 무엇을 방송에 내보내게 될지를 거의 모르는 상태로 부조정실에 도착했다. 낙관주의가 절실한 순간이었다. 상황은 확실히 끔찍했지만, 나는 그것을 재앙이 아니라 풀어야 할 퍼즐로 보고 우리 팀이 이러한 문제를 해결하고 멋진 무언가를 도출해낼 만큼 재능 있고 민첩하다는 점을 모두에게 인지시킬 필요가 있었다.

먼저, 가장 큰 도전은 황금시간대를 채울 프로그램을 찾는 것이었다. 고가의 올림픽 경기로 채워지던 그 시간대에 큰 구멍이 뚫린 상태였다. 이것은 그렇지 않아도 일정을 조정하느라 코가 석 자나 빠진 올림픽위원회를 다시 상대해야 한다는 것을 의미했다. 나는 이미 게임이 시작되기 전에도 그들을 상대로 과욕을 부린 적이 한 번 있었다. 하키 토너먼트 조 추첨에 관한 것이었다.

원래 조 추첨 결과는 미국이 처음 두 경기를 세계에서 가장 상대하기 벅찬 두 팀과 갖는 것으로 나왔다. 나는 그 두 경기 모두에서 미국이 질 것이고, 그렇게 되면 미국 시청자들의 관심 역시 나락으로 떨어질 것으로 생각했다. 그래서 전 세계를 돌며 각국의 하키연맹 및 올림픽위원회에 조 추첨을 다시 하도록 일일이 설득했다. 그렇게 해서 하키 토너먼트 조 추첨을 새로 하게 되었고, 이미 미운털이 박힌 나는 캘거리 올림픽조직위원회에 하루에도 수차례 전화를 걸어 경기일정을 변경해 달라고 부탁하고 있었다. 황금시간대에 보여줄 빅 이벤트를 구하기 위해서였다.

매일 저녁 방송 내용을 정하기 위해 룬과 갖는 회의는 거의 코미디나 다름없었다. 그는 매일 오후에 부스로 와서 "오늘 밤엔 뭘 내보낼 건가?"라고 물었다. 그러면 나는 "음, 루마니아와 스웨덴의 하키 시합이 있습니다."라는 식으로 대답하고 변경된 일정을 쭉 나열하곤 했다. 물론 나름대로 많은 노력을 기울였지만 황금시간대를 채울 이벤트는 종종 부족했다. 방송에 내보낼 빅 이벤트가 없을 때는 일단의 프로듀서들을 밖으로 내보내 시청자의 흥미를 불러일으킬 만한 스토리를 발굴해오게 했다. 그렇게 구해온 소재로 특집 프로그램을 만들어 비는 시간을 채웠다. 그중 자메이카 봅슬레이 팀은 거의 '신의 선물'과도 같았다. 70m와 90m 스키점프에서 꼴찌로 경기를 마친 영국의 돈키호테 스키점퍼 '독수리' 에디도 마찬가지였다. 매 순간이 아슬아슬한 줄타기였지만 재미도 있었다. 그리고 상황을 이겨내는 유일한 방법이 고도의 집중력을 발휘하며 주변 사람들을 최대한 평온하게 대하는 것임을 알게 되었고, 매일의 도전을 맞이하는 일은 만족스럽기도 했다.

어쨌든 우리의 임시방편은 모두 좋은 효과를 거두었다. 시청률이 사상 최고를 기록했다. 톰과 댄은 기뻐했다. 즉흥적으로 만들어진 드라마가 많이 추가되었지만, 캘거리 올림픽은 스포츠 TV에 대한 룬의 치세에 꼭 알맞은 마무리를 안겨주었다. 또한 그것은 ABC가 42년 동안 주관방송사로 참여하며 치른 마지막 올림픽이기도 했다. 우리는 캘거리 동계올림픽 이후에 더 이상 독점 중계권을 보유하지 않았다.

마지막 날 밤, 방송을 마친 후 몇몇이 부조정실에 모여 앉아 샴페인을 마시며 그간의 노력에 건배하고 아슬아슬하게 방송사고를 피한 무용담을 나누었다. 이윽고 하나둘 자리를 떠나 호텔로 향했지만 나는 마지막까지 부조정실에 남아 한동안 거기에 머물며 그 모든 일이 끝난 후의 적막과 고요를 들이마셨다. 얼마 후 나는 불을 끄고 집으로 향했다.

나 자신에게 증명해 보이고 싶은 것들

올림픽이 끝나고 몇 주 후, 톰과 댄으로부터 사무실로 와보라는 연락이 왔다.

"당신에 대해 더 잘 알고 싶어 보자고 한 겁니다."

톰이 말했다. 그들은 캘거리에서 나를 면밀히 지켜보았으며 내가 압박에 시달리는 상황에서도 침착함을 잃지 않는 모습에 감명을 받았다고 했다.

"현재 우리가 몇 가지 새로운 구상을 좀 하고 있거든요."

댄이 말했다. 그러면서 나를 눈여겨보고 있다는 사실을 알아주기 바란다고 덧붙였다. 내 머릿속에 든 첫 생각은 어쩌면 내가 ESPN의 최고위직에 오를지도 모른다는 것이었다. 하지만 그 미팅이 있고 얼마 지나지 않아 그들은 ABC TV의 수석 부사장에게 그 자리를 주었다. 또 한 번 물먹었다는 생각에 실망하고 있던 나에게 건너오라는 그들의 전화 연락이 왔다. 그들은 내게 공석이 된 TV 부문 수석 부사장 자리를 제안했다.

"그 일을 잠시만 좀 맡아주기 바랍니다." 댄이 말했다. "사실 우리한테 더 큰 계획들이 있거든요."

나는 그 계획들이 무엇인지 몰랐지만 내게 막 주어진 그 직위(ABC TV의 넘버 투)도 서른일곱의 나이에는 꽤 대단하게 느껴졌다. 주로 스포츠 부문에서만 경력을 쌓았는데, 이제는 네트워크 전체의 비즈니스를 관리하는 것은 물론이고 낮 시간과 밤 시간, 그리고 토요일 아침 시간대의 TV 방송을 책임지게 되는 것이었다. 나는 그 일이 어떻게 돌아가는지 전혀 몰랐지만, 톰과 댄은 내가 그 직무를 배워서 익힐 수 있을 것으로 확신하는 것 같았다.

경력 전반에 걸쳐 나는 항상 모든 기회에 본능적으로 '예스'라고 답했다. 어느 정도는 흔해빠진 야망 때문일 수도 있다. 나는 위로 올라가 더 많은 것을 배우고 실행해보고 싶었고, 그렇게 할 수 있는 어떤 기회든 포기하고 싶지 않았다. 하지만 그와 더불어 익숙하지 않은 일도 잘 해낼 수 있다는 것을 나 자신에게 증명해 보이고 싶었다.

톰과 댄은 그런 측면에서 완벽한 보스였다. 그들은 경험보다 능력을 높이 평가한다고 입버릇처럼 말했으며, 직원들에게 기존에 해왔던 것보다 더 많은 역량이 필요한 역할을 맡아보는 것이야말로 중요하다고 강조했다. 경험이 중요하지 않다는 게 아니라 (그들의 표현대로) "두뇌에 투자하기 위해" 그러는 것이었다. 그들은 재능 있는 사람들을 성장할 수 있는 자리에 앉히면 설령 익숙하지 않은 영역일지라도 성공적으로 이끌 것이라고 믿었다.

톰과 댄은 그렇게 나를 조직의 핵심층으로 끌어들였다. 의사결정 과정에 나를 참여시켰고, ABC엔터테인먼트 사장으로 황금시간대를 책임지던 브랜든 스토다드Brandon Stoddard를 포함한 중역들에 대한 비밀을 내게 털어놓았다. 브랜든은 TV 방송에 대한 감각이 탁월한 재능 있는 경영자였지만, 엔터테인먼트 업계에서 성장한 다른 많은 사람들처럼 기업이라는 조직에서 일하기에 적절한 성품은 아니었다. 브랜든은 할리우드에 빠삭했고, 그가 보기에 톰과 댄은 일에 대해 아무것도 모르는 '양복쟁이들'이었다. 그는 톰과 댄에 대한 경멸을 감출 수 없었고, 회사 운영방식에 적응하려 하지도 않았으며, 그들의 배경을 이해하려는 노력조차 기울이지 않았다. 톰과 댄은 당연히 그의 그런 태도에 갈수록 실망하지 않을 수 없었고, 시간이 지남에 따라 서로에 대한 불신과 적개심이 커져갔다.

어느 금요일 아침, 댄이 웨스트 66번가 ABC 본사 구내식당에 앉아 있던 내 앞으로 다가왔다. 거의 매일 그와 나는 다른 직원들보다 먼저 출근했고, 종종 구내식당에서 만나 돌아가는 상황에 대해 이야기를 나누곤 했다. 그는 테이블 맞은편에 아침식사 트레이를 내려놓고 앉으며 말했다.

"톰이 오늘 LA로 날아가요. 왜 그런지 알아요?"

"아니요. 무슨 일로 가시는데요?"

"브랜든 스토다드를 해고하러 가는 거예요."

완전히 충격적인 소식이라고 할 수는 없었지만, 그동안 그를 대체할 계획에 대해 전혀 들은 바가 없었던 터라 다소 놀라지 않을 수 없었다. ABC엔터테인먼트의 사장을 해고한다는 소식은 분명 할리우드에서 빅뉴스가 될 것이었다.

"그런 다음엔 어쩌시려고요?" 내가 물었다.

"글쎄, 아직은 잘 모르겠지만⋯." 댄이 답했다. "뭐, 곧 방법이 나오겠지요."

톰은 그 금요일에 브랜든을 해고했다. 댄은 주말에 톰을 만나러 LA로 날아갔다. 월요일 저녁, 퇴근해 있던 내게 댄이 전화를 했다.

"밥, 뭐하고 있나요?"

"딸아이들 저녁 만들어주고 있었어요."

"내일 아침에 이리로 좀 와주었으면 하는데, 괜찮아요?"

나는 그렇게 하겠다고 답했다. 그러자 그가 말했다.

"비행기 타기 전에 알아야 할 게 있어요. 당신이 엔터테인먼트 부문을 맡아주길 바란다는 거요."

"네?"

"당신이 ABC엔터테인먼트의 사장이 된다는 거예요. 자세한 얘기는 이리로 와서, 만나서 합시다."

다음 날 아침, 나는 곧장 LA로 날아가 그들을 만났다. 브랜든과 힘겨운 싸움을 벌였노라고, 그들은 말했다. 그리고 주말 내내 그를 대체할 만한 여러 인물들을 검토하고 논의했다고 했다. 한 가지 방안은 그 자리를 ABC의 연구조사 책임자인 앨런 워첼Alan Wurtzel에게 맡기는 것이었다. 그들은 그만큼 앨런을 좋아하고 존중했다. 그래서 코미디 담당 책임자에서 드라마 담당 책임자로 막 승격시킨 스튜 블룸버그Stu Bloomberg에게 그 방안에 대한 의견을 물었다. "그렇게 하시면 안 됩니다." 스튜가 그들에게 말했다. "창의성이 요구되는 자리입니다. 그런 자리를 연구조사 책임자에게 맡겨서는 안 됩니다." 그래서 그들이 다시 물었다. "그러면 밥 아이거에 대해서는 어떻게 생각하나?" 스튜는 나를 잘 모르지만 내가 올림픽 방송 현장에서 보여준 능력에 감명받았고, 사람들이 모두 나를 좋아하고 존경하는 것으로 안다고 답했다. 스튜는 또한 내 밑에서라면 기꺼이 일할 수 있을 것 같다고 말했고, 그것으로 충분했다.

"우리는 당신이 그 자리를 맡아주길 원해요."

톰이 말했다. 나는 잠시 우쭐한 기분이 들었지만, 이 결정이 그들로서는 큰 리스크를 감수하는 것임을 알고 있었다. ABC엔터테인먼트의 책임자가 엔터테인먼트 업계 출신이 아닌 경우는 회사 역사상 처음이었다. 어떤 방송사든 할리우드 출신이 아닌 인물에게 그런 자리를 맡긴 선례가 있었는지조차 확신할 수 없었다.

"저에 대한 신뢰에 먼저 감사드립니다." 그들에게 말했다. "하지만 저는 대학에서 TV 대본 과목을 수강한 이후로 대본 한 장 읽어본 적이 없습니다. 제가 잘 모르는 사업부문입니다."

그들은 평소와 같이 자애로운 방식으로 응답했다.

"에이, 밥! 아주 잘해낼 거예요." 톰이 말했다. 댄도 거들었다.

"여기서 살아남길 바라요, 밥. 이 일을 훌륭히 해내고 훈장 달고 다닙시다!"

나는 그날 저녁 스튜 블룸버그, 테드 하버트Ted Harbert와 함께 식사를 했다. 두 사람은 ABC의 황금시간대 라인업을 책임지고 있었다. 우리는 나의 지휘 하에 그 두 사람이 동일한 2인자 자격으로 부문을 양분해서 총괄 운영하는 계획을 세웠다. 테드는 방송 프로그램 편성을 맡고, 스튜는 프로그램 개발을 맡는 것이었다. 그들은 엔터테인먼트 업계의 노련한 베테랑들이었고, 특히 스튜는 '케빈은 12살 The Wonder Years'과 '로잔느 Roseanne' 등 근래의 ABC 성공작 다수를 이끌어낸 인물이었다. 일에 관해서만큼은 누구나 인정하는, 즉 아무것도 모르는 신참 보스를 조금은 무시해도 괜찮을 만한 인재들이었다.

하지만 그들은 내가 지금까지 함께 일한 그 누구에게도 뒤지지 않을 정도로 나에 대한 지원을 아끼지 않았다. 그들의 그런 열성적인 지원은 함께 식사를 한 그 첫날 저녁부터 개시되었다. 나는 그 자리에서 그들의 도움이 필요하다고 솔직히 밝혔다. 그들은 해당 부문을 잘 알았지만 나는 몰랐다. 하지만 우리의 운명은 이제 서로 얽히게 되었고, 나는 내가 업무를 제대로 익힐 때까지 그들이 기꺼이 인내해주길 바랐다.

"걱정 마세요, 밥. 가르쳐드릴게요." 스튜가 말했다. "아주 멋진 나날이 될 거예요. 우리를 믿으세요."

나는 뉴욕으로 돌아와 아내와 함께 앉았다. 사실 LA행 비행기에 오르기 전에 나는 최종결정은 아내와 상의한 후에 내리겠다고 말했고 톰과 댄도 그에 동의했다. 그 직위를 받아들이는 것은 곧 LA에서 살아야 한다는 것을 의미했다. 우리는 뉴욕에서의 삶을 사랑하고 있었다. 얼마 전에 아파트 개보수도 완료했고, 두 딸은 훌륭한 학교에 다니고 있었으며, 우리 부부의 가장 친한 친구들도 모두 뉴욕에 살고 있었다. 수전은 WNBC에서 뉴스 부문 책임 프로듀서로 일하고 있었고, 다른 곳에 가서 사는 것을 그 무엇보다도 싫어하는 뉴요커였다. 나는 이것이 그녀에게 너무나 어려운 결정이라는 것도, 마음속으로는 옮기고 싶어 하지 않으리라는 것도 잘 알았다. 하지만 아내는 믿을 수 없을 정도로 내게 힘을 실어주었다.

"인생은 모험이야." 아내는 말했다. "모험의 길을 선택하지 않으면 제대로 사는 게 아니지."

    목요일인 다음 날, 톰과 댄은 내가 ABC엔터테인먼트의 새로운 책임자가 된다고 공식발표했다. 3일 후 나는 LA로 날아가 새로운 직무에 돌입했다.

3.
모르는 것은 배우고
행하는 것은 믿는다

KNOW WHAT YOU DON'T KNOW(AND TRUST IN WHAT YOU DO)

물론 낙하산 없이 뛰어내리는 것은 아니었다. 하지만 처음에는 많은 부분이 자유낙하처럼 느껴졌다. 나는 스스로 되뇌었다. 새로운 직무다. 저들은 내가 이 사업부문을 호전시키길 기대한다. 나의 무경험은 실패의 변명이 될 수 없다.

그렇다면 이런 상황에서는 무엇을 어떻게 해야 하는가? 첫 번째 규칙은 그 무엇도 허위로 가장하지 않는 것이다. 겸손해야 하며 다른 사람이 된 척하거나 모르는 것을 아는 척해서는 안 된다. 하지만 또한 리더의 위치에 있으므로 영㎲이 서지 않을 정도로 지나치게 겸손한 것도 경계해야 한다. 그 선을 지키는 것은 쉽지 않은 일이며 이제껏 내가 이 교훈을 강조하는 이유도 바로 그 점에 있다. 물어볼 필요가 있는 것은 물어보고 이해하지 못하는 부분은 인정을 하되, 사과는 하지 말아야 한다. 그러면서 배울 필요가 있는 것을 가능한 한 빨리 익히기 위해 노력을 기울여야 한다. 자신이 소유하지 않은 지식을 가진 것처럼 가장하는 행태보다 더 신뢰감을 떨어뜨리는 것은 없다. 진정한 권위와 리더십은 스스로가 어떤 상태인지 알고 가장하지 않는 태도에서 나온다.

운 좋게도 내 곁에는 스튜와 테드가 있었다. 특히 그 초기 시절에 나는 그들에게 전적으로 의지했다. 그들이 나를 위해 마련한 첫 번째 일은 끝없이 이어질 것 같은 일련의 조찬과 오찬, 만찬 미팅이었다. 당시 미국 3대 방송사의 수장은 TV 분야에서 가장 영향력 있는 인물이었다(사실 나에게는 비현실적으로 느껴질 정도였다). 하지만 업계의 모든 사람들에게 나는 어렴풋한 의문의 인물로 비쳤다. 나는 할리우드에서 일이 돌아가는 방식에 대한 감도 없었고, 창작 세계의 인물들과 관계를 맺고 관리하거나 그들의 대리인들과 일해본 경험도 없었다. 나는 그들이 쓰는 용어도 사용하지 않았고 그들의 문화도 이해하지 못했다. 그들에게 나는 갑자기 이해할 수 없는 이유로 자신들의 창작 생활에 막강한 영향력을 행사하게 된 뉴욕 출신의 양복쟁이였다. 그렇게 나는 매일 스튜와 테드가 줄을 세운 매니저와 에이전트, 작가, 감독, TV 스타 등을 만났다. 대부분의 미팅에서, 그들은 내가 어떤 사람인지 그리고 대체 내가 거기서 뭘 하는지 알아내기 위해 은근슬쩍 찔러보고 쑤셔보곤 했다.

그때 나의 과업은 자존심의 발동을 제어하는 것이었다. 나는 탁자 건너편의 상대에게 깊은 인상을 주기 위해 너무 애쓰지 않으면서 내가 하는 일을 아는 척하고 싶은 충동을 억누르고 많은 질문을 던질 필요가 있었다. 내가 아직 부적응자라는 사실을 무시하는 것은 불가능했다. 나는 할리우드를 거쳐 올라온 인물이 아니었고 그쪽 동네 사람들을 거의 알지도 못했다. 매력적인 개성이나 으스댈 만한 족적으로 유명하지도 않았다. 그 점이 불안할 때도 있었지만, 그보다는 나의 상대적인 거리감(할리우드 스타일이 아니라는 모종의 신비감)을 유리하게 활용해 가급적 빠른 시일 내에 가능한 한 많은 내용을 흡수하려 했다.

내가 LA에 도착한 것은 1989~1990 시즌의 황금시간대 라인업에 대한 최종결정을 6주 남겨둔 시점이었다. 사무실에 출근한 첫날, 내가 읽어야 할 40편의 대본이 책상 위에 놓여 있었다. 매일 저녁 나는 그것들을 집에 가져와 의무적으로 읽어나가며 여백에 메모를 하곤 했다. 하지만 그 대본들이 어떤 식으로 화면에 구현될지 상상하는 데는 애를 먹었다. 그러다 보니 좋은 대본과 나쁜 대본을 판단하는 나의 능력에도 의문이 갔다. 내가 지금 적절한 부분에 주의를 기울이고 있나? 다른 사람들 눈에는 빤히 보이는 어떤 것을 내가 완전히 놓치고 있는 것은 아닌가? 이런 의문에 대한 답은, 처음에는 '역시 그렇다'였다.

나는 대본을 읽은 다음 날 스튜와 여타의 관계자들을 만나 대본 선별과 개선에 관한 회의를 가졌다. 스튜는 어떤 대본이든 실로 빠르게 분석했다.

"2막 도입부에서 주인공의 동기를 보다 분명하게 드러낼 필요가 있잖아요…." 그러면 나는 무릎 위에 놓인 대본을 다시 들추며 이런 생각을 하곤 했다. '잠깐, 2막? 1막은 언제 끝났지?' 훗날 스튜는 나의 가장 친한 친구 중 한 명이 된다. 당시 나는 때때로 질문공세와 경험미숙으로 그를 지치게 만들곤 했는데, 그는 존경스런 인내심을 발휘하며 대본을 읽는 방법은 물론이고 창작자들과 상호작용하는 방법 등에 관한 중요한 교훈을 가르쳐주곤 했다.

하지만 시간이 흐르며 나는 지난 세월 룬의 스토리텔링을 지켜보는 동안 이미 많은 것을 익히고 내재화했다는 사실을 깨달았다. 스포츠 방송은 황금시간대 TV 방송과 많이 다르긴 했지만, 구조와 리듬감, 명확성 면에서는 서로 일맥상통하는 부분들이 있었다. 그런 것들을 나도 모르는 새에 내 것으로 만들어놓았던 것이다.

트윈 픽스, 이건 무조건 해야 한다

LA 생활을 시작한 첫 주에 나는 프로듀서 겸 작가인 스티븐 보쉬코Steven Bochco와 점심 회동을 가졌다. 스티븐은 NBC에서 '거리의 경찰관Hill Street Blues'과 'LA 로LA Law', 이렇게 2편의 대형 히트작을 만들었고, 얼마 전 ABC와도 꽤 좋은 조건으로 10편의 시리즈 계약을 체결한 상태였다.

나는 스티븐에게 대본 검토에 대한 불안감을 털어놓았다. 업계의 용어도 모르는 데다 너무나 많은 대본을 읽고 신속하게 결정해야만 한다는 압박에 시달리고 있었다. 그는 대단히 위로가 되는 말로 나의 불안을 덜어주었다. "이 분야의 일은 로켓 과학처럼 복잡하거나 어려운 게 아니에요, 밥. 자신의 판단을 믿으세요." 특히 그와 같은 인물이 해준 조언이라 큰 힘이 되었다.

당시 ABC의 황금시간대 라인업에는 몇 편의 성공적인 작품이 도열해 있었다. '누가 보스인가Who's the Boss'와 '성장통Growing Pains', '로잔느', '케빈은 12살', '30대Thirtysomething' 등이 그것이었다. 하지만 우리는 절대적인 우세를 보이는 경쟁사 NBC에 한참 뒤처지는 2위였다. 나의 임무는 그 격차를 줄일 방법을 찾는 것이었다. 내가 지휘봉을 잡은 첫 시즌에 10여 편의 새로운 드라마와 쇼를 추가했다. '가족이 중요해Family Matters'와 '라이프 고즈 온Life Goes On'(다운증후군 환자를 주요 등장인물로 설정한 최초의 TV 드라마였다), '아메리카즈 퍼니스트 홈 비디오America's Funniest Home Video' 등이 그것이었다. 특히 '아메리카즈 퍼니스트 홈 비디오'는 첫 방송을 시작하자마자 즉시 선풍적인 인기를 끌었고, 지금도 31번째 시즌이 방영되고 있다.

또한 우리는 스티븐의 첫 ABC 빅히트작도 방영했다. 레지던트 생활과 사춘기 청소년의 일상 사이에서 좌충우돌하는 14살 의사의 이야기를 담은 '천재 소년 두기Doogie Howser, M.D.'가 바로 그것인데, 내가 부임하던 무렵에 대본이 완성된 작품이다. 스티븐은 내게 십대 배우인 닐 패트릭 해리스Neil Patrick Harris의 영상을 보여주었다. 주인공으로 그를 쓰겠다는 얘기였다. 나는 별로 확신이 서지 않는다고 답했다. 닐에게 극 전체를 이끌어갈 만한 역량이 없을 것 같다는 생각이 들어서였다.

스티븐은 매우 정중하면서도 단도직입적으로 내가 한 가지를 모른다고 지적하며 일격을 가했다. 캐스팅은 기본적으로 자신이 결정하는 사항이라는 것이다. 배우 캐스팅뿐만 아니라 프로젝트를 계속 추진할지 여부 또한 자신의 권한이라고 말이다. 계약조건에 따르면 우리가 특정 프로젝트를 받아들이면 그가 13회 분량의 대본을 제공하고, 우리가 거부하면 그에게 사용되지 않은 원고의 집필료로 150만 달러를 지불하기로 되어 있었다. 그의 '천재 소년 두기' 프로젝트를 받아들인 것이 프로그램과 관련된 나의 첫 번째 결정이었다. 다행히도 닐에 대한 스티븐의 판단은 옳았다. '천재 소년 두기'는 네 시즌 동안 인기리에 ABC 방송을 타며 스티븐과 우리의 긴 협력과 우정의 징표가 되었다.

그 첫 시즌에 우리는 훨씬 더 큰 리스크를 하나 더 감수했다. 말 그대로 할리우드의 한 식당에서 냅킨 뒷면에 끼적이며 설명한 아이디어를 듣고 우리의 드라마 국장이 데이비드 린치David Lynch와 시나리오 작가이자 소설가인 마크 프로스트Mark Frost에게 파일럿 프로그램을 추진하라고 허락한 것이다. 데이비드는 당시 컬트영화 '이레이저 헤드'와 '블루 벨벳'으로 유명한 영화감독이었다. '트윈 픽스'라는 허구의 미 북서부 태평양 연안 도시에서 발생한 프롬퀸(prom queen, 고교 졸업 축제의 여왕-옮긴이) 로라 팔머Laura Palmer 살인사건을 중심으로 두서없이 전개되는 초현실적인 드라마였다. 데이비드는 2시간짜리 파일럿을 제작해 제출했다. 나는 그것을 보자마자 이렇게 생각했다. 그때의 느낌이 지금도 생생하게 기억난다.

'지금까지 내가 본 그 어떤 것과도 다르다. 이건 무조건 해야 한다.'

매년 봄이면 늘 그러듯이 톰과 댄을 위시하여 몇몇 임원들이 파일럿 시즌의 준비 상황을 보러 LA로 날아왔다. 우리는 그들에게 '트윈 픽스'를 보여주었다. 상영이 끝나고 불이 들어오자 댄이 가장 먼저 고개를 돌려 나를 보며 이렇게 말했다.

"뭔지 잘 모르겠지만 끝내주는 것 같기는 한데요."

하지만 톰은 댄보다 훨씬 미온적이었고, 그 방에 있던 나머지 뉴욕 임원들도 톰과 유사한 의견을 피력했다. 공중파 TV 드라마 치고는 너무 기이하고 어두웠던 것이다.

나는 톰을 존경했지만, 또한 이 계획은 싸워서라도 관철시킬 가치가 충분하다고 확신했다. 당시 우리는 비즈니스 환경의 변화에 직면하고 있었다. 이제 비디오 게임의 성장과 VCR의 부상은 물론이고 신생 폭스Fox 네트워크를 비롯한 케이블 TV들의 자극적인 프로그램들과도 경쟁을 벌여야 했다. 나는 공중파 TV가 지루하고 진부하다고 느꼈고, '트윈 픽스'로 거기에 완전히 독창적인 무언가를 추가할 기회를 얻었다고 판단했다. 주변의 모든 것이 바뀌고 있는데 우리만 그저 예진과 동일한 자세를 취하고 안주할 수는 없었다. 다시 한번 룬의 교훈이 절절하게 울리던 시점이었다. "혁신 아니면 죽음이다."

결국 나는 뉴욕에서 날아온 ABC 임원 그룹보다 더 젊고 더 다양한 청중들을 대상으로 그 파일럿 프로그램의 시사회를 가져본 다음에 최종 판단을 내리자고 설득했다. 테스트 청중은 그것을 공중파 TV로 방영하는 방안에 전폭적인 지지를 표하지는 않았다. 기존의 드라마와 너무 다르다는 것이 주된 이유였다. 그러나 바로 그 점, 즉 '기존과 다르다'는 점에 우리는 동기를 부여받아 프로젝트에 '그린 라이트'를 켜고 7편의 에피소드를 제작하기로 했다.

나는 그것을 미드시즌에, 즉 1989년 가을이 아니라 1990년 봄에 방영하기로 결정했다. 우리는 매 시즌 몇몇 쇼가 실패하는 불가피한 상황에 대비해 미드시즌 대체 프로그램을 준비해둔다. 그러한 대체 프로는 당연히 가을에 출범시키는 쇼보다 중압감이 다소 적은 편이다. 나는 그것이 '트윈 픽스'를 위한 최상의 전략이라고 판단했다. 그렇게 제작 및 방영일정을 잡았고, 앞부분 에피소드 몇 편의 초기 편집본이 들어오기 시작했다. 수개월 전 내게 알아서 진행하라고 재가했던 톰이 앞의 2편을 보고 나서 내게 서한을 보내왔다.

"이 프로그램은 방영하면 안 되겠어요. 이것을 TV로 내보내면 우리 회사의 평판에 사망선고가 내려질 거예요."

믿을 수 없는 찬사가 쏟아진 최악의 실패작

나는 톰에게 전화를 걸어 '트윈 픽스'를 예정대로 방영해야 한다고 말했다. 그 무렵 이미 할리우드 안팎에서 우리가 추진하는 그것에 대한 입소문이 무성하게 나돌고 있었다. 심지어 〈월스트리트 저널〉 1면에 ABC의 고지식한 임원들이 막대한 창작 리스크를 감수하고 있다는 기사까지 나갔다. 그러자 갑자기 스티븐 스필버그Steven Spielberg와 조지 루카스George Lucas로부터 전화가 걸려오기 시작했다. 나는 당시 영화 '후크Hook'를 감독하느라 한창 바쁜 스티븐을 만나기 위해 세트장을 찾아갔고, 조지를 만나러 스카이워커랜치Skywalker Ranch도 방문했다. 그들은 자신들이 ABC에서 무언가를 해볼 수 있을지 나와 논의하고 싶어 했다. 그런 세계적인 수준의 영화감독들이 TV 드라마에 관심을 가졌다는 것 자체가, 우리가 '트윈 픽스'를 제작하기 전에는 들어본 적도 없는 발상이었다(실제로 2년 후인 1991년, 조지 루카스가 만든 '젊은 인디애나 존스 연대기Young Indiana Jones Chronicles'가 ABC에서 두 시즌 동안 방영되었다).

나는 톰에게 이렇게 말했다. "우리가 이 리스크를 감수하는 것에 대해 창작자 커뮤니티에서는 믿을 수 없는 찬사가 쏟아지고 있습니다.

그런 상황에서 이것을 접을 수는 없습니다." 역시 톰이었다. 나의 말이 먹혔다. 그는 나의 보스로서 "미안하지만, 자네의 결정을 뒤엎을 수밖에 없네."라고 말할 수도 있었다. 그러나 그는 할리우드에서 창작자 집단을 우리 편으로 끌어들이는 일이 얼마나 중요한지 이해했고, 이것이 리스크를 감수할 가치가 충분히 있다는 나의 논리를 받아들였다.

우리는 3월 말 아카데미 시상식 방송에 '트윈 픽스' 홍보영상을 내보냈으며, 4월 8일 일요일에 2시간 분량의 파일럿 프로그램을 방영했다. 당시 TV 시청자의 약 1/3에 해당하는 3,500만 명이 그 프로에 채널을 맞추었다. 그런 다음 목요일 저녁 9시로 방영일정을 조정했다. 몇 주 지나지 않아 '트윈 픽스'는 이전 4년간 그 시간대에 방영한 프로그램 중 가장 성공적인 작품이 되었다. 〈타임〉지 표지에도 게재되었으며, 〈뉴스위크〉는 그 작품을 놓고 "이전에 황금시간대 혹은 전 세계 TV에서 본 그 어떤 것과도 다르다."고 묘사했다.

나는 5월에 시사회 행사에 참석하기 위해 뉴욕으로 건너갔다. 매년 봄 각 방송사들이 광고주와 언론을 상대로 향후 방영할 시리즈를 미리 보여주는 대형행사였다. 나는 ABC의 계획을 발표하기 위해 무대에 올라야 했다. "때로는 공중파 방송 경영진도 어마어마한 리스크를 감수합니다." 내가 이렇게 말하자 모두들 환하게 웃으며 기립박수를 보내주었다. 그때까지의 내 경력에서 가장 신나는 순간이었다.

하지만 그런 행복감의 물결은 그리 오래 지속되지 않았다. 6개월 만에 '트윈 픽스'는 하나의 문화현상에서 좌절감을 안겨주는 실망으로 변모했다. 우리는 데이비드 린치 감독에게 창작의 자유를 주었지만, 첫 시즌이 끝날 무렵 그와 나는 시청자의 기대치를 놓고 지속적으로 논쟁을 벌이게 되었다. 극 전체는 로라 팔머를 누가 죽였는지에 대한 의문을 중심으로 전개되는데 데이비드가 그 사실을 망각하고 마치 무작위로 빵 조각을 뿌려놓는 것 같았다. 결코 시청자에게 만족감을 주는 방식은 아니었다.

데이비드는 지금도 그렇지만 당시에도 탁월한 영화제작자였다. 하지만 TV 시리즈 PD는 아니었다. 연속극을 제작할 때는 원칙에 따라 조직적으로 움직여야 한다. 대본을 제때 전달하고, 스태프들을 효율적으로 관리하며, 모든 것을 일정대로 진행시키는 것과 같은 원칙과 규율 말이다. 데이비드에게는 그런 규율이 없었다. 뿐만 아니라 스토리텔링에도 나름의 규율이 요구된다. 영화는 2시간 동안 관객들에게 좋은 경험을 주고 만족감을 느끼며 돌아가게 만들면 된다. 하지만 TV 시리즈는 다르다. 매주, 매 시즌 사람들이 계속 되돌아오게 만들어야 한다. 나는 지금도 데이비드를 사랑하고 존중하며 그의 작품을 영원히 경외할 것이다. 하지만 그에게 TV 시리즈 PD로서의 감성이 없다는 사실은, 결국 '도가 지나친 열린 결말'이라는 스토리텔링을 낳고 말았다.

"미스터리의 실체를 밝힐 필요가 있어요. 아니면 적어도 그게 곧 밝혀질 것이라는 모종의 희망을 시청자들에게 주어야 해요." 내가 그에게 말했다. "시청자들이 실망하기 시작했단 말이에요. 나도 그렇고요!" 하지만 데이비드는 미스터리가 극의 가장 중요한 요소는 아니라고 생각했다. 그가 이상적으로 생각하는 버전에서는 살인자가 누구인지 결코 밝혀지지 않는 가운데 도시와 등장인물들의 다른 측면이 부각되어야 했다. 우리는 만날 때마다 논쟁을 반복했고, 마침내 그는 시즌 2의 중간 부분에서 살인자를 밝히자는 방안에 동의했다.

그 후의 스토리텔링은 말 그대로 엉망진창이 돼버렸다. 미스터리가 풀리고 나자 스토리를 끌고 나가던 엔진도 사라졌다. 설상가상으로, 제작과정에 원칙이 지켜지지 않고 진행이 미숙했던 탓에 일정이 빈번하게 지연되며 혼란은 커져만 갔다. 데이비드가 아무리 탁월한 능력을 가졌어도, 트윈 픽스를 계속 그에게 맡길 수 없다는 사실이 명백해졌다. 나는 그를 해고하고 경험이 풍부한 일단의 TV 드라마 PD들을 데려와 후속작업을 맡기는 방안을 숙고하기 시작했다.

무슨 수를 써도 승산이 없어 보였다. 게다가 그를 퇴출시키면 모든 비난이 우리에게 쏟아질 것도 뻔했다. 그래서 대신 방영시간을 토요일 밤으로 옮겼다. 부분적으로는 성과달성의 중압감을 걷어내려는 취지였다. 때문에 시청률이 급락하자 데이비드는 나를 공개적으로 비난했다. 내가 그 작품에 사형선고를 내렸다고 그는 말했다. 먼저 미스터리를 풀어버리도록 종용했고, 이어서 아무도 안 보는 밤 시간대로 방영시간을 옮겨버림으로써 작품을 망쳤다는 것이었다.

지금 되돌아보면 내가 옳았다고 확신할 수 없다. 나는 스토리텔링에 좀 더 전통적인 TV 접근방식을 적용하고 있었고, 데이비드는 시대를 앞서 가고 있었던 것인지도 모른다. 나는 당시 데이비드가 시청자들을 좌절시키고 있다고 진심으로 느꼈지만, 로라 팔머 살인범에 대한 의문에 답을 내놓으라는 나의 요구가 어쩌면 극의 내러티브를 또 다른 혼란으로 몰아간 것인지도 모른다. 어쩌면 데이비드가 내내 옳았던 것인지도 모른다.

창작에 관한 프로세스 관리는, 먼저 그것이 과학이 아니라는 사실을 이해하는 데서 출발해야 한다. 모든 것이 주관적이고, 종종 옳고 그른 것도 없기 때문에 그렇다. 무언가를 창조하는 데는 강력한 열정이 필요하다. 그런 열정을 가진 창작자들은 대부분 당연히 자신의 비전이나 실행에 누군가 의문을 제기하면 민감한 반응을 보일 수밖에 없다. 나는 비즈니스에서 창작 부문에 속하는 누군가와 관계를 맺을 때마다 이 사실을 잊지 않으려고 노력한다. 인사이트를 달라거나 비평을 해달라고 요청받을 때면, 나는 창작자들이 해당 프로젝트에 얼마나 많은 노력을 기울였는지, 그것이 그들에게 얼마나 중요한 의미를 갖는지 등에 대해 최대한 주의를 기울인다.

나는 무엇이든 부정적인 시각으로 시작하지 않고, 작품의 완성이 시급한 상황이 아닌 한 작게 시작하지도 않는다. 종종 사람들은 명확하고 일관된 큰 생각의 결핍을 숨기는 방편으로 소소한 세부사항에 지나치게 집중하는 경향이 있다. 작게 시작하면 작은 것만 보인다. 그럴 수밖에 없다. 큰 그림이 엉망이라면, 작은 것들은 어차피 중요하지 않다. 따라서 소소한 것들에 초점을 맞추느라 시간을 허비해서는 안 된다.

물론 그 어떤 상황도 다른 상황과 똑같은 경우는 없다. 제이 제이 에이브럼스J. J. Abrams나 스티븐 스필버그 같은 노련한 감독에게 피드백을 제공하는 경우와 경험이나 자신감이 훨씬 적은 누군가에게 그러는 경우 사이에는 큰 차이가 있다. '블랙 팬서'에 대한 피드백을 주기 위해 라이언 쿠글러Ryan Coogler와 처음 자리를 잡고 앉았을 때, 나는 그가 눈에 띄게 불안해 한다는 것을 알 수 있었다. 그는 '블랙 팬서' 같은 대작을 만들어본 적이 없었다. 막대한 예산이 투입되었으니 그만큼 잘 만들어야 한다는 부담도 크게 느끼는 것 같았다. 나는 일부러 목소리에 힘을 주며 매우 명확하게 말했다.

"당신은 아주 특별한 영화를 만들고 있습니다. 구체적인 피드백을 몇 가지 드릴 건데, 그 전에 먼저 우리가 당신을 엄청나게 신뢰하고 있다는 사실을 알아주었으면 합니다."

이것이 바로 명백해 보이지만 종종 무시되는 무언가를 말하는 한 가지 방법이다. 섬세한 균형 잡기가 필수다. 작품의 재정적 성과를 책임지는 경영과 그런 책무를 집행할 때 비생산적인 방식으로 창작 과정을 침해하지 않기 위해 조심스럽게 접근하는 처신 사이의 균형 말이다. 공감은 창의력의 건전한 관리를 위한 전제조건이며 존중은 그 무엇보다 중요하다.

얼간이는 가능해도 개자식은 안 된다

놀랍게도 '트윈 픽스'의 파국은 해당 시즌에 우리가 겪은 가장 큰 실패가 아니었다. 1990년 봄 나는 경찰 드라마 '캅 록Cop Rock'에 '그린 라이트'를 켜주었는데, 그것이 술자리 안줏감으로 전락하더니 급기야는 사상 최악의 TV 드라마 목록에 영구적으로 등재된 것이다. 그러나 나는 지금까지도 그 결정을 후회하지 않는다.

앞에서 말했듯이 스티븐 보쉬코는 '천재 소년 두기' 외에도 또 다른 아이디어가 있었다. 뮤지컬 형식의 경찰 드라마가 바로 그것이었다. 그는 어느 브로드웨이 제작자로부터 '거리의 경찰관'을 뮤지컬로 바꿔보고 싶다는 연락을 받았는데, 몇 가지 이유로 그렇게 할 수 없다고 답변했다. 하지만 덕분에 아이디어를 하나 얻었다. 브로드웨이용 경찰 뮤지컬이 아니라 TV용 경찰 뮤지컬을 만들자는 아이디어 말이다. 그는 정기적으로 그 아이디어를 내게 들이밀었고, 그럴 때마다 나는 애써 만류하곤 했다. 스티븐의 경찰 드라마라면 언제든 대환영이었지만 뮤지컬은 원하지 않았기 때문이다. 하지만 그해 봄, 여전히 '트윈 픽스' 시즌 1의 행복감에 젖어 있던 나는 마침내 마음을 바꾸었다. 그에게 말했다.

"그거 말입니다. 생각해보니 안 될 것도 없을 것 같습니다. 한번 시도해보기로 하죠."

극의 배경은 LA 경찰청이었다. 모든 면에서 잘 구성된 괜찮은 경찰 드라마였다. 긴박한 순간에 등장인물들이 갑자기 블루스나 가스펠 송, 합창곡 등을 불러젖히기 시작한다는 점만 빼고 말이다. 나는 파일럿 영상을 본 순간부터 시청자에게 먹히지 않을 것 같다는 예감이 들었다. 어쩌면 전설적인 실패작 반열에 오를 수도 있을 것 같았다. 그러나 내 판단이 틀렸을 가능성도 있다고 생각했다. 나는 스티븐의 재능을 그 정도로 높이 평가했다. 어쨌든 이왕 하기로 한 이상 올인할 필요가 있다는 것이 내 결론이었다.

'캅 록'은 1990년 9월에 첫 전파를 탔다. 통상적인 경우라면 드라마든 쇼든 첫 방송이 나가면 나는 뉴욕의 연구조사 책임자에게 전화 걸어 시청률을 알려달라고 직접 요청하곤 했다. 하지만 이번에는 그에게 이렇게 말했다. "시청률이 좋으면 전화하고 그렇지 않으면 팩스를 보내주세요." 새벽 5시, 나는 팩스 들어오는 소리에 잠이 깼다. 그리고 다시 눈을 감고 잠을 재촉했다.

사실 전반적인 평가는 그다지 끔찍하지 않았다. 한 비평가는 그 드라마의 '대담성'을 칭찬하기도 했다. 어떤 사람들은 거기서 음악만 벗겨내면 스티븐 보쉬코의 대단히 훌륭한 경찰 드라마가 남는다고 말했다. 나머지는 대부분 당혹감을 안겨주는 드라마라고 평했다. 우리는 그해 12월에 11화를 끝으로 그 드라마를 내렸다. 스티븐은 종영파티를 열어 '캅 록'의 마지막을 기념하고 애도했다. 축사 겸 애도사의 마지막에 그는 이렇게 말했다. "우리의 풍뚱한 숙녀가 노래할 때까지는 끝난 게 아닙니다." 그러자 공중그네에 앉아 노래하는 풍만한 여성이 우리의 머리 위로 솟아올랐다.

나는 자리에서 일어나 출연진과 제작진을 향해 말했다. "우리는 커다란 무언가를 시도했지만 성공하지는 못했습니다. 저는 리스크를 회피하느라 아무것도 못하느니 계속 이렇게 대형 리스크를 감수해나갈 것입니다."

그것이 당시 나의 진정한 마음이었다. 나는 그러한 시도를 한 것에 대해 후회하지 않았다. 몇 달 후 '트윈 픽스'의 플러그를 뽑을 때도 마찬가지였다. 나는 안전지대에 머물길 원치 않았다. 위대함을 만들어낼 가능성이 있는 작업에 몰두하고 싶었다. 실패를 편안하게 받아들일 필요성, 그것이 황금시간대를 맡은 그 첫해에 내가 배운 모든 교훈 중에서 가장 심오한 것이었다. 이는 결실이 부족한 것에 대한 변명이 아니라 불가피한 진리에 대한 강조다. 혁신을 원한다면(반드시 언제나 혁신을 원해야만 한다), 실패를 받아들일 필요가 있다.

스티븐과 나는 '캅 록'이라는 실패작을 함께 나눴다. 나는 내가 그 결정을 내렸다는 사실을 분명히 밝혔고(그것과 관련해 유머감각도 잃지 않았다) 그것은 내가 오래 전 ABC스포츠의 그 월요일 회의실에서 배운 것보다 훨씬 더 위험성이 높은 버전의 교훈으로 느껴졌다. 자신의 실수를 지우거나 자신의 잘못된 결정을 다른 사람 탓으로 전가해서는 안 된다. 자신의 실패는 자신이 책임져야 한다. 또한 (비윤리적인 이유에서 비롯된 경우가 아니라면) 실패의 여파로 사람까지 내쳐서는 안 된다. 변함없는 신뢰와 지지를 보내면 그만큼의 존경과 선의가 되돌아온다.

'캅 록'의 상처가 어느 정도 아물어가던 무렵, 스티븐은 내게 "TV 역사상 최초의 R등급(17세 미만의 경우 부모의 동반 필수) 드라마를 만들어 보고 싶다."고 말했다. 내가 웃으며 답했다. "스티븐, NBC에는 '거리의 경찰관'과 'LA 로'를 안겨주고 여기 와서 나한테는 기껏 경찰 드라마라고 '캅 록'을 줘놓고, 이제는 광고주들을 죄다 줄행랑치게 만들 무언가를 만들어보자고요?"

당시 내가 제대로 이해하지 못한 것이 있었다. 스티븐은 이미 다른 것을 다 해봤기 때문에 새로운 무언가를 시도하고픈 마음이 굉장히 크다는 사실이었다. 그는 또한 TV 방송 분야의 시류변화에 대응해야 한다는 절박감도 느끼고 있었다. 그는 HBO가 곧 우리의 밥그릇을 다 빼앗아갈 것이라고 우려했다. HBO의 드라마 제작자들은 고상한 체하는 공중파 검열관들의 비위를 맞출 필요도 없었고, 광고주들을 불쾌하게 만들까 봐 걱정할 필요도 없었다. 그런 이유로 그는 공중파 TV 최초의 R등급 드라마로 '뉴욕경찰 24시NYPD Blue'를 구상해서 내게 받아달라고 보채고 있었던 것이다.

나는 TV 방송환경의 변화와 공중파 드라마의 따분함에 대한 스티븐의 견해에 동의했지만, ABC 채널에 R등급 드라마를 내보낼 수 있는 허가를 받아낼 방도가 없었다. 영업 팀에서도 곤란하다고 내게 보고했고, 나는 그 말을 그대로 스티븐에게 전했다. 결국 우리는 한동안 그 아이디어를 제쳐놓지 않을 수 없었다. 하지만 나는 R등급까지는 아니더라도 기존의 한계를 좀 늘리는 무언가는 해볼 수 있을 거라고 믿었고, 마침내 스티븐도 그 생각에 흥미를 느끼기 시작했다.

"만약 그렇게 한다면 구체적으로 어느 선까지 가능할 것 같아요?"

그와 나는 'PG-13등급(전체 관람가지만 13세 미만은 보호자 동반)'으로 선을 정하고 검열관들과 상담하며 우리가 할 수 있는 것과 할 수 없는 것에 대한 견본을 도출했다. 기술적으로 극에 등장할 수 있는 모든 단어에 대한 용어집도 만들었다. 예를 들어 'asswipe(얼간이)'는 가능해도 'asshole(개자식)'은 안 되며, 'prick'은 '멍청이'나 '귀찮은 놈'일 때는 가능해도 '음경'의 의미로는 쓸 수 없었다. 우리는 노트북을 펼쳐놓고 기본적으로 사람의 나체를 봉선화棒線畫로 그리며 노출이 과하지 않은 앵글을 구상하기도 했다.

다음 단계는 댄 버크를 납득시키는 것이었다. 댄이 LA로 날아왔고, 우리 셋은 스티븐의 사무실 근처 식당에서 점심식사를 했다. 스티븐과 나는 댄에게 용어집과 봉선화를 보여주며 왜 이 드라마가 우리에게 중요한지 설명했다. "좋아요. 정 그러면 그렇게 가봅시다." 댄이 마침내 말했다. "단, 참담한 결과가 나오면, 그럴 가능성도 있으니까, 그런 상황이 오면 내 스커트는 당신을 숨겨줄 만큼 그렇게 넓지 않다는 사실을 미리 알아두어야 해요." 그러면서 그는 손가락으로 나를 가리켰다.

그간 내가 기꺼이 리스크를 감수할 수 있었던 이유는, 어느 정도는 댄과 톰이 나에게 보내준 신뢰 덕분이었다. 그들이 내게 그 직무를 부여했고, 나는 빠르게 적응했으며, 덕분에 내게 기대 이상의 재량권이 생겼다. 내가 원하는 대로 무엇이든 할 수 있는 것은 아니었지만, 상당한 수준의 권한을 행사할 자유는 갖게 되었다. 나의 전임자인 브랜든 스토다드는 결코 얻지 못했던 수준의 신뢰였다. 브랜든은 그들을 존중하지 않았고, 결과적으로 그들도 그를 존중하지 않게 되었다. 이는 곧 브랜든이 무언가 자신의 뜻을 강하게 밀어붙일수록 톰과 댄이 그것을 거부할 가능성이 높아졌다는 의미였다.

댄의 승인이 떨어진 후 길고도 힘겨운 개발 기간이 이어졌다. 그 과정에서 스티븐은 한 방향으로만 내달렸고, ABC의 사내 심의 팀은 타협안이 도출될 때까지 그의 행보에 브레이크를 걸었다. 마침내 '뉴욕경찰 24시'는 1993년 가을 정규시즌에 방송을 타기 시작했다. '미국가족협회American Family Association'는 시청거부 운동을 벌였고, 많은 광고주들이 광고시간 구매를 거부했다. 225개 제휴사 가운데 50개 이상이 발길을 돌릴 정도였다. 그러나 비평가들은 비범하다는 찬사를 보냈고, 시즌

2는 시청률 상위 10위 이내에 들었다. '뉴욕경찰 24시'는 이후 12년 동안 황금시간대의 핵심으로 자리 잡으며 총 20개 부문의 에미상을 수상했고, 지금도 ABC에서 만든 최고의 드라마 중 하나로 평가받고 있다.

ABC, 시청률 1위 등극

내가 황금시간대를 책임지던 기간 동안 ABC는 영향력이 가장 큰 18~49세 인구군에서 5년 중 4개년이나 시청률 1위를 차지했다. 우리는 심지어 NBC를 68주 동안 연속으로 닐슨Nielsen 시청률 순위 1위에 올려놓은 브랜든 타티코프Brandon Tartikoff를 자리에서 물러나게 만들었다. 브랜든은 ABC가 시청률 1위를 차지했을 때 내게 전화를 걸어 축하했다. 그는 품위 있고 세련된 인물이었으며, 그 누구도 다시 이룰 수 없을 것 같은 전무후무한 성과를 남겼다. 나는 그에게 이렇게 말했다.

"조금 슬픈 느낌도 듭니다. 마치 조 디마지오Joe DiMaggio의 연속 안타 행진이 끝난 것과 같은 느낌입니다."

ABC의 성공은 언제나 팀이 노력한 결과물이었지만, 그것은 내 경력에서 공개적으로 인정받은 나의 첫 번째 성공이기도 했다. 한편, 다른 사람들이 만든 것들에 대해 내가 인정받는 것이 이상하게 느껴지기도 했다. 내가 누구인가? 해당 직무에 대해 전혀 모른 채 엔터테인먼트 부문을 맡지 않았던가. 놀라운 재능을 가진 우리의 팀원들은 자신들이 아는 모든 것을 나에게 나누어주었다. 모두 그들 덕분이었다. 그들은 정말로 열심히 일했고, 아무것도 모르는 내가 그들의 보스가 되었다는 사실에 전혀 위축되지도 않았다. 그들의 관대함과 배려 덕분에 우리는 함께 성공을 이루어냈다. 그럼에도 영예는 대부분 내게 주어졌다.

하지만 당시에 내가 황금시간대를 맡지 않았더라면 우리가 그 시간대에 시청률 1위에 오르는 일은 요원했을 것으로 봐도 무방하다. 댄과 톰의 신뢰가 내게 큰 리스크를 감수할 용기를 주었고, 내게 강점이 있었다면 그것은 창작자들에게 최선을 다해 기회를 잡으라고 독려하고 그들이 실패를 딛고 일어서도록 돕는 능력이었다. 투여되는 노력은 항상 집합적이었지만, 나는 엔터테인먼트 부문을 운영하며 일단의 능력자들로 하여금 최고 수준의 작품을 생산하도록 만드는 데 필요한 것이 무엇인지 제대로 학습하게 되었다.

진정한 성취에 대한 영예를 받아들이는 것과 외부의 과찬에 너무 빠져들지 않는 것 사이에서 균형을 찾는 것 역시 중요했다. 그 문제는 내가 나중에 디즈니 CEO로 재임하는 시기까지 계속되며 중요성이 커졌다. 나는 함께 일하는 사람들 앞에서 그토록 많은 관심과 찬사가 내게 집중될 때면 종종 죄의식을 느낀다.

사람들은 대개 이상한 방식으로 나에게 관심을 집중시킨다. 예를 들어 회사 외부의 인물이 우리를 찾아와 미팅을 가질 때면 테이블에 동료들 여럿과 함께 앉아 있을 때조차도 오직 나만 바라보며 나에게만 말을 거는 일이 빈번하다. 다른 CEO들도 나처럼 느끼는지 모르겠지만, 나는 이런 상황이 당혹스럽기 그지없다. 그래서 그런 상황이면 으레 동료들에게 칭찬과 관심을 돌리려 애쓰곤 한다. 또한 반대의 상황일 때, 즉 내가 디즈니 밖에서 일단의 사람들과 미팅할 때면 나는 테이블에 앉은 모두에게 일일이 말을 걸고 관계를 맺곤 한다. 비록 사소한 제스처

일지 모르지만 조수로 취급되거나 무시당하는 느낌이 어떠한지를 잘 기억하는 나로서는 결코 가볍게 여길 수 있는 부분이 아니다. 자신이 우주의 중심이 아니라는 사실을 일깨워주는 것은 누구든, 무엇이든 유익하다.

1992년 추수감사절 주말, 댄 버크는 내게 전화해 ABC의 사장이 은퇴한다고 알렸다. 그들은 내가 뉴욕으로 돌아와 그 자리를 맡아주길 원했다. 이것은 그렇게 놀랄 만한 소식은 아니었다. 톰과 댄은 나를 엔터테인먼트 부문의 책임자로 앉힐 때 성과를 올리면 방송사 전체를 맡기겠다고 언급한 바 있었다. 하지만 댄에게 언제 취임해야 하느냐고 물었을 때는 놀라지 않을 수 없었다. "1월 1일."이라는 답이 돌아왔기 때문이다. 불과 한 달여밖에 남지 않았던 것이다.

나는 뉴욕으로 돌아가는 것이 더할 나위 없이 기뻤다. 단지 승진 때문만이 아니었다. 그해 초부터 나는 수전과 별거에 들어갔고, 얼마 후 수전은 딸들을 데리고 뉴욕으로 돌아갔다. 수전은 도통 LA에 정을 붙이지 못했고, 따로 떨어져 살기 시작한 이후로는 더욱더 LA를 싫어했다. 뉴욕은 그녀가 안정감을 느끼는 곳이었고, 나는 그 점을 못마땅하게 여길 수가 없었다. 나는 틈만 나면 뉴욕으로 날아가 딸들을 만났지만, 끔찍한 고투가 아닐 수 없었다.

준비할 시간이 짧았지만 나는 서둘러 LA의 집을 팔고 이삿짐을 꾸려 뉴욕 맨해튼의 어퍼이스트사이드에 있는 마크 호텔Mark Hotel의 객실로 이사했다. 그리고 1월 1일, 43세의 나이로 ABC TV 네트워크의 사장 자리에 올랐다. 언젠가는 그 자리에 앉을 것임을 알고 있었지만 막상 그렇게 되자 이번에도 역시 비현실적으로 느껴졌다. 나의 오래된 멘토들, 즉 뉴스 부문의 룬과 스포츠 부문의 데니스 스완슨이 이제 내게 보고하는 입장이 되었다. 내가 남긴 엔터테인먼트 부문 책임자 자리는 스튜 블룸버그와 함께 TV 방송 경영인이 되는 방법을 내게 가르친 테드 허버트Ted Harbert에게 돌아갔다.

그 후로 1년이 채 지나지 않은 1993년 말, 톰 머피가 나를 집무실로 불렀다. "댄이 2월에 은퇴할 예정이에요. 당신이 그 자리를 맡아줘야 되겠어요." 그가 내게 말했다.

"그럴 수 없습니다." 나는 말했다. "이 일을 시작한 지도 얼마 되지 않았습니다. 제가 떠나면 방송사는 누가 운영합니까? 아직은 제가 여기서 손을 뗄 때가 아닌 것 같습니다." 내 본능은 모든 기회를 받아들이라고 말하고 있었지만, 이번만큼은 너무 빠르다고 느껴졌다.

8개월 후, 톰은 다시 나를 찾아왔다. "회사 전체를 운영할 사람이 필요해요. 당신이 이제 그 일을 좀 맡아줘야 해요." 그렇게 되어 1994년 9월, ABC 사장이 된 지 1년 9개월 만에 나는 캐피털시티즈/ABC의 사장 겸 최고운영책임자COO가 되었다. 현기증이 나고 때로는 불안한 느낌이 들 정도로 빠른 승진 궤도였다. 나는 통상 그들이 나를 승진시킨 것만큼 빠른 속도로 누군가를 승진시키는 방식을 권장하지 않는다. 하지만 한 번 더 강조할 부분이 있다. 반복해서 강조할 가치가 있는 내용이다. "모든 단계에서 그들이 나를 믿어준 방식은 나의 성공에 결정적인 요인이 되었다."

내가 COO가 된 직후인 1995년 봄, 월트디즈니의 CEO 마이클 아이즈너Michael Eisner가 캡시티즈/ABC의 인수 가능성을 타진하기 시작했다. 초기에는 그 일에 진전이 있을 것으로 보이지 않았다. 그리고 그 무렵 톰이 내게 CEO 자리를 물려주는 방안을 이사회와 논의할 계획이라고 말해주었다. 그해 7월, 우리는 전문 투자은행 앨런앤드컴퍼니Allen & Company의 연례 컨퍼런스에 참석하기 위해 아이다호 선밸리로 날아갔다. 선밸리에 머물던 그 날, 내가 주차장에서 톰과 얘기를 나누고 있을 때 우리의 최대주주인 워런 버핏과 마이클 아이즈너가 근처에서 대화를 나누고 있는 모습이 눈에 들어왔다. 그들도 우리를 발견하고는 톰에게 건너오라고 손짓했다. 톰이 그들 쪽으로 발걸음을 옮기기 전에 내가 말했다. "한 가지 부탁이 있습니다. 회사를 매각하기로 결정하게 되면 제게 미리 좀 알려주시기 바랍니다."

결국 그 일은 얼마 지나지 않아 일어났다. 2~3주 후, 마이클은 톰에게 연락해 디즈니가 캡시티즈/ABC를 인수하기 위한 협상을 공식적으로 시작했다.

4.
디즈니에 들어가다

ENTER DISNEY

　　　　　　　　　디즈니의 ABC 인수에 관해서
는 실로 많은 기사와 보도를 통해 자세히 알려졌기에 내가 덧붙일 내용
이 별로 없다. 다만 그 사안에 대해 당시에 내가 가졌던 독특한 관점과
한 가지 사실은 특별히 언급할 필요가 있다. 한 가지 사실부터 밝히자
면, 당시 마이클 아이즈너는 내가 합병되는 회사에 합류해 5년 간 근무
한다는 조항에 동의하는 것이 그에게 아주 중요하다고 강조했다.

　　마이클은 1984년 이래로 디즈니의 CEO로 재직하고 있었으며,
1994년 봄 COO인 프랭크 웰스Frank Wells가 헬리콥터 추락사고로 사망
한 후 1년이 넘도록 '넘버 투' 없이 회사를 운영하고 있었다. 인수합병
거래가 성사되는 경우 디즈니는 거의 2배로 규모가 커지는 셈이었고,
마이클은 그렇게 합쳐진 조직을 혼자 힘으로 통합하고 운영할 수 없다
는 사실을 잘 알고 있었다. 하지만 나로서는 쉽게 결정할 수 있는 상황
이 아니었다. 캡시티즈/ABC의 차기 CEO가 될 준비를 하고 있다가 갑
자기 디즈니의 미디어 부문을 적어도 5년간 맡아달라는 요청을 받게 되

었기 때문이다. 후자는 몹시 흥미가 동하는 직무였지만, 객관적으로 봤을 때 당시의 제반상황은 쓴 약을 억지로 삼켜야 하는 것처럼 느껴졌다.

게다가 마이클의 요구에 동의하는 경우, 다시 LA로 돌아가야 할 가능성이 컸다. 나는 그러고 싶지가 않았다. 딸들과 다시 떨어져 지내고 싶지 않았고, 롱아일랜드에 계신 고령의 부모님과도 가까이 있고 싶었다. 더욱이 1년여 전부터 데이트하기 시작한 윌로 베이Willow Bay와 약혼까지 한 상태였다. 윌로는 뉴욕에서 멋진 경력을 쌓아가고 있었다. ABC의 아침 뉴스 프로그램인 '굿모닝 아메리카'의 주말 방송 앵커였으며, 주중에는 메인 앵커 조앤 런든Joan Lunden의 서브로 뛰며 그녀의 뒤를 이을 준비를 하고 있었다. 나는 그녀와 떨어져 살고 싶지 않았고, 그녀에게 커리어를 포기하고 나와 함께 서부로 건너가자고 요구하고 싶지도 않았다.

그렇게 천칭저울의 한쪽에는 떠나야 할 개인적 이유가 상당히 높게 쌓여 있었고, 다른 한쪽에는 머물러야 할 직업적 이유가 그만큼의 높이로 쌓여 있었다. 나는 마이클 아이즈너를 잘 몰랐지만 평소에 좋게 생각하고 존경해왔던 터였다. 오랜 전에 잠깐 ABC에서 같이 근무한 적도 있었지만 내가 워낙 하위직이었던 관계로 서로 마주칠 일은 없었다. 그리고 세월이 흘러 내가 ABC엔터테인먼트를 책임지고 있을 때 그와 제프리 카첸버그Jeffrey Katzenberg가 나를 디즈니로 데려가려고 시도한 적도 있었다.

제프리 카첸버그는 마이클이 CEO가 된 후에 디즈니에 영입한 인물로 월트디즈니스튜디오의 책임자였다. 내가 포함되지 않으면 인수거래는 없을 것이라고 마이클이 강조했다는 사실은, 그가 결국 프랭크 웰스의 사고로 공석이 된 COO 자리를 내게 맡길 마음을 품고 있다는 의미였다. 지난 세월 동안 나는 대개 언젠가 내게 주어질 가능성이 있는 직무에 한눈팔지 않으려고, 즉 먼 미래보다 현재의 직무에 충실하려고 노력을 기울여왔지만, 솔직히 내가 언젠가는 디즈니를 경영할 기회를 잡게 될지도 모른다는 생각은 마냥 무시하기가 힘들었다.

윌로는 조금의 주저함도 없이 나의 판단을 도와주었다. 내가 그 제안을 받아들이는 경우 잃을 것은 없고 얻을 것이 엄청나게 많다는 게 그녀의 논지였다. 그로 인해 발생하는 그녀와 나의 문제는 우리가 합심해서 해결할 수 있을 것이라고 덧붙였다. 나는 톰 머피에게도 지혜를 좀 나눠달라고 부탁했다. 그는 속으로 갈등하겠지만(나를 거래의 일부로 끼워 보내고 싶은 마음이 굴뚝같아서), 자신의 이익을 제쳐놓고 조언할 줄도 아는 인물이었기 때문이다. 그는 늘 그렇게 내게 훌륭한 공명판이 되어주었다. 그는 이렇게 말했다. "친구, 자네가 일을 올바르게 처리하기만 하면 언젠가는 그 회사의 최고위직에 오를 걸세." 나는 그의 말에서 진정성을 느낄 수 있었다.

196억 달러짜리 거래보다 어려운 것

디즈니와 캡시티즈/ABC는 어느 금요일 오후에 거래금액에 최종 합의했다. 계속 논의해서 확정해야 할 세부사항들이 여전히 남아 있었지만, 아직 해결되지 않은 유일한 주요사안은 내가 머무느냐 떠나느냐 하는 문제였다. 그날 저녁 윌로와 나는 우리의 결혼식에서 주례를 맡아줄 예수회 신부님을 모시고 식사를 대접했다(나는 유대교 신자이고 윌로는 가톨릭 신자인 관계로 우리는 걸란도Ghirlando 신부님과 유대교 선창자 한 분에게 공동주례를 맡기기로 했다). 이혼 경력이 있는 유대교도였기에 나는 결혼식 주례를 맡아줄 신부님께 가급적 좋은 인상을 주기 위해 노력을 기울였다. 그런데 거의 2~3분마다 전화가 걸려오기 시작했다. 그 거래에 관한 전화라서 받지 않을 수도 없었다. 나는 매번 양해를 구하고 식사 자리를 벗어나야 했다. 신부님께 무척이나 결례를 저지르면서 말이다. 결국 나는 자꾸만 방해받는 상황에 대해 사과드리며 이렇게 말했다.

"신부님, 제가 유대교도이긴 하지만 감히 '사제와 신도'의 비밀유지 의무를 지켜주시길 부탁드려도 되겠습니까?"

"물론이지요." 신부님이 흔쾌히 응했다.

"우리가 곧 엔터테인먼트 역사상 최대의 인수합병 거래를 발표할 겁니다. 그리고 저는 회사에 남을 것인지 떠날 것인지를 결정해야 하는 상황이고요. 그래서 지금 이렇게 계속 전화가 걸려오고 있는 겁니다."

걸란도 신부님은 성직자의 지혜를 나눠주진 않았지만, 어떤 결정을 내리든 신의 축복이 함께 하길 바란다고 기원해주었다. 우리는 결혼식에 관한 이야기를 계속 이어나갔는데, 내가 또다시 전화를 받기 위해 양해를 구하자 신부님은 미국 비즈니스 역사상 가장 큰 인수합병 거래에 관한 내용을 세상 사람들보다 먼저 듣고 있다는 사실에 다소 스릴을 느끼는 것 같았다.

톰 머피의 권고에 따라 나는 조 버첼더Joe Bachelder라는 이름의 변호사를 고용했다. 일요일 아침, 나는 맨해튼 미드타운에 있는 조의 사무실을 방문해 일을 신속하게 처리할 필요가 있다고 말했다. 나는 머무는 쪽으로 마음이 기울고 있었고, 따라서 조에게 맡긴 일은 기본적으로 디즈니의 법률 자문위원인 샌디 리트박Sandy Litvack을 만나 전투를 벌이라는 것이었다. 다음 날 저녁 ABC와 디즈니의 이사회 임원들은 디즈니를 대변하는 로펌 듀이 밸런타인Dewey Ballantine의 사무실에 모였다. 긴장이 고조되는 상황이었다.

양사의 이사회 임원들이 초대형 합병의 구체적 사안들을 하나하나 합의해나가던 중 샌디 리트박이 불만을 터뜨렸다. 조가 너무 깐깐하게 나오는 통에 모든 것을 합의해도 결국 물거품이 될 수 있다는 불만이었다. 잠시 후 마이클 아이즈너가 톰 머피를 한쪽으로 끌고 가 제발 좀 디즈니에서 제시하는 수준을 받아들이도록 나를 설득해달라고 부탁했다. 그러고 또 잠시 시간을 가진 후 마이클은 직접 내게 전화를 걸었다.

"밥, 당신과 합의하는 것보다 195억 달러(한화 약 23조 원-옮긴이)짜리 거래의 합의안을 도출하는 일이 더 쉬운 상황이네요. 이제 그만 '오케이' 해주기 바랍니다."

끝까지 팽팽했던 쟁점은 내가 누구에게 보고하는가, 즉 나의 직속상관이 누구인가 하는 문제였다. 조는 내가 마이클에게 직접 보고한다는 내용의 공식합의안을 밀어붙이고 있었고, 마이클은 그것을 거부했다. 그는 본인과 나 사이에 존재할 누군가, 즉 사장을 임명할 수 있는 권한을 갖고자 했다. 그리고 자신이 그렇게 할 수 있다는 점을 내가 이해해주길 바랐다. 나는 마이클이 나를 자신의 '넘버 투'로 인정해주길 바랐지만, 그가 단도직입적인 태도로 밀어붙이고 있다는 사실 역시 인정하지 않을 수 없었다.

그날 밤 마침내 나는 조에게 디즈니 안을 받아들이라고 연락했다. 분명 나는 언젠가 CEO로 이어질 가능성이 높은 경로에 오르길 희망했지만(그리고 그 어떤 것도 보장되는 것은 아니라는 점도 이해했지만), 지금은 그것을 위해 싸울 적절한 시점이 아니었다. 나는 합병이 잘 진행되고, 캡시티즈 사람들이 디즈니에서 좋은 대우를 받기를 원했다. 내가 따라가지 않으면 캡시티즈 출신들이 결국 찬밥 신세로 전락할 가능성이 높았다.

우리는 모두 다음 날 아침 동이 트자마자 66번가의 ABC 본사에 모였다. 인수합병을 공식발표하고 ABC의 스튜디오 중 한 곳(TV-1으로 1960년 케네디와 닉슨의 대선토론이 이뤄진 곳)에서 기자회견을 갖는 게 우리의 계획이었다. 그러고 나서 마이클과 톰은 바로 옆의 TV-2 스튜디오로 옮겨가 '굿모닝 아메리카'에서 인터뷰를 할 예정이었다. '굿모닝 아메리카' 인터뷰는 당연히 생방송이었다. 말 그대로 긴급속보가 될 터였다. ABC뉴스의 어느 누구에게도 합의가 임박했음을 알리지 않은 상황이었기 때문이다.

마침 우연히도 그날은 윌로가 조앤 런든의 대타로 투입된 날이었다. 윌로와 함께 진행을 맡은 앵커 찰리 깁슨Charlie Gibson은 옆 스튜디오에서 벌어지고 있던 소란을 알아채고 윌로에게 물었다.

"옆방에서 지금 벌어지고 있는 일의 중대성에 대해 1점부터 10점 사이의 점수를 매긴다면 몇 점이에요?"

윌로는 물론 무슨 일이 벌어지고 있는지 알았지만 비밀을 지키기로 맹세한 터였다. 그래서 그냥 이렇게만 답했다.

"나라면 12점을 주겠어요, 찰리."

내가 5년간 합류한다는 소식도 함께 발표되었다. 공식발표가 나간 직후 나는 캡시티즈/ABC의 전체 간부회의를 소집했다. 그들 역시 모르고 있던 일이라 다들 충격에 빠져 있었다. 회의석상에는 평생을 톰과 댄 밑에서 일한 사람들도 다수 앉아 있었다. 그들은 나를 쳐다보며 물었다.

"이제 어떻게 되는 겁니까? 우리는 무엇을 어떻게 해야 합니까?"

나는 최대한 솔직하게 답했다. 디즈니는 우리와 아주 다른 문화를 가진 기업이었다. 하지만 톰은 이 거래에 동의할 때 직원 전체의 이익을 가장 중시했다. 그럼에도 어려운 과정이 이어질 것은 분명했다. 새로운 문화에 적응하는 것 외에 다른 방도가 없기 때문이었다. 그 과정이 얼마나 불안할지 내가 잘 알고 있다는 사실을 그들이 알아주길 바랐다. 우리 모두가 이제껏 익숙했던 기업문화는 곧 사라질 것이었다. 디즈니는 우리가 그동안 일한 조직보다 더욱 공격적이고, 더욱 창의적이며, 더욱 할리우드적이었다. 하지만 나는 그러한 전환이 좀 더 쉽게 이루어지도록 만들어야 할 위치에 있었고, 그래서 그들에게 도움이 필요한 경우 내게 의지할 수 있다고 강조했다.

그 인수합병 거래에 관해서 덧붙이자면, 많은 사람들이 우선 195억 달러라는 금액에 크게 놀랐다. 어떤 사람들은 톰이 시간을 더 끌었더라면 훨씬 더 높은 가격을 받아낼 수 있었을 것이라고 말했다. 하지만 그것은 알 수 없는 부분이었다. 어쨌든 결과적으로 디즈니 측이 더 많은 이득을 본 거래로 판명되었다. 마이클은 그런 거래를 성사시킬 배짱이 있다는 점에 대해 그다지 많은 찬사를 받지 못했지만, 그것은 실로 어마어마한 리스크를 감수하는 결정이었다.

이후 오랜 시간에 걸쳐 성과가 나왔다. 디즈니는 그 인수합병으로 위력적인 규모를 갖추게 되었다. 엔터테인먼트 업계의 다른 회사들이 변화하는 세상에 적응하기에 자신들의 몸집이 너무 작다고 고통스러워할 때, 디즈니는 독자적으로 흔들림 없이 버틸 수 있었다. 디즈니가 획득한 자산, 그중에서도 특히 ESPN은 수년간 조직 전체의 성장을 이끌었고, 디즈니애니메이션이 일련의 흥행실패로 고투를 벌이던 10년의 세월 동안 필수적인 완충제 역할을 해주었다.

인수합병 거래의 공식발표가 있고 2~3주 후, 나는 스노매스에 있는 마이클의 집에서 마이클, 제인Jane 부부와 주말을 보내기 위해 아스펜으로 날아갔다. 디즈니 이사회의 일원이기도 한 건축가 밥 스턴Bob Stern이 설계한 거대한 통나무집이 아스펜의 봉우리들로 둘러싸인 계곡에 아늑하게 자리 잡고 있었다. 전경이 얼마나 아름다운지 나는 입을 다물지 못했다. 그곳의 모든 것이 대단한 취향을 발산하고 있었다.

디즈니는 그들이 구매하는 자산에 대해 늘 상당한 주의를 기울였다. 하지만 그들이 소유하려는 회사의 모든 복잡한 정황을 사전에 다 이해할 방법은 없었다. 나는 ABC와 산하의 TV 방송국들, ESPN, 확장세를 보이고 있던 라디오 사업, 신문 및 잡지를 보유한 대규모 출판 사업, 여타의 케이블 채널들, 그리고 일련의 소규모 사업 등 캐피털시티즈의 모든 사업을 각각 상세하게 설명하는 무수히 많은 바인더를 지참하고 갔다. "디즈니가 캡시티즈를 평가하는 데 그렇게 충분한 시간을 쓰진 못한 것으로 알고 있습니다. 그래서 아무래도 아직 모르시는 부분이 많을 것으로 생각됩니다." 내가 바인더를 앞에 놓고 그에게 말했다.

그 이틀 동안, 나는 우리 회사의 모든 측면에 대해 마이클에게 상세히 설명했다. 그는 그저 TV 회사를 하나 사는 것으로 생각했을지 모르지만, 실상은 훨씬 더 복잡했다. ESPN의 판권 거래에서부터 ABC와 전미프로풋볼리그NFL의 중계협상이 임박했다는 것까지, 알아둬야 할 것이 한둘이 아니었다. 나는 전국방송에서 WABC(AM)까지 망라해 ABC의 라디오 사업에 대해 설명했고, 방송 중에 선정적인 표현으로 물의를 일으킨 토론 프로그램 진행자를 조치하는 문제에 대해서도 얘기했다.

마이클은 낭패감을 느끼는 것 같았다. 당시 그는 52세에 불과했지만, 그 1년 전에 관상동맥우회로이식술을 받은 바 있었다. 제인은 마이클의 식생활과 업무일정, 운동량 등을 예의 주시하며 마이클에게 일을 줄이고 생활방식을 바꿔야만 한다고 강조하고 있었다. 그런 줄도 모른 채 나는 그들을 앉혀놓고 "회장님이 아시는 것보다 훨씬 더 큰 부담이 생길 거고, 몇 가지 문제는 회장님이 아시는 것보다 훨씬 시급하게 처리해야 합니다."라고 말하고 있었다.

그렇게 주말이 끝나가던 일요일 오후, 마이클은 나를 공항까지 차로 데려다주었다. 공항에 가는 길에 우리는 인근에 살고 있던 마이클 오비츠Michael Ovitz와 그의 가족에게 들렀다. 마이클 부부와 오비츠 가족은 함께 하이킹을 갈 것이라고 했다. 나는 두 가족이 어느 정도 가까운지 몰랐지만, 그날 오후 그들 사이에 많은 공감대가 형성되어 있음을 느낄 수 있었다.

오비츠는 그 얼마 전 자신이 공동 창업해 세계 최강의 인재 에이전시로 성장시킨 CAA를 떠나 유니버셜스튜디오Universal Studio의 책임자 자리를 맡으려 시도했다. 하지만 그 일은 뜻대로 되지 않았고, 그래서 그는 이제 할리우드에서 경력의 새로운 장을 펼칠 방법을 모색하고 있었다. 비행기에 올라 뉴욕으로 돌아오며 생각해보니 마이클은 디즈니의 '넘버 투'로 오비츠를 고려하고 있는 것 같았다.

1주일 후 그런 나의 느낌은 틀린 게 아니었음이 확인되었다. 마이클이 내게 전화해 말했다. "당신의 브리핑 덕분에 정신이 번쩍 들었소. 합병된 이 조직을 경영하는 일은 분명 쉽지 않겠지요." 제인도 크게 걱정하고 있다고 그는 덧붙였다. 그러고 나서 오비츠와 관련된 나의 의문을 단도직입적으로 풀어주었다. "계약을 체결할 때 내가 우리 사이에 누군가를 들여놓을 가능성을 열어두었잖소." 잘 알고 있다고 내가 답했다. 그 어떤 것도 보장된 것이 없다는 것 역시 나는 알고 있었다. "그래서 말인데, 마이클 오비츠를 영입하려 해요. 그가 당신의 보스가 되는 거예요."

그의 말대로라면 오비츠가 월트디즈니 사의 사장이 되는 것이었다. COO가 아니었다. 일반적인 직급체계에 따르면, 이것은 곧 그가 나의 직속상관이기는 하지만 그렇다고 해서 마이클의 후임으로 확정된 것은 아니라고 볼 수도 있다는 의미였다. 나는 잠깐 실망감을 느꼈지만, 마이클이 협상을 벌일 때도 그랬고 지금도 솔직하게 자신의 생각을 밝힌 점을 고맙게 생각하지 않을 수 없었다. 그는 사탕발림으로 달래려 하지도 않았고, 실상을 다른 무엇으로 호도하려 하지도 않았다. 나는 그때 44세였고 여전히 배워야 할 것이 많았다. 어떤 경우에든 그 두 사람과 나쁜 관계로 출발해서 얻을 수 있는 것은 아무것도 없었다. 나는 일이 원활하게 돌아가게 만들고 싶었다.

마이클 오비츠 영입 발표가 나간 후, 내게 의견을 묻는 〈뉴욕타임스〉 기자에게 이렇게 말했다. "마이크 아이즈너가 이것이 회사를 위한 올바른 길이라고 생각한다면, 나는 그의 본능을 믿습니다." 이 말이 〈뉴욕타임스〉에 인용된 날, 디즈니의 한 임원이 마이클은 '마이크Mike'라는 애칭으로 불리는 것을 싫어한다고 내게 알렸다. 아직 시작도 하지 않은 상태에서 무례를 범한 꼴이 되어버렸다.

나는 곧 회사의 다른 사람들이 오비츠 영입에 대해 나보다 훨씬 더 큰 반감을 지녔다는 것을 알게 되었다. 디즈니스튜디오의 회장인 조 로스Joe Roth는 크게 화를 냈고, 샌디 리트박과 디즈니의 최고재무책임자 CFO 스티브 볼렌바흐Steve Bollenbach는 새로운 조직구조에 대한 불만으로 오비츠에 보고하길 거부했다는 얘기가 들려왔다. 5,000km 가까이 떨어진 뉴욕에서 나는 벌써 '디즈니 법인'에 분개가 쌓이고 있음을 느낄 수 있었다. 마이클 오비츠의 영입은 발표되던 순간부터 조직 내부에 불화를 일으켰는데, 나는 그러한 갈등이 어떤 결과를 낳을지 전혀 알 수 없었다.

모두가 연방통신위원회의 승인이 떨어지길 기다리던 다음 몇 개월 동안 나는 주초에 날아가 주말에 돌아오는 방식으로 매주 LA로 통근하며 곧 동료가 될 디즈니의 여러 임원들과 인사를 나누고 교류했다. 인수합병이 확정되면 윌로와 나는 신혼여행을 갈 수 없을 것 같아서 우리는 약혼기간을 급진적으로 줄여 1995년 10월 초에 결혼식을 올렸다.

우리는 프랑스 남부 지방으로 신혼여행을 떠났다. 호화로운 그랑 오텔 뒤 캅페레Grand-Hotel du Cap-Ferrat에 묵고 있을 때, 그곳으로 거대한 박스가 하나 도착했다. 디즈니의 캐릭터 상품으로 가득 찬 선물상자였다. 미키 마우스 커플 파자마와 커플 모자, 도널드덕 슬리퍼 등을 포함해 다양한 제품들이 잔뜩 들어 있었는데, 우리가 소화하기에는 너무 과도한 것들이라 무엇을 어떻게 해야 할지 몰랐다. 우리는 그곳을 떠날 때 모두 그대로 호텔 방에 놔두기로 결정했다. 누군가가 그것을 선물로 받아들일지도, 어쩌면 그런 것을 아주 좋아하는 아이가 있을지도 모르는 일이었다. 우리가 체크아웃한 후에 우리 방에서 그 모든 미키 마우스 용품을 확인했을 호텔 직원을 떠올리면 지금도 웃음이 나온다. 한편으로는 쑥스러운 기분도 든다. 당시 내가 그 상자를 보고 윌로에게 이렇게 말한 기억도 난다. "이제 아주 다른 회사에서 일하게 된 것이 맞네." (실제로, 마이클 아이즈너와 일하는 내내 나는 그가 미키와 관련이 없는 넥타이를 맨 것을 거의 본 적이 없다. 디즈니의 모든 고위임원들 역시 그런 넥타이를 매도록 권유받았지만, 나는 그런 메모를 결코 받은 적이 없던 것처럼 처신했다.)

물론 조직문화의 차이는 넥타이에서 그치지 않았다. 그보다 더 중요한 차이점이 많았다는 뜻이다. 문화가 아예 전체적으로 다르게 돌아갔다. 톰과 댄은 가까이 다가가기 쉬운 따뜻한 보스였다. 직원이 어떤 문제에 대해 얘기하고 싶다고 하면, 그들은 기꺼이 문을 열고 귀를 기울여주었다. 조언이 필요하다고 하면, 그들은 이타적으로 그것을 제공했다. 사업가로서 그들은 비용관리와 수익증대에 열정적으로 초점을 맞추면서 마찬가지의 원칙을 고수하기만 하면 원하는 만큼 오래 그들을 위해 일할 수 있는 임원들을 주변에 두었다.

그들은 또한 분산형 기업구조의 가치를 믿었다. 만약 어떤 임원이 윤리적으로 행동하는 가운데 특정 예산에 대한 타당성을 주장하면 그들은 그에게 재량권을 주었다. CFO와 법률자문위원을 제외하고 본사 임원을 따로 두지 않았으며, 따라서 중앙집권적인 관료조직도 없었다. 그들은 그렇게 각 사업부문에 대한 간섭을 최소화했다.

하지만 디즈니는 모든 것이 정반대였다. 마이클 아이즈너와 프랭크 웰스는 회사 경영을 맡은 초기부터 '전략기획실'이라는 중앙부서를 조직해 교육수준이 높고 적극적인 일단의 임원들을 그곳에 배치했다(그들 모두 MBA를 보유했고, 다수가 하버드나 스탠퍼드 출신이었다). 그들은 주로 분석작업을 수행했고, 마이클이 필요로 하는 데이터와 '통찰'을 제공했다. 마이클은 회사가 내리는 모든 사업적 결정의 안전성 여부를 판단하기 위해 그런 통찰을 필요로 했으며, 창작과 관련된 결정은 모두 본인이 직접 내렸다. 전략기획실은 회사의 나머지 부분에 대해 상당한 권한을 행사했으며, 다양한 사업부문을 운영하는 디즈니의 모든 고위 임원들을 상대로 스스럼없이 권력을 휘둘렀다.

"트롬본 오일 제조 사업에는 뛰어들지 말라."

내가 디즈니에 합류한 시점은 마이클이 디즈니 CEO로 재임한 22년의 기간 중 중간쯤에 해당했다. 그는 미국 경영계에서 가장 명망 높고 성공한 CEO 중 한 명이었으며, 그의 첫 10년은 실로 비범했다. 그는 디즈니의 테마파크와 리조트를 적극적으로 확장하며 훨씬 수익성이 높은 가격전략을 도입했다. 유람선 사업도 출범시켰는데, 이것은 여타의 사업 부문에 비해 상대적으로 규모는 작았지만 수익성은 견고했다. 1980년대 후반과 1990년대 초반에 걸쳐 디즈니 애니메이션은 '인어공주'와 '미녀와 야수', '알라딘', '라이온 킹' 등과 같은 히트작을 연이어 출시했다. 덕분에 디즈니의 소비자 제품 사업이 폭발적으로 증가했으며, 디즈니 스토어와 라이선스 계약 및 온갖 유형의 글로벌 상품 유통에서 수입이 발생했다. 미국에서 시작한 디즈니 채널 역시 빠르게 성장하며 전 세계로 뻗어 나갔고, 실사 영화를 담당했던 월트디즈니스튜디오는 일련의 상업적 히트작을 발표했다.

하지만 ABC가 디즈니에 합류하던 무렵 균열이 나타나기 시작했다. 프랭크 웰스의 빈자리는 마이클 아이즈너와 제프리 카첸버그 사이에 격렬한 악감정을 유발했다. 제프리는 마이클이 첫 10년 동안 거둔 애니메이션 부문의 성공이 사실상 자신의 공로라고 주장했다. 그는 프랭크 웰스의 사망 이후 마이클이 자신을 승진시키지 않은 것에 대해 분개했고, 마이클은 제프리가 승진시켜 달라고 자신을 압박하는 데 분개했다. 관상동맥우회로이식술을 받고 얼마 지나지 않은 1994년 마이클은 제프리에게 사임을 강요함으로써 매우 요란하고 험악하며 값비싼 법정 싸움을 야기했다. 그러한 혼란 상황에 더해 디즈니의 애니메이션 부문이 삐걱거리기 시작했다. 이후 몇 년 동안 '헤라클레스'와 '아틀란티스', '보물섬', '판타지아 2000', '브라더 베어', '카우 삼총사Home on the Range', '치킨 리틀' 등이 연달아 값비싼 고배를 마셨다. 그 사이에 '노틀담의 꼽추'와 '뮬란', '타잔', '릴로와 스티치' 등 준수한 흥행성적을 거둔 작품도 있었지만, 그 어느 것도 이전 10년 동안의 창의적, 상업적 성공에는 근접하지 못했다. 이 기간에 마이클은 명성에 걸맞게 픽사Pixar와 관계를 맺는 지혜를 발휘했고, 그 결과 역사상 가장 위대한 애니메이션 영화 몇 편이 세상의 빛을 보았다.

처음부터 디즈니팀(주로 전략기획실 친구들)은 우리를 마치 회사의 신참인 양 취급하며 이용해먹었다. 그들이 한 모든 것이 나빴다는 뜻은 아니다. 톰과 댄 밑에서 일할 때 익숙했던 것과는 너무 다른 방식이어서 더욱 그렇게 느껴졌을 수도 있다. 그들은 완전히 중앙집권적, 프로세스 지향적으로 움직였고, 우리는 그러한 운영방식에 본능적으로 발끈했다. 또한 그들은 과거에 우리처럼 큰 회사를 인수해본 적이 없었기 때문에 좀 더 주의 깊고 신중하게 통합의 절차를 밟아 나가야 한다는 생각을 거의 하지 못했다. 적당한 처세술로 융통성 있게 처리할 수 있는 의견 불일치에도 그들은 종종 권위적인 어조로 지나치게 요구사항을 내세웠다. 그들은 자기들이 우리를 샀다는 이유로 마치 우리가 늘 그들의 뜻에 따라야만 하는 것처럼 처신했다. 그런 태도가 캡시티즈 출신들에게 순순히 먹힐 리가 없었다. 나는 그런 푸대접을 당하지 않아도 될 만큼 직위가 높았지만, 내 밑의 많은 사람들은 앞으로 자신들에게 무슨 일이 일어날지 걱정하지 않을 수 없었다. 나는 그들의 불안을 덜어주고 그들을 대표해 갈등상황에 개입하느라 실로 많은 시간을 써야 했다.

또한 나는 나 자신의 싸움을 벌이느라 바쁘기도 했다. 인수합병 직후, 디즈니는 현명하게도 신문 사업 전체를 매각했다. 신문 업계가 나락으로 떨어지기 몇 년 전이었다. 그러나 우리는 패션잡지 〈W〉를 포함한 몇몇 잡지는 계속 보유했다. 그러한 결정을 내린 직후 〈W〉의 편집장 겸 발행인이 나를 찾아와 〈쎄씨Sassy〉를 창간한 제인 프랫Jane Pratt에게 '유행에 밝은 도시 여성'을 위한 잡지에 대한 아이디어가 있다고 언급했다. 제인 프랫의 이름을 따서 잡지의 제호도 〈제인〉으로 간다고 했다. 제인 프랫은 VH-1과 MTV 초기에 크게 기여한 바 있는 인물이었다.

얼마 후 제인이 내 사무실에 와서 그 아이디어에 대해 설명했다. 나는 제인의 아이디어가 마음에 들었다. 좀 더 젊고 세련된 인구군과 연결될 수 있는 기회로 여겨졌기 때문이다. 사업계획서를 검토해본 결과 타당하다는 판단이 섰다. 그래서 그 팀에 '그린 라이트'를 켜주었다. 그러자 곧 (훗날 나의 CFO가 되고, 당시에는 전략기획실에서 일하던) 톰 스택스Tom Staggs에게서 전화가 걸려왔다. 톰 스택스는 전략기획실장인 래리 머피Larry Murphy를 대신해서 내게 연락한 것이었다. 그는 전략기획실의 분석이 선행되지 않는 한 디즈니의 어떤 사업부문도 확대 혹은 신규 투자를 할 수 없다는 것이 래리의 방침이라고, 상당히 조심스러운 어조로 내게 말했다. 한마디로 자기들 허락 없이는 새로운 사업을 아무것도 하지 말라는 뜻이었다. 먼저 그들이 분석을 마치면 마이클에게 의견서를 제출할 것이고, 그런 다음에 최종결정이 내려지는 것이 기본 절차라고 설명했다.

톰은 그런 메신저 역할을 하는 것이 불편한 듯했다. 그래서 나는 이 일을 추진할 사람은 나이고 래리의 조언은 필요 없다고 전해달라고, 역시 정중하게 말했다. 그러자 잠시 후 래리가 직접 전화를 걸어왔다. 그는 도대체 내가 무슨 짓을 벌이고 있는지 알고 싶어 했다.

"그러니까 잡지를 하나 새로 창간하시겠다는 겁니까?"

"예."

"얼마나 많은 비용이 들어가는지 알고 계십니까?"

"예."

"그럼에도 그게 좋은 아이디어라고 생각하시는 겁니까?"

"예."

"디즈니에서는 일을 그런 식으로 진행하지 않습니다." 그가 말했다.

결국 래리는 그 사업의 추진을 승인했다. 합류한 지 얼마 되지도 않은 나와 싸움을 벌이는 게 내키지 않는 것 같았다. 하지만 신호는 분명했다. 이후로는 내게 재량권이 없을 것이라는 신호였다.

공평하게 말하자면 그것은 '작은' 아이디어였고, 시간과 돈을 투자할 가치가 없다고 볼 수도 있었다(하지만 우리는 향후에 〈W〉와 〈제인〉을 콘데나스트Condé Nast의 새뮤얼 어빙 뉴하우스Samuel Irving Newhouse에게 팔아서 이익을 챙겼다). 그러나 여기서 되새겨볼 것은, 당신을 위해 일하는 사람들을 신뢰하고, 그들에게 기업가정신을 갖게끔 독려하는 것이 중요하다는 교훈이다.

예전에 댄 버크는 바로 그 교훈을 디즈니 전략기획실과는 전혀 다른 방식으로 내게 가르쳤다. 정확히 무슨 일 때문에 그런 대화를 나누었는지는 기억나지 않지만, 당시 내가 추진하려던 어떤 일에 대해 댄은 다음과 같이 적혀 있는 메모지 한 장을 건넸다.

"트롬본 오일 제조 사업에는 뛰어들지 말라. 세계 최고의 트롬본 오일 제조업자가 될 수 있을지 몰라도, 결국 전 세계의 트롬본 오일 소비량은 연간 수십 리터에 불과하다."

그는 많은 것을 돌려주지 않을 프로젝트에 회사와 나의 자원을 투자하지 말라고 말했던 것이다. 댄은 그런 식으로 지혜를 나눠주었다. 얼마나 긍정적인 방식인가. 나는 여전히 책상 서랍에 그 메모지를 보관하고 있다. 디즈니의 임원들과 어떤 프로젝트를 추진하고, 어디에 에너지를 쏟을지에 대해 대화를 나눌 때 가끔 꺼내서 보여주기도 한다.

최악의 인재 영입 참사

내가 디즈니에서 새로운 문화에 적응하려고 노력하는 동안, 나의 새로운 상사 마이클 오비츠와 마이클 아이즈너의 관계는 빠르게 무너지기 시작했다. 옆에서 지켜보기에 결코 아름답지 않았고, 때로는 고통스럽기까지 한 그 붕괴는 사내의 많은 사람들의 눈앞에서도 펼쳐졌다.

마이클 오비츠의 임기는 공식적으로 1995년 10월에 시작되었는데, 출근한 첫날부터 그가 적절치 않은 시기에 적당하지 않은 자리에 앉았다는 사실이 분명해졌다. 그는 CAA에서 나왔고, 유니버설스튜디오의 수장 자리에 도전했다가 실패한 바 있었다. 그런 그였기에 할리우드 피라미드의 꼭대기에 올라가는 것이 무엇보다 중요했다. 마이클 아이즈너의 '넘버 투' 자리는 분명 그에게 꼭 필요한 구명구였을 것이다.

그러나 대기업의 의사결정 프로세스는 에이전시의 그것과 조금도 흡사하지 않았다. 특히 디즈니처럼 고도로 조직화된 대기업은 더욱 달랐다. 오비츠는 '넘버 투'라는 본연의 역할에 충실해 마이클이 복잡다단한 사업부문들을 잘 경영하도록 돕는 대신 엄청나게 많은 새로운 아이디어를 제시하기 시작했다. 대부분이 자신과 친한 유명인들이 관련된 아이디어였다. 비상장 개인회사인 CAA의 공동대표 시절에 그는 오만 가지 아이디어를 제시하고 즉각적으로 추진하는 데 익숙했다. 디즈니에서도 그렇게 할 수 있으리라고 생각했다. 그는 본질적으로 에이전트였고, 그래서 고객이 언제든 접근할 수 있도록 문을 열어두고 종종 자신이 진행하고 있는 모든 일을 고객에게 알려주는 데 익숙했다. 하지만 그러한 일 진행 방식은 디즈니에서는 용인되지 않았다. 그는 톰 클랜시Tom Clancy와 매직 존슨Magic Johnson, 마틴 스코세이지Martin Scorsese, 자넷 잭슨Janet Jackson을 위시하여 수많은 유명인들과 디즈니의 사업을 확대할 수 있는 포괄적인 거래관계를 맺고 싶어 했다. 그는 그런 유명인들에게 디즈니가 제공해줄 수 있는 것들에 대해 지속적으로 설명하고 홍보했다. 하지만 그런 거래는 보도자료에서는 멋지게 들릴지 모르지만 바람직한 결과가 도출되는 경우가 드물다. 그런 거래에는 모든 사업과 주도권에 대해 각각의 측면을 돌보는 데 시간과 에너지를 투입하며 스폰서 역할을 할 고위임원이 반드시 필요하다. 또한 유명인들에게 마치 백지 위임장이라도 제공하는 것 같은 인상을 주기 때문에 모든 아이디어를 주의 깊게 심사하는 디즈니와 같은 곳에서는 재앙이 초래될 수도 있었다.

　나는 뉴욕에서 일하고 있었지만 매주 마이클 아이즈너가 주도하는 월요일 임원 오찬회의에 참석하기 위해 LA로 날아갔다. 오비츠는 매번 열정으로 충만한 채 새로운 아이디어를 들고 회의에 참석했지만, 테이블에 앉은 모든 임원은 현명한 마이클 아이즈너가 거기에 거의 관심을 기울이지 않는다는 사실을 잘 알았다. 마이클은 오비츠의 아이디어를 흘려들은 다음 업데이트된 사업 진행상황과 새로운 전략을 충실하게 점검하곤 했다. 그러면 오비츠는 기분이 상한 듯 회의 내내 비협조적인 태도를 보이다가 마이클의 관심 부족을 여기저기 소문내곤 했다.

　팀 전체가 회의 때마다 이런 일을 목도했다. 그들의 보디랭귀지조차도 지켜보기가 괴로울 정도였으며, 그러한 불편은 고위경영진 전체에 영향을 미치기 시작했다. 조직의 최상위에 있는 두 사람이 역기능적 관계인데, 그 밑의 나머지 사람들이 무슨 수로 제대로 기능할 수 있겠는가. 이것은 항상 싸우는 부모를 둔 것과 같은 상황이다. 아이들은 늘 긴장감을 느끼고 부모에게 반감을 품거나 서로 적의를 드러내기 시작한다.

　나는 그 모든 과정 내내 오비츠에게 정중하게 대하고 그가 나의 직속상관이라는 사실을 존중하려 애썼다. 나는 종종 내가 맡은 사업부문의 제반사항들을 그에게 설명하고 네트워크 TV의 시청률이나 ESPN의 배급거래, 전속계약의 세부사항 등을 잘 이해할 수 있도록 브리핑하곤 했지만, 그는 매번 그런 정보를 무시하거나 외부에서 걸려온 전화를 받는 데 열중하곤 했다. 한번은 그가 내 방에서 클린턴 대통령의 전화를 받고 45분 동안 통화하는 바람에 나는 그 시간 내내 밖에 나와 앉아 있어야 했다. 톰 크루즈Tom Cruise의 전화로 그와 나의 회의가 중단된 적도 있었다. 마틴 스코세이지에게서도 전화가 왔었는데, 그 통화는 몇 분 만에 끝났다. 회의가 취소되거나 미뤄지는 경우는 더욱 빈번했다. 얼마 지나지 않아 디즈니의 모든 고위임원들은 끔찍한 영입 실패라고 그의 등 뒤에서 수군거리기 시작했다. 경영자라면 자신의 시간을 잘 관리하는 것만큼 다른 사람들의 시간을 존중해주는 것이 중요한데, 그는 참담할 정도로 그런 부분에 약했다.

결국 오비츠의 아이디어들은 아무런 결실을 보지 못했고, 마이클 아이즈너는 기본적으로 회사의 모든 중요한 일에서 그를 배제하기 시작했다. 오비츠는 화가 나는 한편 당황스럽지 않을 수 없었다. 설령 역할을 제대로 수행할 수 있는 모든 권한이 그에게 주어졌더라도, 나는 그가 여전히 디즈니에서 실패했을 것이라고 본다. 그는 체질적으로 조직생활에 적합한 인물이 아니었기 때문이다. 나는 늘 회의 전에 미리 자료를 준비해 그에게 주곤 했는데, 다음 날 그는 자료를 하나도 읽지 않고 나타나 "팩트를 제시해보세요."라고 말한 다음 빠르게 자신의 의견을 개진하곤 했다. 그가 모든 정보를 완벽하게 숙지했기 때문에 빠르게 움직이는 게 아니었다. 실상은 그 반대였다. 아무것도 준비되어 있지 않다는 사실을 은폐하려 애쓸 뿐이다.

디즈니 같은 기업에서는 상사가 숙제를 제대로 하지 않으면 주변 사람들이 그것을 즉시 알아채기 마련이다. 더불어 상사에 대한 직원들의 존경심도 사라지는 것은 물론이다. 리더는 그만큼 매사에 주의를 기울여야 한다. 참석하지 않아도 되는 회의여도 리더는 종종 회의 자리를 끝까지 지켜야 한다. 리더는 늘 새로운 것을 배우고 익혀야 하며, 다른 사람들의 문제를 끝까지 듣고 해결책을 찾도록 도와야 한다. 이 모든 것이 훌륭한 경영자의 조건이다. 문제는 마이클 오비츠가 경영자의 자리에 올라서도 여전히 에이전트로 처신하는 데 있었다. 그는 그 사업을 누구보다 더 잘 알았지만, 우리는 에이전시가 아니었다.

1996년 4월 마이클 아이즈너는 뉴욕에 있는 나의 사무실을 방문했다. 사무실에 들어선 그는 문을 닫은 후 말했다.

"마이클 오비츠가 문제가 많다는 것은 나도 알고 있어요. 내가 사람을 잘못 들여놓는 바람에…, 참사나 다름없지요."

그는 디즈니스튜디오의 책임자인 조 로스를 비롯해 여러 중역들이 너무도 실망한 나머지 퇴사를 고려하고 있다는 사실을 알게 되었다. 나도 그럴 것으로 생각하고 만류하기 위해 내 사무실을 찾은 것이었다. 하지만 나는 그만둘 생각이 없었다. 회사생활이 마음에 드는 것은 아니었지만(디즈니에서의 처음 6개월은 나의 경력 중에 의욕과 생산성 모두가 가장 저하된 시기였다), 나는 여전히 디즈니에 대해 잘 몰랐고 그래서 알아가는 중이었다. 또한 뉴욕에서 일하고 있었기 때문에 다른 임원들만큼 그렇게 심하게 곤욕스럽지도 않았다. 당시 내가 주로 생각한 것은 '마이클이 다루기 힘든 문제에 봉착했구나. 나까지 힘들게 하지 말자.' 정도였다.

마이클은 내게 계속 말했다. "정확히 언제가 될지는 모르겠지만 그를 내보내야겠다고 마음먹었어요." 그는 누구에게도 발설하지 말아달라고 요청했고, 나는 그렇게 하겠다고 약속했다. 나는 마이클이 다른 누군가에게도 그 말을 했는지 여부는 알 수 없었지만, 이후 몇 주 안에 오비츠의 거취에 대해 조치를 단행할 것으로 기대했다. 그러나 수개월이 그냥 그렇게 흘러갔고 긴장과 불협화음은 갈수록 악화일로로 치달았다. 아이즈너와 오비츠, 그 외의 여러 고위경영진, 오비츠 밑에서 일하는 직원 등 모두가 불행한 나날을 보냈다. 더 이상의 출혈을 막아야 할 시점이었다.

마침내 그해 12월, 그러니까 내게 오비츠를 내보내겠다고 말한 지 8개월 이상이 지난 시점에 마이클 아이즈너는 오비츠를 해고함으로써 회사 역사상 가장 고통스러웠던 시기에 종지부를 찍었다(하지만 그 고통은 오비츠가 받은 1억 달러 이상의 퇴직금 패키지와 관련해 주주들이 디즈니 이사회를 상대로 소송을 제기하는 바람에 이후로도 오랫동안 가시질 않았다). 오늘날까지도 나는 마이클 오비츠와 다정하고 화기애애한 관계를 맺고 있다. 내가 CEO에 취임한 이후로 그는 아무런 편견도, 사심도 없이 디즈니의 성공을 도우려 애썼다. 돌이켜 생각해보면, 그는 나쁜 사람이었던 것이 아니라 당사자들의 오판으로 자신과 맞지 않는 조직에 들어온 것뿐이었다. 문화적인 충돌을 극복한다는 것이 그에게는 너무나도 벅찬 도약이었을 것이다.

오비츠와 아이즈너는 둘 다 나름의 강력한 이유로 서로의 결합이

효과를 거둘 수 있을 거라 기대했다. 아이즈너는 오비츠가 들어와 디즈니의 일하는 방식에 적응하고 자신의 짐을 덜어주길 기대했지만, 오비츠는 거대한 상장기업의 조직문화에서 성공하려면 자신이 바뀌어야 한다는 사실을 받아들이려 하지 않았다.

그들은 자신들의 결합이 역효과를 낳을 수도 있다는 사실을 왜 예상하지 못했을까? 그것은 각자가 자신의 필요에 다소 눈이 멀어 의도적으로 어려운 질문을 던지길 회피했기 때문이다. 어려운 질문을 던지는 것은 실로 쉽지 않은 일이다. 특히 당장의 기대에 초점이 맞춰진 상황에서는 더욱 그러하다. 그러나 무언가가 효과가 있기를 희망하면서 그것이 어떤 식으로 작용해 성과를 낳을지에 대해 스스로 확실하게 설명할 수 없다면, 바로 그 시점이 경보를 울려야 마땅한 때다. 상황을 명확하게 인식하기 위한 질문을 스스로 던져보며 차근차근 따져봐야 한다는 의미다. 내가 해결해야 할 문제는 무엇인가? 이 해결책이 진정 합당한가? 의심이 든다면 그 이유는 무엇인가? 나는 타당한 이유로 이것을 하려고 하는가, 아니면 사적인 무언가에서 동기가 유발되었는가?

5.
2인자에 오르다

SECOND IN LINE

　　　　　　　이후 3년 간 마이클 아이즈너
는 넘버 투 자리를 공석으로 비워둔 채 혼자 디즈니를 이끌었다. 오비
츠가 떠난 후 마이클과 나의 관계는 조금씩 돈독해졌지만, 이따금 그는
경계심을 드러내기도 했다. 내가 자신의 자리를 노리고 있으니 전적으
로 신뢰할 수는 없다는 생각에서 비롯된 경계심이었다. 결과적으로 가
까워졌다가도 어느 순간 멀게 느껴지는 애매한 관계가 지속되었다. 마
이클은 때로 나를 의사결정에 참여시키고 자신의 속내를 털어놓기도
했지만, 또 어느 순간에는 갑자기 냉담해지며 거리를 두기도 했다.

　　내가 인수합병 이후에도 계속 회사에 남아 있었던 이유 중에는 언
젠가 디즈니의 CEO가 될 수도 있다는 기대가 한몫을 차지했던 것도 사
실이다. 하지만 그렇다고 마이클을 몰아내고 그 자리를 낚아채려는 의
도가 있었던 것은 결코 아니었다. 주어진 위치에서 최선을 다해 직무를
수행하며 가능한 모든 측면에서 회사에 대해 배워나가겠다는 것이 나
의 의도였다. 지금까지 경력을 쌓아오는 내내 그랬듯이, 언젠가 마이클

이 스스로 물러날 준비가 되었다고 판단하는 시점이 오면, 그리고 나에게 기회가 주어진다면, 그것을 잡을 수 있는 준비를 갖추고 싶을 뿐이었다.

사람들은 종종 내게 야망을 키워나가는 최선의 방법이 무엇이냐고 묻곤 한다. 나 자신뿐만 아니라 나와 함께 일하는 사람들의 야망을 키워주는 것과 관련해서도 질문한다. 진정한 리더라면 주변 사람들이 더욱 높은 자리에 올라 더 큰 책임을 떠맡고자 하는 의욕을 불태우길 바라야 한다. 그들이 꿈꾸는 미래의 직무가 현재의 직무에 걸림돌이 되지 않는 범위 내에서 말이다. 주어지는 기회보다 야망이 지나치게 앞서나가게 해서는 안 된다. 기회가 주어질 가능성은 희박한데 특정한 직무나 프로젝트를 갈망하는 사람들을 수없이 봐왔다. 아직 너무나 멀리 떨어져 있는 작은 무언가에 초점을 맞추려 하면 그 자체로 문제가 발생하기 마련이다. 현재의 직무에 집중하지 못하고, 인내심을 잃거나 조바심을 부리게 되기 때문이다.

다른 무언가를 그토록 갈망하는 경우 당장 맡고 있는 책무에 최선을 다하기가 힘들어진다. 야망이 역효과를 낳는 것이다. 결국 야망과 현실 사이에서 균형을 찾는 방법을 아는 것이 관건이다. 주어진 직무를 충실히 수행하고 인내심을 유지하며 기여와 확장, 성장을 위한 기회를 찾아야 한다. 동시에 그런 기회가 찾아왔을 때 보스의 뇌리에 적임자로 떠오를 수 있는 사람 중 한 명이 될 수 있도록 태도를 가다듬고 에너지와 집중력을 키워 나가야 한다.

반대로, 보스의 입장에서 본다면 이런 직원이야말로 육성해야 할 소중한 인재다. 대놓고 승진을 요구하거나 자신의 능력이 충분히 발휘되지 못한다며 불평을 늘어놓는 사람과 조직에 없어서는 안 될 직원임을 스스로 꾸준히 증명하는 사람이 있다면 누구에게 기회를 주어야 하겠는가.

다른 많은 측면에서도 그렇듯이 톰과 댄은 이와 같은 리더십 덕목에 관한 완벽한 본보기였다. 그들은 나의 성장에 투자했고, 나의 성공을 바라는 자신들의 진심을 잘 전달했으며, 내가 궁극적으로 회사의 운영을 책임지는 데 필요한 것들을 배워나갈 수 있도록 길을 열어주었다. 내가 기대에 부응하는 성과만 거두면 그들이 내게 더욱 큰 기회와 계획을 펼쳐 보여주리라는 것을 알았기에, 나는 매 단계에서 가능한 한 많은 것을 배우고 흡수하고자 부단히 노력했다. 결과적으로 나는 그 두 인물에게 깊은 충정을 느끼지 않을 수 없었다.

CEO와 2인자 사이의 역학은 종종 긴장에 휩싸이는 게 사실이다. 누구나 자신이 '대체 불가능한' 사람이길 원한다. 비결은 자신이 이 일을 해낼 수 있는 유일한 사람이라는 생각에 집착하지 않는 수준의 자의식을 갖추는 것이다. 본질적으로 훌륭한 리더십은 대체 불가능함에 있는 것이 아니라 리더의 자리에 앉을 수 있는 준비를 갖추도록 아랫사람들을 지원하는 데 있다. 리더의 의사결정 과정에 접근할 수 있도록 허용하고 발전시켜야 할 필요가 있는 자질을 파악해 그들이 더 나아질 수 있도록 돕는 것이 리더의 역할이다. 그리고 때로는 그들이 아직 다음 단계로 올라갈 수 없는 이유를 단도직입적으로 알려주기도 해야 한다. 나 역시 지금까지 그런 일들을 해야만 했다.

상하이 디즈니랜드, 18년 대장정의 시작

마이클과 나의 관계는 매우 복잡한 방식으로 전개되었다. 어떨 때는 그가 나의 역량에 의구심을 품고 있다는 느낌이 들었고, 또 어떨 때는 관대하게 용기를 북돋우며 자신이 해야 할 일을 맡길 정도로 나에게 의지한다는 느낌을 받기도 했다. 우리 관계의 정점은 1998년 말에 찾아왔다.

어느 날 마이클은 뉴욕에 있는 내 사무실을 방문해 새로운 글로벌 조직의 구성과 운영을 맡아달라고 말했다. 당시 내 직함은 ABC그룹의 회장이었다. 이는 ABC네트워크와 ESPN, 디즈니 TV의 운영 등이 모두 내 소관이라는 의미였다. 마이클의 제안은 그 모든 업무 위에 또 다른 엄청난 책임이 가중된다는 것을 뜻했다. 그럼에도 나는 그 일을 맡고 싶었고 나를 적임자로 선택한 마이클에게 감사했다.

당시 디즈니는 글로벌 조직에 관한 한 놀라울 정도로 편협하게 운영되고 있었다. 남미에서부터 인도와 일본에 이르기까지 전 세계에 사업소가 마련되어 있었지만 일관성 있는 글로벌 전략은커녕 합리적인 구조조차 갖추어져 있지 않았다. 예를 들어 일본의 경우, 도쿄의 한 구역에서 스튜디오 사무실을 운영하고 있었는데 소비재 사업부는 도시의 다른 구역에, TV 사업부는 그와 떨어진 또 다른 곳에 자리했다. 상호 간의 업무 협조는 전혀 이루어지지 않았다. 회계나 IT 등의 백오피스 기능을 공유할 수 있는 협력 또한 전무했다. 그런 종류의 불필요한 업무 중복성이 도처에 산재했다. 하지만 그보다 더 중요한 문제는 각 지역에서 디즈니의 브랜드를 관리하고 새로운 사업적 기회를 포착하는 담당자조차 없다는 사실이었다. 그 모든 것이 본사 중심의 수동적인 접근방식에서 기인했다.

마이클은 그런 문제점을 간파했고 변화가 필요하다는 것 또한 알았다. 그는 우리가 다국적 기업으로 성장할 필요가 있다는 사실을 이미 오래 전에 인지했다. 수년 전부터 중국에 놀이공원을 건립하겠다는 목표를 세워둔 이유도 거기에 있었다. 마이클이 디즈니의 수장으로 재임하던 초기 10년 동안 그의 오른팔 역할을 했던 프랭크 웰스는 1990년대 초반 중국의 관료들과 접촉해 의사를 타진했지만 이렇다 할 성과를 거두지는 못했다. 그러나 그런 초기의 미팅 덕분에 중국 측에서도 놀이공원 건립에 대한 우리의 관심을 인지했고, 최근 들어 실제로 건립 계획의 추진을 희망한다는 신호를 보내온 터였다.

당시 나는 디즈니의 중역 중 해외 경험이 있는 몇 안 되는 인물 중 하나였다. 앞에서 말했듯이 ABC스포츠에서 일할 때 '폭넓은 스포츠 세계' 프로그램을 만드느라 세계 곳곳으로 출장을 다녔고, 디즈니가 중국에 진출하기 이전 시절에 ABC의 어린이 프로그램들이 중국에서 방영되도록 추진한 경험도 있었다. 중국에 대해 그나마 안다고 할 수 있는 유일한 관계자인 셈이었다. 마이클은 나를 월트디즈니인터내셔널의 수장으로 임명하고 해외 전략을 수립하는 것뿐만 아니라 중국 테마파크의 건립 장소를 물색하는 과업도 부여했다.

장소 선정을 위한 논의를 개시하고 얼마 지나지 않아 여러 요소(날씨, 인구, 활용 가능한 부지 등)를 고려한 결과, 실행 가능한 유일한 장소는 상하이밖에 없다는 결론에 이르렀다. 윌로가 첫 아이를 임신한 지 9개월째에 들어서던 1998년 10월, 나는 상하이 출장길에 올랐다. 디즈니에 합류한 후로는 첫 번째 출장이었다. 중국 측 공무원은 3곳의 후보지를 둘러보도록 안내해주었고, 일정을 마치자 이렇게 말했다. "이 중에서 어디든 선택할 수 있습니다. 다만, 신속하게 결정해야 합니다."

우리는 상하이 도심 외곽에 위치한 푸동 지역으로 결정했다. 첫 방문에서 우리가 본 것은 당시 급속하게 성장하던 도심의 외곽에 자리 잡은 조그마한 농촌 마을이 전부였다. 그런 곳에서 완전한 모습을 갖춘 디즈니랜드, 그리고 그 중앙에 우뚝 솟은 디즈니 성을 상상하기란 결코 쉬운 일이 아니었다. 마을 전체에 걸쳐 수로가 흐르고 있었고 길에는 아이들과 주인 없는 개들이 돌아다녔다. 금방이라도 무너질 것 같은 집들 주변으로 작은 채마밭들이 흩어져 있었고 드문드문 잡화점이 들어서 있기도 했다. 자동차보다 자전거의 수가 월등히 많았으며 '현대적인 것'으로 간주할 만한 그 어떤 것도 눈에 띄지 않았다.

그러나 그곳은 곧 문을 열 상하이 국제공항과 세계에서 가장 크고 활기 넘치는 도시의 중심부가 될 지역의 중간에 자리 잡고 있었다. 완벽한 입지조건을 갖춘 셈이었다. 그렇게 내가 똑같은 장소에 40번도 넘게 찾아가게 될 18년간의 대장정이 시작되었다.

길고도 따뜻한 이별

한편, 나의 또 다른 영역이었던 ABC는 길고 긴 하락세의 초기 단계로 진입하고 있었다. 내가 황금시간대 편성을 담당했을 때 개발해 흥행에 성공을 거두었던 프로그램들은 이미 침체기에 접어들고 있었고,

프로그램 개발 담당자들은 현실에 안주하며 상상력 부족의 문제를 여실히 드러내고 있었다. 여전히 상위 20위권 내에 머물던 '뉴욕경찰 24시'를 위시하여 '아빠 뭐하세요Home Improvement'와 '드루 캐리 쇼The Drew Carey Show' 등 몇몇 프로그램은 선전하고 있었지만, 나머지는(영원한 불패 신화 '먼데이 나이트 풋볼'을 제외하고) 대체로 시청자들의 흥미를 유발하기 어려운 프로그램들이었다.

퀴즈쇼 프로그램인 '누가 백만장자가 되고 싶은가Who Wants to Be a Millionaire'를 방영한 1999년에는 잠시 상황이 호전되기도 했다. 처음에는 반려되었다가 기획자가 프로그램의 진행자로 레지스 필빈Regis Philbin을 섭외한 후 제작 결정이 내려진 프로그램이었다. 방영 초기에는 하늘이 내린 선물과 같았지만, 나중에는 회사에서 지나치게 의존하는 버팀목이 되고 말았다. 첫 방송의 시청률은 놀라울 정도였다. 퀴즈쇼 부문에서뿐만 아니라 모든 프로그램 중에서 단연 최고였다. 첫 시즌 내내 매회 300만 명 이상의 시청자를 끌어 모았다. 1주일에 3번 방송되었으니 당시의 공중파 방송에서 상상할 수도 없는 시청률을 기록한 셈이다. 1999~2000년 시즌에 시청률 1위를 차지한 그 퀴즈쇼 프로그램은 말 그대로 ABC의 구원자였다. 하지만 그렇다고 해서 보다 심층적인 문제들이 완전히 해소된 것은 아니었다.

1999년에는 또 하나의 긍정적인 상황이 전개되었다. 나는 1998년 중반 무렵부터 다가오는 밀레니엄에 대한 보도를 놓고 본격적으로 고민하기 시작했다. 전 세계의 모든 사람들이 그 순간에 매료될 것이므로 ABC뉴스를 필두로 회사 전체가 모든 관심과 자원을 집중해야 한다고 확신했다. 18개월이나 남은 시점에 나는 뉴스와 엔터테인먼트, 스포츠 부문의 고위중역들이 참석하는 회의를 소집해 나의 구상을 펼쳐 놓았다. 지구의 동반구에서 서반구로 움직이는 시간대를 따라 자정이 되어 새로운 한 세기의 시작을 알리는 종이 울리는 모든 현장을 24시간 내내 연속적으로 방영한다는 계획이었다.

내가 매우 열정적으로 "우리가 이 이벤트의 주인이 되어야 합니다."라고 힘주어 말한 후 맞은편에 아무 말 없이 무표정한 얼굴로 앉아 있던 룬을 쳐다봤던 그 순간을 나는 아직도 기억한다. 그는 내 아이디어를 탐탁지 않게 여기는 게 분명했다. 회의가 끝나고 나는 룬을 한쪽으로 불러 이렇게 물었다.

"터무니없다고 생각하는 건가요?"

"고작 달력 1장이 넘어가는 것일 뿐인데 그것만으로 어떻게 24시간 내내 시각적인 흥밋거리를 만들어낸단 말이오?" 룬이 말했다.

그의 질문에 대한 답을 줄 수 있는 방법은 무수히 많았지만(실제로 매우 흥미로운 도전이기도 했다) 룬의 어조와 보디랭귀지는 다른 말을 하고 있었다. 진짜 문제는 볼거리를 만들어내는 일이 아니라 다른 데 있다는 얘기였다. 바로 룬 자신이 아닌 다른 누군가의 아이디어를 실행에 옮기라는 지시를 받았다는 것, 그것도 그가 "뛰어."라고 말하면 "얼마나 높이요?"라고 묻던 녀석이 그런 지시를 내리고 있다는 사실이 문제였다.

톰과 댄이 방송사 사장 자리를 안겨준 1993년부터 나는 공식적으로 룬의 보스였다. 이후 그 시점까지 나와 룬은 서로 잘 지내며 별다른 문제없이 업무를 수행했다. 그는 내가 회사의 가장 높은 자리에 올랐다는 사실을 자랑스러워하기도 했다. 그러나 룬은 여전히 나를 자신의 대역 정도로 간주했다. 자신의 밑에서 일을 배운 내가 이제는 경영본부에 들어가 자신이 뜻대로 일할 수 있도록 회사의 이런저런 간섭을 막아주는 협력자 역할을 수행하는 것으로 생각했다는 의미다. 내가 룬이 믿고 싶어 하는 것만큼 그에게 맹목적으로 헌신한 것은 아니었지만 그가 그렇게 생각한다고 해서 크게 문제 될 것도 없었다. 그리고 그의 생각을 바로잡아주어야 할 현실적인 이유도 없었다. 룬은 자아가 최소로 위협받을 때 최고의 기량을 발휘하는 인물이었다.

그러나 내가 그에게 지시하는 바를 실행에 옮기도록 만들 필요는 있었다. 다른 사람을 내 편으로 만들어 열정적인 참여를 이끌어내는 것은 그리 쉬운 일이 아니다. 때로는 그들이 품고 있는 의구심을 일일이 풀어주며, 인내심을 가지고 그들의 염려에 대응해야 할 필요도 있다. 또 때로는 내가 보스이고 내 지시가 이행되길 원한다는 점을 간단명료하게 전달해야 할 필요도 있다. 전자는 '괜찮은' 방법이고 후자는 그렇지 않다는 의미가 아니다. 다만 좀 더 직설적으로 말하자면, 협상의 여지가 있는 것과 없는 것의 차이일 뿐이다. 결국 그 순간 내가 옳다고 믿는 것이 무엇이냐에 달린 문제다. 좀 더 민주적인 접근방식으로 최선의 결과를 도출하는 동시에 사기를 진작시킬 것인가, 아니면 반대의견과 정면충돌하더라도 (기꺼이 독재적인 보스가 되어도 괜찮을 정도로) 내 의견을 충분히 확신하느냐의 문제라는 얘기다.

당시 나는 내가 옳다는 데 절대적인 확신을 갖고 있었기에 그 누가 반대하더라도, 설사 회사가 자랑으로 여기는 룬 얼리지가 반대하더라도 결정을 번복하지 않을 작정이었다. 물론 룬이 마음만 먹는다면 방해 공작을 펴는 일쯤은 어렵지 않았을 것이다. 노력과 열정을 쏟아붓지 않는 방식으로, 그리고 그런 자신의 의도를 주변 사람들에게 퍼트리는 방식 등으로 충분히 그럴 수 있었다. 수년간 내가 협력하거나 협상하며 경험한 많은 사람들이 그렇듯이 룬 또한 자신이 권력에 의해 제압당했다는 느낌을 받으면 좋게 받아들이지 않는 사람이었다. 그래서 내가 선택한 방책은 그의 의견을 최대한 존중하지만, 동시에 어떤 일이 있어도 이 계획은 실행에 옮겨질 것임을 주지시키는 일종의 '온건한 독재'였다. 나는 그에게 이렇게 말했다.

"룬, 사람들이 당신 것이라고 생각할 만한 아이디어가 있다면 바로 이걸 거예요. 규모가 크고 대담하니까 말이에요. 실행이 불가능할 수도 있어요. 하지만 당신은 그런 가능성 때문에 시작도 하지 않는 그런 사람은 아니지 않나요?"

사실 나는 그가 단순히 그 아이디어 자체를 탐탁지 않게 여긴 것인지 아니면 그 시점에 본인이 대규모 프로그램을 제작할 에너지가 부족하다고 느꼈던 것인지 정확히 알지 못했다. 그러나 그가 도전의 기회를 마다하지 않을 것이란 점은 분명히 알았기에 그의 자긍심을 부추겨 적극적으로 참여하도록 유도한 것이었다. 그는 아무 말 없이 미소를 짓더니 고개를 끄덕여 보였다. 마치 '좋아, 알아들었어.'라고 말하는 것 같았.

결국 우리는 엄청난 성과를 거두었다. 룬의 팀원들은 준비 작업에만 수개월을 소요했다. 룬은 과거에도 무수히 그랬듯이 마지막에 등장해 모든 것을 완전히 다른 차원으로 격상시켜놓았다. 타임스퀘어에서 이루어진 밀레니엄 특별방송의 진행은 피터 제닝스가 맡았다. 새로운 밀레니엄을 가장 먼저 맞이하는 시간대에 위치한 바누아투에서 자정을 알리는 시계 종소리가 울려 퍼지는 순간, 우리는 모두 타임스퀘어에 모여 그것을 지켜보았다. 그로부터 24시간 동안 중국과 파리, 리우데자네이루에서 월트디즈니월드와 타임스퀘어, 마침내 생방송이 종료된 LA까지 세계 각지에서 새 천 년을 맞이하는 순간들이 생중계되었다. 피터는 맡은 바 임무를 훌륭히 완수했다. 말끔한 턱시도 차림으로 수천 명의 관중이 내려다보이는 타임스퀘어의 스튜디오에 앉아 전 세계 모든 사람들이 공유하는 경험을 고스란히 시청자들에게 전달해주었다. 우리 생애에 다시 없을 경험을 말이다. 우리가 동원한 것만큼 많은 자원을 투입한 방송사도 없었고 우리가 기록한 시청률에 근접한 방송도 없었다.

나는 그날 하루 동안 수차례 스튜디오를 찾았다. 방송 초반부터 엄청난 성공을 거둘 것이 분명해 보였고, 시간이 지날수록 스튜디오 내의 흥분과 열정이 더욱 고조되었다. 개인적으로 내가 가장 만족스러웠던 것은 제작과정 전반을 총괄하는 룬의 모습이었다. 그는 진행자인 피터의 이어폰으로 특정 보도의 줄거리를 전달하고, 화면 전환을 예측해 현장의 팀원들에게 카메라 각도를 조정하라고 지시했다. 마치 25년 전 매디슨스퀘어가든에서 열린 프랭크 시나트라 콘서트에서 내가 처음으로 목도한 걸출한 지휘자의 현란한 움직임을 다시 보는 듯했다.

그날 24시간 생방송 종료를 4시간 정도 남겨두고 주조정실에서 룬과 마주했다. 그는 활짝 웃으며 내 손을 잡았다. 길고도 따뜻한 악수였다. 룬은 스스로를 자랑스러워했고 나 또한 자랑스럽게 여겼다. 자신에게 그런 기회를 주어 고맙다고도 했다. 당시 룬은 일흔에 가까운 나이였고, 그 밀레니엄 생방송은 그의 생애 마지막이 될 대형 프로젝트였다.

2년 후, 룬은 오랜 암 투병 끝에 세상을 떠났다. 그가 눈을 감기 1주일 전, 나는 뉴욕에서 추수감사절 주말을 보내고 있었다. 집에서 ABC에서 방영하는 USC와 노트르담 대학교의 풋볼 경기를 지켜보던 토요일 저녁이었다. 밤 10시에 전화기가 울렸고 수화기 너머에서 ABC 교환원의 음성이 들려왔다.

"회장님, 룬 얼리지 씨의 전화가 와 있습니다."

ABC에는 긴급 상황이 발생했을 때 사내 전화교환실에 전화하면 찾고자 하는 사람을 연결해주는 시스템이 갖추어져 있었다. 룬이 교환실에 전화해 나를 찾았다면 그가 긴급한 상황이라 생각하는 어떤 일이 벌어졌다는 의미였다. 교환원이 우리를 연결해주었다.

"룬?"

"밥, 지금 경기 보고 있소?"

"풋볼 경기 말인가요?"

"맞아, 풋볼 경기! 오디오에 이상이 있다는 걸 알고 있소?"

장내 아나운서가 하는 말이 횡설수설하며 도무지 알아들을 수 없다고 룬이 말했다. 최근 들어 룬의 상태가 악화되었고, 그래서 입원 중이라는 사실을 나는 알고 있었다. 나는 그가 환청을 듣고 있다는 것을 금방 알아차릴 수 있었지만, 일종의 감상적인 의무감이 발동했다. 룬이 뭔가 잘못되었다고 말하면 나는 그것을 바로잡으려 노력해야만 하는 예전의 의무감 같은 것 말이다.

"확인해볼게요. 그리고 다시 연락할게요."

나는 그렇게 말하고 나서 조정실로 전화해 오디오에 대한 불만이 접수되었는지 확인했다.

"아니요. 그런 것 없습니다."

뉴욕에 있는 ABC의 주조정실 담당자의 대답이었다.

"그럼 교환실에 연락해서 혹시 거기에 들어온 내용은 없는지 확인 좀 해줄래요?"

몇 분 후 대답을 들을 수 있었다.

"전혀 없답니다."

나는 다시 룬에게 전화를 걸었다.

"방금 조정실에 확인해봤어요. 아무런 이상이 없다는 걸 확인했다고 합니다."

룬이 믿고 있던 오디오 이상에 대해 계속 이야기하는 걸 피하기 위해 내가 이렇게 말했다. "몸은 좀 어떠세요, 룬?"

그는 속삭이듯 작은 목소리로 대답했다.

"지금 슬로언 캐터링 병원에 입원해 있네. 어떨 것 같은가?"

나는 그에게 문병이 허용되는지 물었고, 다음 날 그의 병실을 찾았다. 병실에 들어서자 침상에 누워 있는 룬의 모습이 보였다. 그 모습을 본 순간 나는 그에게 그리 많은 시간이 남지 않았음을 직감했다. 병실 TV에서는 피겨스케이팅 경기가 방영되고 있었고, 룬은 매우 진지하게 그것을 쳐다보고 있었다. 나는 그의 침상으로 다가가 곁에 섰다. 그는 나를 한 번 올려다본 후 TV 화면의 스케이팅 선수에게로 시선을 돌리며 이렇게 말했다.

"예전과 같지 않아. 안 그런가?"

그가 어디 가서 무엇을 하든 경비 지출내역에 대해 장황하게 훈계를 늘어놓는 관리자들이 없었던 그 시절을 말한 것인지, 아니면 이 분야의 전설로 군림하던 그의 권위에 누구도 감히 도전할 엄두를 내지 못하던 시절을 말한 것인지 알 수 없다. 어쩌면 그보다 더 실존주의적인 의미였을 수도 있다. 비즈니스 환경이 변했고 세상도 예전과 달라졌지만, 그에게 남은 시간은 그리 많지 않았다. 침상에 누워 있는 룬을 바라보며 나는 그 순간이 그와 마주하는 마지막이 될 것임을 알 수 있었다.

"맞아요, 룬." 내가 말했다. "예전과 같지 않아요."

"자네가 그만둬야 할 상황이네."

밀레니엄 생방송의 성공 이후 ABC는 내리막길을 걷기 시작했다. 2000~2001년 시즌에도 '누가 백만장자가 되고 싶은가' 퀴즈쇼는 여전히 인기 프로그램이었지만 이전 시즌만큼 호응이 크지는 않았다. 수익은 점점 줄어들었는데 개발 단계인 프로그램들 중에도 이렇다 할 작품이 없었다. 엔터테인먼트 부문을 다시 활성화시킬 대대적인 변화를 시도하는 대신 우리는 그나마 선전하고 있던 프로그램 하나에 더욱 의존했다. NBC, CBS와 경쟁하기 위해 '누가 백만장자가 되고 싶은가' 퀴즈쇼를 주 5회나 편성했다. 당시 NBC는 목요일 밤의 '머스트 시 티비Must See TV'로 인기를 끌고 있었고, CBS는 생존게임 '서바이버Survivor'와 과학수사 드라마 'CSI'로 다시 한번 입지를 다지고 있었다.

불과 2년 사이에 ABC는 시청률이 가장 높은 방송사에서 3대 방송사 중 꼴찌로 추락했다. 폭스의 성장세를 감안하면 3위 자리도 언제 빼앗길지 모르는 형국이었다. 그런 결과가 초래된 데는 나에게도 어느 정도 책임이 있다. 내가 ABC 운영의 책임자였고 '누가 백만장자가 되고 싶은가' 퀴즈쇼를 한 주에 그렇게 여러 차례 내보내는 편성에도 반대하지 않았기 때문이다. 나 역시 손쉬운 해결책에 의존했던 것이다. 게다가 상황이 더욱 악화되자 근본적인 문제들이 적나라하게 드러나기 시작했다.

1999년 후반, 혼자서 회사 전체를 이끄는 데 따른 부담이 마이클에게 타격을 가하기 시작했다. 그는 점점 고립되었고 불안감에 휩싸였다. 주변 사람들을 신뢰하지 못하고 비판하는 일이 잦아졌다. 어깨 위에 놓인 짐을 나누어 질 누군가가 필요하다는 것을 그 자신도 알고 있었다. 게다가 16년 동안 최고위직을 누렸으니 이제는 적어도 후계구도에 대해 생각해보기 시작할 때가 되지 않았느냐는 신호를 보내는 이사회의 압박도 느끼고 있었다. 그로서는 결코 쉬운 상황이 아니었다. 오비츠로 인해 낭패를 겪은 이후 마이클은 2인자를 지목하는 일을 더욱 경계하게 되었다. 그런 상태를 계속 유지할 수 없다는 사실을 알면서도 책임을 나누고 의사결정을 공유하며 자신이 맡은 다양한 업무에 누군가를 관여시키는 문제는 다루고 싶지 않았던 것이다.

2인자 지목을 꺼리던 마이클의 행보는 회사 전체에 영향을 미쳤다. 그에게 도움이 필요하다는 사실이 명확한데도 2인자 자리를 공석으로 두고 있었기에 그 자리를 차지하려는 움직임이 일지 않을 수 없었다. 법률자문위원이던 샌디 리트박은 부회장으로 승진한 후 마치 사실상의 COO인 것처럼 행동하기 시작했다. 피터 머피 Peter Murphy가 이끌던 전략기획부는 장기적인 전략수립보다는 일상적인 의사결정에 더욱 깊이 관여하기 시작했다(피터 머피와 전임자인 래리 머피는 친인척 관계가 아니다). 권한을 빼앗으려는 술수가 난무했고 업무의 범위와 책임 소재가 불분명해져 회사 전체의 사기가 떨어져갔다.

마이클이 나에게 친근한 모습을 보이다가도 어느 순간 냉담해지는 일이 몇 달 동안 계속되었다. 그가 나에게 의지할 때는 내가 COO로 지명되는 것은 시간문제라고 생각했다. 그러다 그가 나에게 거리를 둘 때면 나는 다시 미래를 장담할 수 없는 불안감을 느끼곤 했다.

1999년 8월, 나는 처음으로 2주간 휴가를 떠났다. 휴양지인 마서즈 빈야드에서 별장을 빌려 아내 윌로와 이제 곧 두 살이 되는 아들과 함께 보내는 휴가였다. 휴가 첫날 밤, 톰 머피에게서 전화가 걸려왔다. 톰은 그 전날 LA에서 마이클을 비롯한 디즈니의 이사회 임원 몇몇과 저녁식사를 함께 했는데 그 자리에서 후계구도에 관한 얘기가 나왔고, 마이클은 내가 결코 자신의 후임자가 될 수 없을 것이라고 말했다고 했다. 톰은 그 말을 듣고 '큰 충격을 받았다'고 내게 말했다. 특히 수년 전 인수합병 협상이 진행되던 당시에 자신이 나에게 회사에 남을 것을 적극적으로 권유했던 터라 더욱 그랬다는 것이다. 톰은 이어서 이렇게 말했다.

"이보게 친구, 나쁜 소식을 전하게 되어 안타깝지만 이제 자네가 디즈니를 떠나야 할 때가 된 것 같네. 마이클은 자네를 신뢰하지 않아. 자네는 후임자가 될 수 없다고 이사회에 통보한 셈이야. 자네가 그만둬야 할 상황이네."

나는 망연자실했다. 마이클 오비츠를 직속상관으로 모시며 지난 수년 간 불만스럽고 산만한 업무환경을 감내했던 나였다. ABC와 디즈니의 원활하고 원만한 통합을 위해 누구보다 열심히 일했다. ABC의 직원들이 가치를 인정받고 존중받을 수 있도록 했고, 디즈니 측에서 미처 생각하지 못했던 두 회사의 기업문화를 동화시키는 데도 일조했다. 뿐만 아니라 회사의 전반적인 글로벌 경영체제를 설계하고 실제로 그것을 구현하는 일을 추진하며 1년여 동안 끊임없이 출장을 다녔다. 그로 인해 가족들과도 늘 떨어져 지내다시피 했다. 그 모든 과정에서 나는 언제나 마이클을 옹호하는 입장이었고 그에게 충심을 다했다. 그런 내가 1975년 첫 번째 상사로부터 들었던, '자네에게는 이제 더 이상 승진은 없네'라는 그 말을 다시 듣고 있었다.

나는 톰에게 그만둘 생각이 없다고 말했다. 연말에 보너스가 나올 예정이었기에 그것을 포기하지도 않을 것이라고 했다. 그리고 만약 마이클이 나를 해고할 생각이라면 그에게 직접 들어야겠다는 말도 했다. 전화를 끊은 후 나는 평정심을 되찾기 위해 애썼다. 가족여행을 즐기는 동안에는 윌로에게 내색하고 싶지 않았다. 당시 아내는 CNN의 촉망받는 앵커로서 금융계 소식을 전하는 1시간짜리 뉴스 프로그램 '머니라인'을 공동으로 진행하고 있었다. 그녀의 경력은 날아오르고 있었다. 늘 긴장을 유지해야 하는 강도 높은 직무를 수행하면서도 아내는 아들 맥스Max의 엄마 역할을 훌륭히 해내기 위해 최대한의 시간과 에너지를 쏟아붓고 있었다. 아내에게는 휴식이 필요했다. 그래서 그 순간 내가 느끼던 모든 감정을 뉴욕의 집으로 돌아올 때까지 묻어두기로 마음먹었다.

그리고 나는 마음을 졸이며 올 것이 오기를 기다렸다. 마이클이 나를 보자고 했을 때 나는 버뱅크의 본사에 있었다. 때는 9월이었다. 그렇게 끝나게 되는 것으로 확신했다. 그의 사무실에 들어서며 곧 맞닥뜨릴 일격에 대비해 마음을 단단히 먹었다. 나는 그의 맞은편에 앉아 기다렸다.

"LA로 거처를 옮겨서 나를 도와 회사를 운영할 준비가 되었나요?"
그가 물었다.

방금 마이클이 한 말을 제대로 알아듣기까지 약간의 시간이 걸렸다. 혼란스러운 가운데 안도감이 일기도 했다. 그리고 믿어도 좋을지 확신할 수 없었다. 마침내 내가 입을 열었다.

"마이클, 지금까지 당신이 저를 얼마나 일관성 없게 대하셨는지 알고 계신지요?"

그는 나에게 가족을 모두 데리고 캘리포니아로 이사할 것을 요구하고 있었고 내 아내 윌로가 잘나가는 직장과 경력을 포기해야 한다는 말을 하고 있었다. 그것도 이사회 임원들과 함께 한 저녁식사 자리에서 나는 결코 자신의 후계자가 될 수 없다고 말한 지 4주도 지나지 않은 시점에 말이다.

"지금 하신 말씀이 어떤 의미인지 솔직하게 설명해주시길 바랍니다." 내가 말했다.

그의 반응은 내가 예상했던 것보다 훨씬 더 솔직했다. 그는 내가 LA로 이사하기를 원하는지 확신할 수 없었기에 그 점이 염려가 되었다고 했다. 더 큰 문제는, 만약 나를 COO로 지명했을 때 자신이 나와 경쟁하게 되는 부분이었다고 말했다. 짐작컨대 그 말은 만약 이사회에서 그를 대체하길 원할 때 즉시 대안으로 삼을 수 있는 누군가가 존재하는 상황을 피하고 싶었다는 의미 같았다. 하지만 그 짐작이 맞는지 확신할 수는 없었다.

"저는 당신의 자리를 노리고자 하는 의도도 없고, 당신의 권위나 기반을 약화시킬 만한 그 어떤 일도 할 생각이 없습니다."

나는 언젠가 회사를 경영하게 될 기회가 주어진다면 좋겠지만 가까운 장래에 그런 일이 일어날 것으로 생각하지 않는다고 덧붙여 말했다. "당신이 회사를 떠난다는 것은 상상도 해본 적이 없습니다. 이사회에서 당신이 떠나길 바란다는 것도 상상하기 힘든 일입니다." 사실이 그랬다. 상상할 수 없는 일이었다. 당시 회사가 고요하고 평탄한 것은 아니었지만 마이클에 대한 불신은 전혀 없었다. 그는 여전히 세계에서 가장 존경받는 CEO 중 한 명이었다.

그와의 미팅은 그렇게 확실한 결론이 내려지지 않은 채 끝났다. 마이클은 나에게 명확한 직함을 제시하지 않았고, 그 어떤 공식적인 계획도 언급하지 않았다. 나는 다시 뉴욕으로 돌아왔고 뒤이어 무언가 후속 조치가 취해지기를 기다렸지만 한 달이 지나도록 아무런 변화도 일어나지 않았다. 그리고 얼마 후 뮤지컬 '라이온 킹'의 런던 시사회에 참석하기 위해 모두 런던으로 날아갔다. 시사회가 끝나자 마이클은 내게 자신과 함께 LA로 가서 나의 미래에 대해 논의하자고 제안했다. 하지만 나는 런던에서 곧바로 중국 출장을 가는 것으로 일정이 잡혀 있었고, 그래서 우리는 2주 후에 LA에서 만나 세부사항을 논의하고 결론을 짓기로 했다.

12월 초, 마침내 마이클은 나에게 사장 겸 COO와 디즈니 이사회의 임원 자리를 제안했다. 이것은 명백한 신뢰의 표명이었고, 수개월 전 톰과의 통화내용을 감안한다면 다소 충격적인 면도 없지 않았다.

다음 단계는 회사의 법률자문위원과 세부조건을 협상하는 일이었다. 해당 직무는 여전히 유사 COO의 역할을 임의로 수행하고 있던 샌디 리트박이 맡고 있었다. 샌디는 당연히 나의 승진을 달가워하지 않았다. 공식발표를 하루 앞두고 그는 합의내용을 수정하기 위해 나에게 전화를 걸어왔다. 나의 직함은 '사장 겸 COO'가 아니라 '부사장'이 될 것이며 이사회의 임원 자리도 취소된다는 내용이었다. 나는 샌디에게 '사장, COO, 이사회 임원'이라고 또박또박 말하며 그것이 아니면 없던 일로 하겠다고 밝혔다. 그로부터 1시간쯤 후에 샌디는 다시 전화를 걸어왔고 3가지 사항 모두 확정되었음을 알려주었다. 다음 날 나의 승진은 공식적으로 발표되었다.

경력 면에서 그 일은 내게 실로 비범한 기회였다. 언젠가는 CEO가 된다는 보장은 없었다. 그러나 적어도 나 자신의 능력을 증명해 보일 수 있는 기회는 주어진 것이었다. 한편 개인적인 면에서는 또 다른 난관에 봉착한 것이기도 했다. 당시 부모님은 여든을 바라보는 연세에 그 어느 때보다 가족의 도움이 필요했다. 스물한 살, 열여덟 살이 된 두 딸과도 또다시 떨어져 살고 싶지 않았다. CNN은 윌로가 LA에서 기술·엔터테인먼트 분야를 집중적으로 다루는 자신의 프로그램을 진행하는 데 동의했지만, 실행에 옮기고 성과를 내는 것이 결코 녹록한 일은 아니었다. 언제나 그랬듯이 윌로는 놀라울 정도로 나를 응원하며 내조를 아끼지 않았다. 하지만 10년 전처럼 또다시 나의 경력을 위해 온 가족이 삶의 터전을 LA로 옮기고, 그 과정에서 불가피하게 아내에게 희생을 요구하는 것이 내심 편치 않았다.

    더욱이 앞으로 어떤 일이 벌어질지 짐작조차 할 수 없었다. 디즈니도, 마이클도, 그리고 나 자신도 미래가 불투명한 것은 마찬가지였다. 삶의 여정에서 흔히 발생하는 상황이겠지만, 지금까지 얻고자 노력하던 것이 마침내 눈앞에 다가왔는데 정작 힘든 시간은 그때부터 시작되고 있었다.

6.
좋은 일은 일어날 수 있다

GOOD THINGS CAN HAPPEN

나는 종종 마이클이 월트의 회사를 '재창업'했다고 말하곤 한다. 1984년 그가 디즈니를 장악했을 때, 회사의 영광스럽던 날들은 먼 기억 속으로 사라진 상태였다. 회사는 1966년 월트가 세상을 떠난 이후로 계속 가시밭길을 걸어왔고, 결과적으로 월트디즈니스튜디오와 애니메이션 부문은 끔찍한 몰골에 이르렀다. 디즈니랜드와 월트디즈니월드는 여전히 인기가 있었지만, 거기서 나오는 수입이 회사 전체 수입의 70% 이상을 차지한다는 것은 심각한 문제가 아닐 수 없었다. 마이클이 발을 들여놓기 전 2년 동안 디즈니의 순이익은 25%나 하락했다. 1983년, 기업 사냥꾼 솔 스타인버그Saul Steinberg가 디즈니 인수를 시도하기도 했다. 디즈니는 그렇게 일련의 인수 시도에 시달리면서 간신히 버티고 있었다.

이듬해인 1984년 월트의 조카인 로이 디즈니Roy Disney와 디즈니의 최대 주주 시드 배스Sid Bass는 마이클 아이즈너를 CEO 겸 회장으로, 프랭크 웰스를 사장으로 영입했다. 디즈니의 향후 행보를 쇄신하고 독립성을 유지하기 위해서였다(마이클은 파라마운트픽쳐스Paramount Picures의 CEO 겸 회장, 프랭크는 워너브러더스Warner Bros.의 CEO를 역임한 바 있었다). 이어서 그들은 파라마운트에서 마이클을 보좌하던 제프리 카첸버그를 영입해 디즈니스튜디오를 맡겼다. 마이클과 제프리는 함께 디즈니애니메이션에 새로운 활력을 불어넣었고, 그에 힘입어 애니메이션 부문은 브랜드의 명성을 되찾으며 소비자 제품에서 거대한 성장세를 과시하기 시작했다. 그들은 또한 디즈니 소유의 터치스톤필름Touchstone Films에 더욱 많은 관심과 자원을 투자했으며, 그 결과로 '골치 아픈 여자', '귀여운 여인' 같은 히트작도 몇 편 나왔다.

하지만 마이클이 가진 가장 대단한 천재성은 디즈니가 아직 활용하지 않은 어마어마한 보고寶庫를 보유하고 있다는 사실을 일깨우는 부분에서 발휘되었다. 첫 번째는 디즈니 놀이공원의 인기였다. 티켓 가격을 아주 조금만 올려도 수입을 대폭 증대시킬 수 있었다. 방문객의 수에 별다른 영향을 미치지 않으면서 말이다. 월트디즈니월드에 새로운 호텔들을 세우는 것도 아직 활용하지 않은 또 하나의 기회였다. 마이클은 CEO로 재임한 첫 10년 동안 디즈니의 부지 안에서 수많은 호텔의 문을 열었다. 두 번째는 테마파크의 확대였다. 플로리다에 'MGM-할리우드 스튜디오'(지금은 '할리우드 스튜디오')를 열었고, 파리에 '유로디즈니'(지금은 '파리 디즈니랜드')를 개장했다.

훨씬 더 전망이 좋았던 것은 축적된 지적자산의 활용이었다. 그 모든 위대한 디즈니의 고전영화들로 수익을 올릴 수 있었다. 어린 시절 극장에서 디즈니 영화를 보았고 이제는 그것을 자녀에게 보여주길 원하는 청장년층 고객들에게 디즈니의 고전영화를 비디오카세트에 담아서 팔기 시작했다. 그렇게 10억 달러 규모의 사업이 창출되었다. 1995년에 성사된 캡시티즈/ABC의 인수도 디즈니의 수익증대에 크게 한몫했다. 거대 TV 네트워크를 손에 넣었을 뿐 아니라, 가장 중요한 것으로 ESPN과 거의 100만 명에 가까운 시청자를 확보했기 때문이다. 이 모든 것은 결국 마이클이 얼마나 창의적인 사상가이자 사업가였는지 여실히 보여준다. 그는 디즈니를 현대판 엔터테인먼트 거인으로 바꾸어놓았다.

마이클은 나를 2인자로 임명한 후 본인은 주로 월트디즈니스튜디오와 테마파크, 리조트 운영을 맡고, 나에게는 미디어 네트워크와 소비자 제품, 월트디즈니인터내셔널을 맡기는 식으로 책임을 나누었다. 사실상 나의 개입을 차단한 애니메이션 부문을 제외하면 마이클은 자신의 판단과 의사결정의 많은 부분에 접근하는 것을 허용해준 셈이었다. 그가 나에게 이전에는 볼 수 없었던 방식으로 상황을 '보는 법'을 가르쳐줬다고 해도 과언이 아니다. 나는 테마파크를 만들고 운영하는 과정을 경험한 적이 없었고, 방문객의 경험을 시각적으로 상상해본 적도 없었다. 마이클은 세트 설계사의 눈으로 세상을 바라보았으며, 타고난 멘토는 아니었지만 그를 따라 다니며 일하는 모습을 보는 것이 일종의 견습과정처럼 느껴졌다.

내가 마이클의 넘버 투로 일하던 시절, 우리는 플로리다 디즈니 동물의 왕국, 홍콩 디즈니랜드, 애너하임 캘리포니아 어드벤처를 개장했다. 나는 그 공원들이 개장하기 전에(그리고 기존 공원들에서도) 그와 함께 구석구석을 걸어 다녔고, 그러면서 그가 보는 관점과 지속적으로 개선하고자 하는 것들을 느끼고 이해했다. 그는 공원 곳곳을 돌고 멀리서 바라보며 즉시 미세한 차이를 감지하곤 했다. 풍경의 미흡한 부분이라든가 중요한 경관을 해치는 울타리, 주변과 어울리지 않거나 유행에 뒤떨어져 보이는 시설물 같은 것들을 말이다. 나는 그 과정에서 대단히 많은 것을 배울 수 있었다. 사업을 관리하는 방법은 물론이고 보다 중요하게는 디즈니 공원의 창의성과 설계의 본질이 무엇인지를 배웠다.

마이클은 또한 버뱅크의 스튜디오 부지에서 얼마 떨어지지 않은 캘리포니아 글렌데일의 거대한 캠퍼스에 소재한 월트디즈니 이매지니어링을 방문할 때도 종종 나를 데려갔다. 디즈니의 이매지니어링 부문은 많은 책과 기사의 주제가 되었다. 간단히 설명하면, 영화나 TV쇼 또는 소비자 제품을 제외하고 디즈니가 만드는 모든 창의적 아이디어와 기술 개발의 중심부다. 테마파크와 리조트, 관광명소, 유람선, 부동산 개발은 물론이고 라이브 공연과 라이트 쇼, 퍼레이드, 캐스트 멤버의 의상 디자인부터 성 건축에 관련된 모든 세부사항까지 이매지니어링 부문에서 나온다. 디즈니 이매지니어들의 놀라운 창의력과 탁월한 기술력은 아무리 칭찬해도 지나치지 않다. 예술가, 엔지니어, 건축가, 기술자 등으로 구성된 그들은, 전 세계의 다른 어떤 조직도 필적할 수 없는 중요한 역할을 수행한다.

오늘날에도 환상적인 무언가를 상상한 다음 종종 거대한 규모로 그것을 구현하는 그들의 능력에 감탄하곤 한다. 마이클과 함께 이매지니어링을 방문한 자리에서 나는 그가 크고 작은 프로젝트들에 대해 꼼꼼히 지적하고 확인하는 것을 옆에서 지켜보았다. 공원의 명소 중 하나에 대한 고객경험을 상술하는 스토리보드부터 곧 제작될 유람선의 개인 전용실 설계에 이르기까지, 마이클은 모든 것을 세세하게 검토했다. 또한 퍼레이드의 구체적인 내용과 새로 개장하는 호텔의 로비 디자인 등도 빠짐없이 체크했다. 나는 큰 그림과 세부사항을 동시에 보고, 여러 요소들이 서로에게 끼치는 영향까지 파악해내는 그의 능력에 깊은 감명을 받았다.

하지만 해가 갈수록 마이클의 검토와 조사는 강화되었고, 종종 그에게 압제적 완벽주의자이자 사소한 일까지 지나치게 통제하는 경영자라는 비난이 쏟아졌다. 그에 대해 그는 이렇게 말하곤 했다. "세부사항을 통제하는 경영은 사실 과소평가되고 있습니다." 나도 그의 말에 어느 정도는 공감한다. 룬 얼리지 밑에서 수년간 근무해본 덕분에 나는 일의 성패가 종종 세부사항에 의해 좌우된다는 것을 누구 못지않게 잘 알고 있었다. 마이클은 다른 사람들이 보지 못한 것을 보았고, 개선을 지시했다. 상당 부분은 그것이 그와 회사가 거둔 성공의 원천이었고, 나는 세부사항에 공을 들이는 마이클의 성향을 매우 존경했다. 그것은 그가 얼마나 많은 신경을 쓰는지 보여주었고, 결과에서도 분명한 차이를 만들어냈다. 그는 '위대함은 매우 작은 것들의 집합체'라는 사실을 늘 강조했고, 내가 그 사실을 더욱 깊이 이해하도록 도왔다.

마이클은 디테일까지 세세하게 통제하는 자신의 경영 스타일을 자랑스럽게 생각했지만, 그 과정에서 옹졸하고 좀스러운 사람으로 비치기도 했다. 한번은 그가 호텔 로비에서 인터뷰를 하면서 기자에게 이렇게 말했다.

"저기 램프들이 보입니까? 저게 다 내가 직접 고른 겁니다."

디즈니 CEO가 그런 것까지 챙긴다는 인상을 주어서 좋을 게 뭐가 있겠는가(솔직히 나도 그와 같은 좀생이 짓을 하다 지적당했던 적이 두어 번 있었다. 제니아 무차는 가차 없이 이렇게 말했다. "밥, 세상 사람들이 그런 것까지 알 필요가 있을까요? 그러니 조용히 입 다무세요!").

애플, 픽사, 그리고 스티브 잡스

2001년 초, 미디어 및 엔터테인먼트 분야의 모든 기업들은 발밑에서 대대적인 지각 변동이 일고 있음을 느끼지 않을 수 없었다. 하지만 어느 쪽으로 뛰어야 할지 확신할 수가 없었다. 기술은 매우 빠르게 변화하고 있었고 그로 인한 파괴적인 영향도 분명해지고 있었으며, 사람들의 불안도 커지고 있었다. 그해 3월, 애플은 "훔쳐라. 섞어라. 구워라 Rip. Mix. Burn." 캠페인을 개시하며 세상 사람들에게 음악을 구매하면 원하는 대로 복제하여 사용할 수 있다고 전했다. 마이클을 포함한 많은 사람들이 이를 음악 산업 전반에 대한 치명적인 위협으로 인식했다. 그리고 그것은 곧 TV와 영화 산업도 위협할 것으로 보였다.

마이클은 종종 저작권 침해 문제를 공개적으로 거론할 정도로 늘 저작권을 충실히 옹호해온 인물이었다. 그런 그에게 애플의 캠페인은 무척 신경이 거슬리는 일일 수밖에 없었다. 결국 그는 상원 상업위원회에 출석해 애플이 노골적으로 저작권법을 무시하며 불법복제를 부추기고 있다고 증언했다. 애플을 공개적으로 공격한 것이다. 물론 그런 비난을 잠자코 듣고만 있을 스티브 잡스가 아니었다.

실로 흥미로운 시기였다. 우리가 알고 있던 전통적인 미디어의 종말이 시작된 듯했다. 그와 관련해 가장 흥미로웠던 부분은, 거의 모든 전통적인 미디어 기업들이 급변하는 세상에서 자신의 위치를 알아내려고 노력하면서도 용기를 내기보다 두려움에 휩싸여 있었고, 이 상전벽해와 같은 변화의 소용돌이 속에서 생존 가능성이 전혀 없는 기존 모델을 보호하는 데 고집스럽게 매달리고 있다는 사실이었다.

스티브 잡스를 뛰어넘을 만한 변화를 구현하는 인물은 아무도 없었다. 당시 그는 애플을 경영하는 것 외에 우리의 가장 중요하고도 성공적인 크리에이티브 파트너인 픽사의 CEO도 맡고 있었다. 1990년대 중반, 디즈니는 픽사와 5편의 영화를 공동으로 제작, 마케팅, 배급하는 계약을 맺었다. '토이 스토리'는 이전 계약의 조건 아래 1995년에 개봉했다. 이 영화는 최초의 디지털 애니메이션 장편 극영화로서 창의성과 기술적 완성도 측면에서 엄청난 도약을 보여주며 전 세계적으로 4억 달러에 달하는 흥행수입을 올렸다. 이러한 '토이 스토리'의 히트는 1998년 '벅스 라이프', 2001년 '몬스터 주식회사'의 성공으로 이어졌다. 또한 이 3편의 영화는 전 세계적으로 총 10억 달러가 넘는 수입을 올리며 디즈니애니메이션이 비틀거리던 시기에 픽사를 애니메이션의 미래로 자리매김해주었다.

픽사와 공동 제작한 영화들이 예술적으로나 재정적으로나 모두 크게 성공을 거두었지만, 그럼에도 불구하고 두 회사 사이(주로 마이클과 스티브 사이)에는 긴장이 팽팽했다. 최초의 거래가 이뤄질 때만 해도 픽사는 여전히 스타트업에 불과했던 까닭에 막강한 디즈니에 유리한 조건으로 계약이 체결되었다. 픽사는 그 거래에서 자사 영화의 속편 일체에 대한 소유권을 포함해 많은 부분을 디즈니에 양보하지 않을 수 없었다.

영화의 연이은 성공으로 픽사의 위상이 높아짐에 따라 두 회사 간의 불평등한 역학은 스티브의 심기를 거스르기 시작했다. 스티브는 누군가가 그에게 이래라저래라 하는 상황을 몹시 싫어했다. 마이클은 합의된 계약의 세부항목에 더욱더 초점을 맞추며 스티브의 감정을 모른 척하거나 개의치 않는다는 태도를 취했다. '토이 스토리 2'의 제작이 진행되면서 상황은 더욱 악화되었다. 그것은 원래 영화관 상영은 건너뛰고 곧바로 비디오로 출시될 예정이었지만, 제작 초기에 예상보다 많은 자원을 투입할 필요성이 대두되자 두 회사는 먼저 영화관에서 대대적으로 개봉해야 한다고 결론지었다. 결국 '토이 스토리 2'는 전 세계적으로 거의 5억 달러의 흥행수입을 올렸지만, 이어서 계약 관련 분쟁을 촉발시켰다. 픽사는 그것을 디즈니에 만들어주기로 한 5편의 영화에 포함해야 한다고 주장했고, 마이클은 속편이기 때문에 그럴 수 없다고 거부했다. 이것은 마이클과 스티브 사이에서 또 다른 언쟁의 골자가 되었다.

작품을 출시할 때마다 픽사의 명성과 영향력은 커져갔고, 더불어 디즈니와의 갈등도 갈수록 커졌다. 스티브는 자신과 픽사가 디즈니로부터 좀 더 존경받을 자격이 있다고 생각했고, 그래서 계약조항에도 변화한 상황과 자신의 영향력이 반영되기를 원했다. 또한 픽사가 창의성과 상업성 모두에서 디즈니를 무색하게 만들었으므로, 작품의 제작 과정에서 디즈니가 픽사의 조언과 조력을 더욱 적극적으로 받아들여야 한다고 생각했다. 하지만 현실은 크게 달랐다. 스티브는 마이클이 항상 자신들을 하찮은 파트너 혹은 임시로 고용한 영화사 정도로 취급한다고 느꼈다. 그는 큰 모욕감을 느끼지 않을 수 없었다.

반대로 마이클은 스티브가 무례하다고 느꼈다. 자신을 비롯한 디즈니 사람들 모두가 영화제작에서 조용한 파트너 이상의 역할을 했는데, 그럼에도 스티브는 디즈니의 공로를 결코 인정하지 않았다고 믿었다. 나는 COO로 재임하던 시절 픽사와의 관계에는 전혀 관여하지 않았지만, 픽사의 어깨가 올라감에 따라 디즈니의 어깨는 처지고 있다는 사실은 분명히 알았다. 결국 의지와 고집이 남다른 그 두 인물은 패권을 놓고 전투를 벌일 수밖에 없는 운명이었다.

이 모든 것이 2001년에 벌어진 일이었다. 업계는 눈부신 속도로 변화하고 있었고, 마이클과 스티브의 갈등은 중요한 파트너십의 미래를 위협하고 있었으며, 디즈니애니메이션에 닥친 일련의 흥행실패는 회사에 대한 대중의 신뢰 상실로 이어지고 있었다. 게다가 ABC의 시청률마저 하락하자 디즈니 이사회는 우려의 시선으로 마이클의 리더십에 의문을 품기 시작했다.

그러던 중…, 9·11 테러가 발생했다. 그 사건은 이후의 세상을 바꿔놓았고, 우리는 결코 상상하지 못한 방식으로 난제를 떠안았다. 그날 아침 나는 동이 틀 무렵 일어나 집에서 TV를 틀어놓고 운동을 하고 있었다. 내 눈에 들어온 첫 보도는 비행기 1대가 방금 쌍둥이 빌딩 중 하나에 충돌했다는 내용이었다. 나는 운동을 멈추고 다른 방으로 건너가 TV를 켰다. 두 번째 비행기가 다른 한 빌딩을 들이받고 있었다. 즉시 ABC뉴스의 책임자인 데이비드 웨스틴David Westin에게 전화했다. 그가 어디까지 알고 있는지 확인하고, 눈앞에서 벌어진 그 사건을 어떻게 보도할지 결정하기 위해서였다. 데이비드 역시 아직 별다른 정보는 입수하지 못했지만, 모든 주요 뉴스 조직과 마찬가지로 즉시 수백 명을 펜타곤과 백악관, 맨해튼 등으로 급파해 무슨 일이 일어나고 있는지 이해하려고 노력했다.

나는 사무실로 달려 나가며 마이클에게 전화했다. 그는 아직 뉴스를 보지 못한 상태였다. 그는 즉시 TV를 켰고, 우리는 디즈니도 목표가 될지 모른다는 우려를 공유했다. 우리는 즉각적으로 올랜도의 월트디즈니월드를 폐쇄하고 인력을 모두 철수시키는 것, 디즈니랜드의 문을 잠정적으로 닫을 것을 결정했다. 나는 그날 내내 우리가 다양한 일선에서 어떻게 대응하면 좋을지 검토하고 조정했다. ABC뉴스 팀과 수 시간 통화하며 직원들이 안전한지 확인했고, 향후 놀이공원의 안전문제에 대해 빈틈없이 계획했으며, 특히 살면서 가장 불안한 시기를 맞은 직원들이 평정심을 잃지 않도록 도왔다.

이 테러사건으로 인한 여러 파급효과 중 하나는, 9월 11일 이후 전 세계적으로 장기간에 걸쳐 관광업이 둔화되었다는 것이다. 그것이 디즈니에 미치는 영향은 엄청나게 파괴적이었다. 주식시장도 전체적으로 급락했고, 디즈니는 불과 며칠 사이에 시가총액의 1/4을 잃었다. 우리의 최대주주인 베이스 가족은 마진콜(margin call, 투자원금에 발생한 손실을 보전하라는 요구-옮긴이)에 부응하라는 압력에 따라 막대한 양의 디즈니 주식(약 20억 달러에 상당하는 1억 3,500만 주)을 팔아야만 했고, 때문에 우리의 주가는 또 한 차례 급락했다. 전 세계의 기업들이 한동안 고군분투하며 회복세를 찾아갔지만, 우리의 문제는 계속 쌓여만 갔다. 그렇게 디즈니와 마이클의 길고도 긴 논란과 불화의 서막이 열렸다.

하늘이 무너져 내리고 있다면

마이클은 수많은 난제들을 여러 면에서 경탄스럽게 그리고 냉철하게 처리했지만, 스트레스가 극심해지면서 점차 비관주의와 편집증에 빠져들었다. 그에게서 때때로 우려와 걱정이 담긴 전화가 걸려오기 시작한 것도 바로 그때부터였다. 그는 전화에 대고 방금 샤워를 마쳤거나 비행기에서 내렸거나 누군가와 점심식사를 하며 대화를 나눴는데, 우리가 하고 있는 어떤 일이 실패할 것이라거나 다른 누군가가 우리를 추월할 것이라거나 손실이 발생할 것이라는 확신이 들었다고 말하곤 했다. 문자 그대로 그가 내게 "하늘이 무너져 내리고 있네."라고 말했다는 얘기다. 시간이 지남에 따라 그 어둡고 침울한 비운의 그림자가 회사에까지 드리워지기 시작했다.

물론 마이클은 비관론을 견지할 만한 정당하고도 충분한 이유가 있었다. 하지만 리더는 그런 비관주의를 주변 사람들에게 퍼뜨려서는 안 된다. 구성원들의 사기를 떨어뜨리고 에너지와 영감을 얼어붙게 만들며 방어적인 의사결정을 낳기 때문이다.

마이클의 타고난 비관주의는 어느 정도까지는 그에게 이롭게 작용했다. 때때로 재난에 대한 두려움이 그의 동기를 자극했고, 그것이 완벽한 일처리와 성공의 동력이 되기도 했다. 물론 다른 사람들에게 동기를 부여하기에 매우 유용한 도구는 아니었지만 말이다. 때때로 그의 우려는 타당했고, 따라서 신경을 쓰는 게 옳았다. 하지만 그는 날이 갈수록 무언가 걷잡을 수 없는 걱정에 사로잡히곤 했다. 물론 마이클의 상태가 늘 그렇게만 흘렀다는 얘기는 아니다. 어떤 때는 전염성이 강한 활력의 전파자가 되기도 했다. 그러나 말년에 접어들며 스트레스가 꾸준히 증가하자 그의 비관론은 '예외'가 아니라 상시적인 '규칙'에 가까워졌다. 그로 인해 그는 갈수록 세상과 담을 쌓으며 자기 안에 갇혔다.

당시 마이클이 받던 스트레스를 완벽하게 처리할 수 있는 사람은 아마 세상에 없을 것이다. 그만큼 그가 극심한 스트레스에 시달렸다는 뜻이다. 하지만 리더는 낙관주의를 잃어서는 안 된다. 특히 위기상황에서는 더욱 필수적인 요소다. 비관론은 편집증을 낳고, 그것은 다시 방어적인 태도를 불러오며, 그것은 다시 리스크 기피 성향을 유도한다.

반면에 낙관주의는 같은 상황에서도 전혀 다른 역학을 발동시킨다. 특히 어려운 순간에, 당신이 이끄는 사람들은, 방어적인 태도를 일삼거나 자신의 안위만 챙기는 게 아니라 중요한 일에 집중하는 리더의 능력에 대해 신뢰감을 느낄 수 있어야 한다. 상황이 좋지 않은데도 좋다고 말하라는 의미가 아니다. '상황이 호전될 것'이라는 신념을 전달하라는 의미도 아니다. 당신 자신과 주변 사람들이 최상의 결과를 향해 나아갈 수 있다는 것을 믿고, 상황이 나아지지 않으면 끝장이라는 느낌 따위를 전달하지 말라는 의미다. 리더인 당신이 설정하는 분위기는 주변 사람들에게 엄청난 영향을 미친다. 누구도 비관론자를 따르고 싶어 하지는 않는다.

9·11 사태가 벌어지고 한두 해가 지나면서 디즈니 이사회의 두 핵심 임원인 로이 E. 디즈니와 (로이의 변호사인) 스탠리 골드Stanley Gold 는 마이클의 경영능력을 신뢰할 수 없다는 의견을 공개적으로 피력하기 시작했다. 로이와 마이클의 인연은 길고도 복잡했다. 로이는 마이클을 CEO 겸 이사회 의장으로 영입한 당사자였다. 그리고 모든 주주들과 함께 그 역시 마이클이 이끄는 디즈니에서 크게 혜택을 입었다. 1984~1994년까지 10년 사이에 디즈니의 연간 수익은 4배로 뛰었으며 주가는 1,300%나 상승했다.

마이클은 그 기간 동안 비상한 노력을 기울여 세심하게 로이를 배려했고, 여로 모로 존중과 존경을 보였다. 그로서는 결코 쉬운 일이 아니었다. 로이는 때때로 매우 까다롭게 굴었고, 자신이 디즈니 유산의 수호자라고 생각했다. 그는 말 그대로 디즈니로 살았고, 디즈니로 숨 쉬었으며, 디즈니로 피를 흘렸다. 어떤 것이든 디즈니의 전통을 깨는 것은 자신이 월트 디즈니와 맺은 신성한 계약을 위반하는 것으로 여겼다(하지만 추정컨대 월트는 조카를 그다지 많이 존중하지는 않았던 것 같다). 로이는 과거를 존중하는 게 아니라 숭배하는 경향이 있었고, 결과적으로 어떤 종류의 변화든 수용하기까지 힘겨운 시간을 겪곤 했다. 그는 캐피털시티즈/ABC에 대한 마이클의 인수 결정도 몹시 싫어했다. 그것이 비非 디즈니 브랜드를 디즈니의 혈류에 합류시키는 것을 의미했기 때문이다.

사소하지만 그의 성향을 잘 보여준 사례가 하나 있다. 어느 크리스마스 시즌에 우리는 디즈니 스토어에서 순수한 백색의 미키 마우스 봉제인형을 판매하기로 결정했다. 그러자 로이는 불같이 화를 냈다. "미키는 원래의 색이 있어요. 검정과 하양, 빨강과 노랑이 조화를 이룬 오리지널 컬러 말이에요. 그것만이 미키라고요!" 로이가 분노하며 마이클과 내게 보낸 이메일의 내용이다. 그는 "그 알비노albino 미키(실제로 그가 쓴 표현이다)를 스토어 선반에서 치우기 바란다."고 했다. 그의 요청대로 하지는 않았지만, 상당히 신경이 쓰였던 것은 사실이다.

그에게는 또한 음주 관련 문제도 있었다. 우리는 로이가 살아 있는 동안에는 결코 그 문제를 거론하지 않았지만, 그가 세상을 떠나고 몇 년이 흐른 후 그의 자녀 중 한 명이 부모님의 알코올 관련 문제를 공개적으로 이야기했다. 로이와 그의 부인 패티Patti는 술만 몇 잔 들어가면 사소한 일에도 거칠게 화를 내는 경우가 잦았다. 그래서 그가 그렇게 종종 늦은 밤에 사나운 이메일을 보내곤 했던 것이다(나 역시 수차례 그런 이메일을 받았다). 주로 디즈니 유산의 관리자인 우리가 실수를 저질렀다고 그가 믿는 부분에 초점이 맞춰진 내용이었다.

우리가 직면한 난제들이 늘어나자 로이는 마이클을 더욱 공개적으로 비판하기 시작했고, 결국 적극적인 공세를 펼치는 지경에 이르렀다. 2002년 로이와 스탠리는 마이클에게 자신들이 제기한 우려사항을 해결하라고 요구하는 내용의 서한을 이사회에 보냈다. 그들의 우려사항은 한둘이 아니었다. ABC의 저조한 시청률, 스티브 잡스와 픽사에 대한 적대감, 테마파크 전략에 관한 의견 불일치, 그들이 문제가 많다고 여긴 마이클의 경영방식(세부적인 것까지 지나치게 통제하는 방식) 등이 문제였다. 그 서한에는 불만사항이 매우 구체적으로 나열되어 있었기에 우리는 진지하게 받아들이지 않을 수 없었다. 결국 이사회는 경영진에게 각각의 개선방안에 대한 프레젠테이션을 요구했다.

로이와 스탠리는 그렇게 1년 가까운 시간을 이사회에서 마이클을 쫓아내려고 애쓰면서 보냈다. 2003년 가을, 마이클은 마침내 인내심의 한계에 부딪혔다. 마이클의 전략은 이사회 임원의 임기에 관한 회사의 지배구조 지침을 준수하도록 촉구하는 것이었다. 해당 지침에 따르면 이사회 임원은 72세에 은퇴해야 했다. 그동안 한 번도 적용되지 않았던 규칙이었는데, 로이가 그토록 극단적인 방식으로 공세를 가하자 마이클은 그 조항을 끄집어내 적용하기로 결정한 것이었다. 하지만 마이클은 로이에게 직접 그 내용을 전하는 대신 이사회 지명위원회 위원장을 통해 통보하는 방식을 취했다. 로이의 이사 재선임을 지지하지 않을 것이며 2004년 3월로 예정된 정기 주주총회를 시점으로 은퇴하는 것으로 알라는 내용이었다.

다음 이사회 회의는 추수감사절 이후 화요일에 뉴욕에서 열리는 것으로 잡혀 있었다. 일요일 오후, 윌로와 나는 박물관을 구경한 다음 저녁 외식을 할 요량으로 집을 나섰다. 박물관으로 향하던 중 마이클의 비서에게서 전화가 왔다. 이스트 61번가의 피에르Pierre 호텔에 있는 마이클의 아파트에서 긴급회의가 소집되었다는 전갈이었다. 내가 도착했을 때, 마이클은 로이와 스탠리에게서 온 편지를 손에 들고 있었다. 방문 밑으로 들어온 편지라고 했다.

그는 나에게 그것을 건넸고 나는 읽기 시작했다. 로이는 편지에 자신과 스탠리가 이사회에서 사임할 것이라고 썼다. 그런 다음 마이클이 회사의 관리자 직분을 제대로 수행하지 못한다는 내용의 맹렬한 비판을 3페이지나 이어나갔다. 처음 10년은 성공적이었다는 사실은 인정했지만, 이후의 세월은 다음과 같은 7가지의 명백한 실패로 점철되었다는 것이 로이의 지적이었다.

1) 바닥까지 추락한 ABC 황금시간대 시청률을 끌어올리지 못한 것.
2) 지속적인 세부 통제 경영으로 조직 전체의 사기를 떨어뜨린 것.
3) 테마파크에 대한 적절한 투자 부족, 즉 '싸구려' 구축으로 방문객의 수를 떨어뜨린 것.
4) 우리의 모든 주주들로 하여금 회사가 탐욕스럽고 영혼이 없으며 장기적 가치보다는 늘 '빠르고 손쉬운 돈벌이'만 찾는다는 인식을 심어주어 공공의 신뢰도 상실까지 초래한 것.
5) 경영진의 지나친 개입에 따른 조직원의 사기 저하로 회사에 창의적 두뇌를 고갈시킨 것.
6) 디즈니의 협력사들, 특히 픽사와 원만한 관계를 형성하지 못한 것.
7) 명료한 후계 계획을 세우라는 요구를 지속적으로 거부한 것.

로이는 다음과 같이 결론을 지었다.
"마이클, 나는 떠나야 할 사람은 내가 아니라 당신이라고 진정으로 믿고 있소. 따라서 다시 한번 당신에게 사퇴하고 은퇴하라고 요구하는 바이오."

로이의 비판 중 일부는 타당했지만 상당수는 전후관계를 무시한 비난이었다. 하지만 중요한 것은 그게 아니었다. 우리 모두가 이제부터 매우 거친 항로에 접어들었음을 직감했다. 회사의 평판과 관련된 악몽이 전개될 것이 뻔했고, 우리는 그에 대해 전략적으로 대비해야 했다.

편지는 시작에 불과했다. 로이와 스탠리는 곧이어 자칭 '세이브 디즈니Save Disney' 캠페인을 시작했다. 2004년 3월 필라델피아에서 열릴 연례 주주총회에 이르는 다음 3개월 동안 그들은 기회가 있을 때마다 마이클을 공개적으로 비난했다. 또한 이사회의 여러 임원들에게 마이클에게 등을 돌리도록 종용하는 작업도 병행했다. 그들은 '세이브 디즈니' 웹사이트를 개설하고 디즈니 주주들에게 다가오는 주주총회에서 '보류' 표를 던져 마이클을 이사회에서 쫓아내자고 적극적으로 로비를 벌였다(미국에서는 기업의 주식을 소유한 주주들의 경우, 대리권을 받게 되며 매년 개별 이사회 구성원에 대해 '지지'에 투표하거나 '지지 보류'에 투표할 수 있다. 보류 표는 반대 표와 동일하게 간주된다).

픽사와의 결별

이런 일이 진행되는 동안 마이클과 스티브 잡스 사이에서 장기간 누적되며 끓어오르던 적개심이 마침내 폭발했다. 디즈니는 픽사와 맺은 5편 공동제작 계약을 연장하려 했으나, 스티브는 디즈니에서 도저히 받아들이기 어려운 새로운 거래조건을 테이블 위에 올려놓았다. 픽사가 제작을 총괄하고 모든 속편의 권리를 보유하며, 디즈니는 배급 파트너 역할만 하라는 내용이었다. 마이클은 이를 거부했고, 스티브는 어떤 역제안에도 꿈쩍하지 않았다.

길고 긴 협상이 진행되는 동안, 마이클이 '니모를 찾아서'의 개봉을 앞두고 이사회에 돌린 내부 메모가 밖으로 새어나갔다. 그 메모에 마이클은 '니모를 찾아서'의 초기 편집본을 봤는데 그다지 인상적이지 않았고, 만약 그것이 꼭 실패에 이르지는 않더라도 좋은 성과를 내지 못한다면 픽사가 '현실'을 깨닫고 (그가 생각하기에) 부당하고 불합리한 오만에서 깨어날 것이며, 그러면 디즈니는 협상에서 더욱 많은 영향력을 행사하게 될 것이라고 적었다.

스티브는 타인이 자신에게 위력을 행사하는 상황을 끔찍이도 싫어했다. 누군가가 그런 식으로 나오는 경우 그는 꼭지가 돌아버렸다. 마이클 역시 자신은 물론 회사를 괴롭히는 모든 존재를 혐오했으며, 그런 두 인물의 대립은 그렇지 않아도 힘난한 협상 프로세스를 거의 불가능하게 만들었다.

얼마 후 스티브는 디즈니애니메이션의 '일련의 황당한 행태'를 언급했고, 2004년 1월에는 '다시는 디즈니와 거래하지 않겠다'고 매우 공개적이고 노골적으로 선언했다. 스티브의 발표 내용은 이랬다.

"거래를 성사시키기 위해 지난 10개월 동안 노력한 끝에 우리는 새로운 단계로 넘어가지 않을 수 없다는 결론을 내렸습니다." 그리고 이렇게 덧붙였다. "앞으로 픽사가 누릴 성공에 디즈니가 함께하지 못하게 된 점은 참으로 안타깝습니다."

마이클은 별로 중요한 문제가 아니라고 응수했다. 그동안 우리가 출시한 모든 픽사 영화에 대해 원하는 대로 속편을 만들 수 있었고, 반면 픽사가 디즈니에 대해 취할 수 있는 조치는 아무것도 없다는 논리였다. 그러자 로이와 스탠리가 끼어들어 성명서를 발표했다. "우리는 1년여 전부터 디즈니 이사회에 마이클 아이즈너가 픽사와의 파트너십을 잘못 관리한 탓에 그 관계가 위험에 처했다는 우려를 전하며 대응책을 강구할 것을 경고했습니다." 그렇게 그들은 마이클이 회사에 대한 통제권을 상실했다는 자신들의 주장에 연료를 추가했다.

사실 마이클이 스티브의 거래조건을 거부한 것은 올바른 판단이었다. 그때 스티브가 제안한 거래를 받아들였다면, 그것은 재정적으로 무책임한 일이 되었을 것이다. 디즈니가 들이는 비용은 너무 많은데 돌아오는 혜택은 너무 적은 거래였으니 말이다. 그러나 마이클이 스티브 잡스와의 관계에 균열을 만들었고, 그 때문에 협상이 결렬되었다는 모든 보도와 대중의 인식은 마이클에게 타격을 주었다.

2주 후, 우리는 올랜도에서 투자자 컨퍼런스를 개최했다. 근래의 모든 루머와 험담에 대응해 업계의 분석가들에게 회사의 미래에 대해 확신을 심어주고자 계획한 것이었다. 우리의 1분기 실적 보고서가 그날 발표될 예정이었으며, 그 수치는 좋았다. 전년도 5월과 6월에 출시된 '니모를 찾아서'와 '캐리비안의 해적'이 초대형 히트를 기록한 덕분에 전체 수익이 19%나 증가했다. 우리에게는 오랜만에 찾아온 쾌청한 하늘이었고, 그래서 좋은 실적으로 우리가 다시 제 궤도에 올랐다는 논거가 입증되길 고대하고 있었다.

그러나 상황은 전혀 다른 식으로 전개되었다. 그날 아침 플로리다는 구름 끼고 선선한 날씨였다. 나는 오전 7시쯤 호텔 방을 나섰고, 컨퍼런스장으로 차를 몰고 가는 도중에 우리의 CCO 제니아 무차에게서 걸려온 전화를 받았다. 제니아는 종종 요점을 힘차게 강조해 말하는 경향이 있다. 그날 아침은 '강조'라는 표현으로는 부족했다. "컴캐스트Comcast가 적대적 인수합병에 나섰어요!" 그녀는 전화기에 대고 고함을 지르고 있었다. "마이클의 스위트룸으로 빨리 오세요!"

컴캐스트는 미국에서 가장 큰 케이블 TV 회사였지만, 그 회사의 CEO인 브라이언 로버츠Brian Roberts는 디즈니를 소유하면 스스로 대혁신을 이룰 수 있음을 알았다. 디즈니 콘텐츠를 자신들의 방대한 케이블 구독 네트워크에 결합하면 강력한 조합이 이뤄질 터였다(그들은 특히 당시 케이블 TV에서 가장 비싼 채널인 ESPN에 관심이 많았다).

며칠 전, 브라이언이 마이클에게 전화해 디즈니를 인수하겠다는 제안을 했다. 마이클은 그에게 자신은 그런 협상에 임할 생각이 없지만 만약 그가 공식적으로 제안하면 이사회는 그것을 고려할 의무가 있다고 답했다.

"하지만 우리 회사는 팔려고 내놓은 상태가 아닙니다."

마이클은 그렇게 전화를 끊었다. 마이클의 거절은 곧 디즈니의 이사회와 주주들을 대상으로 한 적대적이며 임의적인 공식제안이라는 결과를 낳았다. 640억 달러에 디즈니를 인수하고, 대금은 컴캐스트 주식으로 지불하겠다는 내용이었다(디즈니 주주들은 소유한 주식 1주당 컴캐스트 주식 0.78개를 받게 되는 것이었다).

내가 마이클의 스위트룸에 들어서서 가장 먼저 들은 것은 브라이언 로버츠와 컴캐스트의 사장인 스티브 버크Steve Burke가 CNBC에 나와 생방송 인터뷰를 하는 목소리였다. 나는 스티브를 잘 알고 있었다. 그는 1996년부터 1998년까지 2년 동안 내 밑에서 일했고, 그 전 10년 동안은 디즈니와 함께 했으며, 마지막에는 파리 디즈니랜드를 맡은 바 있었다. 마이클이 파리 디즈니랜드를 다른 인물에게 맡기고 그를 다시 뉴욕으로 불러들이자 자진해서 ABC 근무를 택하고 내 밑에서 일하게 된 것이었다. 그는 내가 존경하고 사랑하던 옛 상사 댄 버크의 장남이었으며 댄처럼 따뜻한 성품을 타고나진 않았지만 똑똑하고 재미있고 배우는 속도가 빠른 친구였다. 나는 그에게 TV와 라디오 사업에 관해 많은 것을 가르쳤고, 그는 디즈니의 안팎을 넘나드는 처세에 관해 내게 많은 것을 가르쳐주었다.

1998년 나는 ABC를 맡아줄 누군가가 절실히 필요했다. 그래야 내 직무의 다른 측면에 좀 더 집중할 수 있었다. 그래서 스티브에게 그를 ABC 사장으로 승진시킬 계획이라고 말했다. 그는 LA로 이사 가고 싶지 않다고 답했다(마이클은 당시 ABC 전체를 LA로 옮길 계획을 추진하고 있었다). 그리고 얼마 지나지 않아 그는 디즈니를 떠나 컴캐스트로 옮길 것이라고 말했다. 그에게 2년 동안 그토록 많은 것을 투자했고, 그러면서 서로 친해지고 정도 들었다고 생각했는데, 나는 등에 칼을 맞은 기분이었다. 그런 그가 지금 TV에 나와 예전에 내 등에 꽂았던 칼을 비틀고 있었다. 진행자가 ABC네트워크의 개선을 위해 무엇을 어떻게 할 계획이냐고 묻자 스티브 버크는 이렇게 답했다.

"좀 더 나은 인물들로 경영진을 교체할 겁니다."

제니아와 법률자문위원 앨런 브레이버맨, 전략기획실의 책임자 피터 머피는 나보다 먼저 마이클의 스위트룸에 도착해 TV 화면을 응시하고 있었다. 우리는 모두 완전히 방심한 상태에서 그들의 인수합병 가격 제시에 걸려든 것이었기에 즉시 서둘러서 대응방안을 도출해야 했다. 공식 성명서를 발표해야 했지만, 그전에 먼저 이사회가 어떤 입장인지 알아내는 것이 중요했다. 그와 동시에 우리는 애초에 무슨 근거로 브라이언이 디즈니를 살 수 있다는 확신을 갖게 된 것인지 알아내기 위해 애썼다. 곧 이사회 내부나 그에 가까운 누군가가 마이클의 입지가 흔들리고 있고, 디즈니 내부 역시 형편없는 상태라 그가 제안을 던지기만 하면 이사회에서 덥석 물 것이라고 일러준 게 틀림없었다. 저들은 자신들의 제안을 디즈니 이사회에서 마이클을 분란 없이 제거할 수 있는 방법으로 받아들일 것이라고 판단했을 터였다(수년 후 브라이언은 디즈니의 어느 이사를 대변한다는 한 중재자가 구매제안을 넣으라고 부추겼다고 내게 털어놓았다).

재래식 전쟁터에 떨어진 핵무기

대응방안을 마련하느라 애쓰고 있을 때, 오는 줄도 몰랐던 또 하나의 거대한 파도가 우리를 덮쳤다. 그날 아침 인스티튜셔널셰어홀더스서비스(Institutioal Shareholders Services, 이하 ISS)라는 회사에서 로이와 스탠리의 마이클 반대투표 캠페인을 지지하라는 공개적인 권고안을 발표한 것이다. ISS는 기업의 지배구조를 평가하고 주주총회 안건을 분석해 기관투자자들에게 의견을 제시하는 세계 최대의 의결권 자문사다. 그들은 통상적으로 대리투표의 1/3 이상에 영향을 미친다. 대리투표의 결과는 3월까지는 발표되지 않을 예정이었지만, 우리는 이미 불신임 표가 많이 나올 것으로 예상하고 있었다.

투자자 컨퍼런스에 참석하기 위해 마이클의 스위트룸을 떠날 무렵, 우리는 그렇게 두 가지 커다란 위기에 직면해 있었다. 그 상황은 마치 우리가 로이와 스탠리 그리고 스티브 버크를 상대로 재래식 전쟁에 돌입했는데, 그쪽에서는 우리에게 핵무기를 발사한 것과 같았다. 우리는 그런 상황에서 나름대로 최선을 다해 투자자들에게 자기변호를 늘어놓았지만, 회사의 미래에 대한 심각한 우려는 이미 매우 공공연하게 제기된 터였다. 우리는 고개를 꼿꼿이 치켜세우고 최근의 수익을 자랑하며 미래의 계획을 펼치고 우리가 내놓을 수 있는 최상의 논거를 제시했다. 하지만 힘겨운 대면이 아닐 수 없었고, 우회할 방법은 전혀 없었다. 상황은 그렇게 악화일로로 치달았다.

그다음 몇 주에 걸쳐 컴캐스트의 인수합병 호가가 무너졌다. 브라이언 로버츠는 디즈니 이사회가 그의 첫 제안을 덥석 받아들일 것으로 예상했지만, 이사회는 쉽게 움직이지 않았고 그에 따라 다른 요소들이 많이 대두하기 시작했다. 첫째, 디즈니의 분기수익이 증가했다는 발표가 나가자 주가가 급등하여 회사의 가격이 순식간에 더 비싸졌다. 둘째, 컴캐스트의 주주들은 인수합병 추진계획에 부정적인 반응을 보였다. 그들은 브라이언의 움직임을 지지하지 않았고 그에 따라 컴캐스트의 주가도 빠르게 하락하여 제안의 기반을 허물며 전체적인 계산법을 흩트렸다. 마지막으로, 언론에 표현된 거래에 대한 일반적인 대중의 반대가 이 모든 것에 영향을 미쳤다. 디즈니는 여전히 미국 고유의 브랜드로서 정서적 울림을 가졌고 그것을 거대한 케이블 TV 회사가 집어삼킨다는 발상은 소비자들 사이에 혐오감을 불러일으켰다. 컴캐스트는 결국 인수의사를 철회했다.

하지만 마이클과 관련된 문제는 사라지지 않았다. 그다음 달에 3,000명에 달하는 디즈니 주주들이 연례총회에 참석하기 위해 필라델피아에 모여들었다. 총회 전날 밤 로이와 스탠리, 그리고 '세이브 디즈니' 대표단은 시내의 한 호텔에서 대규모 대중 집회를 열었다. 그 행사에서 로이와 스탠리가 마이클을 격렬히 비판하며 리더의 교체를 요구했다는 뉴스가 각종 미디어를 통해 퍼져나갔다. 어느 시점에서 제니아가 내게 와 말했다. "기자회견이라도 해야 합니다. 우리에게 유리한 측면을 외부에 알릴 필요가 있습니다." 마이클은 그렇게 할 수 없었다(그러면 너무 감정적이고 대립을 일삼는 이미지로 비칠 터였다). 그래서 내가 나서야 했다.

제니아는 기자들에게 내가 회견을 할 것이라고 신속하게 통보했고, 우리 둘은 다음 날 총회가 열릴 예정이었던 컨벤션 센터의 로비로 들어섰다. 각각 다르게 디자인된 대형 미키 마우스 조각상 75개가 이미 올랜도에서 공수되어 로비에 설치되어 있었다. 나는 그중 2개의 미키 마우스 상 사이에 서서 약 1시간 동안 기자들의 질문을 받았다. 발표문이나 메모를 준비해서 나간 자리가 아니었고, 또 당시 기자들이 던진 질문들이 구체적으로 다 기억나는 것도 아니지만, 주주총회에 관한 질문과 더불어 로이와 스탠리의 비판에 어떻게 대응할 계획인지에 대한 질문이 쏟아졌던 것은 확실하다. 기자들의 질문공세 속에서 조금 위축되는 기분이 들었던 기억이 난다.

나는 회사를 옹호하고 마이클을 지지하며 로이와 스탠리의 동기 및 행위에 대한 회의론을 진솔하게 피력했다. 그토록 많은 언론의 따가운 조명을 견뎌야 하는 것은 처음이었다. 밀려오는 조수를 되돌릴 방법은 없었지만, 그 순간을 돌이켜보건대 그 자리에 서서 그렇게 흔들리지 않고 평정을 유지했다는 사실에 약간은 자부심이 느껴지기도 한다.

"내부에 저 말고 다른 후보가 또 있습니까?"

다음 날, 주주들은 오전 5시부터 컨벤션 센터 밖에 줄을 서기 시작했다. 몇 시간 후 문이 열리자 수천 명이 밀려 들어왔으며, 회의장에 들어가지 못한 많은 사람들은 대형 참관실에서 폐쇄회로 TV를 통해 회의를 시청했다. 마이클과 나는 차례로 개회 연설을 했고, 이어서 우리의 각 비즈니스 부문 책임자들이 사업현황과 미래의 계획을 프레젠테이션 했다.

우리는 로이와 스탠리에게도 각각 입장을 밝힐 수 있는 시간을 15분씩 주었지만, 무대에 올라 발언하는 것은 허용하지 않았다. 그들이 시간을 초과했을 때 우리는 예의를 지키며 발언을 마무리하도록 기다렸다. 그들의 진술은 매우 비판적이었으며 회의장의 많은 청중들로부터 환호를 받기도 했다. 그들이 발언을 마친 후 우리는 1시간 동안 질문을 받았다. 마이클은 처음부터 전면적인 공세가 펼쳐질 것으로 짐작하고 있었고, 그 모든 과정을 훌륭하게 소화해냈다. 그는 회사가 많은 어려움에 봉착했음을 인정하면서도 성과와 주가가 개선되고 있다고 주장했다. 그는 회사에 대한 자신의 열정을 역설했지만 총회가 그에게 우호적으로 끝나지 않을 것이라는 사실은 이미 결론이 나 있었다.

대리투표의 집계가 끝났을 때 주주 중 43%가 마이클에 대한 지지를 보류한 것으로 드러났다. 그것은 실로 충격적인 불신임의 표시였기에 우리는 백분율 대신에 표결 숫자로 발표하며 덜 나쁘게 들리길 기대했다. 하지만 숫자가 발표되자 회의장 안은 '헉' 하는 탄식으로 술렁였다.

주주총회가 파하자마자 이사회는 임원회의를 열었다. 그들은 표결에 대한 응답으로 무언가를 해야 했고, 그래서 마이클의 CEO 직위는 남기는 대신 이사회 의장직을 박탈하기로 결정했다. 메인 출신의 전 상원 다수당 대표로서 디즈니 이사회에 참여하고 있던 조지 미첼George Mitchell이 만장일치로 마이클의 후임 의장으로 선출되었다. 마이클은 나름대로 반론을 제기하며 이사회를 설득하기 위해 노력을 기울였지만, 사임이 불가피하다는 사실은 대체로 인정했다.

그날의 수모는 거기서 끝나지 않았다. 디즈니 주주총회에서 너무 큰 뉴스거리가 나온 터라 ABC의 뉴스 프로그램인 '나이트라인'에서도 '세이브 디즈니' 캠페인과 표결결과를 그날의 메인 뉴스로 다루고 싶어 했다. 우리는 즉각 회의를 열어 이 상황을 받아들이고 뉴스쇼에 나가자는 결론을 내렸다. 나이트라인 앵커인 테드 코펠Ted Koppel은 표결의 결과가 마이클과 디즈니의 미래에 무엇을 의미하는지 질문할 것이고, 그에 대해 제대로 대답하는 것이 마이클이나 회사에 가장 이롭다고 생각했기 때문이다. 휘하의 뉴스 팀에게 치열한 검증의 대상이 되는 것은 마이클에게 말할 수 없이 고통스러운 과정이었다. 그러나 그는 담대한 얼굴로 용감하게 그 일을 해냈다.

3월 주주총회와 의장직 상실은 마이클의 시대가 막을 내리고 있음을 알렸고, 현실도 그에 맞게 전개되기 시작했다. 2004년 9월 초, 그는 자신의 계약이 만료되는 2006년에 CEO직에서 물러나겠다는 내용의 서한을 이사회에 보냈다. 2주 후 이사회는 회의를 열고 마이클의 제안을 받아들였다. 회의가 끝난 후 조지 미첼은 내게 와서 마이클의 계약이 만료되면 갱신하지 않을 것이며, 후임자 지명 과정을 즉시 개시해 2005년 6월까지 완료할 것이라는 내용을 담아 보도자료를 돌릴 것이라고 말했다. 그러면서 일단 적임자를 찾으면 서둘러 인수인계 과정을 밟을 것이라고 덧붙였다. 그 말인즉슨, 2005년 가을에 마이클을 내보내겠다는 것이었다. 그의 계약 만료를 1년이나 앞둔 시점에 말이다. 나는 후임자 모색을 어떤 식으로 진행할 것인지 물었다.

"외부에서도 후보자들을 찾아보고 내부에서도 후보자를 찾아볼 계획이에요." 조지가 말했다.

"내부에 저 말고 다른 후보가 또 있습니까?"

"아니요. 내부에서는 당신이 유일한 후보이지요."

"그러면 그렇게 명시해야 합니다." 내가 말했다. "저는 이 회사의 COO입니다. 의장님은 오늘부로 마이클이 레임덕에 들어가도록 조치하는 셈입니다. 결국 제가 나서서 좀 더 많은 권한을 행사해야 한다는 얘깁니다."

나는 내가 마이클의 후임자가 된다는 보장은 전혀 없다는 사실을 이해했다. 그러나 적어도 회사 사람들은 그럴 가능성이 있다고 생각하게 만들 필요가 있었다.

나는 실로 그 시점, 그 찰나적 순간에 많은 것이 달려 있다는 느낌이 들었다. 회사의 나머지 사람들이 내가 유력한 후보라고 믿지 않는다면, 나에게서 진정한 권위가 사라질 것이고 나 역시 마이클을 따라 레임덕에 들어갈 것이 뻔했다. 자신의 권력에 대한 대중의 인식을 놓고 너무 많은 걱정을 하는 사람들은 종종 지위가 불안하기 때문에 그러는 것이다. 이 경우, 나는 그 격동의 시기를 잘 헤쳐 나가도록 회사를 이끌려면 이사회에서 내게 일정 정도의 권력을 쥐어주어야 한다고 판단했다. 또한 내가 차기 CEO가 될 가능성이 조금이라도 생기게 하려면 반드시 그래야 했다.

"무엇을 어떻게 명시해야 한다는 말인가요?" 조지가 물었다.

"제가 유일한 내부 후보자라는 사실을 보도자료에 밝혀야 한다는 얘깁니다."

조지는 내가 무엇을 필요로 하고 왜 그것을 필요로 하는지 정확히 이해했고, 나는 그 점에 대해 항상 감사하게 생각한다. 그렇게 해야 내가 강력한 지위…라고는 할 수 없어도 약하지는 않은 지위에서 회사 전체를 이끌 수 있었다. 그들이 공식적으로 내가 내부의 유일한 후보자임을 밝힌다고 해도, 당시 이사회의 그 누구도(심지어 조지조차도) 내가 실제로 그 자리에 오를 것으로 생각하지는 않았다. 이사회 임원들 중 다수는 내가 CEO가 돼서는 안 된다고 생각하고 있었다.

앞으로 수개월 동안 디즈니의 문제는 외부에서 영입하는 '변혁 관리자'만이 해결할 수 있을 것이라는 식의 논의가 무성해질 것이었다. 무의미한 문구이자 업계의 진부한 표현에 불과했지만, 거기에 결부된 정서는 분명했다. 문제를 악화시키고 있었던 것은, 이사회에 임원 자신들의 명성이 훼손되었다는 감정이 강하게 깔려 있다는 사실이었다. 마이클이 겪은 고통보다는 훨씬 덜했지만 이사회 임원들 또한 자존심에 상처를 입었고, 극단으로 치닫는 드라마에 지쳐 있었다. 그래서 이제는 상황이 달라질 것이라는 신호를 내보낼 필요성을 강력하게 인식했다. 회사 역사상 가장 힘겨웠던 5년 동안 마이클의 넘버 투로 활동한 인물에게 키를 넘기는 것은 딱히 새로운 시대를 알리는 신호라 할 수 없었다.

7.
문제는 미래다

IT'S ABOUT THE FUTURE

　　　　　　　　　　　　내가 직면한 도전과제는 다음과 같았다. 어떻게 하면 마이클을 폄하하지 않으면서 디즈니 이사회에서 찾는 '변화'가 바로 나라는 점을 그들에게 확신시킬 수 있는가? 분명히 내가 동의하지 않았던 의사결정들도 있었다. 나는 그 모든 소음을 고려하건대 회사에 변화가 필요한 상황이라고 생각하면서도 마이클을 존중했으며, 그가 내게 준 기회에 감사하는 마음을 잊지 않고 있었다. 지난 5년간 회사의 COO로 일한 내가 모든 책임을 다른 누군가에게 전가한다면 그것은 너무도 명백한 위선이었을 것이다. 마이클을 희생양 삼아 나를 돋보이게 만드는 것 역시 옳지 않은 일이었다. 나는 그렇게 하지 않으리라고 다짐했다.

　　이사회의 보도자료가 나간 후 며칠 동안 나는 어떻게 그 특정한 바늘에 실을 꿸 것인가를 놓고 고심했다. 내가 내리지 않은 의사결정에 과도하게 연루되었다는 인상을 주지 않으면서 과거에 대해 말할 방법을 찾아야 했다. 그렇지 않으면 지나치게 반대 방향으로 내몰려 마이클이 비난받는 프레임에 함께 갇힐 우려가 있었다. 그 난감한 상황의 해결책은 예상치 못한 곳에서 나왔다.

이사회의 발표 이후 1주 정도가 지났을 때, 매우 명망 있는 정치 컨설턴트이자 브랜드 매니저인 스콧 밀러Scott Miller에게서 한 통의 전화가 걸려왔다. 스콧은 수년 전 ABC에 매우 유용한 자문을 제공해준 적이 있었다. 그가 LA에 와 있으며 잠깐 만날 수 있는지 물었을 때 나는 주저 없이 응했다.

이틀 후 스콧 밀러는 사무실로 찾아와 10페이지 분량의 책자 한 권을 내 앞에 내려놓았다. "이게 필요할 겁니다." 그가 말했다. "공짜예요." 그게 무엇인지 내가 물었고 그는 "우리가 사용하는 선거운동 플레이북입니다."라고 대답했다.

"선거운동이라니요?"

"지금 당신은 정치적 선거운동을 목전에 두고 있어요. 그 점에 대해서는 이해하고 계실 겁니다. 그렇죠?" 그가 말했다.

추상적인 관점에서라면 그렇다고 대답할 수도 있었다. 그러나 문자 그대로의 '정치적 선거운동'에 대해서는 조금도 생각해본 적이 없었다. 표를 얻으려면 나에게 전략이 필요하다고 스콧이 말했다. 다시 말해 이사회 임원들 중에 나를 지지하도록 설득할 수 있는지 사람이 누구인지를 파악해 그들에게 집중적으로 나의 메시지를 전해야 한다는 의미였다. 그는 나에게 일련의 질문을 던졌다.

"어떤 상황에서든 당신의 손을 들어줄 이사회 임원은 누구인가요?"

"그럴 사람이 있을지 잘 모르겠군요."

"좋아요. 그렇다면 당신을 절대 지지하지 않을 사람은 누구인가요?"

서너 명의 이름과 얼굴이 즉각적으로 뇌리를 스쳤다.

"그럼 이제 이도 저도 아닌 중도적 입장을 견지하는 사람은 누구인가요?"

나를 믿고 맡겨달라고 설득하면 넘어올 수도 있을 것 같은 사람들이 몇 명 있기는 했다.

"바로 그 사람들이 당신이 제일 먼저 집중해야 할 대상입니다." 스콧이 말했다.

그는 마이클과 함께 일한 과거의 시간에 대해 어떤 방식으로 언급해야 할 것인가의 문제를 놓고 내가 고심하고 있다는 사실 또한 이해했고, 그럴 것이라 예상도 하고 있었다.

"재임자의 입장을 견지한다면 이 싸움에서 이길 수 없습니다." 그가 말했다. "방어만 해서는 이길 수 없다는 얘깁니다. 중요한 것은 오직 미래입니다. 과거가 문제가 되게 만들어선 안 됩니다."

뻔한 말처럼 들릴 수도 있지만, 당시 그 말은 나에게 일종의 계시처럼 다가왔다. 과거에 연연할 필요가 없었던 것이다. 과거에 마이클이 내렸던 의사결정을 내가 옹호할 필요도 없고, 나의 이익을 위해 그를 비난할 필요도 없다. 문제는 미래였다. 디즈니에서 지난 수년 동안 무엇이 잘못되었는지, 마이클이 어떤 실수를 했는지, 그런 마이클과 나는 무엇이 다른지 등에 관한 질문이 나올 때마다, 나는 단순하고 정직하게 대답하면 되는 것이었다. 이런 식으로 말이다. "이미 지나간 과거의 시간을 제가 어떻게 할 수 있는 방법은 없습니다. 지금 우리가 할 수 있는 일은 과거로부터 교훈을 얻고 그것을 앞으로 나아가는 데 적용하는 것입니다. 그렇다고 같은 일을 반복하겠다는 의미는 아닙니다. 이사회는 제가 앞으로 이 회사를 어디로 이끌고 갈 것인가를 알고 싶은 것이지, 과거에 어디 있었는지를 중요하게 생각하지는 않을 것입니다. 저는 앞으로 회사를 이렇게 이끌어 나갈 계획입니다."

스콧은 이렇게 조언했다. "반군의 수장처럼 생각하고, 계획을 세우고, 행동해야만 합니다." 그리고 그 계획은 단 하나의 명확한 생각에 근거해서 수립해야만 했다. "이것은 브랜드의 영혼을 위한 전투가 되어야 합니다. 브랜드에 대해 이야기하세요. 브랜드 가치를 어떻게 향상시키고 어떻게 보호할 것인지에 초점을 맞추란 얘깁니다." 그리고 이렇게 덧붙였다. "몇 가지 전략적 우선사항이 필요할 겁니다."

그것에 관해서는 꽤 많은 시간 동안 고심했던 터라 나는 즉각적으로 항목을 나열하기 시작했다. 대여섯 개쯤 짚어나가자 그는 고개를 저으며 이렇게 말했다.

"스톱. 그렇게 많으면 우선사항이라고 할 수 없잖아요."

우선사항이란 많은 시간과 큰 자본을 투입할 극소수의 대상이어야 한다. 그 목록이 지나치게 길면 중요성이 떨어질 뿐만 아니라 아무도 그것을 기억하지 못한다.

"산만해 보일 뿐입니다." 스콧이 말했다. "딱 3가지만 선택하세요. 그 3가지가 어떤 것이어야 하는지는 내가 말해줄 수 없는 부분입니다. 당장 이 자리에서 정할 필요도 없습니다. 원치 않는다면 나에게 말하지 않아도 좋습니다. 중요한 건 3가지만 정하는 겁니다."

그의 말이 옳았다. 내가 디즈니의 모든 문제를 해결하고 당면한 모든 쟁점을 처리할 전략을 가지고 있다는 것을 보여주고 싶은 욕심이 앞서, 결과적으로 그 어떤 것도 우선순위에 올려놓지 못했다. 가장 중요한 것이 무엇인지 전달하지도 못했고, 어렵지 않게 이해하고 받아들일 수 있는 비전을 내놓지도 못했다. 내가 제시한 비전에는 전반적으로 명확성과 영감이 부족했다.

기업의 조직문화는 많은 요소들에 의해 그 형태를 갖춘다. 그중에서 가장 중요한 것이 바로 리더가 '우선사항'을 반복적으로 명확하게 전달하는 일이다. 내가 경험한 바에 의하면, 그것이 바로 위대한 경영자와 나머지를 가르는 요건이다. 리더가 우선사항을 명확하게 제시하지 못하면 주변 사람들은 일할 때 무엇에 우선순위를 두어야 하는지 알지 못한다. 시간과 에너지, 자본이 낭비되고 마는 것이다. 또한 구성원들은 어디에 집중해야 할지 모르기 때문에 불필요한 불안감에 시달리게 된다. 결국 비효율이 만연하고 불만이 쌓이며 사기는 곤두박질치는 것이다.

리더는 주변 사람들이 일상의 업무를 추측해서 처리하도록 만들지만 않아도 그들의(그리고 주변 사람들의) 사기를 아주 많이 진작시킬 수 있다. CEO는 회사와 고위간부들에게 로드맵을 제공해야만 한다. 대부분의 일은 복잡하고 집중력과 에너지를 상당히 많이 쏟아부어야 하지만, '우리가 앞으로 나아가야 할 지점은 이곳이다', '그 지점에 도달하기 위한 방법은 이것이다'와 같은 메시지를 전달하는 일은 비교적 간단하다. 일단 그렇게 단순한 목표가 설정되고 나면 상당히 많은 의사결정을 수월하게 내릴 수 있다. 그러면 조직 전체를 감돌던 불안감도 잦아들게 된다.

지금까지 디즈니를 이끌어온 3가지 핵심

스콧과 만난 이후 나는 어렵지 않게 전략적 우선사항 3가지를 명확하게 결정했고, 그것들은 내가 CEO라는 직함을 갖게 된 그 순간부터 지금까지 회사를 이끌어가는 길잡이가 되어왔다.

1) 고품질의 브랜드 콘텐츠를 창출하는 데 회사가 보유한 시간과 자본의 대부분을 쏟아부어야 한다. 점점 더 많은 '콘텐츠'가 생산되고 배포되는 시대에 다른 무엇보다 중요한 것은 품질이다. 품질의 중요성이야말로 갈수록 부각될 것이 확실하다. 많은 콘텐츠를 생산해내는 것만으로는 충분하지 않다. '좋은' 콘텐츠를 많이 생산하는 것도 충분치 않다. 선택의 폭이 폭발적으로 넓어진 시대의 소비자들은 자신의 돈과 시간을 어떻게 소비할 것인가에 대한 의사결정 능력을 필요로 한다. 위대한 브랜드는 그런 소비자 행동방식의 길잡이 역할을 하는 더욱 강력한 도구가 될 것이다.

2) 가능한 최대 범위까지 신기술을 수용해야 한다. 먼저 고품질 콘텐츠를 생산하는 데 기술을 활용해야 하고, 다음으로 더 많은 소비자들에게 더 현대적이고 더 적절한 방식으로 접근하는 데 기술을 활용해야 한다. 월트 디즈니가 운영했던 초기 디즈니 시절부터 지금까지 기

술은 언제나 강력한 스토리텔링의 도구였다. 이제 그 활용도를 더욱 늘릴 필요가 있다. 또한 우리가 여전히 콘텐츠를 창조하는 역할에 초점을 맞춰야 하지만 현대적 유통방식이 브랜드 연관성 유지에 필수적인 수단이 될 것이라는 사실 또한 잊지 말아야 한다. 소비자들이 우리가 창출한 콘텐츠를 더욱 디지털화된 방식으로, 모바일로 편리하게, 좀 더 사용자 친화적으로 소비할 수 없게 되면 우리의 타당성relevance은 심각한 도전에 직면할 것이다. 요약하자면, 우리는 기술을 위협이 아닌 기회로 봐야 하며, 헌신과 열정, 긴박감을 갖고 기술 중심의 회사가 되어야 한다.

3) 진정한 글로벌 기업으로 변모해야 한다. 광범위한 사업부문을 보유하고 전 세계의 수많은 시장에서 비즈니스를 영위하고 있지만, 가장 인구가 많은 중국과 인도 시장에 대한 점유율 측면에서는 많은 개선이 필요하다. 탁월한 브랜드 콘텐츠의 창출이 첫 번째 목표라면 그다음 단계는 그런 콘텐츠를 전 세계 소비자들에게 전달하는 일이다. 글로벌 시장에 단단히 뿌리를 내리고 굳건한 토대 위에서 의미 있는 규모의 성장을 도모할 필요가 있다. 기존의 충성고객들을 위해 전과 다르지 않은 상품만 계속 생산한다면 결코 침체에서 벗어날 수 없다.

내가 만든 비전은 과거가 아닌 미래에 관한 계획이었다. 이 3가지 우선사항을 중심으로 전사적 사명과 모든 사업부문, 당시 13만여 임직원 모두를 체계적으로 조직해야 바람직한 미래가 열릴 것이라고 생각했다. 이제 내게는 10명의 이사회 임원들을 설득하는 일이 남았을 뿐이었다. 그 10명의 임원 중 대다수는 나에 대한 신뢰가 매우 낮거나 아예 없었다. 나는 그들에게 이것이 회사가 나아갈 올바른 방향이라는 점과 내가 그것을 이끌 적임자라는 사실을 납득시켜야 했다.

모든 이사회 임원들이 참석한 첫 번째 면접은, 어느 일요일 저녁 버뱅크에 있는 본사 회의실에서 열렸다. 2시간 동안 이어진 임원들의 질문공세는 겉보기에는 호전적이지 않았지만, 특별히 따뜻하거나 다정한 것도 아니었다. 오랜 시간 압박에 시달렸던 그들이 지금 훨씬 더 큰 부담감을 느끼는 것 같았다. 새로운 CEO를 선임하는 과정에 얼마나 진지하게 임하고 있는지 보여주겠다는 그들의 결의가 허튼수작은 결코 용납하지 않겠다는 태도로 여실히 증명되고 있었다. 내가 5년 동안 그 이사회의 임원 중 한 명이었다는 사실조차 별 도움이 되지 못할 것이 분명해 보였다.

당시에 나는 수개월 전부터 말리부에서 열리는 철인3종 경기에 참가신청을 해놓은 상태였다. 공교롭게도 경기일이 이사회의 인터뷰 날짜와 겹쳤다. 내가 빠져서 팀 전체가 곤경에 처하는 상황을 만들고 싶지 않았기에 그날 나는 새벽 4시에 일어나 말리부까지 어둠을 뚫고 차를 몰았다. 약 30km쯤 되는 사이클 구간에 참가한 뒤 부리나케 집으로 돌아와 샤워를 하고 옷을 갈아입은 후 버뱅크의 회의실로 향한 것이었다. 인터뷰 도중에 피로감이 몰려올 것에 대비해 회의실 문을 들어서기 직전에 단백질바를 우걱우걱 삼켰다. 그 후 2시간 동안 내 위장은 요란스럽게 꾸르륵댔고, 소화기관이 보내는 신호 때문에 내가 압박감을 견

디지 못하는 사람으로 비치지 않을까 걱정스럽기까지 했다.

좋은 소식은 그때가 이사회에 나의 계획을 소개하는 첫 번째 기회라는 부분이었다. 나는 3가지 핵심적인 우선사항을 설명했고 직원들의 사기가 저조한 상황에 관한 여러 질문에 답했다.

"우리 브랜드에 대한 엄청난 열정은 분명 존재합니다. 그러나 제 목표는 디즈니를 전 세계가 가장 선망하는 기업으로 만드는 것입니다. 고객과 주주들 그리고 임직원들이 가장 선망하는 기업으로 말입니다. 여기서도 임직원이 경탄해 마지않는 기업이 핵심입니다. 구성원들로부터 존경받지 못하는 기업이 외부의 존중이나 대중의 인정을 바라는 것은 어불성설입니다. 직원들이 회사를 자랑스러워하며 미래에 대한 확신을 갖고 일하도록 만드는 방법은 그들이 자랑스러워할 만한 제품을 만들어내는 것입니다. 그렇게 간단한 일입니다."

직원의 사기와 관련해 내가 언급한 좀 더 현실적인 문제들도 있었다. 지난 세월 디즈니의 거의 모든 비창작 업무에 대한 결정은 중앙의 관리감독 그룹에서 내렸다. 앞서 언급한 그 '전략기획실' 말이다. 전략기획실은 최고의 경영대학원에서 MBA를 딴 65명의 분석 전문가들로 구성되었으며 본사 건물의 4층을 점령하고 있었다. 회사가 확장되어감에 따라 그에 대한 마이클의 의존도는 점점 더 높아졌다. 마이클은 모든 의사결정에 대한 분석작업을 거기에 맡기며 다양한 사업에 대한 전략을 요청했다.

그들은 자신들의 업무 분야에서는 최고였기에 많은 측면에서 합당한 방법이었다. 그러나 2가지 문제점이 대두되었다. 하나는 앞서 언급한 바와 같이 중앙집권적 의사결정이 각 사업부문을 이끄는 고위경영진의 의욕을 저하시킨다는 것이었다. 자신이 리더로서 책임을 맡은 사업부문의 의사결정을 실질적으로 전략기획실이 하는 셈이니 사기가 저하될 수밖에 없었다. 또 다른 하나는 과도하게 분석적인 그들의 의사결정 과정이 너무 고되고 느리다는 점이었다.

"세상은 불과 2년 전과 비교하더라도 그 속도의 차이를 실감할 수 있을 정도로 빠르게 돌아가고 있습니다." 이사회의 임원들을 향해 내가 말했다. "세상의 변화 속도는 앞으로 계속 빨라질 겁니다. 그러므로 우리의 의사결정 과정은 더욱 즉각적이고 신속해질 필요가 있습니다. 저는 그렇게 만들 방법을 찾아야만 한다고 봅니다."

각 사업부문의 리더들이 스스로 의사결정 과정에 보다 깊이 참여하고 있다고 느낀다면, 그것은 곧 조직 전체의 사기 진작에 긍정적 영향을 미치는 낙수효과로 이어질 터였다. 당시에는 나 자신조차 그 효과가 얼마나 극적이고 즉각적일지 가늠할 수 없었다.

"당신의 평판은 이미 더럽혀졌어요."

첫 면접 이후 6개월간 이어진 이사회의 검증작업은 그때까지 내가 겪어본 것 중 가장 힘겨운 과정이었다. 그때만큼 지적으로 극심한 도전을 받아본 적이 없었다(물론 사업적인 측면의 지능을 말하는 것이다). 회사의 경영상태와 개선점에 대해 그토록 강도 높게 고민해본 적도 없고 그렇게 짧은 시간 내에 그토록 많은 정보를 처리해본 적도 없었다. 더욱이 그 모든 과정을 회사 경영이라는 본연의 업무를 수행하며 밟아야 했다(마이클이 여전히 CEO의 자리에 있었지만, 그의 관심은 종종 다른 곳에 쏠려 있기 일쑤였는데 그 또한 이해가 되는 일이었다). 그렇게 길고 힘겨운 하루하루가 흐르며 나는 지쳐가기 시작했다.

부담감의 원인은 단지 업무량의 증가 때문만은 아니었다. 언제나 더 많은 일을 해내는 능력과 누구보다 기꺼이 더 많은 노력을 기울이는 의욕에 자부심을 느끼며 살아왔기에 하는 말이다. 다른 무엇보다 견디기 힘들었던 부분은 과도한 공개검증 과정에서 내가 차기 CEO가 되어서는 안 된다는 의견을 공공연하게 피력하는 행태들이었다. 디즈니의 경영권 승계는 그 자체로 주요 기삿거리여서 그에 관한 보도가 끊이질 않았다. 이사회의 의중은 무엇인가? 결단을 내리지 못하고 있는 이사는 누구인가? 과연 디즈니는 정상적으로 운영될 것인가? 비즈니스 분석가들과 비평가들 사이의 전반적인 견해는, 거의 대부분 나를 반대하는 이사들의 의견이 반영된 것이었다. 즉, 디즈니는 새로운 관점을 가진 신선한 피가 필요한데, 밥 아이거를 선택하는 것은 마이클 아이즈너의 거수기 노릇을 연장하겠다는 것에 불과하다는 그런 의견 말이다.

언론뿐만이 아니었다. 심사과정 초기에 버뱅크의 디즈니 촬영장 근처에서 제프리 카첸버그와 아침식사를 함께한 적이 있었다. "밥, 당신이 떠나야 해요." 제프리가 나에게 말했다. "그 자리는 당신에게 돌아가지 않을 거예요. 당신의 평판은 이미 더럽혀졌어요." 마이클의 그림자로부터 벗어나는 일이 쉽지 않으리라는 것은 짐작했지만, 바깥세상이 나를 더럽혀진 인물로 여기고 있으리라고는 생각하지 못했다. 제프리는 나의 그런 생각을 바로잡아 줄 필요가 있다고 생각한 것이 분명했다. 엉망진창이었던 과거 수년간의 시간으로부터 나를 분리하는 것은 불가능하다고 그가 말했다. "회사를 떠나 공익을 위한 활동이라도 하면서 당신의 이미지를 회복해야 할 필요가 있어요."

나의 이미지를 회복해야 한다고? 나는 그의 말을 끝까지 들어주며 평정을 유지하려 애썼다. 그러나 나는 이미 끝장난 것이나 마찬가지라는 제프리의 확신에 어안이 벙벙했고 화가 치밀어 올랐다. 그러면서 또 한편으로는 그의 말이 틀리지 않은 게 아닌가 하는 의구심도 일었다. 어쩌면 주변의 모든 사람들의 눈에 명백히 보이는 그것을 오직 나만 완전히 수용하지 못하고 있었던 것 아닐까? 그의 말처럼 내가 그 자리에 오를 일은 결코 없으리라는 예측이 옳은 게 아닐까? 하지만 어쩌면 그 모든 것이 할리우드의 크렘리놀로지(Kremlinology, 냉전 시대에 직접적으로 정보를 얻을 수 없는 공산권 국가의 상황을 파악하기 위해 언론보도 등의 자료를 분석해 정보를 수집하던 기법-옮긴이)에 불과한 것인지도 몰랐다. 결국 나에게 주어진 가장 큰 과업은 내가 할 수 있는 최선을 다해 나의 주장을 계속 피력하면서 나의 통제권 밖에 있는 모든 것을 무시하는 것이었다.

누구든 그런 상황에서는 이런저런 사람들이 자신에 대해 어떻게 생각하고 어떤 말을 하는지, 또 어떤 기사가 나오는지 전전긍긍하며 소문에 휩쓸리기 십상이다. 자신도 모르게 방어적인 자세를 취하고 옹졸해지며, 부당한 표현이 사용되었다는 생각이 들면 분을 참지 못한다. 나는 내가 디즈니의 CEO가 될 자격이 충분하다고 확신하지도 않았고, 그 자리가 당연히 나의 것이라고 생각한 적도 없었다. 다만 내가 그것을 추구할 자격이 있다고 믿었을 뿐이다. 그것을 입증하는 일에는 공개적으로 표현되는 무수한 의구심 앞에서 평정을 잃지 않는 것도 포함되었다. "갈수록 불투명해지는 아이즈너의 후계자." 〈올랜도 센티널〉에 실린 기사의 제목은 아직도 내 기억에 남아 있다. 여타의 많은 언론들도 그와 비슷한 정서를 피력했다. 한동안은 디즈니 이사회가 나를 CEO로 선정한다면 그것은 곧 직무유기라는 내용의 기사가 매일 같이 쏟아져 나오는 것 같았다. "(밥은) 신사적이고 성실한 경영인이지만 대다수의 디즈니 이사회 임원들은 여전히 (그가) 마이클의 뒤를 이어도 괜찮을지 의구심을 품고 있다."는 스탠리 골드의 말을 인용한 기사도 있었다. 좋지 않은 결과를 암시하는 어조였다.

나를 반대하는 이사회 임원 중 하나였던 게리 윌슨Gary Wilson은 회의 도중에 나에게 시비를 걸고 모멸감을 줌으로써 나름의 아젠다를 펼칠 수 있을 것으로 생각한 듯했다. 나는 침착함을 잃지 않으려고 '게리 윌슨은 내가 해결해야 할 문제가 아니다'라는 주문을 끊임없이 되뇌어야만 했다. 이사회는 내가 구상하고 있는 회사의 미래상뿐만 아니라 나의 성격적 기질 또한 검증해야 할 대상으로 삼고 있었다. 나에 대해 거의 알지 못하는 사람들이 표현하는 부정적 평가에 감정적으로 휘둘려서는 안 되는 상황이었다.

불안발작, 폭발해버린 마지막 인터뷰

이사회 임원들이 모두 한자리에 모였던 첫 번째 인터뷰를 시작으로 각각의 임원들과 일대일로 이루어진 개별면접, 어느 임원의 요청에 따른 추가면접 그리고 게리 로치Gerry Roche라는 헤드헌터와의 면접까지, 검증과정이 끝날 때까지 내가 치러야 했던 인터뷰는 총 15회였다. 유명 헤드헌팅 기업인 하이드릭앤드스트러글스Heidrick and Struggles의 경영자인 게리 로치와의 인터뷰는 그때까지 내가 경력을 쌓으면서 겪은 가장 모욕적인 경험이었다.

이사회가 외부의 후보자를 추천받기 위해, 그리고 그들과 나를 비교할 수 있는 '기준점'을 설정하기 위해 게리를 고용한 것이었다. 나는 이미 이사회의 모든 질문에 답을 주었다고 생각했기 때문에 헤드헌터와의 인터뷰에 응해야 한다는 사실을 알았을 때 조지 미첼에게 불쾌한 감정을 토로하지 않을 수 없었다. "그냥 하라는 대로 해요." 조지가 말했다. "이사회는 철저히 검증하기를 원하는 것일 뿐이에요."

나는 점심시간으로 예정된 인터뷰를 위해 게리의 사무실이 있는 뉴욕으로 날아갔다. 인터뷰는 회의실에서 진행되었는데 테이블 위에 물 한 잔이 놓여 있을 뿐이었다. 게리는 제임스 스튜어트James Stewart의 《디즈니워DisneyWar》 한 권을 손에 들고 있었다. 당시 출간된 지 얼마 안 된 그 책은 마이클이 CEO로, 그리고 내가 COO로 재임하던 시기의 디즈니를 다루고 있었다(책에는 몇몇 사건들이 부정확하게 묘사되어 있었다). 그 책의 여기저기에 그가 나에게 질문하고 싶은 부분을 표시한 포스트잇이 붙어 있었다. 그는 책장을 넘기며 나에게 일련의 질문을 던졌다. 대부분 나와 거의 관련이 없거나 전혀 무관한 내용이었다.

30분쯤 지났을 때 게리의 비서가 갈색 봉투 하나에 담긴 음식을 들고 회의실로 들어왔다. 게리가 먹을 점심이었다. 그리고 비서는 그에게 플로리다의 결혼식에 타고 갈 전용기가 대기 중이며 지금 가지 않으면 시간을 맞출 수 없다고 말했다. 게리는 자리에서 일어났고 인터뷰는 그것으로 끝나버렸다. 나는 점심식사를 걸렀을 뿐만 아니라 시간만 낭비했다는 생각과 상대방에 대한 일말의 배려도 없는 상황에 몹시 화가 난 채 회의실을 빠져나왔다.

누적된 스트레스와 불만이 실제로 내 건강에 영향을 미친 적이 딱 한 차례 있었다. 때는 2005년 1월, 후계자 검증과정이 수개월째로 접어들고 있던 시점이었다. 나는 6살 난 아들 맥스와 함께 LA 클리퍼스LA Clippers의 경기를 관람하기 위해 스테이플스 센터Staples Center로 갔다. 경기 도중에 갑자기 식은땀이 나며 가슴이 조여 오기 시작했다. 숨을 쉬기도 힘겨웠다. 부모님 두 분 모두 50세에 심장마비를 겪었던 가족력이 있었다. 당시 내 나이는 54세였고, 심장마비 증상이 어떠한지 누구보다 잘 알고 있었다. 사실 나 또한 그런 일을 겪을 수 있다는 두려움을 항상 느끼며 살아왔다. '올 것이 왔구나' 하는 생각이 드는 한편 결코 있을 수 없는 일이라는 생각 또한 떨칠 수 없었다. 건강한 식단을 유지하고 하루도 빠지지 않고 운동을 하며 정기 건강검진도 빠짐없이 받지 않았던가. 그런 나에게 심장마비라니, 어떻게 그런 일이 있을 수 있단 말인가? 경기장에 있는 응급구조사를 부를까 고민했지만 어린 맥스를 놀라게 할 것 같아 걱정스러웠다.

나는 응급구조사를 부르는 대신 맥스에게 배가 아프다고 둘러대며 집으로 돌아왔다. 그날 오후 LA는 폭풍우가 몰아치고 있었기 때문에 운

전석에서 간신히 도로를 내다볼 수 있었다. 마치 가슴 속에서 누군가가 내 심장을 움켜잡고 쥐어짜는 것 같은 고통이 밀려왔다. 그런 상태로 운전석에 앉았다는 것, 게다가 뒷좌석에 어린 아들까지 태우고 운전을 한다는 것이 어리석은 행동임을 모르지는 않았다. 돌이킬 수 없는 실수를 저지른 게 아닌가 하는 두려움이 밀려왔다. 하지만 그 순간에는 집으로 가야 한다는 생각 외에 다른 무엇을 고려할 여유가 없었다.

마침내 집 앞에 차를 세우고 맥스가 차에서 내리자마자 나는 주치의이자 내과의인 데니스 에반젤라토스Dennis Evangelatos에게 연락을 취했다. 나를 데니스의 집까지 태워다 줄 친구에게도 전화했다. 데니스는 나와 잘 아는 사이였고 당시 내가 겪고 있던 극심한 스트레스 상황도 알고 있던 터였다. 몇 가지 바이탈 사인을 확인한 후 그는 내 눈을 똑바로 쳐다보며 이렇게 말했다.

"전형적인 불안발작 증세입니다. 휴식을 취해야만 해요."

안도감과 걱정이 동시에 밀려왔다. 나는 내가 극도의 긴장감을 느끼는 상황에서도 집중력과 평정심을 유지할 수 있는, 이를테면 스트레스에 영향을 받지 않는 사람이라고 생각해왔었다. 하지만 CEO 검증 과정은 내가 생각했던 수준보다 더 큰 스트레스를 주었고, 내 가족과 친구들에게까지 심각한 악영향을 끼치고 있었던 것이다.

집으로 돌아온 나는 내 주변에서 일어나고 있던 일들에 대해 한 걸음 물러서서 조용히 생각해보는 시간을 가졌다. 내 이름 앞에 붙을 엄청난 직함은 막중한 임무를 수행해야 하는 자리다. 그러나 그것이 곧 내 삶은 아니었다. 아내 윌로와 어린 아들 그리고 뉴욕에 있는 두 딸,

부모님과 여동생, 친구들과 함께하는 것이야말로 진정한 내 삶이었다. 나를 짓누르는 모든 압박감은 결국 내 일에 관련된 것에 불과했다. 그렇게 균형을 유지해야 한다고 다짐했다.

이사회 전체가 다시 한자리에 모였던 마지막 인터뷰는 내가 그들 앞에서 평정심을 잃은 유일한 순간이었다. 수개월 동안 무수한 인터뷰와 프레젠테이션을 거쳤음에도 그들은 한 차례 더 나를 그 자리에 불러다 앉혔다. 파사데나의 한 호텔 컨퍼런스룸에서 이루어진 일요일 저녁의 인터뷰였다. 그들이 그날 오후에 임원 중 한 명의 집에서 이베이의 CEO인 메그 휘트먼Meg Whitman과 인터뷰를 했다는 것은 내가 그 자리에 도착해서 알게 된 사실이었다. 메그 휘트먼이 마지막 남은 내 경쟁자였다(나머지 4명은 중도에 포기하거나 탈락했다).

그즈음에 나는 이사회가 수개월 동안 끌어온 소위 검증과정이라는 것에 진절머리가 나 있었다. 그들이 아직도 모르는 뭔가가 남아 있다는 것도 믿기지 않았을 뿐더러 대답해야 하는 질문이 여전히 남아 있다는 것 또한 납득하기 어려웠다. 그때까지 수차례에 걸쳐 철두철미하게 질의응답을 주고받지 않았던가. 이제 그만 끝내고 싶은 마음이 간절했다. 미래가 불확실한 상황에 6개월 넘도록 무방비로 노출되어 있었던 회사를 위해서라도 이제 그만 결단을 내려야 했다(마이클의 향후 행보를 둘러싸고 어수선했던 몇 달을 합치면 회사가 위기에 직면해 있던 기간은 그보다 훨씬 길었다). 이사회 임원 중 일부는 그런 측면을 이해하지 못했고 나의 인내심은 한계에 도달하고 말았던 것이다.

마지막 인터뷰가 끝나갈 무렵, 검증과정 내내 나를 자극하며 마이클을 폄하하도록 유도했던 게리 윌슨이 한 번 더 물었다. 이전과 다르지 않은 질문이었다.

"우리가 당신은 다를 것이라고 믿어야 할 이유에 대해 말해보세요. 마이클이 잘못한 것은 무엇이라고 생각합니까? 당신이라면 어떻게 다르게 처리했을까요?"

그 순간 나는 더 이상 참지 못하고 나머지 임원들이 보는 앞에서 이렇게 응수했다.

"이미 3번씩이나 똑같은 질문을 하신 바 있습니다." 언성을 높이지 않으려고 안간힘을 써야만 했다. "매우 모욕적으로 느껴집니다. 이 자리에서 다시 같은 대답은 하지 않겠습니다."

찬물을 끼얹은 것처럼 회의실 안이 일제히 조용해졌다. 그렇게 인터뷰는 갑작스럽게 종료되었다. 나는 자리에서 일어나 임원 중 누구에게도 눈길을 주지 않고 그대로 회의실을 나왔다. 그들과 악수를 나누지도 않았고, 시간을 내주어 감사하다는 인사도 하지 않았다. 이사회가 어떤 질문을 던지든 존중하는 마음으로 인내하자고 나 스스로에게 부과한 검증에서 보기 좋게 실패하고 만 것이다.

그날 밤, 조지 미첼과 또 다른 이사회 임원인 아일윈 루이스Aylwin Lewis로부터 각각 전화가 걸려왔다. "회복할 수 없는 실수를 저질렀다고 할 수는 없겠지만, 그다지 훌륭한 처신도 아니었소." 조지가 했던 말이다. 아일윈은 그보다 가혹한 말을 남겼다. "그들에게 당신이 진땀을 빼고 있는 모습을 보여줄 시점이 아니었어요, 밥."

그날 내 반응이 만족스럽지는 않았지만 나 역시 인간이었다. 어쩔 수 없는 일이었다. 다시 주워 담을 수도 없는 노릇이었고, 그 순간에 표출한 나의 분노는 정당한 것 같았다. 조지와의 전화통화를 끝내며 나는 이렇게 말했다. "제발 이제 의사결정을 내리세요. 이제 그럴 때도 되었습니다. 이것 때문에 회사 전체가 힘겨운 상태입니다."

최종결정

돌이켜 생각해보면 그것은 나에게 끈기와 인내심의 중요성 그리고 스스로 통제할 수 없는 것에 대한 분노와 불안을 피해야 할 필요성을 동시에 일깨운, 실로 힘겹게 얻은 교훈이었다. 자존심을 지키되 거기에 과도하게 정신적 에너지를 낭비하지 말아야 한다(종종 그런 일이 벌어진다). 이 점은 아무리 강조해도 지나치지 않다. 모든 사람이 나를 훌륭하다고 평가할 때 긍정적인 생각을 갖는 것은 어렵지 않다. 하지만 자신의 정체성이 침범당할 때, 그것도 그렇게 공개적인 방식으로 도전을 받을 때, 긍정적인 생각을 갖기란 결코 쉽지 않다. 하지만 그럴 때일수록 필요한 것이기도 하다.

디즈니의 경영권 승계과정은 내 경력에서 처음 겪어보는 일이었던 터라 그 정도의 불안감과 정면으로 맞서야 했다. 나에 관한 수근거림을 완전히 걸러내는 일은 물론이고 내가 그 자리에 얼마나 부적합한지에 대해 매우 공개적으로 이루어지는 대화들로부터 상처받지 않는 일도 불가능했다. 그러나 강한 자제력과 가족의 사랑에 힘입어 나는 그것을 있는 그대로 인식하고(나라는 사람의 본질과는 무관한 것이었으므로) 적절히 묻어두어야 한다는 것을 배웠다. 어떤 행동을 하고 어떻게 스스로를 위로하는가 하는 부분은 내가 통제할 수 있었다. 그 외의 다른 모든 것들은 내가 통제할 수 있는 범위에서 벗어난 것들이었다. 모든 순간 그런 시각을 견지할 수는 없었지만, 할 수 있는 최대한 그렇게 하고자 노력했고, 나는 지나친 불안감에 휩싸이지 않을 수 있었다.

2005년 3월의 어느 토요일이었다. 최종결정을 내리기 위해 이사회가 소집되었다. 이사회를 구성하는 임원 대다수가 참석했고, 마이클과 조지 미첼은 함께 뉴욕의 ABC 본사 회의실에 자리를 잡았다.

그날 아침 눈을 뜨며 나는 '아직 결정을 내리지 못한' 이사회 임원들을 충분히 설득했고 그들이 내 손을 들어줄 수도 있다는 생각을 했다. 그러나 검증과정을 둘러싼 그 모든 일들을 상기하며 그들이 결국 다른 선택을 할 수 있다는 생각도 했다. 회의적 견해를 가지고 있던 몇몇 임원들이 이전과는 다른 변화의 필요성을 강력하게 주장했던 터라 결국 외부인사를 새로운 CEO로 선임할 수도 있었다.

나는 하루 종일 두 아들과 시간을 보내며 그에 대한 생각은 더 이상 하지 않으려 애썼다. 맥스와 공 던지기 놀이를 하고 점심을 함께 먹고 아이가 즐겨 찾던 동네 공원에서 1시간 정도를 보냈다. 아내 윌로에게는 만약 나쁜 소식을 듣게 된다면 나는 지체 없이 차를 몰고 국토횡단 여행에 나설 것이라고 미리 말해둔 터였다. 자동차 국토횡단은 너무도 하고 싶지만 그때까지 실천에 옮기지 못했던 내 오랜 꿈이기도 했다. 나에게 있어 홀로 미국의 국토를 가로지르는 여행은 천국에서나 일어날 법한 일이었다.

　최종결정을 위한 회의가 끝나자마자 조지 미첼과 마이클이 집에 있던 나에게 전화를 걸었다. 내가 통화를 할 때 윌로도 내 옆에 있었다. 두 사람은 CEO 자리는 내 것이며 다음 날 공식적으로 발표될 것이라고 말했다. 마이클에게 직접 전화를 해줘서 감사하다고 내가 말했다. 그에게는 고통스러운 일이었음을 너무나 잘 알았기 때문이다. 자신의 모든 것을 쏟아부었던 데다가 선뜻 그 자리를 내어줄 준비가 되어 있던 것도 아니었으니 말이다. 그러나 누군가가 그를 대체해야만 하는 상황에서 그 사람이 바로 나로 결정되었다는 사실에 그가 만족했을 것이라 믿는다.

　조지에게도 검증과정 내내 나를 대한 그의 방식에 감사한다고 말했다. 조지가 아니었다면 이사회의 나머지 임원들로부터 공정한 대우를 받을 수 없었을 것이다. 그리고 무엇보다 아내 윌로에게 감사했다. 아내의 믿음과 지혜 그리고 지원이 없었다면 나는 그 과정을 견뎌내지 못했을 것이다. 그녀는 나에게 든든한 버팀목이 되어주었을 뿐만 아니라 그것이 내 인생, 그리고 우리 가족의 삶에 있어 가장 중요한 일이 아니라는 점을 몇 번이고 되풀이해 상기시켜주었다. 아내의 말이 틀리지 않다는 것은 알았지만 그것을 가슴에 새기는 데는 노력이 필요했고 아내는 그런 노력 또한 기꺼이 도와주었다.

　전화통화를 끝낸 후, 윌로와 나는 한동안 아무 말 없이 앉아 그 모든 것을 음미하고자 애썼다. 당장이라도 전화통화를 하고 싶은 사람들의 목록이 머릿속에 떠올랐지만 나는 수화기를 집어 들고 싶은 마음을 꾹 눌러 참으며 그대로 가만히 앉아 숨을 고른 후 한껏 들뜬 기분과 안도감을 동시에 향유했다.

먼저 롱아일랜드에 계신 부모님께 전화를 걸었다. 아들이 월트 디즈니가 창업한 회사를 경영하게 되었다는 사실에 반신반의하시면서도 자랑스러워하셨다. 그다음엔 뉴욕에 있는 두 딸과 예전 캐피털시티즈 시절의 보스들인 댄 버크, 톰 머피와도 통화했다. 다음으로 내가 전화를 건 사람은 스티브 잡스였다. 그에게 전화하는 것은 조금 황당한 측면도 있었지만 언젠가 픽사와의 관계를 회복할 기회가 있을지도 모르는 일이었기에 내가 먼저 그에게 손을 내미는 것이 중요하다는 생각에서 그렇게 했다.

당시에 나는 스티브를 잘 알지 못했다. 다만, 다음 날이면 내가 디즈니의 차기 CEO로 선임된 것이 공식적으로 발표될 것이란 사실을 그에게 알리고 싶었다. 그는 기본적으로 이런 반응이었다.

"아, 그렇군요. 참으로 잘된 일이네요."

나는 직접 만나고 싶다고 말했고, 우리가 함께 일할 수 있으며 이전과는 상황이 다를 수도 있음을 납득시키고자 했다. 스티브는 그 전형적인 어투로 이렇게 나왔다.

"마이클과 함께 일한 지 얼마나 되었죠?"

"10년입니다."

"흠, 어떤 상황이 얼마나 달라질 수 있을지 모르겠지만, 어쨌든 좋습니다. 조용해지면 연락주세요."

Part 2
이끌다

LEADING

8.
존중의 힘

THE POWER OF RESPECT

마이클의 퇴임과 나의 취임
사이에 대략 6개월 정도의 대기기간이 생겼다. 내가 신경 써야 할 일상적인 경영 업무가 산적해 있었지만, 나는 잠시 휴식을 취하며 길고 길었던 승계과정 이후의 내 생각을 정리하는 시간을 가질 수 있으리라고 기대했다. 나의 '처음 100일'은 마이클이 집무실 문을 나서는 순간부터 시작될 것이니 그때까지는 내가 크게 주목받을 일도 없을 테고, 따라서 차분히 기다리며 나의 계획을 체계적으로 정리할 수 있을 것 같았다.

내 짐작은 그보다 더 빗나갈 수 없을 정도로 틀어졌다. 공식발표가 나간 직후부터 나에게 (언론과 투자자들, 업계 관계자들 그리고 디즈니의 임직원들까지) 모두 하나같이 똑같은 질문을 던지기 시작했다. 디즈니를 원래 모습으로 돌려놓을 전략은 무엇이며 얼마나 빨리 그것을 실행에 옮길 수 있는가? 디즈니가 보유한 역사가 한몫을 한 면도 없지 않았겠지만, 마이클이 불러온 극적인 변화 때문에 디즈니는 언제나 세계에서 가장 언론의 주목을 많이 받는 기업 중 하나였다.

지난 몇 년간 우리가 감당했던 그 과도한 대중적 관심은 새로운 CEO가 도대체 누구인지, 그가 무엇을 할 것인지를 둘러싼 호기심의 증폭으로 이어졌다. 여전히 나를 임시 CEO로 보는 회의적인 시각도 적지 않았다. 이사회에서 외부의 스타를 찾아내 영입할 때까지 당분간 그 자리를 메우는 일종의 미봉책으로 간주하는 것이었다. 호기심은 극에 달했고 기대치는 낮았다. 공식적으로 취임하기 전에 내가 회사의 나아갈 방향을 규정하고 몇몇 핵심사안을 처리할 필요가 있다는 점을 깨닫는 데는 그리 긴 시간이 필요하지도 않았다.

취임 대기기간 첫째 주에 나는 측근들을 불러 모았다. 당시 CFO였던 톰 스택스와 법률자문위원 앨런 브레이버맨, 홍보 책임자 제니아 무차를 사무실로 불러 향후 6개월 이내에 완수해야 할 가장 중요한 업무의 목록을 작성했다.

"첫째, 로이와 감정을 풀고 화해하는 일이 시급해요."

내가 말했다. 로이 디즈니는 마이클이 자리에서 물러났다는 사실로 어느 정도는 자신의 정당성을 입증받았다고 생각했지만, 이사회가 좀 더 빨리 행동을 취하지 않았다는 점에 대해서는 여전히 분노하고 있었다. 그리고 나에게 CEO 자리를 허락한 이사회의 결정에 대해 비판적이었으며, 특히 내가 공개적으로 마이클을 옹호하는 발언을 한 이후로는 더욱 그랬다. 나는 로이가 더 이상의 무언가를 할 수 있을 것으로 생각하지도 않았고 내가 취임을 앞둔 그 시점에 나에게 해를 입힐 수도 없을 것으로 생각했지만, 창업자 가족과의 계속되는 불화는 회사 이미지에 득 될 것이 없다는 확신도 있었다.

"둘째, 픽사, 스티브 잡스와의 관계회복에 노력해야 해요."

픽사와의 협력관계가 종료된 것은 재정적인 측면에서나 홍보적인 관점에서나 디즈니에 엄청나게 부정적인 타격이었다. 당시 스티브는 기술 분야뿐 아니라 재계와 문화계를 막론하고 세계에서 가장 존경받는 인물 중 한 사람이었는데, 그가 디즈니와의 협력을 거부하고 공개적으로 혹평을 쏟아내고 있었기에 조금이라도 협력관계를 회복한다면 취임 초기의 상당한 성과로 보일 터였다.

게다가 이제 픽사가 애니메이션 업계를 주도하고 있었기에 어떤 식으로든 협력관계만 복원된다면 디즈니의 사업에도 이로울 것이 틀림없었다. 아직 디즈니의 애니메이션 부문이 얼마나 형편없는 수준으로 전락했는지 완전히 파악하고 있지 않은 나조차도 어렵지 않게 추정할 수 있는 부분이었다. 스티브처럼 완고한 사람의 태도가 바뀔 확률은 매우 낮다는 것 또한 모르지 않았다. 하지만 시도는 해봐야 했다.

마지막으로 세 번째는, 디즈니의 의사결정 방식을 뜯어고치는 작업에 착수하는 것이었다. 그것은 곧 전략기획실의 구조조정을 의미했다. 부서의 규모와 영향력, 주요 업무까지 전반적으로 바꿀 필요가 있었다. 첫째와 둘째 우선사항이 '대중의 눈에 디즈니가 어떻게 비치는가'에 관한 문제였다면 마지막은 조직 내의 인식을 완전히 바꾸는 문제였다. 시간이 필요한 일이었고, 전략기획실에서 적지 않은 저항과 분노가 나올 것도 분명했다.

그러나 조직을 재편해 전략적 책임을 각 비즈니스 부문으로 옮겨 놓는 일을 시작해야만 했다. 그것도 가급적 빨리 말이다. 사업부문 전반에 걸친 전략기획실의 장악력을 감소시키면 느리게나마 조직 전체의 사기가 진작될 것이었다. 그것이 나의 바람이었다.

다만 존중받길 원하는 한 사람

첫 번째는 로이 디즈니와의 화해였다. 하지만 그에게 접근을 시도하기도 전에 그 가능성이 산산이 부서져버렸다. 나의 승진이 공식적으로 발표되고 며칠도 지나지 않아 로이와 스탠리 골드가 이사회를 상대로 소송을 제기한 것이다. 그들이 내세운 명분은 '승계과정의 부정'이었다. 터무니없는 혐의였다(처음부터 나를 그 자리에 앉히기로 결정해놓고 일종의 쇼를 했다는 주장이었으니 말이다). 하지만 그런 소송으로 분열과 혼란이 초래될 것 또한 분명한 사실이었다. 나는 취임하기도 전에 이미 첫 번째 위기에 직면한 셈이었다. CEO 선정 과정의 적법성을 두고 벌어지는 추잡스럽고 공개적인 소송전 말이다.

나는 변호사를 통하지 않고 직접 스탠리와 전화통화를 해 그가 기꺼이 마주 앉아 대화를 나눌 의사가 있는지 알아보기로 했다. 그와 로이가 은퇴한 2003년 가을까지 스탠리와 나는 함께 이사회 임원으로 재직한 바 있었다. 그 기간 동안 스탠리가 나를 존중하지 않았음은 명백했지만 최소한 내 말을 들어줄 용의는 있을 것으로 판단했다. 로이와 달리 그는 현실적인 성격의 소유자였기 때문에 대화를 통해 디즈니와의 기나긴 법적 분쟁은 누구에게도 도움이 되지 않는다는 점을 납득시킬 수 있을지도 모를 일이었다. 그는 대화를 나누는 데 동의했고, 우리는 디즈니 부지에서 그리 멀지 않으면서 그가 회원으로 있는 한 컨트리클럽에서 만났다.

빈번한 인터뷰와 외부 헤드헌팅 회사, 이사회가 검토한 무수한 후보자들, 6개월 동안 끊임없이 이어진 언론의 집중조명 등으로 얼마 전까지 내가 얼마나 힘겨운 시간을 견뎌내었는지 스탠리에게 설명하는 것으로 대화를 시작했다. "철두철미한 검증과정이었습니다." 내가 말했다. "이사회는 엄청난 시간을 쏟아부은 후에 최종적으로 의사결정을 내린 겁니다." 나는 스탠리가 자신이 제기한 소송은 백해무익하며 승소할 확률 또한 거의 없다는 사실을 직시해주길 바랐다.

그는 마이클에 대한 자신과 로이의 비판적 견해와 지난 수년간의 경영방식에 대한 장황한 설명을 반복하며 지나간 일들을 곱씹었다. 나는 반박하기보다는 잠자코 그의 말을 들어주었다. 그리고 그 모든 일은 이미 과거가 되었으며 이사회의 검증과정은 정당하고 합법적이었다는 점을 재차 강조했다. 대화가 계속 진행되자 시비 걸며 따지던 스탠리의 태도에 변화가 생기기 시작했다.

그는 이 적대감의 상당 부분은 로이가 감정적으로 상처를 입은 데 기인한다고 했다. 비록 그가 항의 차원에서 선제적으로 사임하기는 했지만, 마이클이 이사회 임원의 정년을 들먹여 그를 밀어내려 한 것은 매우 무례한 처사였다는 얘기였다. 스탠리의 표현을 빌리자면, 로이는 회사를 자신의 집과 다름없다고 여겼는데, 마이클이 그 관계를 단절시켜버린 것이었다. 로이는 애초에 자신이 마이클의 해임을 주장하며 캠페인까지 벌일 때 귀를 기울이지 않았던 이사회를 비난했다. 결국엔 이사회가 마이클을 물러나게 하긴 했지만, 자신이 그 과정에서 불공정한 대가를 치렀다고 생각하고 있었다.

대화를 끝내며 스탠리는 이렇게 말했다. "어떤 식으로든 로이를 다시 불러들이는 방법을 제시한다면 소송을 취하하겠소." 그가 그렇게 직설적으로 표현하리라고는 예상치 못했다. 나는 그 자리에서 벗어나자마자 조지 미첼에게 전화를 걸었다. 조지 또한 이 상황이 해결되기를 누구보다 바라던 터라 어떻게든 방법을 찾아보라고 나에게 간청하다시피 했다. 나는 스탠리에게 다시 연락을 취했고 로이와 직접 대화를 나누길 바란다는 의사를 전달했다. 그다지 희망적이지는 않았지만, 상황을 해결하기 위해서는 정면돌파만이 유일한 방책이었다.

얼마 후 스탠리와 만났던 컨트리클럽에서 로이를 만났다. 특별히 유쾌하지는 않았지만 매우 솔직한 대화가 오갔다. 나는 그가 나를 인정하지 않는다는 사실은 알았지만 CEO로 선임된 사람이 나이고, 그 과정 또한 부정한 수법으로 조작되지 않은 것이 엄연한 현실이니 이제 그만 수용해달라고 요구했다. "로이, 만약 내가 실패한다면 내 목을 내놓으라고 요구할 사람들이 두 분 말고도 끝이 안 보일 정도로 줄 설 겁니다." 내가 그에게 말했다.

그는 디즈니가 올바른 방향으로 나아가고 있지 않다고 판단되는 경우 언제든 기꺼이 전쟁을 벌일 것임을 분명히 밝혔다. 그러나 한편으로는 이전에 볼 수 없었던 연약한 면을 드러내기도 했다. 회사로부터 외면당하는 것이 그에게는 고통스러운 일이었을 것이고, 계속되는 싸움으로 인해 매우 지쳐 보였다. 이사회를 떠난 후 불과 2년 만에 눈에

띠게 늙어버린 것 같았다. 이토록 자신감 없고 노쇠해진 로이의 모습은 과거에는 결코 본 적이 없었다.

어쩌면 그 모든 것이 더욱 큰 심리적 갈등의 일부가 아니었을까 싶은 생각도 들었다. 사실 로이와 척지고 있던 사람이 비단 마이클만은 아니었다. 스탠리를 제외하면 디즈니 내에서 (그가 원하는 만큼) 그를 존중하는 사람은 그리 많지 않았다. 이미 오래전 세상을 떠난 그의 삼촌 월트 또한 마찬가지였다. 나는 로이와 직접적인 연관을 맺은 적은 없었지만, 그날 로이의 모습에서 일종의 연약함을 감지할 수 있었다. 그런 사람의 자존심을 상하게 하거나 모욕감을 안겨주어서 득이 될 일은 없었다. 그는 다만 존중받길 원하는 한 사람에 불과했고, 지금까지 그에게 타인의 존중은 쉽게 얻을 수 없었던 것일 뿐이었다. 어쩌면 지극히 개인적인 문제, 즉 자존심과 자존감에 관한 문제 같았다. 그의 전투는 수십 년째 이어져 오고 있었다.

그런 관점에서 로이를 만나본 이후로, 나는 그의 노여움을 진정시키고 이 싸움을 끝낼 방법이 있을지도 모른다는 생각이 들기 시작했다. 그러나 그 해법이 무엇이든 간에 로이가 나와 회사에 지나치게 가까워지는 방식이 되어서는 안 될 터였다. 그가 필연적으로 내부 반란을 도모할 것이 우려되었기 때문이다. 또한 마이클에 대한 무례로 보이거나 그에 대한 로이의 비판을 입증하는 것으로 비칠 수 있는 그 어떤 것에도 동의할 수 없었기에, 미묘한 균형을 잡을 필요가 있었다. 나는 마이클에게 전화를 걸어 곤경에 처한 나의 상황을 설명하고 조언을 구했다. 그는 내가 먼저 로이와 화해를 시도했다는 사실을 탐탁지 않아 했지만 그와의 관계를 바로잡는 것이 중요하다는 사실 또한 인지하고 있었다. "나는 자네가 옳은 결정을 할 것이라 믿네." 그가 말했다. "하지만 그를 너무 깊숙이 끌어들이지는 말게."

나는 스탠리에게 다시 연락을 취해 다음과 같은 제안을 전달했다. '로이를 명예이사로 위촉하고, 영화 시사회와 놀이공원 개장식 그리고 회사의 특별행사 등에 초청한다(하지만 이사회 회의에 참석하는 것은 허용하지 않는다). 소정의 자문료를 지급하고 사무실도 마련해준다. 따라서 로이는 예전처럼 다시 디즈니에 오가며 자신의 집이라 부를 수 있게 될 것이다. 그 대가로 소송을 취하하는 것은 물론 자신이 승리했노라고 공개적으로 선언하는 일도 없어야 하며, 회사에 대한 공개적인 비판도 중단해야 한다.' 스탠리는 24시간 이내에 합의사항을 서면으로 작성해야 한다고 답했고, 그런 즉각적인 반응에 나는 적잖이 당황하지 않을 수 없었다.

그렇게, 취임 초기를 위협하던 위기가 해결되었다. 로이, 스탠리와의 관계를 회복한 것을 두고 누군가는 일종의 조건부 항복이라고 간주할 수도 있을 것이다. 그러나 나는 남들이 뭐라고 하건 그들과의 관계 회복은 그 가치가 월등히 높다는 진실을 알고 있었다.

이 일을 겪으면서 깨달은 점이 있다. 사람들이 비즈니스 승계과정을 이야기할 때 흔히 간과하는 것이기도 한데, 바로 자존심에 관한 것이다. 최선의 의사결정을 내리는 과정에 자존심이 장해물이 되어서는 안 된다. 로이와 스탠리가 나를 CEO로 선정한 이사회를 상대로 소송을 제기했다는 사실에 솔직히 나는 몹시 기분이 상하고 화가 났다. 그들과 전투를 벌여 코를 납작하게 만들어버릴 수도 있었다. 그러나 결국 그에 따르는 대가는 회사가 치르게 될 것이고, 정작 중요한 문제를 해결해야 하는 시점에 큰 방해가 될 것이 불 보듯 뻔했다.

내 임무는 회사를 새로운 궤도에 올려놓는 일이었고, 그것을 위한 첫 번째 실무는 불필요한 분쟁의 뇌관을 제거하는 것이었다. 결국 가장 쉽고 가장 생산적인 방법은 로이가 필요로 하는 바를 인정하고 궁극적으로 그가 존중받는다고 느끼도록 만드는 것이었다. 로이에게는 그것이 무엇보다 소중했고, 나와 회사는 그것이 가장 비용이 적게 드는 방법이었다.

약간의 배려와 존중은 지속적인 영향력을 발휘하지만 그것의 결핍은 종종 엄청난 비용 부담으로 돌아오게 마련이다. 그로부터 수년간 굵직한 인수합병을 통해 회사를 재정립하고 소생시키는 과정에서 언뜻 진부해 보이는 이 단순한 원칙은 세상에 존재하는 그 어떤 정보분석 못지않게 중요한 요소로 작용했다. 공감과 존중이라는 토대 위에서 접근하고 관계를 형성하고자 한다면 불가능해 보이는 것도 얼마든지 현실로 바꿀 수 있다.

"이것이 애플이 새로 개발한 비디오 아이팟이에요."

로이와 평화협약을 맺은 다음으로 내가 처리해야 했던 과업은 스티브 잡스와의 관계를 회복할 가능성을 찾는 것이었다. 차기 CEO로 선정되었음을 알리기 위해 스티브와 전화통화를 한 지 두 달 만에 나는 다시 그에게 먼저 전화를 걸었다. 나의 궁극적 목표는 픽사와 협력관계를 회복하는 것이었지만 처음에는 그에 관한 얘기조차 꺼낼 수 없었다. 디즈니에 대한 스티브의 반감이 여전히 뿌리 깊었기 때문이다.

스티브와 마이클 사이의 균열은 각기 다른 방향으로 향하는 명운을 가진 두 기업의 수장이자 의지력이 매우 강한 두 인물의 충돌에 기인했다. 마이클은 '기술기업은 콘텐츠를 등한시한다'고 비난해 스티브에게 모욕감을 주었고, 마찬가지로 스티브는 '디즈니의 창의성이 완전히 망가졌다'고 평가해 모욕감을 되갚았다. 평생을 창조경영자로 살아온 마이클이었기에 그러한 평가는 더욱 참을 수 없는 것이었다. 스티브는 상승세에 있던 애니메이션 제작사인 픽사를 운영하는 자신이 더 잘 안다고 확신했다. 디즈니애니메이션이 더욱 가파른 하락세로 접어들자 스티브의 태도는 점점 더 오만해져갔다. 디즈니가 이전보다 더 자신을 필요로 한다고 믿었기 때문이다. 마이클은 그가 우위를 점유한다는 사실을 용납하기 힘들었다.

둘 사이의 반목에 나는 아무런 관련도 없었지만, 그것은 중요하지 않았다. 그토록 떠들썩하게 협력관계를 중단하고 디즈니에 대한 혹평을 쏟아냈던 스티브에게 생각을 바꿔달라고 요청하는 것은 결코 간단히 고려해볼 만한 사안이 아니었다. 쉽게 갈 수 있는 방도가 없는 문제였다.

그러나 나에게는 픽사와 무관한 아이디어가 하나 있었고, 그가 흥미를 느낄 것이라고 생각했다. 나는 스티브에게 내가 평소에 음악을 무척 즐겨듣는 애호가이고, 내가 듣는 모든 음악은 내 손을 떠나지 않는 아이팟에 저장되어 있다고 말했다. 나는 TV의 미래에 대해 고민해왔고, TV 프로그램과 영화를 컴퓨터로 보는 시대가 도래할 것은 오직 시간문제라고 생각했다. 모바일 기술이 얼마나 빨리 진화할 것인지에 대해서는 알 수 없었기 때문에(당시는 아이폰이 등장하기 2년 전이었다) 내가 상상할 수 있었던 것은 TV를 위한 아이튠즈iTunes 플랫폼이었다.

"컴퓨터로 모든 TV 프로그램을 시청할 수 있다고 상상해보세요." 내가 말했다. 지난주에 방영된 '로스트'를 보고 싶을 때 혹은 '왈가닥 루시I love Lucy'의 첫 번째 시즌 중 한 편을 보고 싶을 때 컴퓨터만 있으면 되는 것이었다. '환상특급'의 전편을 언제 어디서든 원하는 때에 다시 볼 수 있다고 상상해보세요!" 분명 그런 시대가 오고 있다고 나는 확신했고 디즈니가 그 새로운 물결의 최전선에 있기를 원했다. 그렇게 만들 수 있는 최선의 방책이 필연적 현실로 다가올 것이라는, 당시 '아이티비iTV'라는 이름을 붙여 설명했던 나의 아이디어에 스티브가 동의하도록 설득하는 것이라 생각했다.

스티브는 한동안 아무런 말도 없다가 마침내 이렇게 말했다.

"이것에 대해 나중에 다시 논의하도록 하죠. 지금 개발 중인 제품이 있는데 당신에게 보여주고 싶습니다."

몇 주 후, 그가 비행기를 타고 버뱅크에 있는 내 사무실로 찾아왔다. 그는 지체 없이 본론으로 들어갔다(아마 스티브에게 '한담을 나눈다'는 것은 창밖을 힐끗 쳐다보며 날씨에 대해 한마디 하는 게 전부일 것이다).

"아직 누구에게도 공개해선 안 됩니다." 그가 말했다. "TV 프로그램에 관해 당신이 설명했던 아이디어는 이제껏 우리가 상상해오던 것과 정확히 일치해요." 그는 주머니에서 천천히 뭔가를 꺼내 보였다. 얼핏 보기에 내가 항상 사용하던 아이팟과 다를 게 없는 듯했다.

"이것이 우리가 새로 개발한 비디오 아이팟이에요." 그가 말했다. 기기의 스크린은 겨우 우표 2장 크기였지만 그는 마치 아이맥스IMAX 상영관의 스크린이라도 되는 양 말하고 있었다. "아이팟으로 음악감상만 하는 게 아니라 동영상도 볼 수 있게 되는 거예요. 만약 우리가 이 제품을 출시한다면 디즈니의 TV 프로그램을 콘텐츠로 제공해줄 수 있나요?"

나는 즉각적으로 승낙했다. 스티브가 세상 사람들에게 보여준 제품시연은 늘 강한 인상을 남겼지만, 그날 비공식으로 나에게 보여준 일대일 시연도 예외가 아니었다. 나는 기기를 내려다보며 그의 열정을 느낄 수 있었고, 그 순간 내 손 안에 미래가 들어온 듯한 심오한 느낌마저 밀려들었다. 디즈니의 방송 프로그램들을 플랫폼에 넣는 일은 다소 복잡할 수도 있었지만, 그 순간 그 결정이 옳다는 것을 나는 본능적으로 직감했다.

스티브는 나의 대담성에 반응을 보였다. 나는 그에게 디즈니와 사업적 협력관계를 진척시킬 수 있는 다른 방법이 있다는 암시를 보내고 싶었다. 그가 가졌던 적지 않은 불만 중 하나는 디즈니와 함께 일을 진행하는 것이 너무나 어렵다는 것이었다. 모든 합의사항은 늘 심사를 거쳐야 했으며 말라죽기 직전까지 분석하는 대상이 되었다. 그가 일하는 방식과는 거리가 너무 멀었던 것이다. 나 또한 그런 방식으로 일하지 않는다는 것, 그런 내가 이제 의사결정의 권한을 쥐었다는 것, 그리고 미래를 위해 두 회사가 힘을 모으길 내가 원하고, 그런 일이 매우 신속하게 이루어지길 바란다는 것을 그가 이해했으면 했다. 리스크를 기꺼이 감수하려는 내 의지와 사업적 직감을 그가 존중한다면, 그렇다면 어쩌면 픽사와 협력관계를 다시 맺을 수도 있는 일말의 여지가 생길 것 같았다.

그래서 나는 그에게 다시 말했다. 디즈니도 그 계획에 참여하겠다고 말이다.

"좋아요." 그가 말했다. "더 논의할 사항이 있을 때 다시 연락드리지요."

같은 해 10월, 그러니까 내 사무실에서 첫 번째 대화를 나누고 5개월 후(그리고 내가 공식적으로 CEO 자리에 오른 지 2주 후) 스티브와 나는 애플의 신제품을 소개하는 무대 위에 나란히 섰다. 우리는 (당시 높은 시청률을 기록 중이던 '위기의 주부들'과 '로스트', '그레이 아나토미' 등 3개 시리즈를 포함해) 5편의 디즈니 프로그램을 아이튠즈를 통해 다운로드할 수 있으며, 동영상 재생 기능이 탑재된 새로운 아이팟으로 시청할 수 있게 되었다고 공식발표했다.

협력사업이 성사되기까지 나는 ABC의 경영을 맡고 있던 앤 스위니Anne Sweeney의 도움을 받아 직접 나서서 중개인 역할을 수행했다. 우리가 보여준 업무진행의 편의성과 속도는 애플과 애플의 제품에 대한 존중을 표현했다는 사실과 결합되어 스티브의 마음을 흔들었다. 그는 나에게 엔터테인먼트 업계에서 자사의 비즈니스 모델을 파괴할 수도 있는 무언가를 그렇게 기꺼이 시도하고자 했던 사람은 여태껏 한 번도 본 적이 없다고 말했다.

그날 애플과의 협력사업을 공식발표하기 위해 무대로 올라간 나를 쳐다보던 청중들은 처음엔 혼란스러워했다. '디즈니의 신임 CEO가 왜 스티브 잡스와 함께 저기에 서 있는 걸까? 그럴 만한 이유는 한 가지밖에 없는데….' 대본 없이 무대 위에 오른 나는 첫 마디를 이렇게 열었다.

"지금 여러분들이 무슨 생각을 하고 계신지 잘 알고 있습니다. 하지만 저는 그런 이유로 이 자리에 선 것이 아닙니다!"

청중석에서 웃음과 낮은 탄성이 터져 나왔다. 그날의 공식발표를 나만큼 간절히 소망했던 사람은 아무도 없었을 것이다.

사내 경찰이 되어버린 전략기획실

2005년 3월, 내가 CEO로 취임하고 며칠이 지난 어느 날, 일정표를 살펴보다 한 회의가 잡혀 있음을 알게 되었다. 홍콩에서 곧 개장할 테마파크의 입장권 가격결정이 안건이었고, 회의를 요청한 사람은 전략기획실의 책임자였던 피터 머피였다. 나는 테마파크 및 리조트 운영 책임자에게 전화를 걸어 회의를 요청한 사람이 누구인지 직접 확인했다.

"피터입니다." 그가 말했다.

"피터가 홍콩 공원의 입장권 가격결정을 위해 회의를 소집했다는 말인가요?"

"네."

나는 피터에게 전화를 걸어 이유를 물었다.

"그들이 제대로 하는지 확인할 필요가 있으니까요." 그가 말했다.

"입장권 가격도 결정하지 못한다면 그 자리에 앉아 있으면 안 되는 사람들 아닌가요?" 내가 말했다. "회사가 그들을 적임자라고 믿고 맡겼다면 가격을 결정할 권한은 마땅히 그들이 가져야 한다고 생각하는데요."

나는 예정된 회의를 취소했다. 엄청나게 극적인 장면이 연출된 것은 아니었지만, 그때가 바로 우리가 알던 그 전략기획실의 종말이 시작된 순간이었다. 피터는 일류정신으로 무장돼 있었으며 직업윤리에서는 타의 추종을 불허하는 사람이었다. 앞서 언급한 것처럼 회사가 성장해 감에 따라 마이클은 거의 전적으로 그에게 의존하게 되었다. 피터는 급격히 증대되던 자신의 권한을 굳히고 보호하는 데 공을 들였다. 그러다 보니 자신이 가진 기술과 재능으로 사내의 연륜 있는 리더들을 업신여기는 일이 종종 발생했고, 그 결과 많은 사람들이 그에게 두려움과 반감을 갖게 된 것이었다.

내가 아는 한 처음부터 그랬던 것은 결코 아니었다. 마이클과 프랭크 웰스는 회사를 경영하기 시작했던 1980년대 중반에 전략기획실을 만들었고, 그 목적은 신규 사업의 기회를 파악하고 분석하는 지원업무를 맡기기 위해서였다. 1994년 프랭크의 사망과 1995년의 캡시티즈/ABC의 합병 이후 마이클은 새롭게 확장된 회사를 경영하는 데 도움이 절실해졌다. 명백한 2인자가 없는 상태에서 그는 디즈니의 다양한 사업부문을 이끌고 결정을 내리기 위해 전략기획실에 과도하게 의존할 수밖에 없었다.

나는 전략기획실이 기여한 가치도 분명 인정했다. 하지만 해가 갈수록 부서의 규모가 너무 확장되었고 권한 또한 너무 강력해진 것이 문제였다. 그들이 더 큰 영향력을 휘두르면서 개별 사업부문을 맡은 임직원의 권한은 점점 줄어들 수밖에 없었다. 마이클이 나를 COO로 임명했을 무렵 전략기획실에 소속된 직원 수는 무려 65명이었고, 회사 전반에 걸쳐 주요한 의사결정 권한의 거의 전부를 장악하고 있었다.

놀이공원과 리조트, 소비자 제품, 월트디즈니스튜디오 등 각 사업부문의 고위임원들은 자신들이 이끄는 사업부의 전략적 의사결정을 실제로 자신들이 내릴 수 없다는 것을 알고 있었다. 버뱅크에 자리 잡은 단 하나의 부서에 회사의 모든 권한이 집중되어 있었고, 피터와 그의 수하들은 각 사업부문을 도와주기보다는 사내 경찰처럼 군림했다.

많은 면에서 피터는 미래주의자였다. 그가 보기에 각 사업부문 리더들은 기껏해야 현상의 변형 수준의 아이디어밖에 내놓지 못하는 구식 관리자들에 지나지 않았다. 그의 관점이 틀린 것은 아니었다. 당시에는 피터와 그의 팀이 보여준 분석기술이나 공격적인 태도를 가진 임직원이 사내에 그리 많지 않았다. 설령 그런 기술이나 태도를 가졌다 하더라도 타인에 대한 경멸적 태도를 노골적으로 드러내는 것은 결코 바람직하지 않다. 두려움에 굴복하거나 아니면 좌절감에 무너져 현실에 안주해버리는 결과를 낳기 때문이다. 어느 쪽이든 직무에 대한 구성원들의 자부심을 서서히 무너뜨리는 것은 마찬가지다. 시간이 흐르면서 거의 모든 직원들이 피터와 전략기획실에 자신의 책임을 떠넘기게 되었다. 그리고 마이클은 전략기획실의 엄격한 분석결과를 사업적 의사결정에 반영하며 위안을 받았다.

그러나 내 눈에 비친 그들은 지나치게 신중했다. 모든 의사결정에 그들만의 과도한 분석 기준을 들이대고 있었다. 이 유능한 인재 집단이 지나치게 엄격한 기준을 적용하여 모든 사업 거래의 유불리를 걸러내는 동안 (결과적으로 무엇을 얻든) 행동을 취해야 할 적절한 시기를 놓치는 경우가 비일비재했다. 철저한 조사와 신중한 접근방식이 중요하지 않다는 얘기가 아니다. 숙제를 하고 준비를 갖추는 것은 마땅히 해야 할 일이다. 올바른 결정인지 판단하는 데 필요한 모형을 만들어보지도 않고 중요한 인수합병에 대한 의사결정을 내릴 수는 없는 법이다. 그러나 세상에 100% 확실한 것은 없다는 사실 또한 인정해야 한다. 주어지는 데이터의 양과는 무관하게 여전히 그리고 궁극적으로 의사결정은 리스크를 수반할 수밖에 없다. 그 리스크를 감수할 것인가 그렇지 않을 것인가는 결국 당사자의 직감에 의해 결정된다.

피터는 전략기획실이 회사의 무수한 의사결정에 관여하는 시스템에 아무런 문제가 없다고 생각했다. 한편, 우리 주변의 기업들은 모두 급변하는 세상에 적응하기 위해 노력하고 있었다. 우리는 변화가 필요했고 좀 더 민첩해질 필요가 있었으며 신속하게 변화할 필요도 있었다.

홍콩 디즈니랜드의 입장권 가격에 관한 회의를 취소하라는 전화통화를 한 지 1주일 정도 지났을 때 피터를 내 사무실로 불러 전략기획실을 재편할 계획이라고 알렸다. 부서의 규모를 과감하게 축소하고 보다 많은 결정권을 각 사업부문 리더들에게 일임하여 조직 전체의 의사결정 효율을 높이려는 나의 의도를 전달했다. 피터와 나 둘 다 회사의 미래에 대한 나의 비전이 그에게는 적합하지 않으며, 그렇기에 그가 계속 회사에 남는 것은 이치에 맞지 않는다는 사실을 인식했다.

피터와 대화를 나누고 나서 얼마 후 나는 피터가 회사를 떠나게 되었고 전략기획실에 대한 재편 작업이 진행 중이라는 내용의 보도자료를 배포했다. 그리고 즉시 부서 해체에 착수했다. 65명의 팀원을 15명으로 줄였다. CFO 톰 스택스가 한때 전략기획실에서 일하다 몇 년 전 퇴사한 케빈 메이어Kevin Mayer를 다시 영입해 새롭게 바뀐 부서의 운영을 맡기자고 제안했다. 케빈의 직속상관은 톰이 되는 것이었고, 그와 팀원들은 회사의 3가지 핵심적 우선사항에 준거한 잠재적 인수합병에만 업무의 초점을 맞추기로 했다.

전략기획실의 재편은 정식취임을 앞둔 6개월 기간에 내가 한 일 중 가장 중요한 성과로 입증되었다. 즉각적이고 실질적인 효과가 나타날 것으로 예상했지만, 실제는 기대 이상이었다. 전략기획실이 비즈니스의 모든 측면에서 막강한 권한을 휘두르는 일이 더 이상 없을 것이라는 공식발표가 나가자마자 조직 전체의 사기가 실로 놀라울 정도로 진작되었다. 마치 굳게 닫혔던 창문들이 일시에 열려 신선한 공기가 내부로 밀려들어오는 것과 같았다. 당시 한 고위임원은 나에게 이렇게 말했다.

"디즈니 전역에 교회 종들이 있다면 그것들이 일제히 울리고 있는 셈입니다."

9.
디즈니-픽사, 새로운 길을 열다

DISNEY-PIXAR AND A NEW PATH TO THE FUTURE

나는 스티브와 더불어 디즈니의 TV 프로그램을 신제품 아이팟의 콘텐츠로 사용하는 것에 대해 수개월 동안 논의를 이어갔다. 그 시간은 (조금씩 그리고 잠정적으로) 새로운 디즈니-픽사 협력관계의 가능성을 타진해보는 기회가 되었다. 스티브의 태도가 약간 부드러워지기는 했지만 그 정도로는 부족했다. 그는 협력관계에 관한 논의에 기꺼이 임하곤 했지만, 그가 구상하는 새로운 합의는 여전히 픽사에 일방적으로 유리한 것이었다.

우리는 새로운 협력관계가 어떤 모양새를 갖추면 좋을지 몇 차례 대화를 나누었다. 하지만 더 이상의 진척은 없었다. 나는 톰 스택스를 논의 과정에 참여시키기도 했고 골드만삭스의 진 사이크스Gene Sykes를 중개자로 내세우기도 했다. 진 사이크스는 우리가 신뢰할 수 있는 사람이었고, 스티브와도 잘 아는 사이였다. 진을 통해 우리가 구상한 몇 가지 아이디어를 스티브에게 전달했지만, 그는 여전히 꿈쩍도 하지 않았다. 그가 거부하는 이유는 그리 복잡하지 않았다. 스티브는 픽사에 무한한 애정을 품고 있었고, 그런 그에게 디즈니를 배려할 이유는 없었다. 따라서 어떤 경우든 합의내용은 픽사에게 유리해야만 했다. 디즈니에게는 상당한 비용 부담이 따르게 된다는 의미였다.

픽사의 지분 10%를 받는 대신 디즈니가 가진 히트작 속편에 대한 권한을 양도하는 조건의 제안서를 받은 적도 있다. '토이 스토리'와 '몬스터 주식회사', '인크레더블' 등 이미 픽사와 디즈니가 공동제작해 개봉한 작품의 속편에 대한 모든 권리를 달라는 것이었다. 디즈니가 픽사 이사회에 참여하고 픽사의 모든 신규 영화에 대한 배급권을 소유하며 디즈니와 픽사의 지속적인 협력관계를 대대적으로 공표하는 내용도 조건에 포함되었다.

그러나 재무적 측면에서는 일방적으로 픽사만 유리한 조건이었다. 픽사 브랜드 단독으로 신작 영화나 속편을 제작하고, 그 소유권은 영구히 픽사에 귀속되며, 디즈니는 실질적으로 수동적인 배급사 역할만 하라는 것이 골자였다. 나는 그것은 물론이고 그와 유사한 제안들을 몇 차례 더 반려했다. 매번 협상이 끝날 때마다 톰과 나는 서로의 얼굴을 쳐다보며 이 시점에서 스티브와 거래를 맺지 않는 게 미친 짓은 아닌지 자문하곤 했다. 하지만 이내 어떤 식으로든 우리의 거래는 장기적 관점의 가치가 보장되어야 하며 대대적인 언론 발표만으로는 그것을 얻을 수 없다는 결론에 이르렀다.

현실적으로, 모든 면에서 우위를 점하고 있던 것은 스티브였다. 당시의 픽사는 창의적이고 세련된 애니메이션 영화제작의 표준으로 자리매김한 상태였고, 디즈니와의 협업이 없더라도 스티브에게 문제 될 것은 별로 없어 보였다. 디즈니의 유일한 협상 카드는 앞서 언급한 영화들의 속편을 픽사의 도움 없이 독자적으로 제작할 수 있는 권리였다. 실제로 2년 전 협상이 결렬된 이후 마이클의 지시에 따라 속편 제작을 시작한 바도 있다. 스티브는 당시 디즈니애니메이션 부문의 제반 상황 아래에서는 진정 위대한 작품이 나오기 어렵다는 사실을 잘 알고 있었다. '어디 한번 잘해보라'는 식으로 나올 만도 했다.

2005년 9월 30일은 마이클이 디즈니의 CEO로 회사를 이끈 21년의 마지막 날이었다. 나로서는 슬픔과 어색함이 뒤섞인 날이기도 했다. 그는 디즈니와의 어떤 연결고리도 남기지 않고 떠날 참이었다. 이사회의 임원도, 명예직이나 자문역도 그에게 주어지지 않았다. "갑작스럽고도 완전한 중단" 그 자체였다. 그는 나를 정중하게 대했지만 우리 사이에는 긴장감이 흘렀다. 마지막 몇 년 동안 난관에 봉착한 것이 사실이었지만, 마이클은 회사를 떠날 마음이 없었다는 것을 알았기에 나는 무어라 할 말이 없었다.

나는 제니아 무차, 톰 스택스, 앨런 브레이버맨과 잠깐 자리를 갖고 그가 원하는 대로 하도록 놔두는 것이 좋겠다는 내 감정을 전달했다. 우리는 마이클이 조용히 자신만의 방식으로 마무리할 수 있도록 예의를 갖춘 거리감을 유지했다. 마이클의 아내 제인과 아들 중 한 명이 찾아와 점심식사를 함께 했고, 그날 오후 그는 마지막으로 경내를 둘러본 후 떠났다. 그가 어떤 감정을 느꼈을지 나로서는 상상하기조차 어렵다. 20여 년 전에 들어와 자신의 힘으로 회생시킨 회사가 아니던가. 이제 자신의 시대는 막을 내렸고 자신의 손으로 세계 제일의 엔터테인먼트 기업으로 변모시킨 그곳이 자신이 없어도 아무런 문제없이 돌아갈 것이란 생각을 품고 그가 떠나고 있었다. 짐작컨대, 그렇게 오랜 시간 자신을 규정했던 주변 환경과 직함, 역할이 없어지자 막상 자신이 누구인지 정확히 말하기 어려운 느낌이 드는 그런 순간이었을 것이다. 나는 더없는 안타까움을 느꼈지만, 그의 마음이 편안해지도록 내가 해줄 수 있는 것이 거의 없다는 사실 또한 알고 있었다.

그로부터 3일 후인 10월 3일 월요일, 나는 공식적으로 월트디즈니컴퍼니의 6대 CEO가 되었다. 생애 처음으로 직속상관이 아니라 이사회에서만 보고하는 위치에 오른 것이다. 길었던 승계과정과 6개월의 대기기간이 끝났고, 이제 곧 내가 주재하는 첫 번째 이사회가 열릴 터였다. 대개의 경우 나는 이사회 회의의 사전준비로 각 사업부문의 수장들로부터 보고를 받는다. 사업의 성과와 주요 쟁점, 도전과제와 기회 등을 이사회의 임원들에게 전달하기 위해서다. 그러나 당시 내가 주재할 첫 번째 이사회를 위한 사전준비 항목은 단 하나였다.

회의를 앞두고 나는 월트디즈니스튜디오의 수장인 딕 쿡Dick Cook과 그의 오른팔인 앨런 버그만Alan Bergman에게 과거 10년간 디즈니애니메이션이 제작해 출시한 모든 영화와 각각의 흥행수입 등 성과와 관련된 모든 것을 망라해 프레젠테이션을 준비하라고 지시했다. 두 사람 모두 걱정스러워했다. "참담한 내용이 나올 텐데요." 딕이 말했다. "성과들이 너무 형편없어서요." 앨런이 덧붙였다. "첫 이사회에 그런 걸 들고 나가서 출발하는 것이 과연 최선일지 의문이 듭니다."

나는 프레젠테이션이 아무리 실망스러워도, 심지어 선동적이더라도 아무 걱정할 것 없다고 말했다. 그리고 톰 스택스와 케빈 메이어에게 약간의 사전 조사를 부탁했다. 디즈니의 주요 고객층인 12세 이하의 자녀를 둔 엄마들이 디즈니애니메이션을 선택한 비율과 경쟁사의 작품에 대한 비교 조사였다. 케빈은 그 또한 그리 매력적인 수치를 보여주진 않을 것이라고 다시 한번 걱정스레 말했다. "괜찮아요." 내가 말했다. "지금 우리가 어디쯤 있는지 숨김없이 평가하길 원합니다."

그 모든 사전준비는 사실 내 머릿속에 있던 하나의 파격적인 아이디어를 위한 것이었다. 그때까지 톰을 제외한 그 누구와도 공유하지 않고 있었다. 1주일 전, 나는 톰에게 이런 말을 했다.

"우리가 픽사를 매입하는 건 어떻게 생각하나?"

처음에 톰은 내가 농담을 하는 줄 알았다. 하지만 내가 진지하게 고려하고 있다고 하자 그는 이렇게 말했다. "일단 스티브가 픽사를 우리에게 넘길 리가 없어요. 설령 넘긴다 하더라도 우리가 감당할 수 있는 가격표가 붙지는 않을 겁니다. 이사회에서 승인받을 수 있는 금액이 아닐 거란 얘기죠." 그의 말은 틀리지 않았다. 그러나 나는 어쨌든 그것을 이사회에 안건으로 올리고 싶었다. 그렇게 하기 위해서 현재 디즈니애니메이션이 어떤 상태인지를 정확하고 상세하게 알려야 했던 것이다. 톰은 계속 주저했다. 나를 보호하기 위한 이유도 있었지만, CFO라는 직책을 맡고 있었던 터라 이사회와 주주들에 대한 책무도 수행해야 했기 때문이다. 다시 말해 CEO의 심중에 있는 것이 무엇이든 항상 보조를 맞출 수는 없었던 것이다.

"우리가 픽사를 인수하는 방법도 있습니다."

CEO로서 주재한 첫 번째 이사회는 저녁시간에 시작되었다. 나와 10명의 이사회 임원들이 회의실의 긴 테이블 주위에 자리를 잡고 앉았다. 저마다 나름의 기대감을 품고 있는 듯했다. 나에게 그날의 이사회는 일생일대의 중대한 회의였고, 그들에게는 20여 년 만에 새로운 CEO로부터 보고를 받는 자리였다.

그도 그럴 것이 지난 10여 년 동안 이사회는 다사다난한 시간을 보냈다. 마이클을 물러나게 하는 고통스러운 의사결정에서부터 로이와 스탠리를 상대로 한 기나긴 싸움, 컴캐스트의 적대적 인수합병 시도, 마이클 오비츠에게 준 1억 달러가 넘는 퇴직금으로 인한 주주들의 소송, 1994년 제프리 카첸버그의 퇴사 조건을 두고 벌어진 법적 분쟁까지, 목록을 만들자면 꽤 길어질 것이다. 수시로 무수히 많은 비판에 휩싸였고, 승계 및 전환의 과정이 전개되는 동안에는 내가 그랬던 것처럼 과도한 언론의 조명을 받기도 했다. 팽팽한 긴장감마저 감도는 분위기였다. 이제 곧 이사회는 나를 신임 CEO로 선정한 의사결정에 대해 심판을 받게 될 것이었고, 여전히 회의적인 시각으로 바라보는 사람들도 적지 않다는 것을 잘 알고 있었기 때문이다. 그들 중 몇몇은(2~3명이었지만 그들이 정확히 누구였는지 내가 알 길은 없다) 마지막 순간까지 끈질기게 반대했다. 비록 궁극적으로 만장일치로 의결되기는 했지만, 그날 저녁 그곳에 모인 사람들 중 누군가는 내가 그 자리에 있는 모습을 보게 되리라 기대하지도, 원하지도 않았다는 사실을 나는 너무도 잘 알고 있었다.

조지 미첼이 그 회의의 의미와 중요성에 대해 진심을 다해 그리고 짤막하게 언급하는 것으로 회의가 시작되었다. 그는 "검증과정을 견뎌낸 것을 축하한다."고 말한 후 나에게 발언권을 넘겼다. 즉시 문제의 핵심을 공략하고 싶은 욕망과 열정적 에너지로 충만해 있던 나는 가벼운 인사 따위는 건너뛰고 지체 없이 이렇게 말했다.

"모두들 알고 계신 바와 같이 현재 디즈니애니메이션 부문의 상황은 엉망진창입니다."

이사회에서도 익히 들어왔던 얘기였지만 나는 그들이 인지하고 있는 것보다 당시 상황이 훨씬 더 심각하다고 확신했다. 사전에 준비한 재무상황과 브랜드 관련 자료를 꺼내놓기에 앞서 몇 주 전에 있었던 홍콩 디즈니랜드 개장 행사의 한 순간에 대해 얘기했다. 마이클이 CEO로서 주도했던 마지막 대형 이벤트였고, 다수의 디즈니 임원들이 홍콩으로 날아가 섭씨 35도의 쨍쨍한 오후 시간에 치러진 개장식에 참석했다. 나는 톰 스택스, 딕 쿡과 함께 퍼레이드 행렬이 메인스트리트로 내려오는 것을 지켜보며 서 있었다. 화려한 장식을 두른 꽃마차들이 끊임없이 우리 앞을 지나쳐 갔다. 디즈니의 전설적 영화인 '백설공주', '신데렐라', '피터팬' 등의 캐릭터들이 마차 위에 올라 있었다. 마이클의 초기 10여 년 동안 대성공을 거두었던 '인어공주', '미녀와 야수', '알라딘', '라이언킹'의 캐릭터들도 모습을 드러냈다. 그리고 '토이 스토리', '몬스터 주식회사', '니모를 찾아서' 등 픽사의 영화 캐릭터들이 탄 마차가 뒤를 이었다.

내가 톰과 딕에게 이렇게 물었다. "이 퍼레이드를 보면서 혹시 떠오르는 게 없나요?" 두 사람 다 아무런 눈치도 못 챈 듯했다. "지난 10년 동안에는 디즈니에서 만든 캐릭터가 거의 없군요." 내가 말했다.

무엇이 문제인지 찾아내기 위해 몇 달 동안 분석작업을 수행할 수도 있는 일이었지만, 그 순간 바로 우리 눈앞에서 펼쳐지는 실상이 모든 것을 말해주고 있었다. 좋은 영화를 만들지 못했던 것이 문제였다. 요컨대 영화에 등장하는 캐릭터가 인기가 없었거나 기억에 남을 만한 것이 되지 못했으며 디즈니의 비즈니스와 브랜드에 의미 있는 파급력을 실어주지 못한 것이었다. 디즈니는 창의성과 독창적인 스토리텔링, 훌륭한 애니메이션을 기반으로 설립된 회사가 아니던가. 그런데 근래에 제작된 영화 중 과거의 영광에 근접할 만한 작품은 극소수에 불과했다.

나는 그날의 장면에 대한 설명을 마치고 실내의 불을 껐다. '노틀담의 꼽추', '헤라클레스', '뮬란', '타잔', '환타지아 2000', '다이너소어', '쿠스코? 쿠스코!', '아틀란티스', '릴로와 스티치', '보물성', '브라더 베어', '카우 삼총사' 등 지난 10여 년 동안 디즈니애니메이션이 제작한 영화의 목록이 스크린에 투사되었다. 회의실 안은 쥐죽은 듯 조용해졌다. 그중 몇몇은 다소간의 상업적 성공을 거두었지만 다른 몇몇은 참사에 가까운 실패였다. 게다가 비평가들의 찬사를 받은 작품은 하나도 없었다. 그 기간 동안 애니메이션 부문은 4억 달러에 육박하는 손실을 기록했다. 10억 달러가 훌쩍 넘는 제작비를 투입하고 공격적으로 마케팅을 펼쳤음에도 보여줄 만한 성과는 거의 얻지 못한 것이었다.

같은 기간 동안 픽사는 성공작에 성공작을 연달아 만들어내고 있었다. 창의적 측면에서도, 상업적 측면에서도 모두 성공을 거두었다. 디즈니는 이제 겨우 손을 대보려고 하는 디지털 애니메이션 기술을 픽사는 이미 영화제작에 이용하고 있었으니 기술적으로도 훨씬 앞서가고 있었던 것이다. 더욱 중요한 것은, 픽사의 영화가 매우 강력한 방식으로 고객과 연결되고 있다는 부분이었다. 부모와 아이들 모두에게 말이다. 프레젠테이션을 돕던 톰은 재무적 측면의 정보를 담은 암울한 장표에 이어 디즈니 브랜드에 관한 조사결과를 화면에 띄웠다. 12세 이하의 자녀를 둔 여성들 사이에서 픽사는 "엄마들이 가족에게 유익하다."고 생각하는 브랜드에서 디즈니를 무색하게 만들었다. 일대일 비교에서도 픽사는 디즈니보다 훨씬 더 사랑받는 브랜드로 나타났다. 비교하는 게 창피할 정도로 큰 격차였다. 임원 중 몇몇이 서로 수군대기 시작했다. 그들 사이에서 모종의 분노가 끓어오르고 있었다.

이사회도 애니메이션 부문이 고전하고 있다는 사실을 알았고, 픽사가 승승장구하고 있다는 사실 또한 분명히 인지하고 있었다. 그러나 이렇게 극명하게 그 실상과 마주한 적은 한 번도 없었다. 수익이 그토록 저조하리라고는 상상조차 하지 못했고 브랜드 관련 조사를 고려해본 적도 없었다. 프레젠테이션이 끝나자 임원 중 2명이 즉각 달려들었다. 검증 기간 내내 가장 열렬히 나를 반대했던 게리 윌슨이 말했다. "당신도 그 기간 중에 5년씩이나 COO의 자리에 있었잖아요. 이런 결과에 어느 정도 책임이 있다고 봐야 하지 않나요?"

방어적인 자세를 취해서는 아무것도 얻을 것이 없었다. "디즈니와 마이클이 초창기에 픽사와 협력관계를 형성한 것은 충분히 인정받아야 마땅한 일입니다." 내가 말했다. "순탄하기만 한 관계는 아니었지만 훌륭한 결과물을 도출한 것이 사실입니다." 그러나 ABC를 인수한 이후부터 회사 경영에 더 많은 자원과 시간이 투입되어야 했고, 그 과정에서 애니메이션 부문에 대한 관심이 소홀해진 것이라는 말도 했다. 이 문제가 악화일로로 치달을 수밖에 없었던 것은, 별다른 성과를 올리지도 못한 스튜디오의 고위간부들이 이른바 회전문 인사로 번갈아 해당 부문의 책임자 자리를 차지한 데 기인했다.

그렇게 설명한 다음 나는 인사검증이 진행되던 내내 여러 번 했던 말을 다시 한번 반복했다. "과거에 집중해서는 안 됩니다. 애니메이션과 관련해 과거의 잘못된 의사결정과 이미 출시된 실망스러운 작품들에 대해 지금 우리가 할 수 있는 일은 아무것도 없습니다. 그러나 미래를 변화시키기 위해서라면 할 수 있는 일이 무궁무진합니다. 그런 일을 지금 당장 시작해야만 합니다."

나는 이어서 "애니메이션의 성패에 회사의 명운이 달렸다."고 강조했다. 모든 면에서 그랬다. 디즈니의 애니메이션은 '그 자체로' 브랜드였기 때문이다. 애니메이션은 소비자 제품과 TV, 놀이공원 등 다수의 다른 사업부문에 동력을 제공하는 연료와 같았다. 그런 브랜드가 지난 10여 년간 많은 고초를 겪은 셈이었다. 당시 회사는 픽사와 마블, 루카스필름을 인수하기 이전이었던 만큼 지금보다 규모가 훨씬 작았다. 따라서 회사의 대표 브랜드로서 뿐만 아니라 다른 모든 사업부문의 연료로서 애니메이션이 좋은 성과를 내야만 했다.

"이렇게 펼쳐 놓고 보니 저 또한 엄청난 압박감을 느끼지 않을 수 없습니다." 내가 말했다. 주주들과 분석가들이 내게 유예기간을 허락할 리 없었다. 그리고 그들이 내 능력을 판단하는 첫 번째 기준은 디즈니애니메이션의 회생 여부가 될 것이 분명했다. "이 문제를 해결하라는 북소리가 이미 제 귀에 요란하게 울리고 있습니다."

이어서 나는 3가지 대안을 제시했다. 첫 번째는 현재의 경영진을 그대로 유지하며 상황을 개선할 수 있을지 지켜보는 것이었다. 나는 이 안에 대해 재빨리 의구심을 표명했다. 지금까지 그들이 보여준 성과를 감안하건대 그런 기대를 갖기 어렵다는 의미였다. 애니메이션 부문을 이끌어갈 새로운 인재를 찾아내는 것이 두 번째 대안이었다. 그러나 지난 6개월간의 취임 대기기간 중 나는 애니메이션 업계와 영화 업계를 샅샅이 뒤지며 디즈니가 필요로 하는 수준의 능력을 갖춘 사람을 찾아보려고 애썼지만 결국 아무런 소득도 얻지 못했다. "그게 아니면…," 내가 말했다. "우리가 픽사를 인수하는 방법도 있습니다."

세 번째 대안에 대한 반응은 너무나 폭발적이었다. 그때 내 손에 의사봉이 있었다면 장내의 소란을 잠재우기 위해 분명 그것을 두들겨댔을 것이다.

"그들에게 매각 의사가 있는지, 아직 그것도 모릅니다." 내가 말했다. "그리고 만에 하나라도 매각 의사가 있다면 분명 말도 안 되는 가격표를 붙일 겁니다." 상장회사인 픽사의 시가총액은 이미 60억 달러가 넘었고, 스티브 잡스가 회사 주식의 절반을 보유하고 있었다. "스티브가 팔고 싶어 하지 않을 가능성이 매우 높기도 합니다." 그런 말들은 몇몇 임원들에게 안도감을 주는 것 같았다. 하지만 나머지 임원들 사이에서는 수십억 달러가 투입될 픽사 인수가 정당한가에 대한 논쟁이 꽤 길게 이어졌다.

"픽사의 인수는 곧 스티브 잡스를 포함해 존 래시터John Lasseter와 에드 캣멀Ed Catmull이라는 선견지명이 있는 리더들을 디즈니로 영입하는 것을 의미합니다." 내가 말했다. "그들이 계속 픽사를 운영하면서 동시에 디즈니애니메이션도 회생시킬 수 있을 겁니다."

"그냥 우리가 그 사람들을 영입할 수는 없습니까?" 누군가가 그렇게 물었다.

"우선, 존 래시터는 픽사와 계약을 맺고 있습니다." 내가 대답했다. "또한 그들은 스티브와 떼려야 뗄 수 없는 관계이고, 지금까지 픽사에 구축해놓은 것을 쉽사리 버릴 수도 없을 것입니다. 픽사와 거기 속한 사람들, 사명에 대한 그들의 충성도는 엄청난 수준입니다. 우리가 그들을 영입할 수도 있다는 생각은 순진한 발상입니다." 또 다른 임원은 거절하기 어려울 정도의 보수를 제시하면 안 되겠느냐고 제안하기도 했다. "그들은 그런 식으로 매수할 수 있는 유형의 사람들이 아닙니다." 내가 말했다. "그들은 다릅니다."

회의가 끝난 직후 나는 즉시 톰과 딕에게 프레젠테이션이 진행되는 동안 회의실 분위기가 어땠는지 물었다. "회장님이 CEO 직함을 그대로 달고 회의실에서 나오실 수 있을지 염려스러웠습니다." 톰이 말했다. 농담하듯 말했지만 그가 정말 그렇게 생각했음을 나는 알 수 있었다.

그날 밤 집에 도착해 막 들어선 나에게 윌로가 이사회 회의가 어땠는지 물었다. 아내에게조차 내가 어떤 계획을 세웠는지 알리지 않은 상태였다. "우리가 픽사를 인수해야 한다고 이사회 임원들 앞에서 말했어." 나는 그렇게 대답해주었다.

아내 역시 내가 미치기라도 한 것이 아닌가 하는 표정으로 나를 쳐다보며 목소리를 높여 이렇게 말했다. "스티브가 픽사를 당신에게 팔리가 없잖아요." 그러나 윌로는 이어서 나에게 한 가지 사실을 다시 상기시켰다. 내가 디즈니의 CEO가 되고 얼마 지나지 않아 그녀가 내게 했던 말이었다. "〈포춘〉 500대 기업의 CEO들은 평균 재직기간이 4년도 되지 않는대요." 처음 그 말을 했을 때는 그저 부부 사이에 주고받은 가벼운 농담이었다. 나에게 스스로에 대한 기대치를 현실적 수준으로 갖는 게 좋지 않겠느냐는 의미였다. 하지만 그날 밤 아내가 재차 상기시킨 그 말에는 어차피 잃을 것도 거의 없는 마당이니 신속하게 움직이는 게 좋겠다는 의미가 함축되어 있었다. 아내가 준 조언의 핵심은 '과감하게 움직이라'는 것이었다.

이사회의 몇몇 임원들은 내 아이디어에 격렬하게 반대하며 그런 의사를 분명히 밝혔다. 그러나 적지 않은 수의 임원들은 대단히 흥미를 느꼈고, 내 나름대로 표현하자면 ('그린 라이트'는 아니지만) '옐로 라이트'를 켜주었다. 진행해보되 신중하게 접근하라는 의미다. 종합해보면, 실제로 성사될 가능성이 매우 희박하니 사전조사나 의사타진 등을 해보면서 상황을 지켜봐도 무방할 것으로 결론지은 셈이다.

다음 날 아침 나는 톰에게 재무자료를 철저히 분석하라고 지시했다. 물론 시급히 처리할 일은 아니라는 말도 했다. 오후에 스티브에게 내 생각을 알릴 계획이었다. 몇 시간 후면 모든 계획이 더 이상 고려할 가치도 없는 것이 될 가능성이 농후하다는 데 생각이 미치기도 했다. 오전 내내 스티브에게 전화를 걸 마음의 준비를 다졌고, 마침내 내가 수화기를 든 것은 이른 오후였다. 그가 전화를 받지 않아 통화가 이뤄지지 않았는데 잠깐이지만 오히려 안도감을 느꼈다. 퇴근 후 집으로 돌아오는 길에 스티브에게서 전화가 걸려왔다. 6시 반쯤이었다.

동영상 시청이 가능한 아이팟을 공식발표하기 10일쯤 전이었기 때문에, 처음 몇 분 동안은 행사에 관한 대화를 나누었다. 그러고 나서 내가 말했다. "그건 그렇고, 나에게 또 다른 황당한 아이디어가 있어요. 며칠 후에 찾아갈 테니 함께 논의해보는 게 어때요?"

당시 나는 스티브가 급진적인 발상을 얼마나 좋아하는지 정확히 알지는 못했다. "그냥 지금 말씀해보세요." 그가 대답했다.

집 앞에 차를 세울 때까지 전화통화가 이어졌다. 온화한 10월의 저녁시간이었다. 나는 차의 시동을 껐다. 열기와 긴장감이 뒤섞인 탓인지 땀이 났다. 아내 윌로의 조언을 상기했다. '과감하게 움직이라'는 조언 말이다. 스티브가 즉각적으로 거절할 확률이 높았다. 어쩌면 내가 그런 거만한 생각을 했다는 것 자체에 대해 기분 나빠할 수도 있었다. 어떻게 감히 디즈니가 픽사를 아무렇지도 않게 인수할 수도 있는 회사쯤으로 생각하느냐면서 말이다. 하지만 설령 그가 말도 안 되는 소리 그만하라는 말로 전화통화를 끝낸다 할지라도 나에게는 별다른 변화가 없을 터였다. 잃을 것이 없었다는 얘기다. 나는 이렇게 말했다.

"두 회사의 미래에 대해 많은 생각을 해봤는데 말이에요, 디즈니에서 픽사를 인수하는 것에 대해 어떻게 생각하시나요?"

나는 수화기를 든 채 그의 반응을 기다렸다. 그가 당장 전화를 끊어버리거나 웃기지도 않는다는 듯이 실소를 터트리길 기다렸다는 말이 더 적절할지도 모르겠다. 그가 대답하기 전에 흐르던 잠깐 동안의 침묵이 나에게는 영원처럼 느껴졌다.

의외의 반응이 돌아왔다. "글쎄요, 세상에서 가장 황당한 아이디어는 아닌 것 같군요."

냉담한 거절에 대비해 잔뜩 긴장하고 있던 터라 가능성을 내비친 그 한마디에 아드레날린이 솟구치는 느낌이 들었다. 그 순간부터 시작해 실제로 내 아이디어가 결실을 맺기까지 넘어야 할 장애물이 100가지도 넘을 것임을 이성적으로 충분히 인지하고 있었음에도 말이다. "오케이." 내가 대답했다. "좋습니다. 그럼 언제 논의를 이어가면 좋을까요?"

명백히 말도 안 되는 거래

때때로 사람들은 대대적인 변화를 기피하려 든다. 첫발자국을 떼어놓기도 전에 무언가에 대한 시도가 승산이 있는지 판단하고 부정적 결과를 부각시키기 때문이다. 내가 언제나 직감적으로 느끼는 무언가가 있다면(그리고 룬과 마이클 같은 상사들과 함께 일하는 동안 더욱 강화된 무언가가 있다면), 그것은 아무리 승산이 없어 보여도 대개는 그렇게 절망적이지는 않다는 것이다. 룬과 마이클은 둘 다 자신을 비롯한 조직의 역량으로 무슨 일이든 해낼 수 있다고 믿었던 사람들이다. 충만한 에너지와 신중함 그리고 헌신적인 마음만 있다면 아무리 과감한 아이디어일지라도 반드시 실행에 옮길 수 있다고 믿었다. 나는 이후 스티브와의 대화에서 그런 사고방식을 갖추려고 노력했다.

전화통화를 하고 2주 후 나는 캘리포니아 쿠퍼티노에 있는 애플 본사의 회의실에서 스티브와 마주 앉았다. 길쭉한 형태의 회의실이었는데 중앙까지 긴 테이블이 놓여 있었다. 한쪽 유리벽 너머로는 애플 캠퍼스의 입구가 내다보였다. 다른 한쪽 벽은 화이트보드로 사용하고 있었는데 그 길이가 7m를 훌쩍 넘어 보였다. 스티브는 화이트보드를 즐겨 쓴다고 말했다. 펜을 든 사람이 머릿속에 떠오른 생각과 디자인, 계산 등 전반적인 구상을 한꺼번에 적어놓을 수 있기 때문이라고 설명했다.

예상했던 바대로 그날 펜을 든 사람은 스티브였고, 그는 그 역할에 매우 익숙해 보였다. 그는 화이트보드의 한쪽에는 장점, 다른 한쪽에는 단점이라고 적었다.

"먼저 말씀해보세요." 그가 말했다. "장점은 뭐라고 생각하세요?"

나는 다소 긴장이 되었기에 스티브에게 먼저 시작할 것을 권했다.

"좋습니다. 그럼 먼저 몇 가지 단점을 적어보도록 하겠습니다." 그는 매우 열정적으로 첫 번째 단점을 적었다. "디즈니의 문화가 픽사를 파괴할 것이다!" 그렇게 말하는 그를 비난할 수도 없었다. 그 이전까지 그가 겪어본 디즈니는 그 의견에 반론이 될 만한 어떤 근거도 보여주지 못했다. 그는 그렇게 자신이 생각하는 단점들을 완전한 문장으로 적어 나갔다. "디즈니애니메이션을 정상화시키는 데는 지나치게 긴 시간이 소요될 것이며, 그 과정에서 존과 에드의 에너지가 소진되고 말 것이다." "그동안 쌓인 악감정이 너무 많아 치유되기까지 수년이 걸릴 것이다." "월스트리트에서 반기지 않을 것이다." "디즈니 이사회에서 픽사 인수를 추진하도록 허락하지 않을 것이다." "픽사는 흡사 기증받은 장기에 거부반응을 보이는 것처럼 소유주로서의 디즈니를 거부할 것이다." 계속 단점들을 열거하던 스티브는, 단 한 문장만은 처음부터 끝까지 모두 대문자로 적었다. "산만한 환경으로 인해 픽사의 창의성이 훼손될 것이다." 인수 및 동화 과정 전체가 그들이 구축해온 픽사의 시스템에 과도한 충격으로 다가올 수 있다는 의미인 것 같았다. 부연하자면, 2~3년 후 스티브는 디즈니애니메이션 부문을 완전히 없애고 애니메이션 영화제작은 픽사가 전담하는 방안을 제안했다. 그에 대해서는 존 래시터와 에드 캣멀조차 격렬히 반대했고, 물론 내가 거부했다.

그가 열거한 단점 목록에 내가 무언가를 더 보태는 것은 무의미해 보였기에 우리는 장점으로 넘어가기로 했다. 이번에는 내가 먼저 시작했다. "픽사가 디즈니를 구할 것이고 그 후로 모두 행복하게 살게 된다." 동화의 해피엔딩 문구를 차용한 그 말에 스티브는 미소를 지어 보였지만 화이트보드에 적지는 않았다. "무슨 의미죠?"

나는 이렇게 대답했다. "애니메이션 사업부문을 회생시키는 것은 디즈니에 대한 인식을 완전히 수정하는 일이자 운명을 바꿔놓는 일이에요. 거기에 더해 존과 에드에게 상상하는 바를 옮겨놓을 수 있는 더욱 큰 캔버스를 안겨주는 일도 되겠지요."

그렇게 2시간을 보낸 결과, 장점은 빈약하기 그지없었고 단점은 차고 넘쳤다. 물론 열거된 단점 중 몇몇은 내가 보기엔 아주 사소한 문제였다. 나는 의기소침해졌지만 그 정도는 예상했어야 마땅했다. "음…, 아이디어는 좋았던 것 같은데 어떻게 이 일을 성사시켜야 할지 그 방법은 잘 안 보이네요." 내가 말했다.

"견실한 장점 한두 가지가 수십 가지 단점보다 강력한 법이지요."

스티브가 말했다. "자, 이제 무슨 일을 하면 좋을까요?" 스티브는 쟁점의 모든 측면을 살펴볼 때 부정적인 측면이 긍정적인 측면을 상쇄하지 않도록 균등하게 평가하는 탁월한 능력을 가지고 있었다. 특히 자신이 완수하고자 하는 무언가에 대해서는 더더욱 그러했다. 그가 가진 매우 강력한 자질 중 하나였다.

스티브는 그로부터 6년 후에 세상을 떠났다. 내가 애플 이사회의 임원이 된 것은 그가 떠나고 얼마 지나지 않아서였다. 회의 참석 차 애플 본사를 방문할 때마다, 나는 그 거대한 화이트보드를 보며 스티브의 모습을 떠올리곤 한다. 넘치는 열정으로 온전히 몰입하여 이 아이디어의 실현 가능성에 훨씬 크게 마음을 열었던 그의 모습을 말이다(추측컨대 그는 다른 많은 아이디어에 대해서도 불가능성보다는 가능성에 방점을 찍었을 것이다).

"내가 픽사를 방문할 필요가 있어요." 내가 말했다. 그때까지 나는 픽사에 한 번도 가본 적이 없었다. 계약 종료가 다가오던 무렵에는 상황이 너무나 험악해진 나머지 두 회사 간에 협력이 거의 이뤄지지 않았고, 결과적으로 픽사에서 제작 중인 작품에 대해 디즈니는 전혀 아는 바가 없었다. 디즈니가 배급을 담당했던 마지막 영화는 '카'였다. 하지만 디즈니 내부의 누구도 그 영화를 본 적이 없었다. 파리의 레스토랑을 배경으로 쥐가 등장하는 영화를 제작 중이라는 소문이 들려왔을 때도 디즈니 사람들은 그저 코웃음만 치고 말았다. 두 회사 간의 커뮤니케이션이 완전히 단절된 가운데 각자 결별을 준비하고 있었다.

픽사 인수의 당위성을 주장하는 나로서는 그들이 일하는 방식에 대해 훨씬 더 많은 것을 알아야만 했다. 핵심인물들을 만나보고 싶었고, 진행 중인 프로젝트들에 대해 알고 싶었으며, 그들의 기업문화를 엿보고 싶었다. 그곳에서 일하는 느낌은 어떠한가? 계속해서 훌륭한 작품을 만들어내는 그들의 방식은 디즈니와 어떻게 다른가?

스티브는 나의 방문 요청에 즉각 동의했다. 그는 존과 에드에게 나와 논의한 내용을 설명했다. 그리고 지금까지 아무것도 약속한 바 없으며 두 사람의 동의 없이는 아무것도 약속하지 않을 것이라는 점도 덧붙였다. 스티브는 두 사람이 나를 안내하는 것이 여러 면에서 좋겠다고 생각했다. 그다음 주에 나는 에머리빌에 있는 픽사 본사를 혼자 방문했다. 존의 비서가 로비에서 나를 맞아주었고 건물 중앙에 있는 동굴 같은 아트리움으로 안내했다. 스티브가 설계에 일조했다던 그 아트리움이었다. 식당이 양옆으로 늘어서 있었고 가장 먼 쪽 끝으로 상영관 입구가 보였다. 몇 명씩 모여 미팅을 하거나 서성거리며 한담을 나누는 모습이 영화제작사라기보다는 대학의 학생회관을 연상케 했다. 창의적인 에너지와 활기가 넘치는 장소였다. 모두가 그곳에 있다는 사실에 만족스러워하는 것처럼 보였다.

내가 오늘에 이르기까지 경험한 '최고의 날' 톱10을 선정한다면, 픽사를 처음 방문했던 그날이 분명 상위에 오를 것이다. 존과 에드는 나를 따뜻하게 맞으며 이후 일정에 대해 설명했다. 오전 시간은 각 부서의 책임자들과 인사를 나누는 일로 채워져 있었다. 그들이 각 부서에서 담당하고 있는 제작의 여러 부문들, 즉 영화의 1차 편집본, 스토리보드, 개념 미술(영화의 형식과 분위기를 설정하고 영감을 얻는 데 이용하는), 영화음악, 배역 리스트 등을 보여줄 것이라고 했다. 그런 다음 그들의 새로운 '기술 파이프라인'을 직접 보고 기술적 측면이 창의적 측면과 어떻게 조화롭게 융합되는지 감을 잡게 되는 것이었다.

존이 먼저 나섰다. 그는 나를 위해 사실상 최종 편집본이라 할 수 있는 '카'를 상영했다. 나는 사내 상영관에 앉아 애니메이션의 질적 수준과 그들의 마지막 작품 이후 이뤄진 기술적 진보에 완전히 매료되었다. 경주용 자동차의 금속 도장 표면에 빛이 반사되는 방식을 표현한 장면에는 경외감마저 들었다. 컴퓨터로 제작한 애니메이션에서 한 번도 본 적이 없던 이미지들이었다. 이어서 브래드 버드Brad Bird가 자신이 작업 중인 작품을 보여주었다. 디즈니 사람들이 멋모르고 비웃었던 쥐를 주인공으로 한 영화, '라따뚜이'였다. 픽사가 제작한 영화 중에서 가장 정교한 테마와 서사적 독창성을 보유한 작품으로 나에게 강한 인상을 남겼다.

그리고 나서 '니모를 찾아서'를 끝낸 지 얼마 되지 않았던 앤드류 스탠튼Andrew Stanton은 '월E'의 일부를 보여주었다. 암울한 미래의 지구에 홀로 남은 로봇이 또 다른 로봇을 만나 사랑에 빠지는 그 영화는 극도의 소비지상주의가 초래할 사회적, 환경적 위험성에 대한 경각심을 불러일으키고 있었다. 그다음은 피트 닥터Pete Docter의 '업'이었다. 피할 수 없는 죽음과 슬픔에 맞서는 러브스토리가 남아메리카를 묘사한 놀라운 시각적 배경 속에서 전개되고 있었다(피트는 '업'을 끝낸 후 '인사이드 아웃'의 제작을 지휘했다). 게리 라이스트롬Gary Rydstrom은 푸른 발 도

룡농 2마리의 모험을 통해 설파하는 종의 멸종에 관한 스토리를 소개했다. 픽사는 나중에 이 프로젝트를 포기했지만, 나는 게리의 프레젠테이션에서 순수한 상상력과 놀라운 지적 수준을 느낄 수 있었다. 브렌다 채프먼Brenda Chapman이 소개한 작품은 '메리다와 마법의 숲'이었다. 나중에 '토이 스토리 3'와 '코코'를 감독하게 되는 리 언크리치Lee Unkrich는 맨해튼의 어퍼웨스트사이드에 있는 아파트 건물에 사는 애완동물의 이야기를 소개했다(나중에 '라따뚜이'와 '월E', '업', '토이 스토리 3', '메리다와 마법의 숲', '인사이드 아웃', '코코'는 모두 아카데미 장편 애니메이션 작품상을 수상했다).

그 이후에 나는 에드 캣멀을 비롯한 기술 부문 엔지니어들과 몇 시간을 함께 보내며 전사적으로 창의성을 뒷받침해주는 기술 플랫폼에 대한 자세한 설명을 들을 수 있었다. 그날 아침 나를 반갑게 맞이하며 존이 설명했던 그것을 내 눈으로 직접 확인한 셈이었다. 존은 애니메이터와 감독들의 창의적 상상력을 충족시켜줄 도구, 예컨대 파리Paris 그림이 실제 파리처럼 느껴지게 만들어주는 도구를 요구하며 지속적으로 엔지니어들에게 도전과제를 안겨준다고 했다.

또한 에드와 그의 기술팀은 끊임없이 자신들만의 도구를 개발해 예술가들의 손에 쥐어주며 이전에는 미처 하지 못했던 방식으로 사고하도록 유도하고 있었다. "하늘에서 내리는 눈이나 물, 안개를 표현하는 방식을 보세요!" 에드는 그때까지 개발된 가장 정교한 애니메이션 도구들과 더불어 창의적인 아이디어가 최상의 형태로 구현되도록 돕는 독창적인 기술을 나에게 보여주었다. 그러한 음과 양의 조화가 바로 픽사의 본질이었다. 모든 것이 거기에서 흘러나왔다.

그날 늦은 오후, 픽사 본사의 주차장에서 나는 차에 오르자마자 재빨리 메모를 하기 시작했다. 그리고 톰 스택스에게 전화를 걸어 LA에 도착하는 대로 찾아가겠다고 전했다. 이사회가 픽사 인수를 추진하도록 허락할 것인지도 확실치 않았고, 스티브가 갑자기 마음을 바꿀 수도 있었다. 그럼에도 나는 가쁜 숨을 몰아쉬며 톰에게 그들의 재능과 창의적 열정의 수준, 품질에 대한 헌신, 스토리텔링의 독창성, 기술적 진보, 리더십 구조, 열정적인 협업 분위기, 심지어 픽사 본사 건물의 건축양식 등에 대해 설명했다. 창의성이 필요한 비즈니스뿐 아니라 어떤 종류의 비즈니스를 하든 누구나 열망할 만한 기업문화였다. 디즈니보다 훨씬 앞서나가고 있었을 뿐만 아니라 당시 디즈니가 독자적으로 성취할 수는 없을 것 같았기에 가능한 모든 방법을 동원해 픽사 인수를 성사시켜야 한다는 생각만 들었다.

디즈니 성을 룩소 주니어로 밝힐 수 있을까?

버뱅크의 내 사무실로 돌아온 직후 나는 참모들을 불러 모았다. 그들은 나만큼 열정적인 반응을 보이지는 않았다(이렇게 말하면 상당히 절제된 표현일 것이다). 내가 유일하게 픽사의 본질을 직접 체험한 사람이었고 그들에게 픽사를 인수한다는 발상은 여전히 현실로 와 닿지 않았기 때문이었다. 너무나 많은 리스크가 존재하는 데다 비용이 과도하게 투입되어야 할 것이라고 걱정했다. 그들은 하나같이 이제 막 CEO에 취임한 내가 픽사 인수를 추진하면서 벌써 나의 미래를(회사의 미래는 말할 것도 없고) 위태롭게 만들고 있는 점을 매우 우려했다.

픽사에 관한 회의를 할 때마다 거의 매번 반복되는 주제였다. 나는 지나치게 위험하고 경솔한 판단이라는 말을 계속해서 들어야만 했다. 사람들 대다수가 스티브는 상대하기 힘들며 그가 회사의 경영권을 독차지하려 들 게 뻔하다고 생각했다. 취임한 지 얼마 되지도 않은 CEO가 그런 엄청난 인수합병을 추진해서는 안 된다는 얘기도 나왔다. 우리의 투자자였던 한 은행가의 표현을 빌리자면 나는 '정신 나간' 사람이었다. 투입해야 할 자본이 감당할 수 있는 수준을 넘어설 것이며 금융가에서도 불가능한 '매매'로 인식하고 있다는 것이 이유였다.

은행가의 말도 일리는 있었다. 서류상으로 판단한다면 명백히 말도 안 되는 거래였다. 그러나 나는 그 정도 수준의 독창성은 우리가 이해하는 것보다 혹은 그 시점에 산출 가능한 어떤 결과값보다 더 높은 가치가 있다고 확신했다. 이런 책의 지면을 통해 리더는 누가 뭐라고 하든 자신의 직감을 믿고 행동해야 한다고 말한다면 무책임한 조언이 될지도 모른다. 신중함보다 충동을, 면밀한 조사보다 무모한 도박을 옹호하는 말처럼 해석될 수 있기 때문이다.

다른 모든 일도 마찬가지겠지만 상황에 대한 정확한 인지가 핵심이다. 주변의 평가에 귀를 기울이고 자신의 동기와 자신이 신뢰하는 사람들의 조언, 면밀한 조사와 분석의 결과 그리고 분석을 통해 알 수 없는 것에 이르기까지 모든 요소를 따져봐야 한다. 어떤 상황도 서로 같을 수 없다는 사실을 이해하며 이 모든 요소를 신중하게 고려하고 나면 리더의 직감이 궁극적 잣대로 작용하는 순간이 찾아온다. 이것은 과연 올바른 결정인가 아니면 그렇지 않은가? 확실한 것은 아무것도 없다. 그러나 적어도 큰 리스크를 기꺼이 감수할 필요는 있다. 큰 리스크를 감수하지 않으면 그만큼 빛나는 성과도 없다.

픽사에 대한 나의 직감은 강력했다. 픽사 인수로 디즈니를 변화시킬 수 있을 것이라 확신했다. '픽사 인수는 디즈니애니메이션을 개혁할 뿐 아니라 디즈니 이사회에 스티브 잡스까지 안겨줄 것이다. 그는 분명 기술적 문제에 관한 한 가장 강력한 발언자가 될 것이다. 또한 픽사가 보유한 탁월한 조직문화와 그들의 넘치는 의욕이 바람직한 방식으로 조직 전반에 반향을 불러일으킬 것이다.' 최종적으로 이사회의 승인을 받지 못할 수도 있었다. 그러나 그게 두려워서 이런 좋은 기회를 놓칠 수는 없었다. 나는 참모들에게 그들의 의견을 존중하고 있으며 그들이 나의 안위를 걱정해주는 것에 감사하지만 이 일은 반드시 성사시켜야 한다는 생각을 전달했다. 적어도 포기할 수밖에 없는 상황에 처하기 전까지는 가능한 모든 수단과 방법을 동원해야 한다고 강조했다.

에머리빌을 찾았던 다음 날 나는 스티브에게 전화를 걸었다. 전화번호를 누르기 전에 나의 열의를 내비치지 않도록 주의해야 한다고 마음속으로 다짐했다. 픽사에 엄청난 자부심을 느끼고 있던 스티브였기에 나로서는 픽사에 대한 찬사부터 늘어놓아야 할 필요가 있었다. 하지만 진정한 협상이 시작될지도 모를 순간이었기에 내가 그들이 가진 것을 간절히 원하고 있으므로 그 어떤 요구를 해도 들어줄 것으로 생각하게 만들 수는 없었다.

그러나 스티브가 전화를 받는 순간 포커페이스를 유지하고자 했던 나의 계획은 맥없이 무너지고 말았다. 순수한 열의 외에 다른 어떤 느낌도 가장할 수 없었다. 나는 픽사를 방문한 날의 경험을 시작부터 끝까지 하나도 빠짐없이 묘사하고 있었다. 그저 나의 솔직함이 그 어떤 '약삭빠른' 가식보다 더 나은 결과를 안겨주길 바랄 뿐이었다. 상대방에게는 약점으로 비칠 수도 있는 문제였다(상대방에게 내가 간절히 원하고 있음을 드러내면 결국 상대방이 부르는 대로 값을 치르게 될 테니까). 그러나 이번에는 나의 진정한 열정이 먹혀들었다. 나는 이 일을 반드시 성사시키기를 정말로 원한다는 말로 전화통화를 끝냈다.

스티브는 존과 에드가 동의하기만 한다면 진지하게 고려해볼 것이라고 말했다. 나와 논의를 끝낸 후 그는 두 사람에게 연락해 협상을 시작할 의사가 있음을 알렸고, 그들의 전적인 동의가 없다면 어떤 거래도 없을 것이란 약속도 했다. 내가 그 두 사람과 각각 만날 수 있는 자리를 다시 마련하자는 것이 우리의 계획이었다. 나의 구상을 좀 더 구체적으로 설명하면서 그들이 궁금해하는 어떤 것에든 답해주기 위해서였다. 그런 다음 협상을 이어갈지 말지를 그들이 결정하게 하면 되는 것이었다.

며칠 후 나는 베이에어리어로 날아갔다. 소노마에 있는 존의 집을 방문해 저녁식사를 하기 위해서였다. 그의 아내 낸시Nancy도 함께 한 식사 자리에서 우리는 꽤 길고 유쾌한 대화를 나누었고, 서로 잘 통한다는 사실을 즉각적으로 확인할 수 있었다. 나는 두 사람에게 '폭넓은 스포츠 세계'부터 캐피털시티즈의 ABC 인수, ABC의 황금시간대를 편성하던 시절 그리고 디즈니와의 합병과 CEO의 자리에 오르기까지 그 길었던 나의 이력을 개략적으로 들려주었다. 존은 마이클 아이즈너가

CEO가 되기도 전인 20여 년 전에 자신이 디즈니애니메이션에서 일하던 시절에 대해 이야기했다(그 당시 디즈니 경영진은 컴퓨터 애니메이션의 미래가 없다고 판단해 그를 방출시켰다).

"다른 기업에 회사가 넘어간다는 것이 어떤 느낌인지 나는 잘 알고 있어요." 내가 그에게 말했다. "상황이 아주 좋은 경우라도 합병과정은 민감할 수밖에 없죠. 무턱대고 동화를 강요할 수도 없는 법이고요. 특히 픽사와 같은 기업이라면 더욱 그럴 겁니다." 그러면서 굳이 그런 목적으로 움직이지 않더라도 기업을 인수하는 쪽에서 인수대상이 된 기업의 문화를 파괴하고 결국 그 가치를 훼손하게 되는 일이 흔하다고 덧붙였다.

인수작업을 진행하는 기업들은 정작 자신들이 무엇을 인수하는지와 관련해서 세심한 주의를 기울이지 못하는 경우가 많다. 단순히 유형자산이나 제조자산 혹은 지적재산권을 획득하는 것으로 인식하기 때문이다(특정 업계에서는 비교적 그런 경우가 많은 것도 사실이다). 하지만 대부분의 경우 그들이 실제로 인수하는 것은 사람들이다. 창의성을 기반으로 하는 비즈니스에서는 바로 사람들에게 기업의 진정한 가치가 있는 것이다.

나는 존에게 픽사가 구축한 독특한 문화를 보호할 수 있어야만 디즈니의 픽사 인수가 정당화될 것이라는 사실을 확인시키기 위해 애썼다. 픽사를 디즈니의 내부로 들여온다는 것은 리더십과 인적자원의 과감한 투입을 의미하는 것이므로 그것이 제대로 이뤄지게 해야 할 필요가 있다는 말도 했다. "픽사는 계속 픽사다워야 합니다." 내가 말했다.

"지금까지 구축해온 문화를 보호하지 못한다면 픽사의 진정한 가치를 훼손하는 것과 다름없으니까요."

존은 내 말에 흡족해했고 나는 여세를 몰아 구상 중이던 계획을 그에게 펼쳐 놓았다. "당신과 에드가 픽사와 함께 디즈니애니메이션도 경영을 맡아주길 바랍니다."

그렇게 세월이 흘렀는데도 존은 디즈니에서 쫓겨났다는 사실에 여전히 마음이 쓰리다고 말했다. 하지만 디즈니애니메이션이 보유한 유산에 대해서는 무한한 존경심을 품고 있다고도 했다. 스티브와 전화통화를 하면서 내가 나의 순수한 열의를 끝내 감추지 못했던 것처럼 그 순간 존도 자신이 디즈니애니메이션을 맡게 된다는 기대에 흥분을 감추지 못하고 있었다. "그렇게 된다면 제 꿈이 실현되는 일이 될 겁니다." 그가 말했다.

그로부터 며칠 후, 에드 캣멀이 버뱅크로 나를 찾아왔다(우리 둘은 디즈니 캠퍼스 근처 스테이크하우스에서 저녁식사를 했는데, 둘 다 스테이크를 시키지는 않았다). 존과의 대화에서 그랬던 것처럼 나는 에드에게 픽사 인수에 대해 내가 가진 철학을 설명하는 데 주력했다. 그들이 구축한 문화는 픽사가 만들어내는 마법의 중심을 차지하고 있으며, 지금 그대로의 픽사가 아닌 다른 어떤 것도 강요할 의사가 없음을 강조했다. 이미 존에게 제시한 또 다른 기회에 대한 언급도 빼놓지 않았다. 존과 함께 디즈니애니메이션의 부활을 책임져주길 바란다는 것 말이다.

존은 감성적이고 외향적인 데 반해 에드는 사진 필름 같은 사람이었다. 픽사의 디지털 애니메이션 제작기술은 거의 대부분 그 조용하고 신중하며 내성적인 컴퓨터공학 박사의 발명품이었다. 디즈니의 기술은 픽사에 비해 한참 뒤처져 있었지만, 디즈니의 다른 부분에는 에드가 흥미를 느끼는 또 다른 기술적 자원이 있었다. 그는 특유의 절제된 표현으로 이렇게 말했다. "거기서 우리가 무엇을 할 수 있는지 보고 싶은 마음이 드는군요."

다음 날 스티브는 존과 에드가 협상을 진행하는 데 동의했다는 사실을 전화로 알려왔다. 그로부터 얼마 지나지 않아 나의 취임 후 두 번째 디즈니 이사회가 개최되었고 장소는 뉴욕이었다. 나는 픽사를 방문했던 일과 존과 에드를 만났던 일 그리고 스티브가 기꺼이 협상에 나선 일 등을 상세히 이사회에 전달했다. 여전히 의구심을 내려놓지 않던 톰 스택스가 인수에 따르는 잠재적 경제효과에 대한 프레젠테이션을 진행했다. 거기에는 더 많은 주식을 발행하는 문제와 디즈니 주식의 실질적인 가치 저하 가능성, 자신이 예측한 투자업계의 반응 등이 포함되었다. 톰이 예측한 투자업계의 반응은 '부정적'인 쪽에 가까웠다. 이사회의 임원들은 열심히 귀를 기울였다. 그들은 회의가 끝날 무렵까지 대체로 회의적인 입장을 유지하긴 했지만, 결국 스티브와 협상을 진행해도 좋다고 허락하며 자신들이 고려해볼 수 있는 좀 더 구체적인 무언가를 들고 올 것을 요구했다.

톰과 나는 이사회가 끝난 직후 곧장 새너제이로 향했고, 다음 날 애플 본사에서 스티브와 마주 앉았다. 그곳에 들어서며 나는 협상과정을 너무 오래 끌어서는 안 된다고 생각했다. 스티브는 체질적으로 길고 복잡하게 밀고 당기는 협상을 싫어하는 사람이었다(오랜 기간 지속되었고 급기야 험악해지기까지 했던 마이클과의 협상에 대한 기억이 여전히 그의 뇌리에 선명히 남아 있을 터였다). 이미 디즈니의 거래 방식을 좋아하지 않는다고 밝힌 스티브였던 만큼 어느 한 지점에서 교착상태에 빠지면 협상 자체에 흥미를 잃고 중단해버릴 수도 있는 일이었다.

자리에 앉자마자 나는 이렇게 말했다. "단도직입적으로 말씀드리지요. 이 일은 우리가 반드시 성사시켜야 한다고 생각합니다." 스티브 또한 그럴 필요가 있다는 데 동의했다. 하지만 과거와 달리 그는 자신의 우세한 입장을 이용해 우리가 도저히 수용하지 못할 금액을 요구하지는 않았다. 어떤 것이든 우리가 도출하는 합의안은 픽사에 매우 유리할 것임이 자명했다. 하지만 그는 디즈니의 입장에서도 수용 가능한 범위 내에서 합의가 이루어져야 한다는 점 또한 인지하고 있었다. 스티브가 나의 솔직한 태도를 높이 평가했던 것으로 생각된다.

이후 한 달간의 협상과정에서 톰과 스티브가 가능한 재무구조를 매우 상세하게 검토했고, 그 결과 74억 달러라는 최종 가격에 도달했다(일괄 주식 거래로 픽사의 주식 1주에 디즈니 주식 2.3주를 쳐주는 방식이었다. 픽사의 현금 잔고가 10억 달러였기 때문에 디즈니의 순투자금액은 64억 달러인 셈이었다). 스티브가 탐욕을 부린 것은 아니었지만 여전히 어마어마한 액수였던 탓에 디즈니 이사회와 투자자들을 납득시키는 과정이 힘겨울 게 분명했다.

우리는 이른바 '사회 계약'에 대해서도 협상을 진행했고 디즈니가 보존하기로 약속한 문화적으로 중요한 쟁점과 사안들에 대한 2페이지

분량의 합의안을 도출했다. 그들이 원했던 것은 픽사가 예전 그대로 유지되는 느낌이었고 따라서 그런 느낌을 보호하는 데 관련된 모든 것들이 중요한 문제였다. 예를 들어, 직원들의 이메일주소는 픽사의 주소를 그대로 사용한다, 사옥에는 여전히 픽사라는 간판을 남긴다, 신입직원을 위한 그들만의 환영식과 매달 열리는 맥주파티도 그대로 유지한다 등이 거기에 해당했다.

그보다 훨씬 민감한 협상은 영화와 상품, 테마파크 놀이기구 등에 적용하는 브랜드에 관한 사안이었다. 우리가 조사한 바에 의하면 픽사의 브랜드는 이미 디즈니의 그것을 능가하고 있었다(물론 그들 또한 잘 알고 있는 사실이었다). 그러나 장기적 관점에서 본다면, 특히 존과 에드가 디즈니애니메이션의 경영을 총괄하게 될 것이므로 나는 '디즈니-픽사'가 가장 강력할 것으로 느꼈고, 결국 그렇게 합의되었다. 픽사의 마스코트로 유명한 '룩소 주니어'는 계속해서 그들이 제작하는 모든 영화의 도입부에 등장할 터였지만 순서는 '디즈니 성' 그림 다음이 될 것이었다.

영광은 먼지와 땀과 피로 범벅된 자의 몫

이제 내 앞에 놓인 난제는 이사회를 설득하는 일이었다. 나는 그들이 스티브와 존, 에드를 직접 대면하고 그들의 이야기를 직접 듣는 것이 최선의 방법이라고 생각했다. 그들 세 사람보다 더 잘 설명할 수 있는 당사자는 없었다. 2006년 1월의 어느 주말, LA에 있는 골드만삭스의 회의실에 모두 모여 앉았다. 이사회 임원 몇몇은 그때까지도 반대

입장을 고수하고 있었지만, 스티브와 존, 에드가 입을 떼는 순간 회의실에 있던 모든 사람이 얼어붙은 듯 그들에게 시선을 고정했다. 세 사람은 노트나 서류, 시각적 도구 따위를 전혀 사용하지 않았다. 그저 픽사의 철학과 그들이 일하는 방식 그리고 앞으로의 협력에 대해 이미 구상하고 있는 것이 무엇인지, 자신들은 어떤 사람들인지 등에 대한 이야기를 풀어나갈 뿐이었다.

존은 디즈니에 대한 자신의 오랜 애정과 디즈니애니메이션이 과거의 영광을 되찾기를 바라는 자신의 열망에 관해 이야기했다. 에드는 기술의 발전 방향과 디즈니-픽사에 적용할 수 있는 기술에 대한 매우 지적이고 흥미로운 발표를 했다. 이 정도 규모의 거래에서 스티브보다 더 나은 판매자를 상상하기란 결코 쉬운 일이 아닐 것이다. 그는 대기업은 좀 더 큰 리스크를 감수할 필요가 있음을 언급했고, 지금까지 디즈니가 걸어온 길과 그 경로를 근본적으로 변화시키는 데 필요한 것이 무엇인지에 대해서도 설명했다. 나에 대한 언급도 빼놓지 않았으며 (아이튠즈 콘텐츠 거래와 픽사의 문화를 보존하는 일에 관한 논의를 통해) 우리 사이에 형성된 유대관계도 강조했다. 그리고 이 황당한 아이디어를 성공작으로 만들기 위해 협력을 원하는 자신의 열망도 전달했다. 그의 발표를 지켜보면서 나는 처음으로 긍정적인 성사 가능성을 엿볼 수 있었다.

이사회는 최종 표결을 위해 1월 24일 재소집될 예정이었지만 거래의 성사 가능성에 대한 소문은 이미 퍼져나가고 있었다. 갑자기 여기저기로부터 전화가 걸려왔는데, 온통 그만두라고 말리는 사람들뿐이었다. 마이클 아이즈너 또한 그중 한 명이었다. "밥, 이건 정말 아니라고 보네." 그가 말했다. "세상에서 가장 멍청한 판단이야." 익히 들어 알고 있던 걱정의 목록들이 반복되었다. 가격이 너무 높고 너무 위험하다는 것이었다. 스티브를 디즈니로 끌어들이는 것은 재난을 자초하는 일이라고도 했다. "애니메이션은 내부의 힘으로 회복시킬 수 있다네." 마이클이 했던 말이다. "굳이 그들까지 끌어들일 필요는 없다는 말일세. 그들은 그저 평범한 수준보다 조금 더 나을 뿐이잖나." 그는 심지어 워런 버핏에게 연락을 취하기도 했다. 투자의 귀재가 어리석은 투자라고 말해준다면 디즈니 이사회의 임원 중 몇몇은 마음을 돌릴 것으로 생각했기 때문이었다. 워런 버핏이 거들고 나서지 않자 마이클은 톰 머피에게 연락해 무언가 영향력을 행사해줄 수 있을지 확인했다. 그런 다음 그는 조지 미첼에게 자신이 직접 이사회에 출석하여 발언할 수 있도록 주선해달라고 요청했다.

조지는 마이클의 요청을 나에게 통보해주었다. "조지, 설마 그렇게 할 생각은 아니죠? 이 시점에 그건 좀 아니지 않습니까?" 내가 말했다. 마이클이 회사를 떠난 지 넉 달이 지난 상태였다. 그와 디즈니의 관계는 그의 재임 마지막 날에 모두 종결된 것이었다. 마이클에게는 선뜻 수용하기 어려운 상황일 수도 있다는 점은 이해했지만, 이런 식의 간섭은 불쾌하기 그지없는 행태가 아닐 수 없었다. 본인이 CEO였던 시절에는 결코 용납하지 않았을 상황이었다.

"돈 드는 일도 아니지 않나." 조지가 말했다. "그냥 그렇게 하도록 해주게. 마이클을 정중하게 맞이하고 그가 하는 말을 들어준 다음 자네의 주장을 펼치면 되지 않겠나." 너무나 조지다운 판단이 아닐 수 없었다. 오랜 세월 상원에 몸담으며 다수당의 리더로 활동했고 북아일랜드의 평화협상을 돕기도 했던 그는 더할 나위 없이 노련한 정치인이었다. 그는 진정으로 마이클이 존중받아 마땅하다고 생각했지만 동시에 그가 외부에서 이사회에 영향력을 행사하는 골치 아픈 존재가 될 수도 있다는 사실 또한 직시하고 있었다. 그러니 차라리 그의 요청을 받아들여 이사회에서 발언할 기회를 주고 바로 그 뒤를 이어 같은 자리에서 내가 그의 주장에 반박하는 것이 낫다고 판단했던 것이다. 이사회의 의장으로서 조지가 나를 괴롭게 만든 것은 그때가 유일했다. 나로서는 그의 직감을 믿어보는 것 외에 달리 어찌할 방법이 없었다.

최종 표결을 위해 이사회가 소집된 날, 마이클도 그 자리에 참석해 자신의 의견을 내놓았다. 나와 전화통화를 하며 말했던 내용이 그대로 반복되었다. 인수금액이 너무 높고, 스티브는 상대하기 힘들고 오만한 성향의 소유자이며, 결국 통제권을 요구하게 될 것이라고 주장했다. 그리고 디즈니애니메이션은 회생 불가능한 상태가 아니라고도 했다. 그는 나를 쳐다보며 이렇게 말했다. "밥이라면 애니메이션 부문을 회생시킬 수 있을 것입니다." 나는 이렇게 말했다. "마이클, 당신도 못한 일을 제가 해낼 수 있다고 말씀하시는 겁니까?"

회의가 시작되기에 앞서 조지가 내 사무실에 들러 이런 말을 했다. "이보게, 내 생각엔 승산이 있어 보이네. 그러나 완전히 확정된 것은 아니네. 회의실에서 자네의 진심을 보여주어야만 하네. 주먹으로 테이블을 내려치는 시늉이라도 해야 할 걸세. 자네의 열정을 보여주라는 거지. 그러면서 자네를 지지해달라고 요구하란 말일세."

"그런 건 이미 다 보여준 것 같지 않나요." 내가 말했다.

"한 번 더 해야 할 것 같네."

그렇게 나는 사명을 띠고 비장하게 회의실에 들어선 것이었다. 회의실로 들어가기 전 나는 심지어 잠시 시간을 내어 시어도어 루즈벨트의 유명한 연설문인 '경기장 안에 있는 사람The Man in the Arena'을 다시 한번 훑어보기도 했다. 오랜 기간 나에게 영감을 준 연설문이었다. "중요한 것은 비평가가 아니다. 어떻게 하면 강자가 휘청거리는지, 어떻게 하면 더 잘할 수 있었는지 지적하는 사람도 아니다. 영광은 먼지와 땀과 피로 범벅된 채 실제로 경기장 안에서 뛰고 있는 자의 몫이다." 내 얼굴은 먼지와 땀과 피로 범벅이 되어 있지도 않았고 디즈니의 회의실은 혹독한 경기장도 아니었다. 그러나 나는 그곳에 들어가 리스크가 따르는 무언가를 얻기 위해 싸워야만 했다. 그들이 모두 찬성하고 좋은 결과를 만들어낸다면 나는 회사의 운명을 바꾼 영웅이 될 것이다. 하지만 그들이 모두 찬성했는데 결과가 좋지 않다면 나는 CEO의 자리를 내놓아야 할 것이다.

나는 최대한 열정적으로 발언했다. "회사의 미래가 바로 여기, 지금 이 순간에 달려 있습니다. 바로 여러분들의 손에 달려 있습니다." 지난 10월 CEO로서 처음 주재한 이사회에서 했던 말을 반복했다. "디즈니애니메이션의 성패에 회사의 명운이 걸려 있습니다. 1937년의 '백설공주와 일곱 난쟁이', 1994년의 '라이언킹'이 그것을 입증했습니다. 작금의 상황을 보십시오. 다른 방향으로 그것을 또 입증하고 있지 않습니까. 애니메이션이 다시 우뚝 서야 디즈니 전체가 동반 성장합니다. 픽사의 인수는 반드시 성사시켜야 합니다. 우리 모두의 미래가 오늘 바로 이 자리에서 시작되는 것입니다."

내가 발언을 마치자마자 조지는 표결에 들어갔다. 이사회 임원을 각각 한 명씩 알파벳순으로 호명하여 찬성 또는 반대 의견을 표명하도록 하고, 원하는 경우 발언의 기회도 제공하는 방식이었다. 회의실 안이 조용해졌다. 나는 톰 스택스, 앨런 브레이버맨과 시선을 주고받았다. 두 사람 모두 성공을 확신하고 있었지만, 그 순간의 나는 확신을 잃었다. 지난 몇 년간 이사회가 힘겨운 시기를 겪었던 만큼 리스크에 대한 혐오감이 그날의 운명을 결정지을 수도 있었다. 처음 4명은 찬성의견을 밝혔다. 다섯 번째 임원은 찬성표를 던지면서 개인적으로 나를 지지하기 때문에 찬성하는 것이라는 의견을 덧붙였다. 나머지 5명의 임원 중 2명은 반대했다. 최종적으로 '찬성 9표에 반대 2표'라는 결과가 나왔다. 디즈니의 픽사 인수는 그렇게 이사회 의결을 통과했다.

만장일치의 결과를 내놓기 위해 재투표에 붙여야 하지 않느냐는 의견을 두고 간략한 토론이 벌어졌지만, 조지가 표결과정은 투명해야 한다는 주장을 앞세워 재빨리 진화했다. 몇몇은 만장일치가 아닌 표결에 대한 대중의 인식을 우려하는 목소리를 내기도 했지만 나는 개의치 않는다고 말했다. 중요한 것은 디즈니 이사회가 승인했다는 사실이었다. 표결결과를 공개할 필요도 없었고 만약 누군가가 만장일치로 결론이 난 것인지를 물어본다면 있는 그대로 답변하면 될 일이었다(수년 후, 마이클은 픽사에 대한 자신의 생각이 틀렸음을 인정했다. 그가 보여준 품격에 감사할 따름이다).

"스티브, 나한테 지금 그 말을 하는 이유가 뭐죠?"

공식발표가 예정된 날, 나는 앨런 브레이버맨, 톰 스택스, 제니아 무차 등과 함께 에머리빌에 있는 픽사의 본사로 향했다. 스티브와 존, 에드가 우리를 맞아주었다. 주식시장이 폐장하는 태평양 표준시로 오후 1시에 맞추어 공식발표문을 배포하고 기자회견을 가진 후 픽사의 모든 임직원이 참석하는 타운홀 미팅(town hall meeting, 로비 등에서 여는 비공식적 공개회의-옮긴이)을 갖는 것이 그날의 계획된 일정이었다.

정오가 막 지났을 때, 스티브가 나를 한쪽으로 불러냈다. "잠시 산책이나 할까요." 그가 말했다. 그가 지인이나 동료와 함께 긴 산책을 즐긴다는 것은 익히 알고 있었다. 그러나 그 시점에 산책을 제안했다는 사실이 놀라웠으며 그 의도에 의문이 갔다. 나는 톰에게 그의 의도가 뭐라고 짐작되는지 물었고, 우리는 그가 결정을 번복하거나 추가로 무언가를 요구할 것이라고 추측했다.

스티브와 함께 건물을 나서며 시간을 확인했다. 12시 15분이었다. 우리는 한동안 함께 걷다가 깔끔하게 정돈된 아름다운 정원의 한복판에 있는 벤치에 나란히 앉았다. 스티브가 자신의 팔로 내 어깨를 감쌌다. 뜻밖의 제스처였지만 나쁘진 않았다. 그리고 그는 이렇게 말했다.

"지금부터 내가 하는 말은 아내 로렌Laurene과 내 주치의만 아는 사실입니다." 그는 나에게 완벽한 비밀유지를 요구한 다음 자신의 암이 재발했다고 밝혔다. 몇 년 전 그는 희귀한 유형의 췌장암 진단을 받았으며 수술 후 완치되었다고 발표한 적이 있었다. 그런데 그 암이 재발했다는 것이었다.

"스티브, 나한테 그 말을 하는 이유가 뭔가요?" 내가 물었다. "그리고 굳이 지금 말하는 이유는 무엇인가요?"

"나는 이제 곧 당신이 경영하는 회사의 최대주주이자 이사회의 일원이 될 겁니다." 그가 답했다. "당신에게 사실을 알리고 이 거래를 중단할 수 있는 기회를 주는 것이 옳다고 생각합니다."

나는 다시 시간을 확인했다. 12시 30분을 가리키고 있었다. 예정된 발표 시간까지 30분밖에 남지 않았다. 어떤 반응을 보여야 할지 선뜻 판단할 수 없었다. 나는 방금 들은 말을 이해하려고 애쓰고 있었다. 지금 알게 된 새로운 사실은 공시의무에 적용되는 대상인가? 이사회에 이 사실을 알려야 하나? 회사의 법률자문위원과 상의해도 될까? 그가 완전한 비밀유지를 요구했으니 내가 선택할 수 있는 것은 그의 제안을 받아들이든가 아니면 픽사 인수를 포기하든가 둘 중 하나밖에 없었다. 내가 그토록 원했고 디즈니에 간절히 필요한 인수였다. 마침내 나는 이렇게 말했다.

"스티브, 70억 달러가 넘는 거래를 공식발표하기로 한 시간까지 30분도 채 남지 않았네요. 이사회에 내가 뭐라고 말할 수 있을까요? 갑자기 두려워졌다고 할까요?" 그는 자기를 비난하라고, 스티브 잡스 탓으로 돌리라고 했다. 내가 되물었다. "내가 더 알아야 할 것이 있나요? 결정을 내릴 수 있게 나를 좀 도와주세요."

그는 자신의 암이 간까지 전이된 상태라면서 치료할 수 있는 확률에 대해서도 언급했다. 아들 리드Reed의 고등학교 졸업식에 참석하기 위해 할 수 있는 모든 것을 다 해볼 것이라는 말도 했다. 그렇게 얻고자 하는 시간이 4년이라는 말에 나는 망연자실해졌다. 스티브가 죽음을 눈앞에 두고 있다는 문제와 몇 분 후면 공식발표와 함께 최종적으로 마무리될 인수거래에 대한 문제를 동시에 논의한다는 것은 사실상 불가능했다.

나는 거래를 취소해도 좋다는 그의 제안을 거절하기로 결정했다. 설사 그에게 책임을 떠넘긴다고 해도 그것을 승인했을 뿐만 아니라 몇 달 동안 나의 주장을 참아준 이사회에 그 이유를 설명할 방법이 없었다. 공식발표까지 이제 10분밖에 남지 않았다. 나는 옳은 결정을 내린 것인지 여전히 확신할 수 없었지만, 이 인수거래의 핵심은 스티브가 아니라는 빠른 계산에 도달했다. 나에게는 그가 중요한 부분을 차지했지만 말이다. 그와 나는 아무 말 없이 다시 돌아왔다.

그날 오후 나는 형제처럼 신뢰하는 앨런 브레이버맨에게 스티브가 했던 말을 털어놓았다. 앨런은 나의 결정을 지지해주었고, 그것은 내게 큰 위안이 되었다. 그날 밤, 아내 윌로에게도 스티브의 소식을 전했다. 윌로는 내가 그를 알기 이전부터 그와 친분을 쌓은 사이였다. 디즈니의 CEO로 취임한 초기에 엄청난 성과를 올린 중요한 날을 축하하는 대신 우리는 슬픈 소식을 나누며 눈시울을 적셨다. 그가 나에게 어떤 말을 했든, 그리고 그가 얼마나 비장하게 암과 싸우려고 마음을 먹었든, 그에게 시간이 얼마 남지 않았다는 사실은 그저 안타깝고 두려울 수밖에 없었다.

디즈니의 픽사 인수는 태평양 표준시로 오후 1시 5분에 공식발표되었다. 스티브와 나는 기자회견을 마친 다음 픽사의 동굴 같은 아트리움의 연단에 나란히 섰다. 존과 에드도 우리 옆에 자리했다. 앞에는 거의 1,000명에 달하는 픽사의 임직원들이 서 있었다. 내가 발언하기에 앞서 누군가 룩소 전등을 나에게 건네주었다. 그날을 기념하기 위한 선물이었다. 나는 즉흥적으로 임직원들을 향해 감사의 인사를 전하며 디즈니의 성을 밝히는 데 그 전등을 사용하겠다고 말했다. 룩소 전등은 지금까지 그렇게 사용되고 있다.

10.
마블, 과감한 리스크 감수와 경이로운 성과

MARVEL AND MASSIVE RISKS THAT MAKE PERFECT SENSE

　　　　　　　　　　픽사 인수는 디즈니애니메이션을 회생시켜야만 하는 시급한 요구 때문이었다. 그것은 또한 우리가 구상한 더 큰 성장전략의 첫걸음이기도 했다. 그 전략의 핵심은 다음과 같은 3가지였다. 첫째, 고품질 브랜드 콘텐츠의 양을 늘린다. 둘째, 기술적 진보를 통해 더 흥미로운 작품을 만들어내는 능력과 그것을 소비자에게 전달하는 역량을 키운다. 셋째, 명실상부한 글로벌 기업으로 성장한다.

　　나는 톰 스택스, 케빈 메이어와 함께 우리가 설정한 이 3가지 핵심 우선사항을 완수하는 데 도움이 될 만한 기업들로 '인수대상' 목록을 작성하며 먼저 지적재산권에 초점을 맞추기로 결정했다. 우리의 사업부문 전반에 걸쳐 응용할 수 있는 탁월한 지적재산권의 소유자는 누구인가? 두 기업의 이름이 즉각적으로 떠올랐다. 바로 '마블 엔터테인먼트'와 '루카스필름'이었다. 이들 기업에 매각 의사가 있기나 한 것인지 전혀 알지 못했지만, 여러 가지 이유로(그중 하나는 조지 루카스에게 그가 직접 설립한 회사를 매각하고 '스타워즈' 유산에 대한 권한을 양도하라고 설득하는 일이 매우 어려울 것이라는 나의 확신이었다) 우리는 마블을 목록의 최상위에 올렸다.

솔직히 나는 마블 스토리의 열성팬도 아니었다. 그러나 마블이 디즈니의 영화와 TV 프로그램, 놀이공원, 소비자 상품 등에 손쉽게 접목시킬 수 있는 강렬한 캐릭터와 스토리의 보고寶庫라는 사실은 익히 알고 있었다(평생 마블 코믹스를 끼고 산 애독자가 아니더라도 말이다). 우리가 작성한 인수대상 목록에는 다른 기업들의 이름도 있었지만 '마블'과 '스타워즈'만큼 가치 있는 회사는 없었다.

접근부터 그리 간단하지 않았다. 우선, 마블은 이미 다른 제작사들과 다양한 계약에 묶여 있는 상태였다. 앞으로 나올 다수의 영화가 이미 파라마운트Paramount와 배급계약이 체결되어 있었다. '스파이더맨'의 판권은 콜롬비아픽쳐스Columbia Pictures에 매각된 상태였다(콜롬비아픽쳐스는 결국 소니Sony에 팔린다). '인크레더블 헐크'는 유니버셜이 판권을 보유했고, '엑스맨'과 '판타스틱4'의 소유권은 폭스에 있었다. 따라서 그런 식의 계약에 묶여 있지 않은 나머지 작품들의 판권을 모두 인수한다 하더라도 우리가 희망하던 이상적이고 완전한 지적재산권 확보는 불가능한 상태였다. 디즈니가 모든 캐릭터의 소유권을 보유할 길이 없었고, 그것은 결국 브랜드 정체성의 혼란과 복잡한 라이선스 문제가 대두될 가능성이 높다는 의미였다.

하지만 그보다 더 큰 장애물은 외부에 거의 알려진 바가 없는 마블의 수장, 아이크 펄머터Ike Pulmutter였다. 아이크는 이스라엘 군인 출신으로 믿기 어려울 정도로 강인한 은둔형 경영자였으며, 그래서 대중 앞에 모습을 드러내는 일도 없었고 자신의 사진이 찍히는 일도 용납하지 않았다. 그는 자금난에 처한 기업의 채무를 인수한 다음 그것을 이용해 경영권을 장악하는 방식으로 막대한 부를 축적했다. 그는 극도로 인색하다는 평판도 얻고 있었다(아이크가 사무실 쓰레기통을 뒤져 종이클립을 수거했다는 일화가 소문으로 떠돌았다). 그 외에 아이크에 대해 우리가 알고 있는 바는 거의 없었다. 그가 우리의 제안에 어떤 반응을 보일지 전혀 알 수 없었고 심지어 우리가 연락을 취했을 때 반응을 보이기나 할지 그것도 장담할 수 없었다.

아이크와 마블 코믹스의 연결고리는 1980년대 중반, 당시 마블의 소유주였던 론 페럴먼Ron Perelman이 아이크와 그의 파트너 에이비 애러드Avi Arad가 공동 소유한 완구회사 토이비즈ToyBiz의 지분 일부를 인수했던 시점까지 거슬러 올라간다. 1980년대 후반부터 1990년대 초반까지 이어진 만화수집 열풍 덕분에 마블은 엄청난 수익을 올렸다. 하지만 이후 만화 업계의 거품이 꺼지면서 손실이 누적되기 시작했다. 재무구조의 재편성과 파산 신청이 연이어 발생했고, 급기야 페럴먼과 이후 마블의 회장이 된 투자자 칼 아이칸Carl Icahn 그리고 아이크, 에이비 애러드 사이에 기나긴 권력 투쟁이 벌어지게 되었다. 1997년, 아이크와 애러드가 페럴먼과 아이칸으로부터 경영권을 빼앗아 오는 데 성공했다. 그들은 다음 해에 토이비즈와 마블을 완전히 합병해 마블 엔터프라이즈를 만들었고, 그것이 결국 마블 엔터테인먼트로 바뀐 것이다.

우리가 본격적으로 주시하기 시작한 2008년 무렵 마블은 아이크가 지배적 주주로서 CEO 역할까지 수행하는 상장회사였다. 우리는 그와 만나기 위해 6개월의 시간을 소모했지만 아무런 성과도 얻지 못했다. 대개 한 기업의 CEO가 다른 기업의 CEO를 만나는 일은 그리 어려운 일이 아닌데 아이크는 달랐다. 그는 자신이 원하지 않을 경우에는 절대 움직이지 않는 사람이었고, 워낙 베일에 감춰진 인물이었기에 그에게 직접적으로 연락을 취할 경로 또한 전무했다.

결국 그가 신뢰하는 누군가가 중재자로 나서주지 않는 한 그가 우리에게 시간을 내어줄 리 만무하다는 결론에 도달했다. 다행히 우리에게는 데이비드 메이즐David Maisel이라는 연결점이 있었다. 데이비드는 과거 디즈니의 고위간부로 일하다가 마블에 합류해 영화 부문을 돕고 있었다. 데이비드와 나는 항상 좋은 관계를 유지하고 있었고 때때로 연락을 주고받으며 서로 협력할 수 있는 가능성을 탐색하기도 했다. 그는 나에게 마블 영화의 배급사가 되어달라고 수차례 조른 적도 있었다. 하지만 나는 단순히 배급사의 역할에 그치는 데는 그다지 관심을 기울이지 않았다. 나는 데이비드에게 아이크와 만나고 싶다는 의사를 전달했고 사전에 조언해줄 것이 있는지도 물어보았다. 그는 자리를 만들어보겠다고 하면서 우리의 계획이 매우 훌륭한 발상이라고 생각한다는 말도 덧붙였다. 하지만 확실한 약조는 할 수 없으니 인내심을 갖고 기다려달라고 당부했다.

한편 케빈 메이어는 마블을 손에 넣으면 디즈니는 그야말로 무궁무진한 가능성이 열린다며 공상을 멈추지 않았다. 나는 지금까지 케빈만큼 열정적이고 집중력이 뛰어난 사람을 본 적이 없다. 그는 가치 있는 무언가를 목표로 정하면 내가 아무리 '인내심을 가지라'고 조언해도 받아들이지 못한다. 케빈은 어떻게든 아이크와 연락할 방법을 찾아야 한다고 거의 매일 나에게 열변을 토했고, 나는 데이비드가 연락을 줄 때까지 지켜보며 기다려야 한다는 말을 반복했다.

그렇게 수개월이 흘렀다. 간간이 데이비드에게서 연락은 왔지만 아직 아무것도 정해진 게 없으니 계속 기다리라는 똑같은 메시지가 전부였다. 그러다 마침내 2009년 6월, 데이비드로부터 아이크가 기꺼이 만남에 응하기로 했다는 소식이 왔다. 상황이 급변한 이유를 설명하지는 않았지만, 우리가 마블을 인수할 생각을 가지고 있다는 말로 아이크의 흥미를 유발했을 것이라 짐작된다.

은둔의 경영자, 아이크 펄머터를 만나다

데이비드의 연락을 받고 며칠 후 나는 아이크를 만나기 위해 맨해튼 미드타운에 위치한 마블 본사로 향했다. 픽사를 방문했을 때 존과 에드에게 그랬듯이 내가 그를 최대한 존중하고 있음을 보여주고 싶었기에 나는 디즈니의 경영진을 대동하지 않고 혼자서 뉴욕으로 그를 찾아갔다. 마블의 사무실은 아이크에 대한 평판을 입증하고 있었다. 검소하고 엄격한 스파르타식 사무실이었다. 그의 집무실은 협소했고 아무런 장식도 없었다. 작은 책상과 의자 몇 개, 작은 테이블과 전등이 전부였다. 값비싼 가구도, 시야가 탁 트인 전망도 없었고 벽에 걸린 것도 한두 가지에 불과했다. 누구도 그곳이 엔터테인먼트 기업 CEO의 집무실이라고 짐작할 수 없을 정도였다.

나를 대하는 아이크의 태도는 눈에 띄게 신중했지만 냉담한 태도나 내키지 않아 하는 기색은 보이지 않았다. 그는 강인한 체격으로 꽤 힘주어 악수를 했다. 내가 자리에 앉자 그는 물 한 잔과 바나나를 권했다. "코스트코에서 산 겁니다." 그가 말했다. "아내와 함께 주말이면 그곳에서 장을 본답니다." 당시 나는 데이비드가 나에 대해 혹은 내가 논의하고자 하는 바에 대해 얼마나 많은 것을 알려주었는지 전혀 알지 못했다.

어쨌든 처음 만나는 사람과 고상한 인사말을 몇 마디 나눈 후에 곧바로 당신네 회사를 인수하고 싶다는 말을 꺼낼 수는 없는 노릇이었다. 물론 내가 자신의 사무실까지 찾아온 이유는 오직 한 가지밖에 없다는 점을 아이크도 알고 있으리라 짐작했다. 하지만 우리는 먼저 각자의 과거 이력과 현재 몸 담고 있는 업계에 관해 담소를 나누었다. 그는 특히 픽사 인수에 관해 구체적으로 질문했고 나는 그들의 독특한 조직문화를 유지하는 데 주안점을 두고 진행했던 통합 과정에 관해 이야기했다. 바로 그 시점이었다. 나는 내가 그 자리에 앉은 이유를 설명하고 마블과도 그와 유사한 무언가를 추진하기를 원한다는 생각을 전달했다.

아이크는 거절하지도 않았지만 덤벼들지도 않았다. 30여 분 정도 더 대화를 이어갔고 그가 저녁시간에 자신이 즐겨 찾는 이스트 60번가의 스테이크 레스토랑인 포스트하우스Post House에서 다시 만날 것을 제안했다. 우리는 거기서 저녁식사를 하며 꽤 긴 시간 동안 이런저런 주제로 대화를 나누었다. 아이크가 운영했던 다양한 사업들에 대해서도 알게 되었고, 미국으로 건너오기 전 이스라엘 생활에 대한 이야기도 들을 수 있었다. 그는 알려진 것처럼 강인하고 자부심이 강한 사람이었다. 나는 마블 인수에 관한 내 생각을 지나치게 피력하기보다 디즈니의 전도유망한 미래에 마블이 참여할 수 있는 방법에 관한 나의 비전을 펼쳐 보이는 수준에서 대화를 이어갔다. 식사가 끝날 무렵 그가 나에게 말했다. "생각을 좀 해봐야겠습니다." 나는 다음 날 다시 연락하겠다고 대답했다.

다음 날 나는 그에게 전화를 걸었다. 아이크는 여전히 확신이 서지 않는다고 말했지만 분명 관심을 보이고 있었다. 그는 상황판단이 빠른 사업가인 만큼 디즈니와 거래가 성사되면 막대한 부를 거머쥘 수 있다는 계산 정도는 끝낸 상태였다. 그러나 그는 쇠락해져 가던 마블을 장악한 후 보란 듯이 회생시킨 장본인이기도 했다. 다른 기업의 CEO가 어느 날 불쑥 찾아와 자신의 회사를 인수해버리는 상황을 아이크가 쉽게 받아들이진 않으리라는 것이 내 판단이었다. 비록 자신은 엄청난 부자가 되리라는 것을 익히 알고 있다 하더라도 말이다.

아이크와 나는 기본적으로 성향이 매우 다르다. 디즈니가 마블을 인수한 이후 지금까지, 우리 사이에는 무수히 많은 의견 대립이 벌어졌다. 하지만 나는 그가 살아오면서 스스로 성취한 모든 것을 진심으로 존중했다. 거의 무일푼으로 미국에 와서 오직 자신의 영민함과 강인함만으로 엄청난 성공을 일구어낸 인물이 아닌가. 나는 아이크가 그의 있는 그대로의 모습과 그때까지 이루어낸 성과를 내가 높이 평가하고 있으며, 디즈니에게 자신과 회사를 안심하고 맡길 수 있다고 생각해주길 바랐다. 하지만 아이크는 기업이라는 조직구조에 쉽게 적응하거나 그가 겉치레에 치중한 인간관계라고 인식하던 이른바 할리우드식 사교성에 적절히 대응할 수 있는 사람은 아니었다. 따라서 그가 마블을 디즈니에 넘기는 데 거부감을 갖지 않게 할 방법은 그 자신이 신뢰할 수 있는 진정성 있고 솔직한 사람, 그리고 자신이 이해할 수 있는 언어로 대화를 나누는 사람과 거래하고 있다는 믿음을 갖게 만드는 것이었다.

다행스럽게도, 그 주에 윌로가 출장으로 뉴욕에 와 있던 터라 나는 아이크에게 부부동반 저녁식사를 제안했다. 윌로가 나의 비즈니스와 관련된 식사자리에 참석하는 일은 별로 없었다. 그러나 윌로는 비즈니스를 이해하고 있었고 그녀가 가진 이력과 타인에게 쉽게 다가서는 친화력은 때로 나의 비밀병기가 되어주곤 했다. 우리는 포스트하우스에서 다시 만났다(며칠 전 아이크와 내가 앉았던 바로 그 테이블이었다). 아이크의 아내 로리Laurie는 영리하고 활기 넘치는 사람이었고(공교롭게도 로리는 수준급의 브릿지 선수이기도 했다), 그녀와 윌로 덕분에 그날 저녁 우리는 부드럽고 편안한 대화를 즐길 수 있었다. 비즈니스에 관련된 대화는 없었다. 아이크 부부에게는 우리가 어떤 사람인지, 어떤 것을 중요하게 여기는지 알 수 있는 기회였고, 마찬가지로 우리도 그들에 대해 알 수 있는 자리가 되었을 뿐이다. 아이크는 드러내어 말하지 않았지만, 그날 저녁 자리가 파할 무렵 나는 그가 긍정적인 방향으로 기울기 시작했다는 것을 확신할 수 있었다.

디즈니가 마블 인수를 검토한 것이 사실 그때가 처음은 아니었다. 내가 마이클 밑에서 일하게 된 초기에 임원들이 모인 점심식사 자리에서 그가 마블 인수 아이디어에 대해 운을 떼본 적이 있었다. 몇몇 간부들이 마블은 지나치게 전위적이라 디즈니 브랜드를 손상시킬 우려가 있다는 이유를 들며 즉시 반대했다. 당시에는 (내부적으로, 그리고 이사회 임원들 사이에도) 디즈니는 일체화된 단일 브랜드로 조직 내의 모든 사업부가 그 하나의 우산 아래 존재하는 게 마땅하다는 인식이 깔려 있었다. 나는 마이클이 그들보다 현명하다는 것을 알았지만 브랜드에 대한 부정적 반응이 나오거나 브랜드 관리가 제대로 이루어지지 않고 있다는 의견이 나올 때마다 그는 그것을 인신공격으로 받아들였다.

다른 무엇보다 미라맥스Miramax와의 관계가 그에게는 걸림돌이었다. 디즈니는 1993년 마이클이 하비 와인스타인Harvey Weinstein과 밥Bob 형제에게서 인수한 미라맥스와 성공적이기는 하나 종종 껄끄러워지는 파트너십을 유지하고 있었다(그들과의 파트너십은 마이클이 여전히 CEO로 재직 중이던 2005년에 종료되었고 그로부터 7년 후 우리는 해당 사업 전체를 매각했다). 그 기간 동안 미라맥스는 약 300편의 영화를 발표했다. 그중 몇몇 작품들이 비평가들에게 호평받으며 성공을 거두고 상당한 수익을 안겨주었지만, 나머지는 손실을 기록했다. 예산과 영화의 내용을 두고 와인스타인 형제와 심각한 다툼도 종종 벌어졌다. 특히 마이클 아이즈너가 디즈니에서 배급하기를 거부했던 마이클 무어Michael Moore 감독의 '화씨 9/11'이 대표적인 사례였다. 그렇게 미라맥스와의 이런저런 불화는 그칠 줄 몰랐고 아카데미 수상작들이 나왔음에도 그들과의 관계는 결코 원만해지지 않았다.

미라맥스가 잡지 〈톡Talk〉을 창간해 엄청난 손실을 기록한 1999년도의 사례는 당시의 상황을 제대로 보여주었다. 그들은 마이클이 건투를 빌어주기도 전에 티나 브라운Tina Brown과 잡지 제작에 전념을 쏟았고 시작부터 대실패였다. 나는 미라맥스와의 관계에 직접적으로 연관된 업무를 맡은 적이 없었지만, 그로 인해 마이클이 내부적으로나 공개적으로 곤경에 처하곤 한다는 사실은 알 수 있었다. 미라맥스가 재정적 책임을 다하지 못하고 있다는 이사회의 질책을 감당해야 하는 것에 더하여 와인스타인 형제와의 다툼은 지속적으로 스트레스를 유발하는 원천이었다. 특히 재임기간 중 마지막 수년 동안은 그로 인한 압박이 더욱 가중되었고, 마이클은 지쳐가고 경계심이 더해가는 모습을 드러냈다. 그런 상황에서 마블 인수에 대한 자신의 아이디어에 몇몇 임원들이 반발하자 더 이상 강하게 밀어붙이지 못했던 것은 어쩌면 지극히 자연스러운 반응이었을 것이다. ABC를 인수한 지 얼마 지나지도 않은 시점이었으니 또 다른 기업을 인수하는 일은 그리 시급한 사안이 아니었던 이유도 있었다.

CEO의 지위를 승계한 나에게 주어진 가장 우선적 임무는 디즈니 브랜드와 디즈니애니메이션의 회생이었다. 픽사 인수로 존과 에드가 애니메이션 부문의 경영을 맡게 된 터라 그 문제는 해결책을 마련한 것이나 다름없었다. 디즈니애니메이션에 대한 걱정이 줄자 내게는 다른 인수계획을 추진할 수 있는 여력이 생겼다. 그 대상이 명백히 '디즈니스러운' 기업이 아니어도 상관없었다. 사실 나는 안정성만을 추구하지 않으려고 의도적으로 노력했다. 픽사 인수도 엄청난 리스크를 감수한 경우였다.

어쩌면 더 크게 성장하기 위한 무리한 사업 추진보다는 한동안 디즈니의 색깔을 그대로 유지하는 편이 훨씬 수월했을지도 모른다. 그러나 돌이켜보건대 픽사가 디즈니의 일부가 되고 3년이 지난 시점에는 엔터테인먼트 업계에 전보다 훨씬 더 극적인 변화가 일었다. 그 점만 보더라도 야심차게 사고하며 우리의 동력을 활용해 스토리텔링 브랜드의 포트폴리오를 확장하는 것이 그 무엇보다 중요했다는 것을 알 수 있다.

오히려 마블 인수와 관련해 내가 가지고 있던 걱정은 디즈니보다 확연히 급진적인 기업의 인수를 경계하던 사람들의 그것과는 정반대였다. 마블이 디즈니에 미칠 영향이 아니라 마블의 충성 팬들이 디즈니와 같은 기업의 일부가 된다는 사실에 어떤 반응을 보일 것인지에 대한 걱정이 앞섰다는 뜻이다.

디즈니가 마블을 인수한다면 그들이 가진 가치 중 일부가 훼손될 가능성이 있는가? 케빈 메이어와 팀원들이 그 질문에 대한 답을 얻기 위한 조사를 실시했다. 케빈과 나는 수개월에 걸친 논의 끝에 2개의 브랜드가 각각의 개성을 유지하도록 독립적으로 관리해 나갈 수 있다는 확신에 도달했다. 2개의 각기 다른 브랜드가 서로에게 부정적인 영향을 미치지 않으면서 공존할 수 있다는 확신이 들었다.

아이크를 위해 일하던 마블의 핵심인물들 가운데 일부는 당연히 디즈니에 인수합병된다는 사실에 불안감을 느꼈다. 나는 그들 중 몇 명을 버뱅크로 초청해 직접 만났고 디즈니가 캐피털시티즈를 인수했을 당시의 내 경험을 자세히 설명하며 회사가 다른 기업에 먹히는 기분이 어떤지 충분히 이해한다는 말로 그들을 안심시키고자 노력했다. 그리고 예전 스티브와 존, 에드와의 협상 과정에서 수차례 반복했던 문장을 다시 한번 언급했다.

"디즈니가 지금의 마블을 인수해서 마블이 아닌 다른 무언가로 바꿔놓는다면, 이 세상에 그것만큼 어리석은 짓거리는 없을 겁니다."

"밥, 이게 당신에게 중요한 일인가요? 정말 마블을 원해요?"

아이크가 좀 더 진지하게 협상을 시작하겠다는 의사를 명확히 밝히자마자 톰 스택스와 케빈 메이어는 팀원들과 함께 마블의 현재 가치와 잠재적 가치를 평가하기 위한 철저한 조사과정에 착수했다. 독립기업으로서의 가치와 디즈니의 자회사로 편입되었을 때의 가치, 2가지를 모두 평가하여 적정 수준의 인수금액을 산출하기 위한 작업이었다. 마블의 자산과 채무, 계약상의 장애물에 관한 완전한 회계자료, 인적자원 그리고 디즈니로 흡수되는 과정에서 대두될 수 있는 쟁점 등 모든 사항이 검토대상이었다. 우리 팀은 향후 출시 가능한 영화들과 그에 따른 예상 흥행수익을 다년간의 시나리오로 작성했고, 디즈니의 놀이공원, 출판, 소비자 상품 부문에서 마블의 비즈니스를 성장시킬 수 있는 방안도 수립했다.

픽사 인수가 성사된 시점부터 스티브는 디즈니 이사회의 임원이자 최대주주가 되었고, 나는 중대한 사업적 결정을 내릴 때마다 전체 이사회에 안건을 상정하기에 앞서 그와 먼저 의논하고 조언이나 지지를 구하곤 했다. 이사회는 스티브의 의견을 중요하게 생각하고 있었다. 그만큼 그를 존중한다는 의미였다. 마블과의 협상을 본격화하기에 앞서 나는 쿠퍼티노로 가서 스티브와 점심식사를 함께 하며 마블 인수계획을 자세히 설명했다. 스티브는 평생 한 번도 만화책을 읽어본 적이 없다고 했다("비디오 게임도 싫지만, 만화책은 더 싫어합니다." 그가 나에게 했던 말이다). 그래서 나는 내가 직접 만들어 들고 간 마블 캐릭터 사전을 보여주었다. 마블의 세계관을 스티브에게 설명하고 우리가 인수하려고 하는 대상이 어떤 회사인지 정확히 알려주기 위해서였다. 그는 나의 마블 캐릭터 사전을 10초 정도 쳐다보더니 한쪽으로 밀쳐내며 이렇게 물었다.

"밥, 이게 당신에게 중요한 일인가요? 정말 마블을 원해요? 마블이 또 하나의 픽사인가요?"

픽사 인수 이후 스티브와 나는 좋은 친구가 되었다. 굳이 일 때문이 아니어도 이따금 가벼운 만남도 가지고 1주일에 수차례 전화통화도 했다. 인접한 하와이안 Hawaiian 호텔에서 함께 휴가를 즐길 때는 긴 시간 동안 해안가를 산책하며 아내와 아이들, 음악에 관한 사담을 나누거나 애플과 디즈니, 그리고 사업적 협력이 가능한 부분 등에 관한 가벼운 대화를 나누기도 했다.

스티브와 나의 관계는 사업적 관계 그 이상이었다. 함께 보내는 시간은 서로에게 엄청난 즐거움을 안겨주었고 서로 어떤 말이든 다 할 수 있다고 느꼈다. 아무리 솔직하게 심경을 털어놓아도 상처 입지 않을 정도의 깊은 우정을 나누고 있었다는 얘기다. 중년이 되어 그 정도의 우정을 맺는 일은 그리 흔치 않다. 내가 CEO로 재직하던 기간을 돌이켜보며 가장 감사하고 놀라운 일이 무엇이었나 생각해보면 스티브와의 우정도 손가락에 꼽힌다. 그는 나에 대한 비판을 서슴지 않았고 내가 그의 의견에 동의하지 않은 적도 많았지만, 우리 둘 중 누구도 감정이 상하지는 않았다.

무수히 많은 사람들이 나에게 스티브를 디즈니로 끌어들이는 것은 최악의 수라고 경고했었다. 스티브가 나를 포함한 모든 사람들을 괴롭힐 것이기 때문에 그렇다는 것이었다. 그럴 때마다 나는 항상 같은 대답을 했었다. "스티브 잡스가 우리 회사에 들어오는 일이 어떻게 나쁜 일이 될 수 있습니까? 그로 인해 내가 대가를 치러야 한다 하더라도 말입니다. 스티브 잡스가 회사 경영에 영향력을 행사하는 것을 원치 않을 사람이 어디 있다는 말입니까?" 나는 그가 어떻게 행동할 것인가에 대해서 걱정하지는 않았다. 만약 그가 도를 넘는 행동을 한다면 내가 나서서 제지할 수 있을 것으로 확신했기 때문이다. 그는 사람에 대한 판단이 빨랐고, 비판할 때는 꽤 가혹하기도 했다. 그는 모든 이사회 회의에 빠짐없이 참석했고 열성적으로 참여했다. 그리고 필요한 경우 여느 이사회 임원과 마찬가지로 객관적인 비평을 내놓곤 했다. 그의 행동으로 인해 내가 곤란을 겪었던 적은 거의 없었다. 말 그대로다. 전혀 없었던 것은 아니었지만, 거의 없었다.

언젠가 그에게 올랜도에 있는 '아트오브애니메이션Art of Animation' 호텔을 구경시켜준 일이 있다. 3,000여 개의 객실을 갖춘 엄청난 규모의 호텔이었지만 우리가 보유한 여타의 호텔들에 비해 저렴한 수준의 가격 정책을 시행하고 있었다. 그 호텔의 가격 대비 품질은 내가 자랑스러워하던 부분이었기에 문을 연 지 얼마 지나지 않은 시점에 스티브와 함께 이사회 워크숍 참석 차 올랜도를 찾았을 때 데려와 보여준 것이었다. 우리는 함께 호텔로 들어섰다. 주위를 둘러본 스티브가 단호하게 말했다.

"정말 형편없군요. 무슨 호텔이 이래요?"

"스티브, 이곳은 아이들과 함께 디즈니월드를 찾고 싶지만 하룻밤 숙박료로 수백 달러를 지불할 여력이 없는 사람들을 위한 호텔이에요. 1박에 90달러만 내면 되고 시설도 괜찮은 데다 깨끗하고 쾌적한 숙소라 할 수 있지요."

"나는 잘 모르겠군요." 그가 대꾸했다. 대부분의 사람들은 가격 대비 품질과 세심한 디자인에 경의를 표했지만 스티브는 그런 대부분의 사람들에 속하지 않았다. 그는 자신만의 시각으로 그 호텔을 평가하고 있었다.

"물론 당신을 위한 호텔은 아니지요." 내가 말했다. "일부러 보러오게 해서 미안하군요." 나는 그의 우월의식에 다소 화가 나기도 했지만, 그것이 어쩔 수 없는 그의 본모습이라는 점 또한 이해하고 있었다. 그가 만들어내는 제품은 늘 최고의 품질을 지향했으며 반드시 누구나 감당할 수 있는 수준의 가격표를 붙여야 할 필요도 없었다. 그는 사람들이 부담스러워하지 않을 가격에 맞추기 위해 품질을 희생하는 경우가 결코 없었다. 그때 이후로 나는 그와 유사한 어떤 것도 그에게 보여주지 않았다.

'아이언맨 2'가 개봉되었을 때 스티브는 아들과 함께 영화를 관람한 후 다음 날 나에게 전화를 걸어왔다. "어제 저녁에 리드와 함께 영화를 보고 왔어요." 그가 말했다. "형편없더군요."

"그래요? 의견은 감사히 받을게요. 그런데 그 영화가 벌써 7,500만 달러의 수익을 거둬들인 건 알고 있나요? 이번 주말에는 그 숫자가 엄청나게 불어날 거예요. 스티브, 내가 당신의 비평을 가볍게 여기는 것은 아니지만, 이 영화는 성공작이에요. 당신이 일반 관객에 속하지 않는 것뿐이지요." 물론 나 역시 '아이언맨 2'로 오스카상 수상을 예상할 사람은 아무도 없다는 것을 알고 있었지만, 그가 자신이 언제나 옳다고 생각하도록 내버려두고 싶지 않은 마음이 더 컸다.

그로부터 얼마 후, 그러니까 2010년도 디즈니 주주총회에서 법률자문위원 앨런 브레이버맨이 나에게 다가와 이렇게 말했다.

"이사회 임원 4명에 대해 엄청난 반대표가 나왔습니다."

"얼마나 엄청나다는 말인가요?"

"1억 주가 넘습니다." 그가 말했다.

당혹스러웠다. 기껏해야 2~4%의 반대표가 나오는 것이 통상적이었다. 1억 주는 그 정도를 훨씬 뛰어넘는 수준이었다. 무언가 잘못된 것이 틀림없었다.

"1억 주라고요?" 나는 재차 확인했다. 당시 회사는 매우 순탄하게 굴러가고 있었고 이사회 임원들도 대체로 존경받고 있었다. 내가 아는 한 대중적인 비난도 없었고 그런 사태가 벌어질 것을 예상할 만한 경고도 없었다. 도대체 말이 안 되는 상황이었다. 잠시 후, 앨런이 말했다.

"제 생각엔 스티브인 것 같습니다."

그가 보유한 주식이 그 정도였다. 그런 그가 동료 임원들에게 반대표를 행사한 것이다. 투표결과를 발표하기 바로 전날의 일이었다. 4명의 임원이 엄청난 보류 투표를 얻었다는 사실을 발표하는 일은 홍보부서의 악몽이 아닐 수 없었다.

나는 곧장 스티브에게 전화를 걸었다.

"4명의 임원들에게 반대표를 행사했나요?"

"네, 내가 그랬어요."

"무엇보다도 어떻게 나에게 먼저 한마디 상의도 없이 그럴 수 있나요? 상황이 아주 안 좋은 것으로 비칠 일이잖아요. 주주들에게 공식적으로 어떻게 설명해야 할지 잘 모르겠군요. 해당 임원들에게는 또 뭐라고 해야 하나요? 결국엔 당신이 반대표를 행사한 사실이 드러날 거예요. 더욱이 그들은 모두 훌륭한 임원들이잖아요! 그런 사람들에게 반대표를 행사한 이유가 도대체 뭔가요?"

"그 사람들은 자리만 차지하고 있다는 생각이 들어서요." 그가 말했다. "아주 맘에 들지 않는 사람들이에요." 나는 그 4명의 임원들을 변호하기 시작했다. 하지만 즉시 그런 것이 스티브에게 통할 리 없다는 것을 깨달았다. 자신의 판단이 틀렸다는 얘기를 받아들일 스티브가 아니었다. 나는 대신 그 시점에 이사 4명을 교체하는 조치의 불합리성을 강조했다.

"내가 어떻게 하길 원해요?" 마침내 그가 말했다.

"투표를 번복해주세요."

"그렇게 할 수도 있나요?"

"네."

"좋아요, 당신에게 중요한 일이라고 하니 번복하도록 하죠. 하지만 이것만 알아두세요. 나는 내년에도 그 사람들에게 반대표를 던질 겁니다."

결과적으로 스티브는 자신이 말한 바를 실천에 옮기지 못했다. 다음 해 주주총회가 개최될 무렵 그의 병세가 심각해져 다른 것들에 집중해야 했기 때문이다. 이러한 몇몇 사례를 제외한다면 스티브는 훌륭하고 관대한 비즈니스 파트너이자 현명한 조언자였다.

어쨌거나 마블에 관한 그의 질문에 나는 '또 하나의 픽사인지는 확신할 수 없다'고 답했다. 하지만 마블은 훌륭한 인적자원과 풍부한 콘텐츠를 보유한 기업이기 때문에 우리가 그 지적재산권을 갖게 되면 여타 경쟁사들과의 간격을 상당히 넓힐 수 있을 것이라고 강조했다. 나는 그에게 아이크에게 연락해 나와 디즈니에 대해 확신을 심어줄 용의가 있는지 물었다.

"좋아요." 스티브가 말했다. "이 인수가 옳다고 당신이 생각한다면 내가 아이크와 통화를 하지요." 그는 마블과 같은 기업에 투자할 사람이 아니었다. 그러나 그는 나를 믿었고, 나를 돕고 싶은 마음이 만화책과 슈퍼히어로 영화를 싫어하는 마음보다 훨씬 컸다.

다음 날, 그는 아이크에게 전화를 걸어 한참 동안 대화를 나누었다. 아이크조차 깊은 인상을 받았으며 동시에 스티브 잡스가 직접 자신에게 연락을 해왔다는 사실에 우쭐한 기분이 들었을 것이다. 스티브는 아이크에게 픽사의 매각이 기대 이상의 성과를 낳았는데, 그 이유는 내가 약속을 지켰고 픽사의 브랜드와 사람들을 존중해주었기 때문이라고 말해주었다.

훗날, 마블 인수가 완료된 이후 아이크는 당시에 여전히 의구심에 빠져 있었는데 스티브와의 전화통화로 큰 변화가 생겼다고 밝혔다. "그가 말하길 당신은 자신이 한 말을 반드시 지키는 사람이라고 하더군요." 아이크가 했던 말이다. 나는 스티브가 가장 영향력 있는 이사회 임원으로서가 아니라 친구로서 나를 위해 나서준 것에 깊이 감사했다. 이따금 나는 그에게 이렇게 말하곤 했다. "당신이 최대주주이니 이런 부탁을 안 할 수가 없군요." 그럴 때면 그는 항상 이렇게 대꾸했다. "나를 그런 식으로 생각하면 안 돼요. 그건 모욕이거든요. 난 그저 좋은 친구일 뿐이에요."

아이크와 처음 만나고 2~3개월이 지난 2009년 8월 31일, 디즈니가 40억 달러에 마블을 인수한다는 사실을 공식적으로 발표했다. 사전에 정보가 새어나가지도 않았고 인수 가능성을 내다보는 언론보도도 없었다. 우리는 공식발표부터 한 다음 다가올 후폭풍에 대비했다. '마블은 자신들만의 독특함을 상실하게 될 것이다', '디즈니는 순수함을 버렸나', '40억 달러를 쓰면서도 스파이더맨은 확보하지 못했다'는 등의 제목을 단 기사들이 쏟아져 나왔다. 공식발표를 한 당일에 디즈니의 주가는 3% 하락했다.

마블 인수를 공식발표하고 나서 얼마 지나지 않았을 때였다. 오바마 대통령이 재계의 리더들을 모아 백악관 로즈가든에서 작은 오찬을 열었다. 컴캐스트의 브라이언 로버츠, 포드Ford의 앨런 멀러리Alan Mulally 등을 비롯한 여러 CEO들이 그 자리에 참석했다. 오찬을 즐기면서 다양한 비즈니스 분야에 대해 서로 대화를 나누던 중 대통령이 자신은 매우 열성적인 마블 팬이라고 언급했다. 만찬이 끝난 후 브라이언과 내가 함께 차를 타고 백악관을 나서게 되었다. 차 안에서 브라이언이 나에게 이런 질문을 했다. "마블의 가치가 어디에 있다고 생각하십니까?" 나는 끝없이 생겨나는 지적재산권이라고 대답했다. "이미 주인이 따로 있는 것들 아닌가요?" 일부는 그렇지만 그것 말고도 아주 많다고 내가 말했다. 브라이언은 자신이 얼마 전 GEGeneral Electric의 CEO 제프 임멜트Jeff Immelt와 얘기를 나누었다고 말했다. GE는 NBC유니버설의 소유주이기도 했다(얼마 지나지 않아 컴캐스트가 NBC를 인수한다). 제프가 디즈니의 마블 인수는 뜬금없는 일이라고 말한 것이 틀림없었다. "어쨌든 만화책에 나오는 캐릭터 한 무더기를 40억 달러에 인수하는 것은 도통 이해가 안 가는군요." 그가 말했다. "이 업계를 떠나고 싶은 마음까지 들 정도입니다."

나는 웃음을 지어 보이며 어깨를 으쓱했다. "두고 보면 알게 되겠지요." 다른 회사의 CEO들이 뭐라고 하든 나에겐 중요하지 않았다. 우리는 철저한 사전조사를 수행했고 시간이 지나면 2개의 브랜드가 어렵지 않게 공존할 수 있을 것이라 확신했다. 또한 마블의 세계관에는 대부분의 사람들이 인지하지 못하는 심오함이 담겨 있다는 사실도 알고 있었다. 조사과정에서 우리는 약 7,000개에 달하는 마블 캐릭터들의 자료 일체를 수집했다. 스파이더맨을 데려올 수 없고 여타 제작사들에 귀속된 권리를 포기해야 하더라도 우리가 캐어낼 수 있는 광맥은 여전히 깊고 풍부했다. 콘텐츠와 인재는 여전히 마블에 속해 있었다. 실제로, 케빈 파이기Kevin Feige가 이끄는 마블스튜디오의 제작진들은 자신들의 장기적 전망을 '마블 시네마틱 유니버스Marvel Cinematic Universe' 즉 'MCU'라고 표현했다. 그들이 해야 할 일은 아직도 많이 남아 있었고, 다수의 영화 속에서 여러 캐릭터들이 서로 연관되는 구상을 포함한 케빈의 전체 계획은 이후 10년 동안 사업을 이어가기에 충분했으며 내게는 매우 탁월한 비즈니스 기회로 보였다.

창작자 집단을 경영하는 가장 지혜로운 방법

마블을 흡수하는 과정은 신속하고 수월했다. 아이크는 뉴욕에 주재하며 계속해서 경영을 맡았다(그중에서도 특히 출판, TV, 영화 사업부문의 경영을 챙기고 있었다). 케빈 파이기는 여전히 캘리포니아의 맨해튼비치에 머물며 전처럼 아이크에게 업무보고를 했다. 초기에는 이런 구조가 제대로 작동하는 것처럼 보였다. 적어도 표면적으로는 그랬다. 영화는 계속 성공을 거두었고, 우리가 터무니없는 실수를 범하거나 예상치 못한 외부의 사건에 허를 찔리지 않는 한 마블의 가치는 예상했던 것보다 훨씬 높아질 것이란 사실이 가시화되기까지 그리 긴 시간이 소요되지 않았다.

그런데 마블의 운영방식을 좀 더 자세히 이해하게 되자 마블의 본사인 뉴욕 사무실과 케빈이 총괄하는 캘리포니아의 영화제작 부문 간의 역학관계에 문제가 있음을 알게 되었다. 영화 사업은 흥미진진하면서도 동시에 사람을 미치게 만드는 일이기도 하다. 여타의 전통적인 비즈니스와 그 운영방식이 다르다는 뜻이다. 다른 무엇도 아닌 오직 직감에 따라 끊임없이 승부를 걸어야 하는, 모든 것에 리스크가 따르는 비즈니스다. 훌륭한 아이디어와 그것을 실현해줄 최고의 팀을 가지고 있더라도 통제할 수 없는 수많은 이유로 추진 중이던 프로젝트가 궤도를 이탈한다. 대본이 제때 안 나올 수도 있고, 감독과 제작진 사이에 불화가 생길 수도 있다. 때로는 감독과 제작자의 견해가 서로 다른 방향으로 흐르기도 하며, 갑자기 경쟁작이 나와 예상을 뒤엎는 일이 발생하기도 한다. 할리우드의 화려함에 빠져들어 사업적 관점을 망각할 수도 있고, 또 그만큼 쉽사리 그에 대한 혐오감으로 사업적 관점을 망각할 수도 있다. 나는 지금까지 2가지 경우 모두를 수없이 목도했다.

어느 쪽이든 나는 뉴욕의 마블 팀과 LA의 케빈 팀 사이에 점점 고조되는 긴장을 감지하고 있었다. 스튜디오의 예산관리는 뉴욕 사무실의 업무였다(그렇기에 비용과 리스크에 대한 불안감을 떨칠 수 없었을 것이다). 그러나 그들은 할리우드의 문화로부터 멀리 떨어져 있었기 때문에 창작 과정의 난제에 대해서는 그다지 민감하지 않은 것 같았다. 영화를 만드는 사람들, 특히 창의성을 발휘해야 하는 프로듀서에게 '보다 적은 예산으로 보다 좋은 영화를 만들라'고 압박을 가하는 것을 무조건 고약한 경영방식으로 볼 수는 없다. 스튜디오에서도 비즈니스의 재무적 현실을 인지할 필요가 있다. 때로는 제작비용이 감당할 수 없을 정도로 커질 수 있으며, 계약 협상에는 종종 엄격한 기준을 적용할 수밖에 없고, 영화로 인한 경제적 손실을 방지하기 위해 신중을 기해야 할 재무적 의사결정 사항이 무수히 많다는 사실을 모두가 알아야 한다. 물론 적정선을 지키는 일이 쉽지 않은 것도 사실이다. 어쨌든 비즈니스 측면에서 영화를 만드는 사람들이 견뎌내야 하는 압박에 너무 무관심하고 창작 프로세스와 관련해 과도한 요구만 한다면 어떤 결과가 초래되겠는가? 나는 그런 식의 압박이 해로운 결과를 낳는 경우를 종종 보았다.

케빈은 업계에서 가장 실력이 뛰어난 영화감독 중 한 사람이다. 나는 뉴욕 본사와의 부담스러운 관계가 그의 지속적인 성공에 위협이 되고 있음을 감지했다. 내가 나서야 할 때였다. 2015년 5월, 나는 마블의 영화제작 사업부를 분리하여 월트디즈니스튜디오에 편입해 앨런 혼Alan Horn에게 맡기기로 결정했다. 이제 케빈은 앨런에게 직접 업무보고를 하게 되고, 앨런의 경험으로부터 배우는 것도 있을 터였다. 그와 마블의 뉴욕 본사 간에 쌓여가던 긴장감 또한 자연스럽게 해소될 것이었다. 전환 과정은 생각처럼 쉽지 않았지만 걷잡을 수 없는 상황으로 번질 수도 있었던 긴장 상태는 궁극적으로 제거된 셈이었다.

직원을 해고하거나 맡고 있던 업무를 빼앗는 것은 보스의 입장에서 가장 힘겨운 일임에 틀림이 없다. 나 또한 지금까지 유능한 직원들에게 나쁜 소식을 전해야만 했던 경우가 수차례 있었다. 그중 몇몇은 개인적으로 친하기도 했고, 내가 그 자리에 임명했지만 더 이상의 발전을 기대할 수 없었던 사람들도 있었다.

누군가에게 해고를 알리는 훌륭한 각본이란 것은 있을 수 없겠지만 나에게는 내가 정한 나름의 원칙이 있다. 반드시 직접 대면해 전달한다는 것이다. 전화통화는 안 된다. 특히 이메일이나 문자 메시지로 해고를 통보하는 것은 절대 금물이다. 상대방의 눈을 똑바로 보면서 통보해야만 한다. 다른 누군가를 핑계 삼아서도 안 된다. 그러한 결정은 보스인 내가 내리는 것이며(그 사람에 대한 결정이 아니라 그 사람의 업무성과에 대한 결정을 의미한다) 그들 또한 그것이 보스의 결정이라는 사실을 알아야 할 필요가 있고 알아야 마땅하다.

해고 통보를 하기 위한 자리에서 한담을 나누는 것도 바람직하지 않다. 나는 대개 이런 말로 대화를 시작한다. "지금 이 자리에 부른 것은 매우 어려운 말을 꺼내기 위해서입니다." 그런 다음 가능한 한 단도직입적으로 내용을 전달하려고 노력한다. 명확하고 간결하게 이유를 설명하고 내가 앞으로도 변화가 없을 것이라고 생각하게 된 이유도 알려준다. 어려운 결정이었음을 강조하고, 당사자의 상황은 내가 겪은 어려움보다 더 힘겨우리라는 점을 충분히 이야기한다. 그런 상황에서 흔히 기업들이 써먹는 완곡한 표현법이 있지만, 내 생각에 그것은 듣는 사람을 더욱 불쾌하게 만든다.

해고를 통보하는 대화는 고통스럽지 않을 수 없다. 하지만 적어도 솔직할 수는 있지 않은가. 솔직하게 의사를 전달하면 받아들이는 사람 입장에서는 최소한 그런 결과에 이르게 된 이유를 이해하고 궁극적으로 다음 행보를 준비하는 데 참고할 수 있다. 불같이 화를 내며 그 방을 나선다 하더라도 말이다.

사실 앨런 혼이 지금 디즈니스튜디오의 책임자 자리에 있는 것은 내가 전임자인 리치 로스Rich Ross를 해고했기 때문이었다. 리치 로스는 마블 인수 직후 내가 직접 그 자리에 앉힌 인물이었다. 당시 나는 과감하고 보기 드문 선택을 했다고 생각했다. 리치에게는 영화제작 경험이 전무했던 대신 디즈니 채널을 놀랍도록 훌륭하게 경영한 성과가 있었다. 다수의 프랜차이즈 프로그램을 성공시켰을 뿐만 아니라 디즈니의 여러 사업부문에서 다양한 브랜드들을 성공적으로 조율한 공로도 있었다. 어린이 TV 사업을 전 세계로 확장시킨 성과도 이루어냈다. 문제는 내가 영화제작 스튜디오를 책임지는 자리로 도약하는 일의 어려움을 과소평가한 데 있었다. 부분적으로는 나 자신이 영화 비즈니스의 복잡성을 완전히 이해하지 못한 것도 원인이었다. 나는 대담한 선택을 내리기에 급급했고, 리치가 결속력이 강한 할리우드의 문화를 헤쳐나간 경험은 전무해도 이전과는 다르면서도 필수적인 일련의 업무기술을 직무에 적용할 수 있을 것으로 생각했다.

지난 세월 나의 결정으로 인한 '인사 참사'가 몇 차례 있었는데, 리치 문제도 그중 하나였다. 나는 항상 톰 머피와 댄 버크에게 깊이 감사하는 마음으로 살아간다. 그들은 내가 특정 사업에서 성공을 거두었다는 이유로 다른 사업에서도 성공할 것이라 믿고 연이어 중역을 맡겼다. 나의 역량을 무한히 신뢰해준 셈이다. 나는 그 두 사람과 같은 심정으로 리치를 등용했지만 그 전환의 과정은 그에게 과도한 부담이 되었고, 한 번 수면 아래로 가라앉은 이후로 그는 도무지 떠오를 기미를 보이지 못했다.

리치가 책임을 맡고 2년여 동안 영화제작 실적이 너무나 저조했다. 디즈니 내부는 물론 외부의 영향력 있는 협력자들조차 리치를 더 이상 신뢰하지 않게 되었고, 결국 그가 영화 사업부를 책임지고 있다는 사실에 대해 공개적으로 불만을 제기하기에 이르렀다(아이크도 리치에 대해 가장 강경하게 불만을 표하는 축에 속했다). 스튜디오의 경영상황을 살펴보더라도 제대로 돌아가는 일이 많지 않았고 내 직감이 틀렸다는 사실만 점점 더 명백해지고 있었다. 현재 상황을 개선하기 위해 보다 많은 자원과 노력을 투입하는 대신 그리고 과거에 내린 의사결정에 대해 방어적 자세를 취하는 대신, 나는 피해를 최소화하고 실수로부터 교훈을 얻은 후 다음 단계로 넘어가야만 했다. 그것도 신속하게 말이다.

리치가 디즈니스튜디오의 회장으로 재직했던 짧은 기간 중 언젠가 워너브라더스의 공동 회장직을 수행하던 밥 달리Bob Daly가 나에게 전화해 앨런 혼에게 리치의 멘토 역할을 부탁하면 좋을 것이라고 조언했다. 당시 앨런은 워너브라더스의 사장 및 COO의 직책에서 밀려난 상태였다. 그때 그의 나이가 68세였다. 과거 10여 년간 '해리포터' 시리즈를 포함해 여러 영화의 대성공에 기여한 공로가 컸지만 타임워너Time Warner의 CEO 제프 뷰케스Jeff Bewkes가 좀 더 젊은 리더에게 스튜디오를 맡기는 바람에 밀려난 것이었다.

밥 달리가 리치의 멘토로 앨런을 추천했을 당시 앨런은 여전히 워너브라더스와 계약관계에 묶여 있는 상태였다. 그러나 1년 후 리치가 그 자리에 오래 머물 가능성이 없다는 사실이 업계 모두에게 분명해지자 밥은 다시 한번 나에게 연락을 취해 리치의 후임으로 앨런을 고려해 볼 것을 촉구했다. 나는 앨런에 대해 아는 바가 거의 없었지만 그의 업적에 대해서는 존경심을 가지고 있었다. 그리고 업계 내부는 물론 외부에서 그가 얻고 있는 평판도 존중했다. 아울러 자의에 반한 은퇴가 그에게 모욕적이었을 것이란 사실도 인지했다. 나는 그와 조찬을 갖고 조만간 리치의 후임을 찾아야 할 필요성에 대해 설명했다. 그날 이후 수차례 만남을 이어가는 과정에서 명확해진 점은, 앨런이 아직 왕성하게 활동하고자 하는 의욕을 불태우고 있다는 사실이었다. 그러나 그와 동시에 새로운 무언가를 시도하다가 엉망진창인 결과로 이어져 경력 말기에 또 다른 오점을 남기게 되는 것을 경계하기도 했다. 그 자신도 다른 곳으로 옮겨 일을 뜻대로 풀어내지 못하는 상황만큼은 결코 만들고 싶지 않다고 말했다.

"저 역시 또 다른 실수를 감수할 여력이 없습니다." 내가 말했다. 그 후로 수개월 동안 앨런과 나는 그가 디즈니스튜디오의 새로운 수장이 될 수 있는 가능성을 놓고 논의를 이어갔다. 그의 질문 중 하나는 자신이 맡은 사업부에 대해 내가 얼마나 관여할 것인가였고, 나는 회사 내부의 누구도 내 동의 없이 대규모 프로젝트를 추진할 수는 없다고 대답했다.

"예컨대 놀이공원과 리조트 사업부를 맡고 있는 책임자는 나의 승인 없이 2억 달러짜리 놀이기구를 설치할 수 없습니다." 내가 말했다. "영화도 마찬가지입니다." 워너브라더스와의 관계가 그리 보기 좋게 끝난 것은 아니었지만 그곳에서 앨런은 거의 완전한 재량권을 누린 바 있었다. CEO인 제프 뷰케스에게 영화 사업에 관여하고 싶은 마음이 있었다 하더라도 그는 4,800km나 떨어진 뉴욕에 있었다. "저는 고작 10m 거리에 있습니다." 내가 앨런에게 했던 말이다. "그리고 저는 영화 사업부에 매우 많은 관심을 갖고 있습니다. 최종적으로 마음을 정하기에 앞서 당신이 맡을 사업부의 일에 분명히 내가 관여하게 될 것이란 점을 염두에 두시기 바랍니다. 99%는 원하는 대로 사업을 이끌고 나갈 수 있을 것입니다. 그러나 완전한 자율권은 허락할 수 없습니다."

결국 앨런은 내 제안에 동의했고, 2012년 여름 디즈니스튜디오의 책임자로 부임했다. 내가 앨런에게 기대한 것은, 단지 지금까지 업계에 종사한 경험만으로 영화제작 관계자들과 우호적인 관계를 재형성하는 것은 아니었다. 그에게는 스스로 입증해야 할 무언가가 있었고, 나는 그 부분에도 기대를 품었다. 그는 실로 활기를 불어넣을 역량을 보유하고 있었고 그가 책임을 맡은 이후 그의 에너지와 집중력 덕분에 디즈니 스튜디오는 환골탈태할 수 있었다.

이 책을 집필하는 지금, 그는 75세의 나이에도 여전히 업계의 누구보다 활기 넘치고 기민하게 활동하며 나의 기대를 뛰어넘는 수준으로 성공을 구가하고 있다(10억 달러 이상의 흥행수익을 기록한 20편이 넘는 디즈니 영화 중에서 거의 3/4이 앨런의 지휘 하에서 개봉되었다). 함께 일하는 모두에게 앨런은 품위 있고 친절하며 솔직하고 협력적인 파트너로 인식되고 있다. 이것이 내가 앨런을 영입하면서 얻은 또 하나의 교훈이다. "일을 잘하는 것에 더하여 인성도 바른 사람들로 주변을 채우라." 누가 윤리적 결함이나 혹은 미처 생각지 못했던 또 다른 면을 드러낼지 예측하는 것은 결코 쉬운 일이 아니다. 최악의 경우, 회사에 심각한 피해를 입힌 행위에 대해 조치를 강구해야 할 때도 있다. 보스에게는 피할 수 없는 일이다. 따라서 보스는 언제나 사람을 쓸 때 정직함과 청렴

성 부분을 유심히 살펴야 하고 누구에게든 그것을 요구해야 한다. 그리고 결함이 발견되면 그 즉시 조치를 취해야 한다.

세상의 모든 편견을 깨부순 '블랙 팬서'의 성공

마블 인수는 우리가 기대했던 가장 낙관적인 예측을 뛰어넘는 수준의 성공을 낳고 있다. 이 글을 쓰는 지금도 디즈니가 개봉한 20번째 마블 영화인 '어벤저스: 엔드게임'이 개봉 첫 주 기록으로는 사상 최고치를 경신하는 기록을 세우고 있다. 지금까지 디즈니에서 나온 마블 영화를 종합적으로 평가하면 평균 10억 달러(한화로 약 1조 2,000억 원—옮긴이) 이상의 총 흥행수익을 올린 것으로 나온다. 놀이공원과 TV, 소비자 상품 부문 전반에 걸쳐 마블 캐릭터들의 인기를 실감할 수 있다. 그중 일부는 전혀 예측하지 못했던 방식으로 인기를 누리고 있을 정도다.

회사 전체에 미치는 영향과 대중문화에 미치는 파급력은 흥행수익을 훨씬 넘어서고 있다. 2009년 이래로 나는 케빈과 앨런 그리고 몇몇 임원들과 함께 마블 영화의 제작과 개봉에 대한 회의를 분기마다 열고 있다. 그 자리에서는 진행 중인 프로젝트는 물론 아직은 아이디어 수준에 그치는 작품들도 논의한다. 향후에 소개할 가능성 있는 캐릭터들에 대해 깊이 있게 논의하고 점차 확대되고 있는 마블 시네마틱 유니버스에 추가할 수 있는 속편과 프랜차이즈에 대해서도 의견을 나누며 출연 배우와 감독, 다양한 스토리의 교차접목 방안에 대해서도 숙고한다.

나는 종종 회의에 앞서 내가 만든 마블 사전을 들여다보곤 한다. 캐릭터에 깊이 몰입하며 영화제작까지 고려할 정도로 호기심을 자극하는 무언가가 있는지 타진하기 위해서다. 케빈이 아이크에게 직접 보고를 하고 뉴욕의 마블 팀에서 의사결정을 담당하던 시기에 이루어진 한 회의에서 내가 다양성의 문제를 제기한 적이 있다. 그때까지 마블의 영화는 대부분 백인 남성 캐릭터를 중심으로 스토리가 전개되는 형식을 취하고 있었다. 그 부분에 변화가 필요하다는 내 생각을 케빈에게 밝히자 케빈도 동의했지만 뉴욕의 마블 팀에서 회의적인 반응을 보일 것이라고 염려했다. 나는 마블 팀에 내 의견을 피력했고 팀원 중 한 명이 이렇게 대답했다. "여성 슈퍼히어로는 흥행에 크게 성공한 적이 없습니다." 그들은 또한 전 세계의 관객들이 흑인 히어로는 원하지 않을 것이라는 의견도 제시했다.

나는 그런 식의 진부한 관념이 실체적 진실이라고 믿지 않았기에 마블의 영화에 주인공으로 등장시킬 수 있는 캐릭터를 다시 조사해보자고 제안했다. '캡틴 아메리카: 시빌 워'의 대본에 삽입될 예정이었던 '블랙 팬서'를 언급한 것은 케빈이었고, 나와 앨런 또한 곧 흥미를 느꼈다. 배우는 영화 '42'에서 최초의 흑인 메이저리거 재키 로빈슨Jackie Robinson 역할을 맡아 상당한 호평을 받았던 채드윅 보스만Chadwick Boseman으로 결정되어 있었다. 그는 사람을 강하게 끌어당기는 매우 매력적인 배우였고 주도적인 마블 캐릭터를 맡기기에 손색이 없다는 생각이 들었다.

비슷한 시기에 마블의 TV 및 만화책 사업부를 담당하고 있던 댄 버클리Dan Buckley에게서 타네하시 코츠Ta-Nehisi Coates가 블랙 팬서가 주인공인 만화의 대본을 집필 중이라는 말을 전해 들었다. 개인적인 의견이지만 타네하시 코츠는 미국 현대 문학계에서 가장 영향력 있는 작가 중 한 명이었다. 나는 댄에게 그 원고를 받아서 읽기 시작했고, 정교한 스토리텔링과 캐릭터에 깊이를 더한 타네하시 특유의 작법에 놀라움을 금치 못했다. 나는 그 만화에 완전히 빠져들었으며 끝까지 읽기도 전에 '블랙 팬서'를 반드시 실행해야 할 나의 마블 프로젝트 목록에 올렸다.

흑인이 주인공인 슈퍼히어로 영화는 흥행에 성공할 수 없다는 회의적 견해는 단지 뉴욕의 마블 팀만의 것이 아니었다. 흑인 위주의 등장인물로 구성된 영화나 흑인이 주인공인 영화는 대부분의 글로벌 시장에서 역시 성공한 적이 없었다는 것이다. 이는 할리우드의 지배적 견해이기도 했다. 때문에 흑인이 주도하는 영화의 제작이나 흑인 배우에 대한 캐스팅은 매번 제한적으로 이뤄졌고, 제작이 결정된 이후에도 흥행수익 측면에서 리스크를 낮추기 위해 예산이 삭감되기 일쑤였다.

나 역시 영화 업계에서 오래 전부터 내려온 그런 주장에 대해 익히 알고 있었지만, 그것이 변화한 세상과는 맞지 않는 낡은 주장에 지나지 않는다는 것도 깨달은 지 오래였다. 그런 편견에 연연해서는 더더욱 안 될 일이었다. 뒤집어보면 우리에게는 훌륭한 영화를 만들어 대표자가 불충분한 소수집단에 자긍심을 심어줄 기회가 있는 셈이었다. 그리고 그런 목표는 상호 배타적인 것도 아니었다. 나는 아이크에게 전화를 걸어 그런 선입견을 버리고 '블랙 팬서'와 '캡틴 마블' 제작에 착수하라고 지시했다.

다행히 아이크는 나의 요구에 귀를 기울였다. '블랙 팬서'의 제작은 즉시 시작되었고, 그다음은 '캡틴 마블'이었다. 두 영화 모두 흥행수익이 저조할 것이라는 모든 선입견을 보기 좋게 잠재웠다. 이 글을 쓰는 현재 '블랙 팬서'는 슈퍼히어로가 등장하는 모든 영화를 통틀어 네 번째로 높은 수익을 기록한 영화가 되었고, '캡틴 마블'은 열 번째 순위를 차지했다. 두 작품 모두 우리에게 10억 달러가 훨씬 넘는 수익을 안겨주었고, 글로벌 시장에서도 기대 이상의 성공을 거두었다. 하지만 이 두 영화가 이루어낸 문화적 성과는 그보다 훨씬 중대한 의미를 지닌다.

돌비 극장Dolby Theatre을 가득 메운 관객들과 함께 '블랙 팬서' 시사회를 관람했던 경험은 내게 잊지 못할 순간이었다. 그전까지는 원본을 검토하기 위해 집에서 혼자 보거나 스튜디오에서 직원들 몇 명과 함께 본 것이 전부였다. 우리가 무언가 특별한 것을 만들어냈다는 것은 알고 있었지만 실제로 그것이 대중에게 어떻게 전해질 것인가는 속단할 수 없는 문제였다. 그럼에도 나는 전 세계 관객들과 그것을 공유하고 그들의 반응을 직접 보고 느끼고 싶어 안달이 났다. 그날 밤 극장을 가득 채운 에너지는 영화가 시작되기 전부터 이미 열광적이었다. 예전에 없던 역사적인 무언가가 이제 곧 눈앞에서 펼쳐질 것이라는 기대감이 느껴질 정도였다. 영화는 그런 모든 기대를 충족하고도 남았다.

그 이후, 그 어느 때보다 많은 전화통화와 편지가 쇄도했다. 스파이크 리Spike Lee, 덴젤 워싱턴Denzel Washington, 게일 킹Gayle King은 직접 내게 연락을 해왔다. 나는 조감독을 시켜 영화의 사본을 오바마 대통령에게 전달했고, 얼마 후 대통령과 직접 통화했을 때 그 영화가 얼마나 중요한지 잘 알고 있다는 말을 들었다. "모든 면에서 경이로운 작품"이라는 오프라 윈프리의 편지도 받았다. 그녀는 "흑인 어린 아이들이 앞으로 영원히 그 영화를 마음속에 간직하며 자랄 것이라는 생각에 눈물이 쏟아졌습니다."라고 덧붙였다.

어쩌면 '블랙 팬서'보다 더 자랑스러운 작품은 없을지도 모른다. 개봉 첫 주가 지난 후, 나는 내가 느끼는 그 영화에 대한 자부심을 회사의 모든 직원들과 공유할 필요가 있다는 생각이 들어 사내에 다음과 같은 글을 돌렸다.

친애하는 임직원 여러분,

'블랙 팬서'에 관한 기분 좋은 소식을 공유하며 "와칸다 포에버Wakanda forever!"로 인사말을 대신하지 않을 수가 없군요!

마블의 '블랙 팬서'는 영화 역사상 손에 꼽힐 만한 걸작입니다. 감동과 공감을 불러일으키며 다양한 측면에서 성공을 거두었고, 수백만의 관객을 동원하였으며 흥행수입 최대 예상치를 훌쩍 넘어섰습니다. 연휴 주말 동안 미국 내에서만 2억 4,200만 달러라는 사상 최고의 흥행 기록을 달성했고 개봉 4일간의 기록으로는 역대 2위 자리를 차지했습니다. 오늘까지 전 세계적으로 4억 2,600만 달러의 흥행 기록을 올리고 있는데, 아직 다수의 주요 시장에서는 개봉도 하지 않은 상태라는 점을 참고하기 바랍니다.

'블랙 팬서'는 즉각적으로 하나의 문화현상으로 부상했습니다. 업계의 오랜 선입견을 깨뜨렸을 뿐 아니라 각계각층에 토론을 촉발하며 반향을 불러일으켰습니다. 더불어 거의 전 연령대의 사람들에게 영감을 부여하고 있습니다.

이토록 경이로운 회사의 CEO로서 나는 여러 경로를 통해 우리가 만들어내는 결과물에 대한 피드백을 받고 있습니다. 지금까지 12년 동안 이 자리에 있으면서 '블랙 팬서'만큼 이렇게 진정한 열광과 찬사, 존중, 감사가 압도적으로 쇄도하는 경우는 경험하질 못했습니다. (…) 이것은 다양한 목소리와 시각 그리고 사회의 모든 분야를 우리의 예술과 엔터테인먼트에 반영하는 것이 얼마나 중요한 일인지 잘 보여주고 있습니다. 아울러 이 영화의 성공은 우리 회사의 적극적인 의지와 역량, 헌신적 노력을 입증하고 있습니다. 담대한 사업과 창의적 주도권을 옹호하는 우리의 의지, 혁신적 비전을 완벽하게 실현하는 우리의 역량, 그리고 히어로와 롤모델, 믿을 수 없을 정도로 훌륭한 스토리텔링에 목말라 있는 전 세계 관객들에게 놀라운 즐거움을 제공하기 위해 쏟는 우리의 헌신적 노력 말입니다.

11.
스타워즈

STAR WARS

　　　　　　　　　마블 인수의 성과를 스티브도
함께 즐길 수 있었더라면 얼마나 좋았을까. 아마도 그는 영화 자체에
대해서는 그리 관심을 기울이지 않았을지 모르지만(그렇더라도 '블랙 팬
서'와 '캡틴 마블'이 업계의 케케묵은 선입견에 정면으로 도전해 승리한 부분은
높이 평가했을 것이다), 자신이 아이크를 디즈니에 끌어들이는 데 중요한
역할을 한 것에 대해 그리고 디즈니 안에서 마블 브랜드가 이렇게 번성
한 결과를 내놓은 것에 대해 뿌듯해했을 것이다.
　스티브가 세상을 떠난 이후로 성공을 만끽하는 순간마다 나는 '그
와 함께 누리면 얼마나 좋을까' 하는 생각이 불현듯 떠오르곤 했다. 상
상 속에서 그와 나누는 대화를 멈출 수 없는 만큼 현실에서도 그것이
가능하길 바라는 마음이 간절하다.
　2011년 여름, 스티브와 그의 아내 로렌은 LA의 우리 집을 방문해
우리 부부와 함께 저녁식사를 했다. 당시 스티브의 병세는 말기에 이르
러 있었다. 형편없이 수척해진 것은 말할 것도 없었고 겉으로 보기에도

심한 통증에 시달리고 있음을 알 수 있을 정도였다. 기력이 없어 보였고 목소리는 낮고 거칠었다. 그럼에도 그는 우리 부부와 함께 저녁시간을 보내길 원했다. 수년 전 우리가 이루어낸 성과를 자축하고 싶은 이유도 있었을 것이다. 우리는 식탁에 둘러앉아 식사에 들어가기에 앞서 와인으로 축배를 들었다. "우리가 해낸 일을 좀 보세요." 그가 말했다. "두 회사를 구한 겁니다."

우리 네 사람은 모두 눈시울을 적셨다. 그것이 바로 가장 따뜻하고 진정성 있는 모습의 스티브였다. 그는 픽사가 디즈니의 일부가 아니었다면 불가능했을 방식으로 번창했고, 디즈니는 픽사의 합류로 새로운 활력을 얻었다고 확신했다. 나는 픽사 인수계획을 실천에 옮기던 초기에 나누었던 대화와 처음 그에게 전화를 걸던 순간의 긴장감을 떠올리지 않을 수 없었다. 고작 6년 전의 일인데도 아주 오래전처럼 느껴졌다. 이후 스티브는 내 인생에서 사업상으로나 개인적으로나 매우 중요한 사람이 되었다.

와인잔을 들며 나는 아내 윌로를 차마 쳐다볼 수 없었다. 윌로와 스티브 사이의 친분은 1982년으로 거슬러 올라간다. 당시 스티브는 젊고 자신만만하며 전도유망한 애플의 창업자 중 한 명이었다. 스티브는 윌로의 오랜 친구였고, 그런 친구가 지금 몹시 수척해지고 쇠약해진 모습으로 죽음을 목전에 두고 있었다. 그런 그의 모습을 지켜보는 것이 윌로에게 얼마나 고통스러운 일인지 나는 충분히 짐작하고도 남았다.

2011년 10월 5일, 그가 세상을 떠났다. 팰러앨토의 묘지에서 치러진 장례식에는 25명 정도의 사람들이 모였고 그의 관을 둘러싸고 사각

형 모양으로 촘촘히 붙어 섰다. 스티브의 아내 로렌이 누구든 마지막으로 하고 싶은 말이 있는지 물었다. 나는 그를 떠나보내는 순간을 위한 추도문을 준비하지 않았지만, 수년 전 픽사 인수를 공식발표하기 직전 함께 산책에 나섰던 기억을 꺼내놓았다.

그때 알게 된 사실은 회사의 법률자문위원인 앨런 브레이버맨과 아내 윌로를 제외하고는 그 누구에게도 발설한 적이 없었다. 그와 함께 산책했던 그 순간이야말로 그가 어떤 사람이었는지를 가장 잘 설명해주는 것이리라. 나를 한쪽으로 불러내던 그의 손짓, 넓은 정원을 함께 걸었던 것, 한쪽 팔로 내 어깨를 감싸며 자신의 병세를 털어놓던 순간, 그것이 나는 물론 디즈니에도 영향을 미칠 것이기에 내가 그 끔찍한 소식을 사전에 알아야 한다고 말하던 그의 모습, 철저히 솔직함을 지키고 싶어 하던 자세, 아들이 고등학교를 졸업하고 성인으로서의 삶을 시작하는 모습을 지켜봐야 하기에 그때까지는 살아야 한다는 말을 할 때의 감정까지…, 그날의 기억들이 주마등처럼 머리를 스쳤다.

장례를 마친 후 로렌이 나에게 다가와 이런 말을 했다.

"처음 드리는 말씀인데요. 아까 말씀하신 그날 저녁에 스티브가 제게 한 말이 있어요." 로렌은 그날 스티브가 귀가한 후에 두 사람이 이런 대화를 나누었다고 말해주었다. "저녁식사를 마치고 아이들이 각자 자기 방으로 들어간 다음 제가 스티브에게 물었죠. '말했어요?' '응. 말해주었지.' 그래서 제가 이렇게 물었죠. '그 사람을 믿을 수 있을까요?'"

로렌과 나는 스티브의 무덤을 등지고 서 있었다. 조금 전 자신의 남편을 땅속에 묻고 돌아선 로렌이 나에게 선물을 준 셈이다. 이후 나는 거의 매일같이 그날 스티브가 했다던 대답을 떠올리며 살아오고 있으니 말이다.

"제가 스티브에게 당신을 믿을 수 있는지 물었다니까요." 로렌이 말했다. "그랬더니 스티브가 이렇게 말하더군요. '응. 아주 맘에 드는 친구야.'"

나 역시 그렇게 느꼈었다.

"내 부고기사는 '스타워즈의 창시자'로 시작될 거요."

마블 인수와 관련해 스티브와 논의하기 위해 쿠퍼티노를 찾았을 때 그는 다른 기업의 인수도 계획하고 있는지 물었다. 루카스필름을 언급하자 그가 이렇게 말했다. "조지와 직접 전화통화를 하면 될 거예요." 스티브가 조지 루카스로부터 픽사를 인수한 이후로 둘은 절친한 친구 사이가 되었다. "혹시 알아요? 조지도 관심을 보일지 모를 일이에요. 언제 한번 조지의 목장으로 찾아가 점심식사라도 같이 하도록 하죠."

결국 우리는 그 점심식사를 함께 하지 못했다. 얼마 지나지 않아 스티브의 병세는 심각해졌고, 그가 디즈니의 사업에 관여하는 일도 줄어들었다. 마블 인수작업이 완료된 이후로 루카스필름은 언제나 우리가 점찍어둔 인수대상 1순위였다. 나는 줄곧 어떻게 하면 조지 루카스의 심기를 불편하게 만들지 않으면서 그가 창조한 놀라운 세계를 우리에게 넘기지 않겠느냐고 제안할 수 있을지 궁리하고 있었다.

디즈니는 과거 1980년대 중반, 마이클 아이즈너가 CEO로 재직하던 초기에 조지와 라이선스 계약을 맺은 바 있다. 디즈니의 놀이공원

내에 '스타워즈'와 '인디애나 존스'를 주제로 한 놀이기구와 볼거리를 설치하기 위해서였다. 그리고 2011년 5월, 1년여에 걸친 재정비 작업을 마치고 디즈니월드와 디즈니랜드에 '스타워즈' 테마파크의 개장을 준비 중이었다(테마파크의 이름은 '스타투어Star Tour'였다). 나는 조지가 디즈니와 이매지니어링팀 지인들에 대한 호의로 테마파크의 재헌정을 위해 올랜도로 간다는 소식을 듣고 그와 동행하기로 결정했다. 이따금 예외적인 경우를 제외하고 놀이공원 내의 테마파크 개장식은 대개 놀이공원과 리조트 사업부의 책임자에게 맡겨두는 편이었다. 그러나 나는 이번 기회에 조지에게 인수계획을 넌지시 내비치고 그가 매각에 관심을 가지고 있는지 알아볼 심산이었다.

사실 조지와 나의 인연은 예전 ABC엔터테인먼트 시절로 거슬러 올라간다. '트윈 픽스'의 성공 덕분에 할리우드에서 이름을 날리던 유명 감독들이 ABC와 TV 시리즈를 함께 제작하고 싶다는 의사를 전달해오기 시작했다. 조지를 만나게 된 것도 그때였다. 당시 그는 세계를 여행하는 젊은 인디애나 존스의 모험담을 드라마로 만들자고 열심히 설명했다. "각각의 에피소드는 하나의 역사 교육이 될 겁니다." 조지가 했던 말이다. 주인공 인디Indy가 처칠이나 프로이드, 드가, 마타하리 같은 역사적 인물들을 직접 만나 소통하는 내용이었다. 나는 거의 즉각적으로 그의 아이디어를 승인했고, 1992년 매주 월요일 밤에 방영되던 '먼데이 나이트 풋볼'에 앞서 '젊은 인디애나 존스 연대기'를 편성했다. 방영 초기에는 엄청난 시청률을 기록했지만, 시간이 지나면서 역사 수업에 대한 시청자들의 관심은 줄어들었고 자연히 시청률도 하락했다. 하지만 조지는 자신이 약속한 모든 것을 성실히 이행했다. 그런 이유로, 그리고 그가 조지 루카스였기 때문에 나는 시즌 2로 다시 한번 시청자들의 사랑받을 기회를 제공하는 것이 마땅하다고 판단했다. 결과적으로 시즌 2 역시 기대만큼 인기를 끌지는 못했지만, 당시 조지는 그런 기회를 갖게 된 데 깊이 고마워했다.

올랜도에서 스타투어의 재헌정식이 예정되어 있던 날, 나는 디즈니월드의 할리우드 스튜디오 파크 근처에 있는 브라운더비Brown Derby에서 그와 함께 조찬을 나눌 준비를 했다. 브라운더비는 점심시간 이전에는 문을 열지 않는 식당이었다. 나는 조지와 조용한 분위기에서 대화를 나누기 위해 특별히 아침식사를 준비해달라고 요청했다. 조지와 그의 약혼녀 멜로디 홉슨Mellody Hobson이 도착했을 때 두 사람은 식당 안에 다른 사람이 아무도 없는 것을 보고 적잖이 놀랐다. 우리의 아침식사 시간은 즐거운 대화와 함께 이어졌고, 대화 중간에 내가 회사의 매각을 고려해본 적이 있는지 그에게 물었다. 나는 명확하고도 단도직입적으로 내 의사를 전달하면서 동시에 그가 불쾌감을 느끼지 않도록 하기 위해 노력했다. 당시 그의 나이는 68세였다. 나는 그에게 이렇게 말했다.

"저는 운명론자는 아닙니다만, 조지, 만약 이런 대화를 원치 않으신다면 그만하라고 제지하셔도 됩니다. 그대로 받아들이고 단념하겠습니다. 하지만 이것이 테이블에 올려놓고 고려해볼 만한 가치가 있다고 생각하신다면, 앞으로 어떻게 될지 같이 한번 판단해주시길 바랍니다. 당신의 뒤를 이어 회사를 이끌어갈 후계자가 아직 없는 상황으로 알고 있습니다. 있다 하더라도 그들은 회사를 장악하려 할 뿐 이끌어나가려 하지는 않을 겁니다. 이제 누가 당신의 유산을 보호하고 또 존속시켜 나갈 것인지 결정해야 하지 않겠습니까?"

내가 말을 하는 동안 그는 고개만 끄덕였다. "사실 매각에 대해서 제대로 생각해본 적은 없지만…." 그가 말했다. "하지만 당신이 틀린 말을 한 것은 아니에요. 만약 내가 회사를 매각하겠다고 마음을 먹으면, 구매자는 다른 누구도 아닌 바로 디즈니가 될 겁니다." 그는 '젊은 인디애나 존스 연대기' 시절을 회상하며 시청률이 저조함에도 불구하고 내가 시즌 2 제작을 승인했던 것을 매우 고맙게 여겼다고 말했다. 그리고 픽사 인수 이후 디즈니가 픽사를 어떻게 이끌어왔는지에 대해서도 말했다. 분명 스티브와 조지는 그에 관한 대화를 나누었을 터였다. "참 잘했더군요." 그가 말했다. "배려든, 관리든, 운영이든, 모자람이 없어요. 혹시라도 마음을 먹는다면 내가 전화할 사람은 당신밖에 없을 겁니다."

그러면서 한마디를 덧붙였는데, 이후에 이어진 대화 내내 내 머릿속에서 빠져나가질 않았다.

"내가 죽으면 내 부고기사는 '스타워즈의 창시자 조지 루카스…'라는 말로 시작될 거요."

그만큼 스타워즈가 자신의 삶에서 차지하는 부분이 크다는 의미였고, 나 또한 그것을 모르지 않았다. 그러나 내 눈을 바라보며 그렇게 말하는 조지의 모습은 마치 우리의 대화에서 가장 중요한 핵심이 무엇인지를 강조하는 듯했다. 그것은 기업을 인수하기 위한 협상이 아니라 조지의 유산을 지켜나갈 관리자가 되기 위한 협상이었다. 협상을 진행하는 과정에서 항상 그 점에 특별한 주의를 기울여야만 했다.

그렇게 플로리다에서 조지와 대화를 나눈 후에, 나는 내가 먼저 다시 그에게 연락을 하지는 말아야겠다고 마음먹었다. 앞서 마블과 픽사를 인수한 이유와 마찬가지로 우리의 미래전략에 완벽히 부합하는 루카스필름의 인수에 열의를 불태웠던 케빈 메이어를 비롯한 디즈니의 몇몇 중역들은 크게 실망했다. 하지만 협상을 진전시킨다면 그것은 반드시 그가 원하기 때문이어야 했다. 나는 그렇게 조지에 대해 내가 갖고 있던 존중과 애정을 표했고, 오직 그 자신의 결정에 따라 좌우될 문제라는 점을 그가 알아주길 바랐다. 그래서 우리는 기다리기로 했다. 그날의 조찬으로부터 7개월쯤 지났을 무렵 조지로부터 전화가 왔다. 그는 이렇게 말했다.

"점심이나 같이 하면서 지난번 올랜도에서 했던 얘기를 마저 나눠보기로 하지요."

우리는 디즈니 본사가 있는 버뱅크에서 점심식사를 함께 했다. 나는 조지가 대화를 주도하도록 배려했다. 그는 곧바로 본론으로 들어가 그날 나와 나누었던 대화를 곰곰이 생각해봤고, 루카스필름을 매각하는 문제를 좀 더 심각하게 다룰 준비가 되었다고 말했다. 그러면서 '픽사와 같은 거래조건'을 원한다고 했다. 나는 거래의 추진에 그가 마음을 열었다는 사실에 흥분을 감추지 못했지만, 동시에 그가 말한 '픽사와 같은 거래조건'이 무엇을 의미하는지도 이해했기에 이후의 협상과정이 결코 쉽지 않으리라는 점 또한 분명히 알 수 있었다.

디즈니에게 루카스필름이 잠재적으로 상당한 가치가 있을 것이라는 사실은 이미 감지한 상태였지만, 그렇다고 74억 달러를 투자할 대상은 아니었다. 적어도 당시 디즈니의 분석결과에 따르면 그랬다. 픽사의 경우, 인수를 위한 사전조사가 진행되던 당시에 이미 6편의 영화가 제작 과정에 있었고 각 영화의 개봉시기를 충분히 예측할 수 있었다. 요컨대, 매우 신속하게 수익창출이 가능했다는 의미다. 또한 픽사 인수와 함께 그에 속해 있던 세계 최고의 엔지니어들과 노련한 감독, 예술가와 작가 그리고 영화제작에 필요한 제반 여건 등 모든 요소들을 고스란히 넘겨받을 수 있었다. 물론 루카스필름에도 인재가 많았지만 대부분이 기술 전문가들이었고, 조지 한 사람 외에는 이렇다 할 감독이 없었다. 우리가 조사한 바에 의하면 당시 개발이나 제작 단계에 들어간 영화도 없었다.

우리는 루카스필름의 가치를 산출하기 위한 사전작업도 진행했고 케빈과 내가 인수금액을 결정하기 위해 수차례 의견도 나누었지만, 결론에 도달할 수 없었다. 루카스필름은 상장회사가 아니었기 때문에 그들의 재무정보에 접근할 수 없었고, 우리가 모르거나 알 수 없는 부분이 너무나 많았다. 일련의 추측을 토대로 도출된 분석결과에 의존해 그들이 소장하고 있는 영화와 TV 프로그램, 출판 및 라이선스 자산, '스타워즈'로 대표되는 브랜드, 특수효과 사업부문인 인더스트리얼 라이트 앤드 매직Industrial Light and Magic 등의 가치를 산정하는 재무 모델을 구축할 수밖에 없었다. 인더스트리얼 라이트 앤드 매직은 조지가 자신의 영화에 화려한 특수효과를 집어넣기 위해 수년 전 설립한 회사였다.

다음 순서로 루카스필름을 소유했을 때 디즈니가 할 수 있는 사업에 대한 계획을 수립했지만, 그 역시 순전히 추정에 불과했다. 우리는 인수 이후 초기 6년 동안 2년마다 1편씩 스타워즈 영화를 제작해 개봉할 수 있을 것으로 내다봤다. 하지만 개발 단계에 들어간 것으로 알려진 작품이 없었기에 시작하기까지 상당한 시간이 소요될 터였다. 이와 같은 분석작업이 이루어진 것이 2012년 초반이었다. 따라서 인수가 신속하게 진행되기만 한다면 디즈니의 첫 번째 '스타워즈'를 2015년 5월경에 개봉할 수 있었고, 2017년과 2019년에 각각 1편씩 출시할 수 있을 터였다. 다음으로 영화 개봉에 따르는 전 세계 흥행수익을 산출해보았다. 이 또한 상당 부분 추정에 그칠 수밖에 없었다. 7년 전인 2005년에 마지막으로 나온 '스타워즈: 시스의 복수'의 자료를 근거로 산출했기 때문이다. 케빈이 이전에 개봉된 모든 루카스필름 영화에 대한 평가와 수익을 정리해 자료를 만들었다. 우리는 초기 6년간 개봉할 3편의 영화로 적어도 10억 달러의 전 세계 흥행수익을 거둘 수 있을 것이란 결론에 이르렀다.

이어서 우리는 루카스필름의 라이선스 사업을 살펴보았다. '스타워즈'는 어린이들, 특히 아직도 레고Lego의 밀레니엄 팔콘Millennium Falcons을 조립하고 제다이Jedi의 광선검을 휘두르며 노는 남자 어린이들 사이에서 여전히 인기가 높았다. 루카스필름의 라이선스 사업을 디즈니의 소비자 제품 사업과 접목한다면 꽤 높은 수준의 가치 창출을 기대할 수 있었다. 그러나 그들이 라이선스 사업으로부터 거두어들이는 실제 수익은 알 수가 없었다.

마지막으로, 이미 세 군데의 디즈니 놀이공원에서 '스타투어' 테마파크를 운영하며 루카스필름에 그 저작권료를 지불하고 있던 사실을 감안해 인수 이후 우리의 놀이공원에 적용할 수 있는 사업에 대한 계획도 수립했다. 사실 나는 어떤 놀이기구와 볼거리를 들여놓을 것인지에 대해 원대한 꿈을 품고 있었지만, 거기에는 그리 큰 가치를 부여하지 않기로 결정했다. 아직 우리가 알지 못하는 부분이 너무 많았기 때문이다.

번번이 결렬되던 협상을 구원한 것

조지에게는 루카스필름이 픽사만큼의 가치가 있었을지 모르지만 부족한 정보를 토대로 얻은 우리의 분석결과에 따르면 현실은 그렇지 않았다. 언젠가는 그 정도의 가치를 보유한 기업이 될 수도 있겠지만, 그런 수준에 도달하려면 실로 수년간의 노력이 필요할 것이었다. 그것도 계속 훌륭한 영화를 제작해야 그럴 수 있었다. 나는 조지에게 모욕감을 안겨주고 싶지 않았지만 그렇다고 거짓말로 그를 유혹하고 싶은 마음도 없었다. 협상에 들어갈 때 가장 경계해야 할 것은, 그저 분위기를 좋게 만들기 위해 상대방이 듣고 싶어 하는 무언가를 제안하거나 약속하는 일이다. 결국엔 역효과를 유발할 수밖에 없기에 그렇다. 처음부터 입장을 분명히 밝히는 것이 상책이다. 단지 협상 과정을 출발시키기 위해 혹은 대화를 이어가기 위해 상황을 오도한다면 궁극적으로는 불리한 결과만 초래된다. 나는 그 사실을 잘 알고 있었다.

그래서 단도직입적으로 말했다. "픽사와 같은 조건의 거래는 불가능해요, 조지." 인수를 위한 협상에 앞서 픽사를 직접 방문했던 일과 그곳에서 내가 발견했던 풍부한 창의적 역량을 떠올리며 그 이유를 자세히 설명했다.

그는 순간적으로 충격을 받은 듯했고 나는 협상이 거기서 끝날 줄로만 알았다. 그러나 예상과 달리 그는 이렇게 말했다.

"그렇군요. 그럼 이제 어떻게 할까요?"

나는 루카스필름에 대해 좀 더 자세히 들여다볼 필요가 있으며 그렇게 하기 위해 그의 협조가 필요하다고 말했다. 우선 기밀보장 계약부터 체결한 다음 내부적으로 과도한 의구심을 유발하지 않는 수준에서 평가 작업을 진행할 것을 약속했다. "CFO나 재무구조에 대해 잘 알고 있는 사람이 우리를 도와주기만 하면 됩니다." 내가 말했다. "최소한의 인원으로 구성된 팀을 파견해 신속하게 작업을 마치도록 하겠습니다. 그리고 아주 조용히 움직일 겁니다. 몇몇 사람을 제외하면 루카스필름의 직원들은 우리가 그곳에 있다는 사실조차 알 수 없을 것입니다."

일반적으로 자산을 취득할 때 우리가 지불하는 금액이 애초에 판단한 가치에서 심하게 벗어나는 경우는 많지 않다. 일반적인 관행은 낮은 금액에서 출발해 평가한 자산의 가치보다 훨씬 낮은 금액을 지불하기를 바라는 것이다. 하지만 그런 과정을 밟으면 협상의 상대방을 소외시키는 위험을 자초하게 된다.

"저는 이런 문제에 대해서는 괜히 뜸 들이거나 미적거리지 않습니다." 내가 조지에게 말했다. 우리는 루카스필름의 가치에 상응한다고 판단되는 금액을 신속하게 산출할 것이었기에(내가 이사회와 주주 그리고 월스트리트를 설득하기에도 타당하다고 판단되는 금액이어야 한다). 그 금액이 정확히 얼마로 나오든 상관없이 나는 이렇게 말했다. "낮은 금액부터 제시하고 중간 정도에서 타협점을 찾아내려는 시도는 하지 않을 겁니다. 픽사를 인수할 때 스티브와 협상했던 방식과 똑같이 진행하겠습니다."

조지는 우리가 요청한 정보를 제공했다. 그럼에도 확정적 인수금액을 산출하는 일은 결코 쉽지가 않았다. 그 이유는 상당 부분 훌륭한 영화를 신속하게 제작할 수 있는 우리 스스로의 역량을 평가할 방법이 없다는 데 기인했다. 우리는 장기적인 관점의 크리에이티브 비전의 설정은 손도 못 대고 있었다. 해당 프로젝트를 맡길 만한 크리에이티브 영역의 인재가 없었기 때문이었다. 사실상 아무것도 확보된 게 없는 상태였고, 그것은 제작 측면의 리스크가 엄청나게 크다는 것을 의미했다. 우리가 스스로 수립한 (그리고 재무분석의 토대이기도 했던) 일정에 맞추어 영화를 제작하고 개봉한다는 것 자체가 위압적이었고 어쩌면 불가능할지도 모르는 일이었다.

마침내 조지에게 인수금액의 범위가 설정되었다는 소식을 전할 수 있게 되었지만, 구체적인 금액을 확정하기까지는 여전히 시간이 필요했다. 우리가 설정한 범위는 35억 달러에서 37억 5,000만 달러였다. 조지는 '픽사와 같은 조건'에 대해서는 많이 양보한 상태였지만, 그렇다고 마블보다 낮은 수준까지 받아들일 마음은 없어 보였다. 나는 케빈과 그의 팀원들과 함께 분석 결과를 다시 한번 훑어보았다. 흥행수익 예상 금액을 거짓으로 높일 순 없었다. 하지만 우리가 영화의 제작일정 및 성과와 관련해 좀 더 박차를 가하고 공력을 기울인다면? 내가 조지에게 제시한 금액 범위의 최고치에서 조금 더 지불할 수 있는 여지가 생기지 않을까? 과연 우리는 6년 동안 3편의 영화를 제작할 수 있을까? 다른 것도 아닌 '스타워즈' 영화이니 우리는 더욱 주의를 기울여야 할 것이다. 결과적으로 케빈과 나는 우리가 40억 5,000만 달러까지는 감당할 수 있을 것으로 결론 내렸다. 마블 인수금액보다 약간 높은 수준이었다. 조지는 지체 없이 동의했다.

그러고 나서 조지가 영화제작에 얼마나 관여할 것인가의 문제를 놓고 보다 힘겨운 협상을 시작했다. 픽사의 경우, 존과 에드가 픽사의 운영에 계속해서 관여할 뿐 아니라 디즈니애니메이션의 운영까지 책임진다는 조건이 전제되었다. 존은 최고크리에이티브책임자CCO의 직함을 달았지만 여전히 나에게 업무보고를 했다. 또한 마블 역시 인수 이후 케빈 파이기와 팀원 전체가 나에게 작업 진행상황에 대해 직접 대면보고를 했고, 마블 영화의 미래를 결정하기 위해 나와 긴밀히 협력하기 시작했다.

하지만 루카스필름에서 크리에이티브 영역 통제권자는 오직 한 사람, 조지가 유일했다. 그는 누군가에게 업무보고를 해야만 하는 직원이 되길 원하지 않았으며 자신이 갖던 통제권을 그대로 유지하길 원했다. 만약 내가 루카스필름의 인수에 회삿돈 40억 달러를 쓰고도 본질적으로 "이 회사는 여전히 당신 소유입니다. 당신이 원하는 영화를 원하는 시기에 만드세요."라고 조지에게 말한다면 그것은 나의 직무유기가 될 것이었다.

영화계에서 조지만큼 많은 사람들로부터 존중받는 사람은 그리 많지 않았다. '스타워즈'는 오직 그만의 것이었다. 그가 회사 매각의 의미를 어느 정도로 이해하고 있는지 그리고 그가 매각 이후에도 크리에이티브 영역의 통제권을 그대로 보유하는 것이 말도 안 되는 일이라는 것에 얼마나 수긍하는지 상관없이, 조지 루카스의 정체성은 그가 우리 시대 최고의 신화를 창조해낸 장본인이라는 것이었다. 그것만큼은 명백한 사실이었다. 그러니 그가 그것을 포기하기란 결코 쉽지 않을 것이었고, 나 또한 그 점을 깊이 이해했다. 하지만 그에게 모욕감을 안겨주는 일은 결코 내가 원하는 바가 아니었다.

그와 동시에 나는 디즈니 입장에서는 엄청난 금액을 지불하고도 조지가 원하는 대로 끌려갈 수 없다는 것, 그리고 그에게 그렇게 통보한다면 인수 협상 자체가 물 건너갈 수도 있다는 것 또한 잘 알고 있었다. 결국 상황은 정확히 그렇게 전개되고 말았다. 인수금액에 대한 합의는 매우 신속하게 이루어졌지만, 그의 역할을 두고 수개월 동안 밀고 당기는 협상이 이어진 것이다. 조지에게는 여전히 계속되고 있는 '스타워즈' 전설에 대한 통제권을 양도하는 일이 매우 힘겨운 결단이었고, 디즈니의 입장에서는 그것을 확보하지 못하면 인수 자체가 무의미해지는 상황이었다. 협상은 매번 자신의 유산을 허무하게 넘길 순 없다는 조지의 입장과 큰돈을 들여 인수하고도 통제권을 확보하지 못하는 것은 수용할 수 없다는 나의 입장이 엇갈리며 결론 없이 끝나버리곤 했다. 그리고 2번씩이나 협상 테이블을 박차고 나가는 것으로 거래가 중단되는 상황이 발생하기도 했다(한 번은 우리 쪽에서, 또 한 번은 조지가 박차고 나갔다).

협상이 진행되던 중에 조지는 3편의 새로운 영화 줄거리를 완성했다고 말했다. 그는 3편의 줄거리를 우리에게 보내주기로 했고, 나와 앨런 브레이버맨 그리고 당시 디즈니스튜디오의 운영을 책임지고 있던 앨런 혼에게 각각 1편씩 보냈다. 앨런 혼과 나는 조지의 줄거리를 읽은 후 판권을 구매하기로 결정했다. 하지만 구매 계약서에 그가 의도한 이야기의 전개를 그대로 준수할 의무는 없다는 조항을 명시하기로 했다.

결국 협상을 구원한 것은 양도소득세법에 곧 변화가 생긴다는 소식이었다. 만약 우리가 2012년 말까지 거래를 체결하지 못한다면 루카스필름의 단독 소유주였던 조지는 해당 매각에 대해 약 5억 달러의 세금을 추가로 부담하게 되는 상황이었다. 어차피 우리에게 팔 작정이라면, 신속히 계약을 체결해야 할 재정적인 이유가 생긴 셈이었다. 그는 크리에이티브 영역에 대한 자신의 통제권 유지 여부에 관해 나의 입장이 확고하다는 것을 잘 알고 있었다. 하지만 그로서는 결코 쉽게 받아들이기 어려운 제안이었다.

마침내 조지는 디즈니의 요청이 있는 경우에 한해 자문을 제공하는 정도의 역할에 마지못해 동의했다. 나는 그의 아이디어를 존중할 것이라고 약속했다(사실 그리 지키기 어려운 약속도 아니었다. 스타워즈 시리즈를 만드는 데 조지 루카스의 의견에 귀를 기울이는 것은 당연한 일이 아니겠는가). 그러나 3편의 줄거리에 대한 판권계약과 마찬가지로 계약상의 의무는 없었다.

2012년 10월 30일 조지가 내 사무실을 찾았다. 우리는 책상을 사이에 두고 마주 앉아 디즈니의 루카스필름 인수계약서에 각각 서명했다. 그는 애써 감추려 들었지만 나는 그의 목소리와 눈빛에서 만감이 교차하고 있음을 알 수 있었다. 다른 무엇도 아닌 '스타워즈'를 떠나보내는 순간이 아닌가.

인수계약의 최종합의를 몇 달 앞두고 조지는 캐시 케네디Kathy Kennedy를 영입해 루카스필름의 운영을 맡겼다. 캐시는 남편인 프랭크 마샬Frank Marshall, 스티븐 스필버그와 함께 앰블린 엔터테인먼트Amblin Entertainment를 공동으로 설립하고 'E. T.'와 '쥬라기공원' 시리즈를 비롯해 10여 편의 영화를 제작해 상업적으로 상당한 성공을 거두기도 했다. 캐시를 영입한 조지의 결정은 다소 의아한 면이 없지 않았다. 디즈니가 회사를 인수하기 직전이었던 상황에서 갑작스럽게 회사 경영과 영화제작을 맡아줄 사람을 영입했으니 말이다. 그 때문에 우리가 언짢았던 것은 아니지만 다소 당혹스러웠던 것은 사실이다. 자신이 경영하게 된 회사가 곧 매각된다는 사실을 알게 된 캐시 또한 당혹스럽기는 마찬가지였다! 캐시는 전설적인 제작자이다. 그리고 지금까지 훌륭한 협력자 역할을 다해주고 있기도 하다. 어쩌면 그것은 자신이 신뢰하는 누군가로 하여금 자신의 유산을 지키도록 하기 위한 조지의 마지막 조치였을지도 모른다.

"이건 40억 달러짜리 영화라네."

인수계약이 체결된 것은 2012년 말이었다. 나를 비롯해 캐시와 앨런은 크리에이티브 팀을 구성하기 위한 인재를 물색하기 시작했다. 결국 우리는 제이 제이 에이브럼스를 설득해 디즈니의 첫 번째 '스타워즈' 영화의 감독으로 선정했고 '토이 스토리 3'와 '미스 리틀 선샤인'의 각본을 맡았던 마이클 안트Michael Arndt도 영입했다. 제이 제이 에이브럼스가 '스타워즈'의 감독을 맡기로 결정한 후, 나는 그와 저녁식사를 함께 했다. 우리는 내가 ABC에 재직하던 시절부터 잘 아는 사이였다(그는 '에일리어스'와 '로스트' 등 ABC에서 방영된 여러 프로그램을 제작한 바 있었다). 저녁식사 자리이긴 했지만 그와 얼굴을 마주하고 앉아 우리가 처한 상황을 함께 이야기하는 것이 나에게는 더 중요했다. 이 프로젝트가 우리 두 사람이 지금까지 수행했던 다른 어떤 것보다 규모가 크고 부담감 또한 크다는 사실 말이다.

식사를 하다가 내가 "이건 40억 달러(한화 약 5조 원-옮긴이)짜리 영화라네." 하고 농담했다(루카스필름의 인수 전체가 첫 번째 스타워즈 영화의 성공에 달려 있다는 의미였다). 훗날 제이 제이 에이브럼스는 그날 저녁 내가 했던 농담이 결코 재미있지 않았다고 말했다. 하지만 그는 우리가 서로 기대와 책임감, 부담감을 공유한다는 사실에 고마워했다. 실제로 디즈니의 첫 번째 스타워즈 영화에 대한 나의 개인적인 관심은 결코 그보다 덜하지 않았다. 조지 루카스가 만들지 않은 첫 번째 스타워즈 영화가 아닌가. 줄거리 전개를 논의한 초기 단계부터 촬영장과 편집실을 오가며 프로젝트가 진행되던 내내 나는 단지 좋은 작품과 흥행 성공만을 요구하며 부담감을 안겨주는 CEO가 아니라 프로젝트의 성공을 돕는 협력자라는 점을 그에게 전달하고자 노력했다.

두 사람 모두에게 주변에서 가하는 압박감은 이미 충분했다. 그래서 그가 어려운 문제가 닥쳤을 때 함께 의논할 상대로 나를 떠올려주기를, 언제든 나에게 전화할 수 있고, 나 또한 아이디어가 떠오를 때면 언제든 그에게 연락할 수 있는 사이가 되길 바랐다. 나는 허세나 명예 혹은 의무 때문에 그가 만든 영화에 도장을 찍어주는 누군가가 아니라 그가 활용할 수 있는 자원이자 협력자였다. 다행히도 우리는 비슷한 감성과 취향을 가졌고, 문제가 될 것 혹은 효과가 있는 것이 무엇인지에 대해서도 대부분 의견이 일치했다. LA와 런던의 파인우드 스튜디오, 아이슬란드, 아부다비를 오가며 이어진 그 짧지 않은 개발과 제작 과정을 거치는 동안 제이 제이는 훌륭한 협력자임을 스스로 입증해주었고 프로젝트의 중요성과 그에 수반되는 엄청난 부담을 한순간도 잊지 않았다(신화의 창조자인 조지를 비롯해 '스타워즈'의 팬들, 언론 그리고 투자자들이 주목하고 있었기에 더욱 부담이 컸다).

이런 종류의 난제를 관리하는 방법을 알려주는 규칙서는 없다. 그러나 일반적으로 회사의 명운이 걸린 프로젝트를 수행할 때, 현장에서 그것을 진행하는 사람에게 불필요한 압박을 가해 득이 되는 경우는 없다. 팀원들에게 내가 느끼는 불안과 초조를 표출하는 것은 역효과를 초래할 뿐이다. 미묘하기는 하지만 (그들과 함께 참여하며) 그들이 느끼는 긴장감을 공유하고 있음을 전달하는 것과 내가 느끼는 긴장감을 완화하기 위해 그들에게 성과를 요구하는 것 사이에는 분명한 차이점이 있다. 그 프로젝트에 참여하고 있던 어느 누구에게도 거기에 무엇이 걸려있는지를 상기시켜줄 필요는 없었다. 내가 할 일은 창의적 측면과 현실적 측면의 걸림돌에 직면했을 때 누구도 우리의 원대한 목표를 망각하지 않도록 독려하며 최선의 해결책을 도출하도록 돕는 것이었다. 때로는 그것이 더 많은 자원을 투입하는 일이 되기도 했고, 때로는 대본의 수정안을 함께 검토하거나 무수히 많은 촬영 컷을 지켜보는 일이 되기도 했다. 또한 종종 제이 제이와 캐시 케네디, 앨런 혼에게 내가 그들 모두를 신뢰하고 있으며 이 영화를 제작하는 데 그들 이상의 적임자는 없다는 점을 상기시켜주는 일도 포함되었다.

처음부터 순탄하게 출발했다는 말은 아니다. 초기에 캐시는 제이 제이와 마이클 안트를 캘리포니아 북부에 위치한 조지의 목장으로 데리고 간 적이 있었다. 영화에 대한 자신들의 아이디어를 조지에게 들려주기 위해서였다. 조지는 세 사람의 설명을 듣고 협상 과정에서 자신이 제출한 줄거리 중 하나를 사용하는 것이 아니라는 사실에 이내 불쾌감을 드러냈다.

사실 캐시와 제이 제이, 앨런은 나와 함께 전반적인 줄거리의 방향에 대해 사전에 논의했고 조지가 쓴 것을 그대로 사용하지 않기로 합의한 바 있었다. 조지는 그것에 대해 우리에게 계약상의 의무가 없다는 사실을 알고 있었지만, 디즈니가 이야기의 방향과 주제 등을 요약한 스토리 트리트먼트를 구매한 것은 그것을 영화에 적용한다는 암묵적 약속이라고 생각했기에 그의 줄거리가 배제되는 상황이 실망스러웠던 것이다.

나는 맨 처음 그와 대화를 시작할 때부터 오해의 소지를 만들지 않기 위해 말과 행동에 신중을 기했다. 물론 그때도 다른 오해의 소지가 있었다고는 생각하지 않지만, 좀 더 잘 대처할 수도 있었다는 아쉬움은 남는다. 제이 제이와 마이클이 조지를 만나 우리가 그의 계획과는 다른 방향으로 스토리를 전개하기로 했다는 내용을 전달하기에 앞서 그에게 마음의 준비를 할 시간을 줄 수도 있었기에 하는 말이다. 내가 먼저 그와 충분한 대화를 나누었더라면 그가 갑작스러운 소식에 당혹감과 불쾌감을 느끼는 사태는 피할 수 있었을 터였다. '스타워즈'의 미래에 관해 논의하는 첫 번째 만남에서 그는 배신감을 느꼈고, 조지에게 그 모든 과정이 결코 쉽지 않았을 것이다. 안 그래도 험난한 시작인데 불필요한 마찰까지 겹쳐진 셈이었다.

영화에 대한 조지의 감정 외에 또 다른 문제도 있었다. 각본을 맡은 마이클이 몇 달째 시나리오를 붙잡고만 있었던 것이다. 결국 제이 제이와 캐시는 그를 조지와 함께 '제국의 역습'과 '제다이의 귀환'의 각본을 썼던 래리 캐스단 Larry Kasdan으로 교체하기로 결정했다(래리 캐스단은 인디애나 존스 시리즈인 '레이더스'와 '새로운 탄생'을 비롯해 다수의 시나리오를 집필하기도 했다). 래리와 제이 제이는 상당히 신속하게 대본의 초안을 완성했고, 2014년 봄 드디어 촬영이 시작되었다.

애초의 계획대로였다면 2015년 5월에 영화가 개봉되어야 했지만, 초반에 각본이 지연되고 이후 이런저런 복잡한 문제들이 발생하는 바람에 결국 개봉은 12월로 미뤄졌다. 그것은 이 영화의 실적이 2015년이 아니라 2016 회계연도에 귀속되어야 한다는 의미였다. 루카스필름의 인수에 앞서 내가 이사회에서 했던 프레젠테이션과 투자자들을 위해 공개한 정보에 의하면 2015년부터는 투자수익을 볼 수 있어야 마땅했지만, 결과적으로 약속을 지키지 못한 셈이 되고 말았다. 수억 달러의 수익이 다음 회계연도로 이동했다. 엄청난 문제는 아니었지만 어쨌든 처리해야 할 문제인 것은 분명했다.

영화제작사가 저지르는 가장 큰 실수 중 하나는 개봉일정에 집착한 나머지 완벽한 준비를 갖추기도 전에 제작을 강행하는 것이다. 때로는 일정 때문에 잘못된 의사결정을 하기도 한다. 나는 정해진 일정을 준수해야 하는 압박감에 굴복하지 않기 위해 노력했다. 더 나은 영화를 만드는 것이 개봉일정을 지키는 것보다 더 중요하다고 판단했기 때문이다. 그렇게 우리는 언제나 다른 어떤 것보다도 품질을 최우선으로 삼기 위해 노력했다. 그로 인해 손익계산의 측면에서 단기적 충격을 감수해야 할지라도 말이다.

이번에도 마찬가지였다. 우리가 절대 용납할 수 없었던 것은 '스타워즈' 팬들의 기대에 부응하지 못하는 영화를 내놓는 일이었다. '스타워즈'를 사랑하는 팬들에게 사랑과 헌신을 바칠 가치가 있다고 느껴지는 무언가를 제공하는 것이 가장 중요했다. 디즈니의 첫 번째 '스타워즈' 영화가 그 기대를 충족하지 못한다면 신뢰를 파괴하는 것과 다름없을 것이고, 그것을 다시 회복하기란 결코 쉽지 않을 터였다.

돈보다 중요한 진실함

전 세계 개봉에 앞서 캐시는 '깨어난 포스'의 시사회에 조지를 초청했다. 그는 실망스러움을 감추지 않았다. "새로운 것이 없군요." 그가 말했다. 오리지널 '스타워즈'의 경우 3부작의 각 편마다 새로운 세계를 제시하고 새로운 스토리, 새로운 등장인물, 새로운 기술을 적용하는 것이 그에게는 중요한 문제였다. 그런데 이번 영화에는 '시각적, 기술적 도약'이 충분치 않다는 것이 그의 평이었다. 틀린 말은 아니었다. 하지만 그는 우리가 열혈 팬들에게 철저히 '스타워즈'스러운 영화를 보여주어야 한다는 압박을 느낄 수밖에 없었다는 점은 알지 못했다. 우리는 의도적으로 전편과 연결된 시각적 분위기를 만들었다. 팬들이 사랑하고 기대하는 것에서 너무 동떨어지지 않기 위해서였다. 조지는 우리가 심혈을 기울인 바로 그 부분에 혹평을 가하고 있었다. 이후 수년간에 걸쳐 출시된 몇 편의 '스타워즈' 영화와 그 균형감을 돌이켜보면 제이 제이가 과거와 미래의 완벽한 연결고리를 창출하는, 거의 불가능에 가까운 과업을 이루었다고 나는 확신한다.

조지의 반응에 더하여 언론과 열성 팬들 사이에서도 우리가 '스타워즈'를 '디즈니스럽게' 만들고 있다는 억측이 난무했다. 마블의 경우에도 그랬듯이 나는 스타워즈 영화의 엔딩 크레디트와 홍보 마케팅 등 그 어디에도 '디즈니'를 표시하지 않았다. '스타워즈' 로고 또한 조금도 손대지 않고 그대로 사용했다. '디즈니-픽사'는 애니메이션 브랜드 창출 관점에서 그렇게 하는 것이 옳은 결정이었지만, 루카스의 팬들에게는 우리 또한 팬의 입장에서 창조자를 존중하며 그의 유산을 훔치는 게 아니라 확장하기 위해 노력하고 있다는 믿음을 심어줄 필요가 있었다.

나는 조지가 우리의 결과물에 만족하지 않더라도 '깨어난 포스' 시사회에 참석하는 것이 중요하다고 생각했다. 그는 처음에는 참석하지 않겠다고 했다. 하지만 캐시가 (지금은 그의 아내가 된) 멜로디 홉슨의 도움을 받아 그렇게 하는 것이 지당하다고 그를 설득했다. 인수계약이 완료되기에 앞서 마지막으로 협의한 내용 중에는 상호 비방 금지 조항도 포함되어 있었다. 나는 조지에게 우리가 만드는 '스타워즈' 영화에 대해 공개적으로 비난하지 않을 것을 부탁한 바 있었다. 그때 조지는 이렇게 말했었다. "내가 이제 월트디즈니컴퍼니의 주요 주주가 되는 건데 회사나 회사가 하는 일을 비난할 이유가 뭐가 있겠어요? 나를 믿어도 좋습니다." 나는 그가 한 말을 그대로 믿었다.

이제 문제는 시사회를 어떤 분위기로 치르느냐 하는 것이었다. 내가 원하던 바는 그것이 제이 제이의 작품이자 캐시의 작품이며 디즈니가 만든 첫 번째 '스타워즈' 영화라는 점을 세상에 알리는 것이었다. 내가 CEO로 취임한 이후 개봉한 영화 중에서 가장 규모가 큰 작품이기도 했다. 우리는 아카데미시상식이 열리는 돌비 극장에서 대규모 시사회를 열었다. 제이 제이와 캐시를 무대 위로 부르기에 앞서 혼자 그 위에 선 나는 이렇게 말했다.

"오늘 우리가 이 자리에 있을 수 있는 것은 오직 한 사람 덕분입니다. 우리 시대 최고의 신화를 창조하셨으며 이제 월트디즈니컴퍼니에 그 신화의 전승을 믿고 맡겨주신 분이 저기 앉아 계십니다."

조지는 청중석에 앉아 있었다. 길고 열광적인 기립박수가 그에게 쏟아졌다. 조지의 뒷줄에 앉아 있던 윌로가 일제히 일어나 박수를 보내는 수천 명의 관객들에게 둘러싸인 조지의 모습을 멋진 사진으로 포착했다. 나는 나중에 그 사진을 보며 그에게 쏟아지는 존경의 박수에 즐거워하고 고마워하는 조지의 모습에 흐뭇함을 느꼈다.

다행히 영화는 개봉과 함께 일련의 흥행기록을 세웠고 우리는 모두 안도의 한숨을 내쉬었다. 디즈니의 첫 번째 '스타워즈' 영화를 '스타워즈'의 열성 팬들이 아주 맘에 들어 하는 것으로 보였다. 그것이 우리에게 큰 힘이 되어주었다. 하지만 영화가 개봉된 직후, 조지가 몇 주 전에 찰리 로즈Charlie Rose와 가졌던 인터뷰가 방송되었다. 인터뷰에서 조지는 우리가 자신이 만든 줄거리를 따르지 않은 것에 대한 불만을 토로하며 디즈니에 회사를 매각한 것이 흡사 '노예상인'에게 자식을 팔아넘긴 것과 다름없이 느껴진다고 말했다. 자식처럼 여기는 무언가를 매각한 심정을 그런 식으로 표현한 것은 유감스럽고 꼴사나운 행태였다. 나는 반응을 보이기보다는 그냥 지나가도록 내버려두기로 했다. 공개적인 담론에 가담하거나 방어적인 자세를 취해서 얻을 것이 아무것도 없었기 때문이다. 조지의 아내 멜로디가 사과의 뜻을 담은 이메일을 보내왔다. 조지가 그동안 모든 과정을 무척 힘들게 받아들였다는 점을 애써 설명하는 내용이었다. 이어서 조지가 나에게 전화를 걸어왔다.

"내가 선을 넘었소." 그가 말했다. "그렇게 말하면 안 되는 거였어요. 내 손에서 떠나보내는 일이 얼마나 힘겨운지 설명한다는 것이 그렇게 되었습니다."

나는 그에게 이해할 수 있으니 걱정하지 말라고 했다. 4년 반 전, 조지와 아침식사를 하던 자리에서 나는 그것이 그에게 매우 힘거운 결정이 되리라는 것을 알았다. 그래서 나 역시 그가 준비가 되면 나를 믿어도 된다는 점을 전달하고자 노력했었다. 인수금액과 그가 제작에 계속 관여할 것인가의 문제를 두고 이어진 그 모든 협상은 조지가 이루어 놓은 업적에 대한 나의 존경심과 회사의 매각이 그에게 힘거운 결정이라는 점에 대한 나의 이해, 그리고 회사에 대한 나의 책임 사이에서 균형을 찾아가는 과정이었다. 조지의 입장에 공감할 수는 있었지만 그가 원하는 대로 해줄 수는 없었다. 매번 내 입장을 분명히 밝힐 필요가 있었고, 동시에 협상 과정 자체가 그에게는 매우 감정적인 문제가 될 수 있다는 사실에도 주의 깊게 대처해야 했다.

픽사와 마블, 루카스필름의 인수를 돌이켜보면 공통점이 하나 있다. 그 회사들 덕분에 디즈니의 혁신이 가능했다는 점 외에도 각각의 협상이 단 한 명의 지배적 존재와 신뢰 관계를 구축하는 과정이었다는 점이다. 매번 협상이 필요한 복잡한 쟁점들이 있었고 길고 긴 시간 동안 밀고 당기는 과정을 거쳐 최종합의에 도달했다. 그러나 결국 최종적인 계약의 성사 여부는 매번 인간적인 요소에 좌우되었다. 인간적인 진실성이 다른 무엇보다 중요하게 작용했다는 얘기다. 스티브는 픽사의 본질을 존중하겠다는 나의 약속을 신뢰해야 했다. 아이크는 마블 팀이 가치를 인정받고 새로운 조직 안에서 발전할 기회를 얻을 수 있다는 점을 확신하고자 했다. 그리고 조지에게는 자신의 유산이, 자신의 '어린 자식'이 디즈니에서 제대로 보살핌을 받게 될 것이라는 믿음이 필요했던 것이다.

12.
혁신 아니면 죽음

IF YOU DON'T INNOVATE, YOU DIE

소위 '빅3 인수'의 소용돌이가 어느 정도 잠잠해진 후 우리는 미디어 업계에서 일고 있던 극적인 변화와 피부로 체감하던 심오한 파괴에 더욱더 초점을 맞추기 시작했다. 미디어 업계의 미래는 심각한 우려를 자아내기에 충분했고, 그에 따라 디즈니도 이제 콘텐츠를 새롭고 현대적인 방식으로, 그것도 중개인 없이 자체의 기술 플랫폼을 통해 전달해야 한다는 결론에 이르렀다.

우리가 풀어야 할 과제는 다음과 같았다. 우리는 그 목표를 달성하는 데 필요한 기술을 찾아 변화의 선두에 설 수 있는가? 새로운 모델을 구축하기 위해 여전히 수익성이 있는 기존 사업을 축소시킬 배짱이 있는가? 우리는 우리 자신을 파괴할 수 있는가? 우리가 회사를 진정으로 현대화하고 변혁하는 과정에서 불가피하게 발생하는 손실을 과연 월스트리트는 용인할 것인가?

어쨌든 해야만 했다. 나는 그래야 한다고 확신했다. 기업은 지속적으로 혁신해야 한다는 교훈은 결코 새롭거나 독특한 것이 아니다. 따라서 다음 단계의 질문으로 넘어갔다. 기술 플랫폼을 자체적으로 구축할 것인가, 아니면 구매할 것인가? 케빈 메이어는 나에게 기술 플랫폼 구축에 5년은 걸릴 것이고 막대한 비용이 들어갈 것이라고 경고했다. 그러면서 매입하면 즉시 전환에 들어갈 수 있다고 덧붙였다. 모든 것의 변화속도를 보건대 5년이나 인내심을 발휘하며 기다리는 것은 어리석은 선택임이 분명했다.

그렇게 우리는 플랫폼 기업을 인수하는 쪽으로 결론을 내리고 대상을 검토하기 시작했다. 구글, 애플, 아마존, 페이스북은 고려대상에서 제외했다. 우리가 삼킬 수 있는 크기가 아니었기 때문이다. 또한 내가 아는 한 그들 중 어느 한 곳도 회사를 인수할 의사를 가지고 있지는 않았다(만약 스티브가 여전히 살아 있었더라면 우리는 회사를 합쳤을 것이다. 아니면 적어도 그 가능성을 진지하게 논의해봤을 것이다).

우리가 논의해볼 만한 기업은 스냅챗Snapchat과 스포티파이Spotify, 그리고 트위터Twitter였다. 세 회사 모두 규모 면에서 소화가 가능한 기업들이었다. 하지만 과연 어느 회사가 매각에 관심을 가질까? 또 우리가 고객에게 가장 효율적이고 신속하게 도달하는 데 필요한 기술 품질을 어느 회사가 제공할 수 있을 것인가? 다양한 가능성을 놓고 다각도로 살펴본 우리는 트위터를 인수대상으로 낙점했다. 우리가 트위터에 관심을 기울인 것은 소셜미디어 기업이어서가 아니라 글로벌 네트워크를 갖춘 유통 플랫폼으로서의 가치가 높았기 때문이다. 우리의 목적은 그런 플랫폼을 통해 영화와 TV 프로그램, 스포츠 중계, 뉴스를 배급하는 것이었다.

2016년 여름, 디즈니는 트위터에 인수의사를 피력했다. 그들은 매각에 관심이 있지만, 그 경우 시장 테스트를 해봐야 한다고 답했다. 즉, 시장에 공개해 최고가를 제시하는 인수자에게 회사를 넘기는 것이 자신들의 의무라는 얘기였다. 결국 우리는 내키진 않았지만 트위터를 인수하기 위한 경쟁입찰에 들어갈 수밖에 없었다. 그리고 그해 초가을쯤 거래는 사실상 타결 시점에 이르렀다. 트위터의 이사회는 매각을 지원했고, 10월의 어느 토요일 오후 디즈니 이사회도 거래를 완수하라고 승인했다.

하지만 바로 그다음 날 나는 그 거래에서 발을 빼기로 결정했다. 이전의 인수에서, 특히 픽사를 인수할 때 그것이 회사를 위한 올바른 결정이라는 나의 직감을 믿는 것이 핵심이었다면, 트위터의 인수에 대해서는 나의 직감이 정반대로 흘렀다. 내 안의 무언가가 그것은 옳은 결정이 아니라고 말하고 있었다. 그러면서 톰 머피가 수년 전에 내게 한 말이 자꾸 머릿속에 떠올랐다.

"만약 무언가가 옳지 않다고 느껴지면, 그러면 그것은 필경 자네에게 적합하지 않을 가능성이 크다고 봐야지."

트위터가 디즈니의 새로운 목적에 충분히 부합할 것이라는 사실은 명확했다. 하지만 브랜드와 관련된 문제가 계속 내 마음을 괴롭혔다. 트위터는 강력한 잠재력을 지닌 플랫폼이었다. 하지만 거기에 너무나 많은 난제가 따라붙는 것 또한 사실이었다. 그러한 난제와 논란은 너무 많아서 일일이 열거할 수도 없을 정도였는데, 대표적인 예를 몇 가지만 꼽자면 헤이트 스피치(hate speech, 인종, 종교, 성별 등과 관련해 타인에 대한 증오를 선동하는 발언-옮긴이)를 관리해야 하는 문제, 언론의 자유에 대해 논란의 여지가 큰 결정을 내려야 하는 문제, 알고리즘을 이용해 정치적 메시지를 쏟아내는 허위계정을 추적하고 처리해야 하는 문제, 소셜미디어 플랫폼에서 때때로 분출되는 일반적인 분노와 무례를 감당해야 하는 문제 등이었다. 이 모든 것들이 디즈니의 문제가 될 수 있었다. 이런 것들은 우리가 그때까지 직면했던 문제들과는 사뭇 다른 것들이었다. 나는 그로 인해 디즈니 브랜드가 손상되고 가치가 떨어질까 봐 걱정스러웠다.

디즈니 이사회가 트위터 인수계획의 추진을 승인한 그 주의 일요일 오후, 나는 이사회 임원 모두에게 내가 "겁을 먹었다."는 표현과 함께 발을 빼는 이유를 설명하는 내용의 메일을 보냈다. 그러고 나서 트위터의 CEO인 잭 도시 Jack Dorsey에게 전화를 했다. 잭 또한 디즈니 이사회의 일원이었다. 잭은 놀라며 어리벙벙하다는 반응을 보였지만 매우 정중하게 상황을 받아들였다. 나는 잭에게 행운을 빌며 전화를 끊었고, 그제야 안도감이 들었다.

디즈니플러스의 시작

우리는 트위터의 인수협상에 들어가던 것과 거의 같은 시기에 뱀테크BAMTech라는 회사에도 투자했다. 뱀테크는 메이저리그베이스볼MLB에서 지분을 가장 많이 보유한 기술기업으로 야구팬들이 온라인 서비스에 가입해 좋아하는 야구경기를 라이브로 볼 수 있는 스트리밍 기술을 완성한 상태였다(또한 그들은 자체 스트리밍 서비스의 구축에 실패한

HBO의 의뢰로 '왕좌의 게임' 시즌 5의 출시 시점에 맞춰야 한다는 극심한 시간적 압박 속에서 HBO나우HBO Now를 구축한 바 있었다).

　2016년 8월, 우리는 2020년에 지배 지분을 구매할 수 있는 옵션과 더불어 뱀테크의 지분 33%를 확보하는 대가로 약 10억 달러를 지불하는 계약을 체결했다. 초기 계획은 ESPN 프로그램을 가입자에게 제공하는 구독 서비스를 만들어 ESPN 사업에 대한 위험을 해결하는 것이었다. 그러나 기술기업들이 엔터테인먼트 구독 서비스에 더욱 큰 폭으로 투자를 늘림에 따라 우리도 스포츠뿐만 아니라 TV 프로그램, 영화에 대해 소비자에게 직접 제공하는 묶음 서비스를 개발해야 할 필요성이 시급해졌다.

　그로부터 10개월 후인 2017년 6월, 올랜도의 월트디즈니월드에서 연례 이사회 워크숍을 가졌다. 휴양을 겸한 연례 워크숍에서는 확대 이사회 회의가 열리는데, 그 자리에서 우리는 재무 계획을 포함한 향후 5개년 계획을 검토하고 구체적인 전략적 현안과 과업에 대해 논의한다. 우리는 2017년 전체 세션의 주제를 '파괴disruption'로 잡고 각 사업부문의 리더에게 그들이 목도하고 있는 파괴의 수준과 그것이 각 사업의 건전성에 미칠 영향에 대한 예측을 이사회에서 프레젠테이션하도록 지시했다.

　당연히 이사회는 그에 대한 해결책을 요구할 것이 분명했다. 그리고 나는 평소에 '해결책도 없이 문제를 늘어놓는 짓은 피하라' 하는 점을 늘 강조해왔다(이것은 우리 팀에도 누누이 이야기하는 사항이다. 문제를 들고 나를 찾아오는 것은 얼마든지 괜찮다. 다만 가능한 해결책도 같이 가져오라는 뜻이다). 나는 디즈니가 경험하고 있던 변화와 전망을 자세히 설명한 후, 다음과 같은 과감하고 공격적이며 포괄적인 해결책을 이사회에 제시했다.

"뱀테크의 지배 지분을 구매할 수 있는 옵션의 행사를 앞당겨 그 플랫폼을 활용해 디즈니와 ESPN의 콘텐츠를 소비자에게 직접 제공하는 'OTT(over the top, 인터넷을 통해 미디어 콘텐츠를 제공하는 방식-옮긴이)' 비디오 스트리밍 서비스를 구현한다."

이사회는 이 계획을 지지했을 뿐 아니라 '속도가 핵심'이라고 강조하며 가능한 한 빨리 움직일 것을 촉구했다(이것이 바로 분명한 견해를 가진 현명한 사람들, 시장의 역학에 직접적으로 관련된 사람들로 이사회를 구성해야 하는 이유이다. 우리의 경우, 나이키의 마크 파커스Mark Parker와 제너럴 모터스의 메리 바라Mary Barra가 완벽한 예다. 둘 다 각자의 업계에서 심오한 파괴를 경험하고 있던 터라 신속하게 변화에 적응하지 못할 경우 처하게 될 위험을 예리하게 인식하고 있었다). 나는 회의를 마치자마자 팀원들을 소집해 이사회의 피드백을 들려주며 케빈에게 뱀테크의 지배 지분에 대한 구매를 신속히 개시하라고 말했다. 다른 팀원들에게는 스트리밍 비즈니스로의 의미심장한 전략적 전환을 준비하도록 지시했다.

2017년 8월, 분기 실적보고 화상회의에서 나는 디즈니가 뱀테크에 대한 완전한 지배권을 매입하는 옵션의 행사를 서두르고 있다고 발표했다(내가 업계의 파괴현상에 대해 솔직한 견해를 밝힌 후 디즈니 주가의 폭락을 지켜봐야 했던 그 치명적인 실적보고 화상회의로부터 정확히 2년이 지난 시점이었다). 또한 우리가 2018년에 ESPN, 그리고 2019년에는 디즈니 스트리밍 서비스를 출범할 것이라는 계획도 밝혔다. 그러자 이번에는 주가가 급등했다. 투자자들이 우리의 전략을 이해하고 변화의 필요성과 그에 따르는 기회를 모두 인정했다는 의미다.

그 발표는 월트디즈니컴퍼니의 재창조가 개시되었음을 알렸다. 디즈니는 TV 채널이 지속적으로 적절한 수익을 창출하는 한 전통적인 영역에서 지속적으로 TV 사업을 해나갈 것이고, 마찬가지로 전 세계 영화관의 대형화면에서 계속 우리의 영화를 선보일 것이었다. 하지만 이제부터는 중개자를 거치지 않고 소비자에게 직접 우리의 콘텐츠를 배포하는 주체가 되는 일에 완전히 몰두할 작정이었다. 그것은 사실상 자체 사업부문의 파괴를 서두르며 상당한 수준의 단기적 손실을 감수해야 한다는 의미였다. 한 가지만 예를 들면, 넷플릭스에서 픽사와 마블, 스타워즈를 위시한 디즈니의 모든 TV 프로그램과 영화를 내리고 자체 구독 서비스에 통합하는 경우 라이선스 수익의 손실이 수억 달러에 달할 수 있었다.

과거 어느 시점부턴가 나는 '보도자료를 통한 경영'이라는 개념을 언급하기 시작했다. 이 개념은 내가 만약 큰 확신을 갖고 무언가를 외부 세계에 밝히면 그것이 우리 회사 내부에서도 강력하게 공명한다는 의미다. 2015년 투자업계의 반응은 압도적으로 부정적이었지만, 현실에 대한 나의 솔직한 토로는 그에 대한 거부를 강조하는 것이었고 디즈니 내부 사람들로 하여금 '보스가 상황을 진짜 심각하게 보고 있으니 우리도 진지하게 임해야 한다'는 결론을 내리도록 동기를 부여했다. 2017년의 실적보고 화상회의도 비슷한 보강 효과를 유발했다. 우리 팀은 내가 그 일에 얼마나 진지하게 매달리고 있는지 알았지만, 대외적으로 공표된 그 내용을 듣는 것은 격이 다른 경험이었다. 특히 투자자들의 반응을 목도한 내부의 모든 임직원들은 그 일에 매진하려는 열정과 의욕이 충만해졌다.

발표하기 전에, 나는 새로운 모델로의 전환이 아기가 첫걸음마를 시작하는 것과 비슷할 것이라고 예상했다. 천천히 앱을 구축하고 어떤 콘텐츠를 거기에 올릴 것인지 하나하나 결정해나가면서 말이다. 하지만 매우 긍정적인 응답이 나온 지금, 전체 전략을 좀 더 시급하게 추진할 필요가 생긴 셈이었다. 주변의 기대감이 팽배해진 탓이었다. 그것은 압박이 가중되었음을 의미하기도 했지만, 한편으로는 내가 회사 내부에서 활용할 수 있는 강력한 의사소통 도구가 생긴 것이기도 했다. 그렇게 빨리 그렇게 많이 변화하는 데에는 당연히 어느 정도의 저항이 따를 것이었기 때문이다.

지금은 잘 돌아가고 있지만 미래가 의심스러운 사업부문을 파괴한다는 결정은, 다시 말해서 장기적 성장을 기대하면서 의도적으로 단기적 손실을 감수한다는 뜻이다. 그러한 결정은 실로 적지 않은 용기가 필요하다. 기존의 일상 업무와 우선순위를 깨뜨리고 직무를 바꾸고 책임을 재할당하는 과정을 밟아야 한다. 전통적인 비즈니스 방식이 무너지고 새로운 모델이 부상하면 사람들은 불안해하기 십상이다. 인적자원 측면에서 관리할 게 많아진다는 뜻이다. 또한 직원들과 가능한 한 많은 시간을 함께하며 신경을 써줘야 할 필요성(물론 이것은 어떤 상황에서든 리더의 중요한 자질이지만)이 더욱 높아진다는 뜻이기도 하다.

모든 단계가 물살을 거슬러 헤엄치는 듯했다

큰 조직의 리더일수록 자신의 일정이 너무 빡빡하고 시간이 너무 귀중해서 개별 직원들의 문제나 우려에는 신경 쓸 수 없다는 신호를 보내기가 쉽다. 그러나 리더가 직원들과 함께하며 언제든 시간을 내줄 수 있다는 사실을 알리는 것은, 조직의 사기와 효율성 면에서 매우 중요한 일이다. 디즈니 같은 규모의 회사에서 이는 전 세계를 돌며 다양한 사업 단위와 정례적으로 타운홀 미팅 방식의 회합을 갖고 내 생각을 알리면서 우려사항에 답변하는 것을 의미할 수도 있다. 또한 시의적절한 방식으로 응답하고 보고라인을 통해 직접 내게 전해지는 어떤 사안이든 사려 깊게 고려하는 것을 의미하기도 한다. 부재중 전화에 회신하고, 이메일에 답장을 보내고, 구체적인 문제와 관련해 대화를 나눌 시간을 내고, 임직원들이 느끼는 압박을 세심히 배려하는 방식으로 말이다. 우리가 그 새롭고 불확실한 행보를 개시하면서 나의 직무에서 이 모든 일이 훨씬 더 중요해졌다.

우리는 8월의 그 발표를 계기로 즉시 두 전선에서 움직이기 시작했다. 먼저 기술 전선에서 뱀테크 팀은 이미 디즈니에 있던 그룹과 함께 우리의 새로운 서비스인 ESPN플러스와 디즈니플러스를 위한 인터페이스를 구축하기 시작했다. 그 후 몇 달 동안 케빈과 나는 뉴욕 혹은 LA에서 뱀테크 팀과 만나 앱의 다양한 기능을 반복적으로 테스트했다. 앱 타일의 크기와 색상, 배치를 분석해 앱의 사용 경험을 더욱 사용자 친화적이고 직감적으로 만들고, 알고리즘과 데이터 수집 기능의 구현 방식은 물론이고 콘텐츠와 브랜드가 제시되는 방식까지 결정하기 위해서였다.

동시에 LA에서는 디즈니플러스에서 이용할 수 있는 콘텐츠를 개발하고 제작하기 위한 전담팀을 꾸렸다. 우리는 방대한 영화 및 TV 프로그램 라이브러리를 보유하고 있었지만(하지만 그동안 제3자에게 라이선스를 부여한 일부 판권은 되사와야 했다), 중요한 질문은 다음과 같았다. 이 새로운 서비스를 위해 우리는 어떤 독창적인 콘텐츠를 만들어야 하는가? 나는 영화 스튜디오와 텔레비전 제작센터의 책임자들을 만나 우리가 진행 중이거나 계획 중인 프로젝트들 가운데 어떤 것을 극장에서 상영하고, 어떤 것을 TV 채널로 내보내며, 어떤 것을 디즈니플러스 앱에 올릴지 결정했다. 오리지널 스타워즈와 마블, 픽사의 스토리를 포함하여 그 어떤 것 못지않게 대단하고 야심만만한 새로운 프로젝트를 특별히 그 서비스만을 위해 추진할 필요도 있었다. 나는 스튜디오의 모든 임원들을 불러 모아 이렇게 말했다.

"디즈니플러스용 작품을 만들기 위해 따로 새로운 스튜디오를 만들 생각은 없습니다. 여러분들이 그 일을 해주시길 바랍니다."

그들은 모두 자신들의 사업을 성장시키기 위해 오랜 세월 훈련받았으며 그 수익성에 기초해 보상을 받는 임원들이었다. 그런데 갑자기 내가 그들에게 사실상 이렇게 말하고 있었던 것이다.

"여러분들이 성공적으로 수행해온 기존 사업에 관심을 덜 기울이고 다른 일에 더 많은 관심을 기울여주시길 바랍니다. 그리고 그 새로운 일은 다른 팀에서 차출한 매우 경쟁심이 강한 직원들과 함께 진행하셔야 하는데, 그 사람들과 여러분들의 이해관계가 서로 일치하지 않을 수도 있습니다. 아, 그리고 한 가지 더, 당분간은 거기서 수익이 발생하지 않을 겁니다."

그들이 모두가 기꺼이 동참하도록 만들기 위해 나는 그러한 변화가 왜 필요한지에 대해 강조해야 했을 뿐만 아니라, 그들의 노고에 대해 보상할 완전히 새로운 인센티브 구조를 만들어내야만 했다. 당연히 목적을 추구하는 데 따르는 사업 침체와 혼란에 대해 그들의 책임을 물을 수는 없었다. 하지만 그 새로운 비즈니스의 초기에는 '성공'을 평가할 수 있는 매트릭스(matrics, 성과를 보여주는 계량적 분석 또는 그 기준 – 옮긴이)도 정립할 수 없었다. 회사는 그들에게 더 많은 일을 하도록, 그것도 상당히 더 많은 일을 하도록 요청하고 있었는데, 전통적인 보상방법을 적용한다면 그들에게 돌아갈 인센티브가 줄어드는 상황이었다. 그런 식으로는 효과를 기대할 수 없었다.

나는 이사회의 보상위원회에 가서 그런 딜레마에 대해 설명했다. 혁신을 꾀할 때는 제품을 생산하거나 제공하는 방식뿐만 아니라 모든 것을 바꾸어야 한다. 사내의 많은 관행과 구조도 조정해야 한다. 이번 경우에는 이사회가 경영진에게 보상하는 방식도 거기에 포함되었다. 나는 급진적인 아이디어를 하나 제안했다. 사실상 디즈니의 새로운 전략에 임원들이 얼마나 기여했는지에 따라 내가 보상수준을 결정하게 해달라는 아이디어였다. 쉽게 측정할 수 있는 재무성과가 나올 수 없는 상태였기 때문에, 그것은 곧 기존의 전형적인 보상구조에 비해 훨씬 더 주관적인 잣대가 적용된다는 의미였다.

내가 제안한 것은 임원들이 그 새로운 이니셔티브를 성공시키는 데 얼마나 적극적으로 임하는지를 내가 평가해서 스톡그랜트(stock grant, 회사 주식의 무상 제공―옮긴이)를 부여하는 방식이었다. 보상위원회는 처음에는 회의적인 반응을 보였다. 그런 식으로 일을 처리해본 전례가 없다는 이유였다.

"기업이 혁신을 꾀하지 못하는 이유를 알고 있습니까?" 내가 말했다. "전통 때문입니다. 전통이 매 단계에서 마찰을 일으키기 때문이지요."

나는 투자업계에 대해서도 이야기했다. 투자업계는 어떤 상황에서든 수익이 줄어든 기업에 벌을 주려고 든다. 그래서 기업들이 종종 장기적인 성장을 도모하거나 변화에 적응하기 위해 자본을 쓰는 대신 기존 방식을 고수하며 안전지대에 머물려 하는 것이다.

"그리고 심지어 여러분들도 있습니다. 기존에 해왔던 보상 방법이 하나밖에 없다는 이유로 주식을 부여할 방법을 못 찾는 이사회 말입니다."

모든 단계에서 물살을 거슬러 헤엄치는 기분이었다.

"여러분의 선택입니다." 나는 말을 이었다. "여러분은 '혁신가의 딜레마'에 희생되고 싶습니까? 아니면 그에 맞서 싸우고 싶습니까?"

그들은 내가 그렇게 열변을 토하지 않았어도 내 말에 동조했을 것이다(나는 이사회와 줄곧 아주 훌륭한 관계를 유지했고 지금도 그러하다. 그들은 내가 하고자 하는 거의 모든 것을 지지해주었다). 내가 그런 통렬한 비판을 끝내기도 전에 한 명이 입을 열었다.

"나는 동의합니다." 즉시 다른 한 명이 "재청"을 외쳤다. 그런 과정을 거쳐 결국 나의 계획은 승인되었다. 나는 다시 임원들을 불러 모아 새로운 스톡그랜트 계획이 어떤 식으로 전개될 것인지 설명했다. 내가 매년 연말에 얼마나 많은 주식을 부여할 것인지 결정하는데, 매출이 아니라 힘을 합쳐 일을 잘했는지를 평가의 기준으로 삼겠다고 했다. "사내정치는 어떤 것도 통하지 않습니다." 내가 덧붙였다. "이것은 너무도 중요한 일입니다. 회사를 위한 일이고, 여러분을 위한 일입니다. 박차를 가해주시기 바랍니다."

"자네, 대선에 출마할 건가?"

8월의 실적보고 화상회의와 뱀테크 관련 발표가 있고 2주가 채 지나지 않은 어느 날, 루퍼트 머독Rupert Murdoch에게서 전화가 걸려왔다. 조만간 자신의 집에서 와인 한잔하자는 요청이었다. 루퍼트는 벨에어에서 자신의 와이너리인 모라가Moraga 포도원이 내려다보이는 1940년대식의 아름다운 저택에 살고 있다. 그와 나는 출신 세계가 아주 다르다. 살아온 세대도 다르다. 우리는 정치적 견해도 다르지만 오래 전부터 서로의 비즈니스 감각을 존중해왔다. 나는 그가 맨손으로 시작해 미디어·엔터테인먼트 제국을 구축한 사실을 늘 인상 깊게 생각해왔다.

내가 CEO 자리에 오른 2005년부터 우리는 가끔 만나 식사를 하거나 술을 마셨다. 우리 둘 다 훌루Hulu의 파트너였기 때문에 때로는 이런 저런 사업상의 논의를 나누기도 했다. 그리고 그보다 더 빈번하게는 변화하는 미디어 환경에 대해 대화하며 정보를 교환하곤 했다.

하지만 그가 집으로 초대한 이번 경우는, 내가 2020년 대통령 선거에 출마할 생각이 있는지를 탐색하려는 의도 같았다. 이미 정치에 대한 나의 관심과 대선 출마 가능성을 놓고 상당한 양의 '루머'가 떠돌고 있었다. 게다가 그 얼마 전 켈리앤 콘웨이Kellyanne Conway와 앤소니 스카라무치Anthony Scaramucci를 포함한 트럼프 행정부의 관계자 몇 명이 우리 회사의 중역들에게 나의 향후 행보에 관해 문의했던 터라, 나는 루퍼트가 그에 대한 진위를 파악하기 위해 나를 초대한 것이라고 생각할 수밖에 없었다.

나는 항상 정치와 정책에 관심이 많았다. 그리고 종종 디즈니를 떠난 후 국가의 공복으로 국민을 섬기는 것에 대해 생각해본 것도 사실이다. 주변의 많은 사람들이 수년 전부터 대통령직을 포함하여 내가 어떤 선출직에 출마하는 게 좋을지를 놓고 나름의 아이디어를 피력했는데, 나도 종종 흥미가 동하긴 했지만 대부분 터무니없는 요소도 담고 있어 무시해버리곤 했다. 2016년 대선 전에 나는 미국 국민들이 정계 외부의 누군가를 선출할 준비가 되었고, 정당을 포함한 전통적인 정치세력에 대한 불만이 걷잡을 수 없을 정도로 커졌으며, 디즈니의 사업부문과 마찬가지로 정부와 정치도 심오한 파괴에 직면했다고 확신했다(도널드 트럼프의 승리는 적어도 부분적으로나마 내 예측이 옳았다는 증거인 셈이다).

루퍼트를 만나기로 한 당시, 나는 실제로 대선 출마의 가능성을 분석하고 있었다. 끔찍할 정도로 승산이 없다는 것을 잘 알았지만, 어쨌든 탐구는 제대로 해보았다. 오바마 행정부 출신의 전직 관료들과 몇몇 하원의원, 여론조사 전문가, 이전 대선의 선거자금 조성자와 선거운동 책임자 등 민주당 내에서 영향력깨나 행사하는 20여 명과 대화도 나눠봤고, 건강보험부터 세제, 이민법, 국제무역 정책, 환경 문제, 중동의 역사, 연방 금리까지, 모든 것에 대한 신문기사와 자료를 놓고 미친

듯이 공부도 했다. 그뿐이 아니었다. 나는 또한 로널드 레이건의 디데이(D-Day, 노르망디 상륙 개시일—옮긴이) 40주년 기념 연설과 마틴 루서 킹 목사가 살해되었을 때 인디애나폴리스에서 로버트 케네디가 한 즉흥 연설, 프랭클린 루스벨트와 존 F. 케네디의 취임 연설, 사우스캐롤라이나 찰스턴의 아프리카 감리교 감독교회에서 총기난사 사건이 벌어진 후 오바마 대통령이 한 연설, 처칠의 수많은 연설 등을 포함해 역사상 유명한 연설문 다수를 찾아서 읽었다. 심지어 헌법과 권리장전을 다시 읽기도 했다(한편, 이것이 내가 출마해야 한다거나 하지 말아야 한다는 신호였는지 여부는 모르겠지만, 나는 그즈음 종종 공개토론 무대에서 머릿속이 하얘지면서 식은땀을 흘리는 악몽을 꾸다 한밤중에 잠에서 깨곤 했다).

하지만 그러면서도 나는 나 자신이 주제넘은 착각에 빠지지 않기 위해 노력했다. 내가 다국적 대기업을 경영했다는 단순한 사실이 반드시 내게 미국 대통령이 될 자격을 부여하는 것도 아니었고, 분명하고 쉽게 승리할 수 있는 길을 열어주는 것은 더더욱 아니었다. 따라서 나는 거기에 전념하지 않기로 했다(사실 나는 민주당이 성공한 경영인을 지원할 의지와 능력이 있는지에 대해서도 회의적이었다).

루퍼트의 집으로 들어가 그와 함께 자리를 잡고 앉자 그의 비서가 와인을 잔에 따라주었다. 와인잔이 채워지자 그의 입에서 첫마디가 나왔다.

"자네, 대선에 출마할 건가?"

'글쎄요, 못할 것도 없죠.' 나는 속으로 이렇게 생각했다. 하지만 루퍼트에게 내 생각을 솔직하게 밝히고 싶지는 않았다. 곧바로 '폭스 뉴스'에 나갈 게 뻔했기 때문이다. 그래서 이렇게 말했다.

"아니요. 많은 사람들이 권유를 해서 저도 조금 고려해보긴 했지만 정신 나간 아이디어라는 게 제 결론입니다. 제가 그런 시도를 할 가능성은 거의 없습니다. 게다가…," 내가 덧붙였다. "와이프가 그런 생각은 꿈도 꾸지 말라며 극구 반대합니다."

그 말은 사실이었다. 언젠가 윌로는 내게 이런 농담을 던졌다.

"당신은 원한다면 어떤 선출직에라도 출마할 수 있어요. 단, 이 마누라를 데리고는 못 나가요." 아내는 나를 잘 알았다. 그래서 그런 도전에 내가 흥미를 느낀다는 것을 알았지만, 그것이 우리 가족과 우리의 삶에 미칠 영향이 심히 걱정스러웠던 것이다(얼마 후 아내는 이렇게 말했다. "좋을 때나 나쁠 때나 사랑하고 아낄 것을 서약하고 결혼했으니, 당신이 정히 그렇게 해야 한다면 변함없이 지지할게요. 하지만 결코 내켜서 그러는 게 아니라는 건 아셔야 해요.").

나는 루퍼트와 내가 남은 시간 동안 무슨 대화를 나누게 될지 궁금했다. 하지만 그는 자연스럽게 화제를 옮겨 다음 그다음 1시간 동안 각자의 사업에 닥친 위협에 관한 이야기를 했다. 대형 기술기업들의 침투, 변화의 속도와 규모가 얼마나 중요한지 등에 대한 주제가 거론되었다. 그는 특히 21세기폭스 21st Century Fox의 미래에 대해 크게 걱정했다. "우리는 규모가 작아서 말이야." 여러 번 그렇게 말했다. "규모를 갖춘 회사는 디즈니뿐이지."

그날 저녁 그에게 작별인사를 건네면서 나는 그가 전에는 상상할 수도 없었던 일에 관심을 가졌다는 신호를 보내고 있다고 생각하지 않을 수 없었다. 차를 몰고 집으로 돌아오면서 앨런 브레이버맨에게 전화를 걸었다.

"방금 루퍼트를 만났는데, 아무래도 그가 폭스를 매각할 의사가 있는 것 같아요."

나는 앨런에게 폭스의 자산에 대해 빠짐없이 리스트를 작성해달라고 말하면서, 규제 측면에서 인수가 가능한지 여부도 알아봐달라고 했다. 이어서 케빈 메이어에게도 전화했다. 루퍼트가 보낸 신호에 대해 말하고 그의 첫 반응을 포착하기 위해서였다. 나는 케빈에게도 목록을 취합해 살펴보고 폭스의 자산 전부 또는 일부에 대한 인수 가능성을 따져보라고 지시했다.

다음 날 나는 루퍼트에게 전화를 걸었다.

"루퍼트, 제가 당신의 의도를 제대로 읽고 있는지 모르겠습니다만, 혹시 디즈니가 폭스를 인수하는 데 관심이 있다고 말씀드린다면, 다시 말해서 회사의 대부분을 인수하는 데 관심이 있다면, 협상의 문을 열어주시겠습니까?"

"그렇다네." 그가 말했다. "그 관심이 진지하다고 봐도 되는 건가?" 나는 매우 흥미를 느끼지만 생각할 시간은 조금 필요하다고 답했다. 그러자 그가 말했다.

"하지만 나는 자네가 현재의 임기 이후에도 회사에 남는 데 동의하지 않으면 아무것도 하지 않을 걸세."

당시 나의 퇴임일자는 2019년 6월로 잡혀 있었다. 나는 루퍼트에게 말했다. 만약 내가 임기를 연장하는 데 동의하지 않으면 디즈니 이사회는 이런 규모의 인수를 고려조차 하지 않을 것이라고 말이다. 우리는 2~3주 후에 다시 논의하기로 하고 통화를 끝냈다. 갑자기 내 인생이 바뀌려 한다는 느낌이 들었다. 대선 출마는 그런 변화의 촉매가 아니었다.

21세기폭스, 무한한 잠재력과 그 이상의 리스크

다음 2주 동안 나는 앨런, 케빈과 함께 폭스 인수가 가능한지 그리고 그것이 우리에게 어떤 의미가 있는지를 놓고 생각을 정리하기 시작했다. 앨런은 폭스의 자산 가운데 몇 가지를 즉시 배제했다. 법규에 따라 미국에서는 한 기업이 2개의 공중파 방송 네트워크를 소유할 수 없으며(요즘 같은 세상에 다소 구시대적이고 어리석은 법규가 아닐 수 없지만, 어쨌든 법이 그러하다), 따라서 폭스 TV 네트워크는 테이블에서 내려놓았다. 우리는 그들의 주요 스포츠 네트워크 2개와 경쟁 관계에 있으므로 그것까지 소유하면 시장 점유율이 너무 높아져 그 역시 구매 대상에서 제외하지 않을 수 없었다.

그리고 폭스 뉴스가 있었다. 이것은 루퍼트가 가장 아끼고 소중하게 여기는 자산이었기에 절대로 내놓지 않을 것 같았다. 게다가 설령 우리 손에 들어온다 해도 폭스 뉴스는 우리에게 그다지 득이 될 것이 없어 보였다. 만약 우리가 그것을 그대로 운영한다면 우리는 좌파의 원수가 될 것이고, 감히 그것을 중앙으로 옮겨놓으려 한다면 반대로 우파의 원수가 될 수밖에 없었기 때문이다. 어쨌든 내가 폭스 뉴스에 대해 어떻게 생각하는지는 중요하지 않았다. 루퍼트가 그것을 테이블에 올려놓을 리가 없었기 때문이다.

여타의 작은 자산 몇 가지도 문제가 되었지만, 중요한 구매 금지 물품은 위의 큰 자산들이었다. 그것들을 제외하고 나니 폭스 서치라이트 픽처스Fox Searchlight Pictures를 포함한 영화제작사와 훌루에 대한 그들의 지분(이것을 인수하면 우리가 훌루 플랫폼의 최대 지분 보유자가 된다), FX 네트워크, 지역별 폭스 스포츠 네트워크(나중에 매각해야 한다), 내셔널지오그래픽National Geographic의 지배 지분, 다양하게 분포한 해외 사업(특히 인도 시장의 사업), 유럽에서 가장 크고 가장 성공적인 위성 플랫폼인 스카이Sky의 지분 39% 등의 폭넓은 자산 포트폴리오가 남았다.

이들 자산에 대한 재무 및 전략 분석은 케빈이 맡았다. 쉬운 용어로 설명하자면, 이것은 케빈이 팀을 꾸려 우리가 인수할 수 있는 폭스의 모든 사업부문에 대한 검토 작업을 공들여 진행한다는 뜻이었다. 거기에는 그들이 현재 어떤 실적을 올리고 있는지를 살펴보는 것뿐만 아니라 향후에 어떤 성과를 낼지 그리고 우리가 목격하던 '파괴'의 세상에서 어떤 성과를 낼지 예측하는 것도 포함되었다. 우리는 또한 CFO로 새로 임명한 크리스틴 맥카시Christine McCarthy도 인수팀에 합류시켰다. 그녀는 이전의 인수작업에 참여한 바는 없었지만, 이번 건에 대해서는 나름대로 기여하고자 하는 열의를 불태웠다. 그녀에게 크나큰 도전이 되는 셈이었다.

우리는 그렇게 21세기폭스의 현재와 미래 가치에 대해 파악했다. 그다음으로 던진 질문은 다음과 같았다. 두 회사가 합치면 가치가 얼마나 되는가? 합병을 통해 가치를 높일 방도는 무엇인가? 두 회사를 합쳐서 운영하면 효율성이 높아질 것은 분명했다. 예를 들어, 양쪽의 영화 제작사들을 모두 하나의 우산 아래에 두면 보다 효율적으로 운영할 수 있게 된다. 시장에서 행사할 수 있는 영향력도 중요했다. 갑자기 지역 자산을 더욱 많이 소유하게 된다면, 그것으로 인한 우리의 시장 접근성이 얼마나 향상될 것인가? 예를 들면, 우리가 진출 초기 단계에 머물고 있던 인도 시장에서 그들은 이미 D2C(Direct-to-Consumer, 소비자 직거래 - 옮긴이) 사업에 대규모 투자를 마무리하고 본격적인 성장 궤도에 올라 있었다. 그들은 또한 탁월한 TV 스튜디오를 보유했고, 창작 부문 인재들에게 많은 투자를 한 상태였다. 그런 면에서 우리는 한참 뒤처진 편이었다. 여타의 인수에서와 마찬가지로, 우리는 21세기폭스 사람들에 대해서도 평가했다. 그들을 데려오면 우리의 사업에서 보다 많은 성공을 일궈낼 수 있는가? 대답은 '완전히 그렇다'로 나왔다.

우리가 추정해서 내린 결론은 두 회사를 합병하면 각자의 현재 가치를 합친 것보다 수십억 달러나 더 가치가 높아진다는 것이었다(이 수치는 법인세법이 바뀌면서 훨씬 더 커졌다). 케빈은 인수대상 전체에 대해 상당히 종합적인 그림을 내게 제시하며 이렇게 말했다.

"저쪽에 아주 훌륭한 자산이 상당수 있습니다."

"나도 그러리라 짐작하고 있었어요." 내가 말했다. "그런데 내러티브는 어떻게 잡는 게 좋을까요?"

"밥, 당신이 주창해온 내러티브가 이미 있지 않습니까." 케빈이 말했다. 협상은 아직 시작도 안 됐는데 케빈의 머릿속 기어는 벌써 돌아가고 있었다. "그 내러티브로 밀고 나가면 됩니다. 고품질의 콘텐츠, 기술, 글로벌 사업, 그 3가지면 충분합니다."

케빈은 폭스의 자산을 우리의 새로운 전략 렌즈를 통해 보면 그 가치가 더욱 커진다고 덧붙였다. 그것들이 디즈니의 미래 성장에 중추가 될 것이라는 얘기였다. 케빈과 앨런, 크리스틴은 모두 내가 루퍼트와 본격적인 논의에 착수해야 한다고 강조하며 전폭적으로 지지했다. 그것이 픽사와 마블, 루카스필름을 모두 합친 것보다 훨씬 더 큰 규모의 인수를 의미하는 데도 불구하고 말이다. 그 잠재력이 거의 무한대로 느껴졌다. 물론 그에 따르는 리스크도 마찬가지였다.

13.
돈으로 살 수 없는 고결함

NO PRICE ON INTEGRITY

　　　　　　루퍼트의 매각 결정은 변화의
압력에 대한 직접적인 반응이었고, 그 압력은 우리에게도 완전히 새로
운 전략을 수립하게 만들었다. 붕괴에 직면한 업계의 상황 속에서 회사
의 미래에 대해 심사숙고한 끝에, 그는 매각을 통해 주주와 가족들에게
21세기폭스 주식을 디즈니의 주식으로 바꿀 수 있는 기회를 제공하는
것이 가장 현명한 방책이라는 결론에 도달한 것이다. 변화를 겪어내기
에 디즈니가 자신들보다 더 나은 조건을 갖추고 있으며, 두 기업의 합
병으로 더욱 강력한 역량을 발휘할 수 있으리란 믿음 또한 그의 결정에
힘을 실어주었다.
　　미디어 업계의 붕괴현상이 얼마나 광범위했는지는 아무리 과장해
도 지나치지 않다. 그러나 자신이 거의 맨손으로 일구어낸 회사를 해체
하기로 한 그의 결정은, 그 불가피성의 상징적 표시와 다름없었다. 이
것은 전 세계 미디어 업계의 판도를 바꾸어놓을 거대한 인수합병 거래
였다. 루퍼트와 내가 거의 2년여 동안 계속될 이 거래를 착수하려던 시

점에 심상치 않은 사회적 변화 역시 진행되기 시작했다. 당시 모두가 경험하고 있던 엄청난 기술의 변화보다 더욱 심오한 변화를 유발하는 사건이 발생한 것이다.

할리우드는 물론 사회 전반에 걸쳐 여성에 대한 성적 약탈과 기회 불균형, 임금 차별 등과 관련된 도저히 용납될 수 없는 행동방식에 대해 다수의 심각한 혐의들이 제기되며 오랫동안 억눌려왔던 움직임이 촉발되었다. 그중에서도 특히 미디어, 엔터테인먼트 업계의 상황이 심각했다. 구체적이고도 끔찍한 하비 와인스타인에 대한 혐의가 수문을 열면서 많은 피해자들이 각자가 당한 성폭력 사실을 과감히 공개하는 사태가 이어졌다. 엔터테인먼트 업계의 거의 모든 기업들이 조직 내에서 발생한 피해를 판명하고 해결하기 위한 사투를 벌여야 했다.

디즈니는 늘 구성원들이 안전하다고 느낄 수 있는 환경을 조성하고 유지하는 것을 중요하게 생각해왔다. 그러나 피해를 당하거나 목격한 사람들이 자신들의 주장을 누군가가 들어주고 심각하게 인식하며 적절한 조치가 취해지고 보복의 위험에서 보호받을 수 있다고 느낄 수 있도록 만들기 위해서는 지금까지 해왔던 것보다 더 많은 노력을 기울여야 했다. 나는 우리의 기준과 우리가 중요하다고 생각한 것들이 제대로 지켜지고 있는지 시급히 평가해볼 필요가 있다고 판단했고 인사팀에 철저한 분석을 지시했다. 거기에는 전사적 차원에서 대화를 시작하고 솔직함이 용납될 수 있는 프로세스를 갖추어 누구든 나서서 말하는 사람을 보호해주겠다는 회사의 약속을 더욱 강화하는 것까지 포함되었다.

2017년 가을, 픽사의 여자직원들은 물론 남자직원들 사이에서도 존 래시터에 대한 불만이 터져 나왔다. 그들은 '원하지 않는 신체접촉'이라 묘사했다. 존이 포옹하기를 좋아한다는 것은 누구나 아는 사실이었다. 그를 아는 많은 사람들이 악의 없는 행동이라고 대수롭지 않게 여겼지만 모든 사람이 그 생각에 동의하는 것은 아니었고, 그 사실이 명백해지기까지 그리 오랜 시간이 걸리지 않았다. 수년 전에도 나는 그 문제에 관해 존과 이야기를 나눈 적이 있었지만, 그에 대한 새로운 혐의들은 전보다 더 심각했고, 분명히 어떤 식으로든 존이 그 문제를 직시해야 할 필요가 있었다.

그해 11월 앨런 혼과 나는 존과 얼굴을 마주하고 앉았다. 존이 자신의 행동을 반성하는 의미에서 6개월 간 휴직하고, 그 사이에 우리는 상황을 판단하는 것이 최선의 해결책이라는 데 의견을 모았다. 존은 휴직에 앞서 자신의 팀원들에게 이런 글을 남겼다.

"저에게 우리 팀은 세상의 전부와 같습니다. 제가 실망을 안겨주었다면 깊이 사죄드립니다. 특히 원하지 않는 포옹이나 어떤 방식과 형태로든 선을 넘은 것으로 느껴진 몸짓 때문에 피해를 입었다고 생각하는 모든 사람들에게 깊이 사과드립니다. 저의 의도가 아무리 좋았다 하더라도 누구에게나 지키고 싶은 나름의 선이 있게 마련이고 그것은 존중받아 마땅합니다."

존이 자리를 비운 사이 우리는 픽사와 디즈니에니메이션을 위한 리더십 체계를 더욱 면밀히 다듬었고, 양쪽 모두에서 조직을 위한 최선의 방책을 결정하기 위해 직원들을 대상으로 수십 차례에 걸쳐 면담도 진행했다.

고통스럽지만 올바른 의사결정

이후 6개월 동안은, 소비자 직접판매 전략을 수립하고 세간의 이목이 집중된 인사 문제와 씨름하며 폭스 인수 건에 대한 분석과 협상까지 동시에 진행해야 했다. 그 기간은 경영자로서의 경력에서 그 어느 때보다 힘겨운 시간이었다. 그런 와중에도 폭스가 보유하던 콘텐츠와 범세계적인 사업 영역, 인재, 기술 등이 우리에게 큰 변화를 안겨줄 것이라는 확신은 점점 굳건해졌다. 폭스를 인수해 신속하고 부드럽게 통합을 완수하는 동시에 소비자 직접판매 전략을 실행에 옮길 수 있다면 (여전히 위압적인 불확실성의 연속이긴 하지만) 디즈니는 과거 그 어느 때보다 강력한 입지에서 미래를 준비할 수 있을 터였다.

논의가 진행되는 과정에서 루퍼트가 염두에 두고 있었던 것은 3가지였다. 첫째, 폭스 인수에 관심을 보일 만한 기업 중 디즈니가 법적인 승인 문제를 가장 원만하게 해결할 가능성이 높다는 것이었다. 둘째는 디즈니 주식의 가치였다. 그는 대기업들 사이에서 고전하던 폭스에 대한 지배 지분을 계속 보유하거나 아니면 보다 강력한 합병 기업의 지분 일부를 소유하는 것 사이에서 선택할 수 있었다. 셋째는 우리가 두 기업의 통합을 원활히 완수하고 새롭게 합쳐진 기업을 역동적으로 운영할 수 있을 것이라는 그 나름의 확신이었다.

2017년 가을 내내 진행된 협상 과정에서 루퍼트가 해결해야 했던 많은 문제 중 하나는 자신의 두 아들, 라클란Lachlan, 제임스James와 의견을 조율하는 것이었다. 두 사람은 어렸을 때부터 아버지가 회사를 세우고 키워가는 과정을 지켜보며 언젠가는 자신들이 주인이 될 것이라

기대했다. 그런데 지금 아버지가 그 회사를 다른 누군가에게 매각하려 하니 둘 중 누구도 선뜻 수긍하기는 어려운 상황이었을 것이다. 나는 시작부터 가족 간의 의견조율은 루퍼트가 알아서 해결할 문제일 뿐 내가 관여할 사안이 아니며 협상을 위한 논의에서는 사업적 측면에만 초점을 맞춘다는 입장을 유지했다.

가을 내내 케빈 메이어와 나는 루퍼트 그리고 폭스의 CFO 존 낼런John Nallen과 계속해서 만남을 이어갔다. 우리는 인수금액으로 주당 28달러(총 524억 달러)를 전액 주식으로 지급하는 선까지는 수용하는 것으로 입장을 정리했다. 하지만 루퍼트와의 협상이 시작된 지 몇 달이 지났을 때 그가 매각을 고심하고 있다는 소문이 새어나갔고 다른 기업들이 폭스 인수에 관심을 갖기 시작했다. 그 가운데 컴캐스트는 우리가 제시한 금액보다 현저히 높은 금액을 전액 주식으로 지급하는 조건을 내세우며 강력한 경쟁자로 부상했다. 우리는 컴캐스트의 최초 입찰가가 다소 높더라도 폭스의 이사회는 여전히 디즈니를 선호할 것이라고 확신했다. 컴캐스트는 법적 승인을 받는 과정에서 문제에 봉착할 확률이 매우 높다는 것이 그 이유 중 하나였다(컴캐스트는 이미 NBC유니버설을 비롯해 전국 최대 규모의 배급망을 보유하고 있었기 때문에 당국의 규제 대상이 되어 매우 강도 높은 조사를 받을 확률이 컸다).

추수감사절 주말에 케빈과 나는 벨에어의 와이너리에서 루퍼트와 존을 다시 만났다. 우리 네 사람은 끝없이 이어진 포도나무 사이를 꽤 오랫동안 걸었고, 그때 루퍼트는 "주당 29달러 아래로는 매각하지 않겠다."고 통보했다. 우리가 기꺼이 지급하겠다고 결정한 총액보다 50억 달러가 높은 금액을 요구한 셈이었다. 경쟁사인 컴캐스트가 더 높은 금액을 제시한 게 알려진 마당이니 우리 역시 입찰가를 높일 것으로 판단한 것 같았다.

그러나 거래가 성사되길 원하는 만큼이나 기꺼이 포기하고 물러날 수도 있다는 것이 내 입장이었다. 다양한 사업부문을 비롯해 여러 가지 측면에서 분명 폭스는 매력적인 인수대상이었고 디즈니가 새롭게 시작하는 사업에 어떤 이익을 가져다줄지 구체적으로 그려보았던 것도 사실이다. 그러나 실행에 따르는 리스크 또한 엄청나게 크다는 사실도 부인할 수 없었다. 무수한 시간과 엄청난 에너지를 필요로 하는 작업이 될 것이기에 그랬다. 인수거래를 성사시키고 법적 승인 절차를 밟아 두 기업의 합병을 성공적으로 완수한다 하더라도 여전히 시장에는 알 수 없는 변수가 많았고 그것이 바로 내가 염려하던 부분이었다.

한편으로는 인수한 이후에 적어도 3년 정도는 내가 회사에 더 남아야 한다는 개인적인 고민도 있었다. 나를 위해 좋은 일인가 아니면 디즈니를 위해 좋은 일인가? 어느 쪽인지 나 스스로도 완전히 확신할 수 없었지만, 그것에 대해 깊이 생각할 시간적 여유도 없었다. 그날의 만남이 끝나갈 무렵, 나는 디즈니가 폭스를 인수하는 거래에서 얻을 수 있는 모든 가치를 취하는 것이 반드시 필요하다는 데 생각이 미쳤다. 나는 자리에서 일어서며 루퍼트에게 이렇게 말했다.

"우리가 제시할 수 있는 상한선은 28달러입니다."

내가 더 높은 금액을 부르지 않고 기존 입장을 고수했다는 사실이 루퍼트를 놀라게 만들었는지 아닌지는 알 수 없지만, 케빈은 인수가를 더 높게 제시하지 않은 탓에 거래가 무산될까 봐 걱정했다. 그러나 나에게는 우리가 승리할 것이라는 확신이 있었다(그들로서는 컴캐스트와 거래하려면 너무나 큰 리스크를 감수해야 했기 때문이다).

월요일 아침 출근하자마자 나는 케빈에게 존 낼런에게 연락해 그날 업무시간 종료 전까지 대답을 달라고 요청할 것을 지시했다. 일과를 마무리할 시간 즈음에 루퍼트는 전화를 걸어와 우리의 입찰가를 수용하겠다는 의사를 밝혔다. 그리고 거래의 성사를 축하하자며 자신의 와이너리로 나를 다시 초대했다(그 자리에는 루퍼트의 아들인 라클란도 함께 했다. 회사의 매각을 놓고 가족 간의 합의가 잘 이뤄진 것으로 짐작할 수 있었다). 인수 절차에 따르는 세부사항을 정리하는 작업에 그로부터 2주의 기간이 소요되었다. 그런 다음 나는 12월 12일에 예정된 '스타워즈: 마지막 제다이'의 시사회 참석을 위해 런던으로 향했다. 런던에 머무는 동안 루퍼트의 사무실을 찾아 발코니에서 그와 악수를 나누는 사진도 찍었다. 14일로 예정된 합병에 관한 공식발표에 쓸 사진이었다.

다시 LA로 돌아온 것은 13일이었다. 늦은 오후 시간에 도착해 곧장 다음 날로 예정된 공식발표를 준비하기 위한 회의에 참석했다. 동부 표준시로 오전 7시에 '굿모닝 아메리카' 출연이 예정되어 있었기 때문에 나는 디즈니 캠퍼스의 스튜디오에 적어도 새벽 3시에 도착에 4시(태평양 표준시로)부터 진행되는 생방송을 준비해야 한다는 뜻이었다. 준비 회의 도중에 우리의 인적자원부 책임자인 제인 파커 Jayne Parker가 들어와 ESPN 사장인 존 스키퍼 John Skipper로부터 연락을 받았는지 물었다.

"아니요, 무슨 일 있나요?" 내가 말했다.

제인의 표정은 심상치 않은 문제가 터졌음을 말해주고 있었다. 나는 당장 처리해야 할 문제인지 아니면 다음 날 공식발표 이후까지 미룰 수 있는 문제인지 물었다. 제인은 이렇게 대답했다.

"심각하긴 하지만 당장 처리해야 할 정도는 아닙니다."

분 단위로 촘촘히 계획된 일정이 숨 가쁘게 이어진 12월 14일은 나의 CEO 재임기간 중 가장 바쁘게 돌아갔던 날이라 해도 과언이 아니었다. 당시의 다이어리를 다시 들추어보니 그날의 일정은 대충 이러했다. 오전 4시, '굿모닝 아메리카'에 출연해 인수합병에 대한 공식발표, 오전 5시, 투자자들과 화상회의, 오전 6시 CNBC 뉴스 생방송 출연, 오전 6시 20분 블룸버그 출연, 오전 7시 투자자들과 만나는 인터넷 생방송 출연, 오전 8시부터 정오까지는 인수 이후 해결해야 할 법적 절차와 관련해 척 슈머Chuck Schumer, 미치 맥코넬Mitch McConnell 상원의원을 시작으로 낸시 펠로시Nancy Pelosi를 비롯한 다수의 의원들과 전화통화를 했다.

그날 오후가 되어서야 전날 미루어 두었던 존 스키퍼에 관한 문제를 놓고 인적자원부 책임자 제인과 대화를 나눌 수 있었다. 존 스키퍼는 가정생활은 물론 자신의 삶까지 파탄으로 몰고 간 마약 문제를 시인했으며 그것은 곧 회사에 심각한 타격을 입힐 가능성이 있는 사안이었다. 나는 존과 직접 통화하는 일정을 다음 날로 잡고 집으로 향했다. 나의 모교인 이타카 대학교의 학생들과 갖기로 한 엔터테인먼트·미디어 업계의 미래에 관한 인터넷 화상회의를 취소할 수 없었기 때문이었다.

그 모든 일이 한꺼번에 밀어닥칠 것이라고는 예상도 하지 못했던, 오래 전에 약속된 화상회의였다.

다음 날 나는 존과 대화를 나눴다. 그는 자신이 사적인 문제로 끔찍한 물의를 일으켰음을 인정했다. 나는 제인의 설명과 그가 직접 확인해준 바를 근거로 그에게 다음 월요일 부로 회사를 떠나줄 것을 요청했다. 나는 존을 매우 높이 평가하고 있었다. 그는 영리할 뿐 아니라 경험과 재능을 갖춘 충직한 경영자였다. 그러나 존 스키퍼 문제는 회사의 고결함이 직원들의 고결함에 따라 얼마나 크게 좌우될 수 있는가를 보여주는 분명한 사례였다.

존에 대한 나의 개인적인 애정이나 염려와는 별개로 그는 디즈니의 정책을 위반하는 선택을 한 것이었다. 존의 퇴사는 고통스럽기는 했지만 올바른 의사결정이었다. 그로 인해 내가 CEO로 취임한 이후로 회사는 물론 내 개인적으로도 가장 중요하고 힘겨운 기간이 시작되던 시기에, 우리는 회사의 가장 중요한 두 사업부문인 ESPN과 애니메이션 부문의 리더 자리가 공석이 된 상황을 맞이했다.

완전히 새로운 미디어 기업을 위한 즉각적인 조직개편

루퍼트와의 합의로 인수합병에 따르는 법적 승인을 위한 복잡한 절차가 본격적으로 개시되었다. 증권거래위원회SEC에 인수합병의 세부사항과 두 기업의 재무상태에 대한 보고서를 제출해야 했다. 그리고 어떤 과정을 거쳐 거래가 성사되었는지 상세히, 그것도 시간별로 일목요연하게 정리한 이른바 '시간대별 상황보고서'까지 포함하는 무수히 많은 자료도 제출해야 했다(거기에는 내가 루퍼트에게 회사의 매각 의사를 타진했던 맨 처음의 대화를 시작으로 그 이후 이루어졌던 모든 대화의 내용을 정리한 보고서가 포함되었다). 서류 제출을 시작으로 일단 SEC의 승인을 얻어내면 양사는 각각 주주들에게 SEC에 제출된 보고서의 전문과 주주들의 승인을 권장하는 이사회의 추천서까지 포함된 대리투표 서신을 발송한다. 거기에는 모든 표가 집계완료 되는 주주총회까지의 일정을 보여주는 투표 기간 또한 명시해야 한다. 그 모든 절차가 완료되기까지 6개월 정도의 기간까지 소요될 수 있으므로 그 사이에 다른 누군가가 입찰 경쟁에 뛰어들 여지도 충분하다.

거래 과정 전체는 복잡했지만 우리는 법적 승인 절차만큼은 비교적 순조롭게 진행될 것으로 예상했고(다시 말하지만, 폭스 이사회가 컴캐스트가 아닌 디즈니를 인수기업으로 승인한 이유 중 하나였다), 2018년 6월로 예정되어 있던 폭스의 주주총회에서도 비준될 것이라 낙관했다. 다만 한 가지 문제가 남아 있었다. 디즈니와 폭스의 인수합병 절차가 진행되던 사이 뉴욕지방법원에서는 AT&T의 타임워너 인수를 저지하기 위해 법무부가 제기한 소송이 진행되고 있었고, 컴캐스트는 법원의 판결을 예의 주시하고 있었다. 만약 법무부가 승소하여 인수합병이 무산된다면 컴캐스트 또한 그와 유사한 난관에 봉착할 것으로 결론짓고 폭스 인수를 위한 또 다른 시도를 포기할 터였다. 그러나 AT&T가 이긴다면 컴캐스트가 폭스 이사회와 주주들이 법적 승인이라는 장애물을 고려하지 않을 것이라는 추정 하에 보다 대담한 인수가를 제시할 수도 있는 상황이었다.

당시로서는 폭스를 인수할 수 있을 것이란 가정 하에 절차를 진행하면서 잠재적 문제에 대응하기 위한 방책을 준비하는 것이 우리가 할 수 있는 최선이었다. 루퍼트와 합의가 이루어진 직후부터 나는 '이 거대한 두 기업을 과연 어떻게 통합할 것인가'라는 구체적 질문에 대한 답을 찾는 일에 집중하기 시작했다. 단순히 디즈니가 이미 가지고 있던 것에 폭스를 추가하는 것으로는 해결될 일이 아니었다. 기존의 가치를 보존하는 동시에 새로운 가치를 창출하려면 신중한 통합 작업이 필요했다. 나는 새로운 회사는 어떤 모양을 갖추게 될지, 어떤 모양을 갖출 수 있을지, 어떤 모양을 갖추어야 할지를 하나하나 자문해보았다. 만약 과거의 발자취를 모두 없애고 현재의 모든 자산으로 완전히 새로운 무언가를 만들어내야 한다면 어떻게 구조를 짜야 마땅할까? 크리스마스 휴가를 끝내고 회사로 복귀한 후 나는 집무실 옆에 있는 회의실에 화이트보드를 끌어다 놓고 이런저런 궁리를 시작했다(2005년 스티브 잡스와의 회의 이후 내가 화이트보드 앞에 선 것은 그때가 처음이었다).

나는 우선 '콘텐츠'와 '기술'을 구분했다. 우리는 이제 영화(월트디즈니애니메이션, 디즈니스튜디오, 픽사, 마블, 루카스필름, 21세기폭스, 폭스 2000, 폭스 서치라이트), 텔레비전(ABC, ABC뉴스, 기존의 TV 방송국, 디즈니채널, 프리폼 Freeform, FX, 내셔널지오그래픽), 스포츠(ESPN), 이렇게 3가지 콘텐츠 그룹을 갖게 된다. 그 세 그룹을 모두 화이트보드 왼쪽에 적었고, 애플리케이션, 사용자 인터페이스, 고객 확보 및 유지, 데이터 관리, 판매, 배포 등의 기술 관련 키워드를 오른쪽에 적었다. 콘텐츠 부문의 인재들은 창의성에 집중하고, 기술 부문의 인재들은 콘텐츠 배포 방법, 그중에서도 가장 성공적인 방식으로 수익을 창출하는 방법에 집중하게 해야 한다는 단순한 생각에서 출발한 것이다.

그다음 화이트보드 중간에 '물리적 엔터테인먼트와 상품'이라고 적었다. 소비자 상품, 디즈니 스토어, 전 세계의 상품 및 라이선스 계약 일체, 크루즈, 리조트, 6개의 놀이공원 등 세계 곳곳에서 확장되고 있던 다양한 사업을 포괄하는 범주였다.

나는 한 걸음 뒤로 물러나 화이트보드를 쳐다보며 '바로 이것'이라는 생각을 했다. 현대 미디어 기업은 바로 이런 모양새를 갖추어야 한다는 생각이 들었다. 나는 그것을 쳐다보고 있는 것만으로 에너지가 충만해짐을 느낄 수 있었고, 그 구상을 정교하게 다듬는 일로 이후 며칠을 보냈다. 그리고 그 주의 마지막 근무일에 케빈 메이어와 제인 파커, 앨런 브레이버맨, 크리스틴 맥카티 그리고 나의 수석보좌관 낸시 리Nancy Lee 등 팀원 전체를 회의실로 불러 모았다.

"이전과는 조금 다른 구상에 대해 여러분의 의견을 듣고자 합니다."

나는 그렇게 말한 다음 그들 앞에 화이트보드를 끌어다 놓았다.

"새로운 회사는 이런 모양을 갖추게 될 것입니다."

"직접 만드신 건가요?" 케빈이 물었다.

"그래요. 어떻게 생각해요?"

그는 고개를 끄덕였다. 그럴싸해 보이는 계획이었다. 다음 문제는 적절한 인재를 적소에 배치하는 일이었다. 인수합병을 공식발표한 순간부터 양사 내부에서는 누가 어떤 사업을 이끌 것인지, 누가 누구에게 보고하게 될 것인지, 누구의 역할이 얼마나 확장되거나 축소될 것인지에 대한 기대감과 불안감이 팽배해졌다. 당연한 일이었다.

그해 겨울과 봄을 지나는 동안 나는 LA, 뉴욕, 런던, 인도, 남미 등을 두루 누비며 폭스의 경영진을 직접 만났다. 그들의 비즈니스를 이해하고 그들이 가진 의문점에 답하는 동시에 걱정을 완화시키며 그들을 디즈니의 대응 관계에 있는 사람들과 비교해보는 과정이었다. 주주총회가 끝나는 즉시(물론 AT&T의 재판에서 컴캐스트의 길을 열어주는 결과가 나오지 않는다는 가정 하에서) 나는 아주 많은 힘겨운 인사 결정을 매우 신속하게 내려야 할 터였다. 즉각적으로 조직구조를 개편할 준비를 해야만 한다는 의미였다.

"트위터를 멀리 하는 게 좋겠어요."

법원의 판결과 곧이어 있을 폭스의 주주총회가 가까워지고 있던 5월 하순의 어느 날, 나는 오전 7시가 조금 안 된 시간에 사무실에 도착해 이메일 1통을 열었다. ABC의 사장 벤 셔우드Ben Sherwood로부터 온 메일이었고, 그날 아침 게재된 로잔느 바Roaeanne Barr의 트윗에 관한 내용이었다. 로잔느 바가 자신의 트위터에 오바마 행정부의 고문이었던 "발레리 자렛Valerie Jarrett은 무슬림 동포애와 원숭이 혹성의 산물"이라는 트윗을 올린 것이다. 벤은 이메일을 통해 "회사가 심각한 문제에 직면한 것 같습니다. (…) 이것은 도저히 수용할 수 없는 매우 혐오스러운 표현입니다."

나는 즉시 회신을 보냈다. "문제가 심각한 것이 맞군요. 나는 지금 사무실에 있어요. 프로그램이 살아남을 수 있을지 모르겠네요."

1년 전인 2017년 5월, 우리는 '로잔느 아줌마'를 ABC의 황금시간대에 다시 편성한다고 발표했다. 나 또한 매우 열광적인 지지를 보낸 바 있었다. 1980년대 후반부터 1990년대 초반까지 내가 ABC엔터테인먼트의 경영을 책임지고 있을 당시 함께 작업하며 그 프로그램에 대한 애정이 깊어진 것도 있었지만, 당대의 논쟁주제에 대한 다양한 정치적 반응을 반영한다는 프로그램의 제작의도가 흥미로웠기 때문이다.

프로그램의 재편성을 확정하기 이전에 나는 로잔느가 과거에 올린 트윗이 종종 논란을 일으켰다는 사실을 모르고 있었다. 방송이 시작된 이후 그녀는 다양한 주제에 대한 경솔하고 때로는 공격적인 트윗을 다시 올리기 시작했다. 그대로 두었다간 골칫거리가 될 것이 분명했다. 발레리 자렛에 대한 트윗 사건이 일어나기 몇 주 전인 4월에 나는 로잔느와 점심식사를 함께 했었다. 더할 나위 없이 즐거운 자리였다. 로잔느는 나를 위해 자신이 직접 구운 쿠키를 들고 왔고, 내가 예전부터 자신을 지지해준 소수의 지인 중 한 사람이며 언제나 나를 신뢰한다고 말했다.

점심식사가 끝날 무렵 내가 로잔느에게 이렇게 말했다.

"트위터를 멀리하는 것이 좋겠어요."

프로그램이 높은 시청률을 기록하고 있었고 그녀가 다시 승승장구하는 모습을 지켜보는 것이 나에게도 큰 기쁨이었다. 나는 한마디 덧붙였다.

"지금 모든 일이 잘되고 있잖아요. 그걸 스스로 날려버리지 마세요."

"네! 그렇게 할게요, 밥."

특유의 비음으로 우스꽝스럽게 발음을 길게 늘어뜨리며 로잔느는 그렇게 대답했다. 그녀는 다시는 트위터를 하지 않겠다고 약속했고, 나는 그녀가 자신이 누리고 있는 성공이 귀한 것이고 언제라도 연기처럼 사라질 수 있다는 점을 충분히 이해했을 것으로 안도하며 점심식사 자리를 떠났다.

내가 잊고 있었던 것은 혹은 내 기억 속에서 거의 없애버린 것은 로잔느가 항상 예측 불가능하며 변덕스러웠다는 사실이었다. ABC엔터테인먼트의 사장으로 재직하던 초기에 우리는 꽤 가깝게 지내는 사이였다. 당시 첫 번째 시즌이 방영되던 가운데 내가 사장이 되면서 그 프로그램을 승계받았고, 나는 로잔느를 놀라운 재능을 가진 사람이라고 생각했다. 하지만 가깝게 지냈기 때문에 그녀가 얼마나 변덕스러운지도 고스란히 지켜볼 수 있었다.

한번은 우울증이 너무나 심해 침대에서 빠져나올 수조차 없었던 적도 있었다. 그럴 때면 테드 허버트와 내가 그녀의 집까지 찾아가 기운을 차릴 때까지 말동무를 해주곤 했다. 아버지의 우울증을 옆에서 보고 자랐던 나였기에 그녀의 우울증에 더 깊이 연민을 느꼈던 것인지도 모르지만, 어쨌든 그녀를 보살펴주어야 할 필요가 있다고 느꼈고 로잔느는 그런 나를 고맙게 생각했다.

벤의 이메일을 확인한 후 나는 제니아, 앨런, 벤 그리고 ABC엔터테인먼트의 대표 채닝 던지Channing Dungey에게 연락해 우리가 어떤 입장을 취하면 좋을지에 대한 의견을 구했다. 모두 나름의 대응 방안을 염두에 두고 있었다. 엄중한 경고와 공개적인 질책부터 출연 정지와 출연료 삭감 등의 조치까지 다양한 의견이 나왔다. 그러나 충분하다고 생각되는 방안은 딱히 없어 보였다. 로잔느의 하차, 즉 프로그램 폐지를 입에 담는 사람은 없었지만, 모두 내심 그 생각을 하고 있다는 것도 알 수 있었다.

"더 이상 선택의 여지가 없어 보입니다." 마침내 내가 말했다. "올바른 결정을 할 수밖에 없군요. 정치적으로 바람직하거나 상업적으로 바람직한 결정이 아닌, 그냥 올바른 결정 말입니다. 우리 직원 중 누구라도 로잔느의 트윗과 같은 내용의 글을 공개적으로 게재했다면 즉시 해고되었을 겁니다."

반대의견이 있거나 너무 지나친 조치라고 생각된다면 주저 없이 발언할 것을 요청했지만 그렇게 하는 사람은 아무도 없었다.

제니아는 즉시 채닝이 발표할 공식발표문을 작성했다. 나는 발레리 자렛에게 전화를 걸어 사과의 마음을 전하고 로잔느가 출연하는 프로그램을 폐지하기로 결정했으며 15분 후에 회사의 공식입장이 발표될 것이라고 말했다. 그녀는 나에게 감사를 표했고, 얼마 후 다시 전화를 걸어왔다. 마침 그날 저녁에 자신이 MSNBC 토론 프로그램에 패널로 출연할 예정인데, 인종차별 감수성 훈련을 위해 반나절 동안 매장 문을 닫은 스타벅스 사례와 관련하여 인종차별에 대해 토론할 것이라고 밝히며 이렇게 물었다. "당신이 나에게 연락을 취해온 사실을 프로그램에서 언급해도 괜찮을까요?" 나는 그렇게 해도 좋다고 대답했다(필라델피아의 한 스타벅스 매장에서 주문을 하지 않은 채 앉아 있던 흑인 2명이 체포되는 사건이 벌어지자, 하워드 슐츠는 17만 5,000명의 직원들에게 인종편견과 관

련된 교육을 실시하기 위해 반나절 동안 회사 소유 매장 8,000개를 모두 폐쇄했다. −옮긴이)

그런 다음 나는 디즈니 이사회 앞으로도 이메일을 보냈다.

"오늘 아침 우리는 발레리 자렛을 무슬림 동포애와 원숭이 혹성의 산물이라고 표현한 로잔느 바의 트윗 소식으로 잠을 깨야 했습니다. 전후 상황이 어찌 되었든 그 표현은 용인하기 어려울 뿐만 아니라 개탄스러운 것임에 틀림없으며 이에 우리는 로잔느가 출연하는 프로그램을 폐지하기로 결정했습니다. 고압적인 태도를 취하자는 것이 아닙니다. 회사를 운영하면서 지금까지 정치적 혹은 상업적 측면보다는 올바른 결정을 내리고 그에 따라 행동하고자 노력해왔습니다. 요컨대, 회사를 위해 일하는 모든 사람들, 그리고 그들이 만들어내는 모든 제품의 높은 품질과 진실성이 다른 무엇보다 중요하다는 얘깁니다. 따라서 어떤 식으로든 회사에 불명예를 초래하는 명시적 위반행위는 결코 용납될 수 없으며 2번의 기회가 주어질 수 없습니다. 로잔느의 트윗은 회사의 기본적인 가치를 침해했고, 우리는 도덕적 기준의 올바른 결정을 내릴 수밖에 없었습니다. 이에 대한 회사의 공식입장이 즉각적으로 발표될 예정입니다."

그것은 나에게 그리 어려운 결정이 아니었다. 프로그램을 폐지함으로 인해 발생할 수 있는 재무적 여파가 무엇인지 알아보지도 않았을 뿐더러 그에 대해서는 신경도 쓰지 않았다. 그런 상황에서는 사람과 제품의 품질, 진실성이 다른 무엇보다 중요하다는 원칙이 최우선이었고 모든 것은 그 원칙을 얼마나 철저하게 고수하느냐에 달려 있었기 때문이다.

그날부터 한 주 내내 나는 꽤 많은 칭찬과 비난을 동시에 받았다. 영화제작사의 책임자들과 정치인들, 그리고 뉴잉글랜드 패트리어츠New England Patriots의 구단주인 로버트 크래프트Robert Kraft를 비롯한 몇몇 스포츠계 인사들 등 각계각층에서 전해온 칭찬에 용기를 얻기도 했다. 발레리 자렛은 우리의 대응에 감사하다는 이메일을 즉각적으로 보내왔고 오바마 전 대통령도 감사의 인사를 보냈다. 한편으로는 트럼프 대통령의 트윗 공격을 당하기도 했다. ABC뉴스에서 자신에 대한 "혐오스러운" 표현을 내보낸 것을 언급하며 그에 대해서는 왜 사과하지 않느냐고 묻는 트윗이었다. 백악관의 선임고문인 켈리앤 콘웨이는 ABC뉴스의 책임자인 제임스 골드스톤James Goldston에게 연락해 내가 트럼프 대통령의 트윗을 보았는지, 보았다면 그에 대한 반응은 무엇인지 물었다. 나의 답변은 이랬다.

"트윗은 보았습니다만, 달리 할 말은 없습니다."

로잔느 사건은 우리가 폭스 인수작업을 한창 진행하던 시기에 일어났다. 그로 인한 어수선함이 잠잠해질 무렵 존 래시터의 6개월 정직 기간이 끝나가고 있었다. 수차례 대화를 나눈 끝에 존과 나는 그가 디즈니에서 완전히 떠나는 것이 현명한 선택이라는 결론에 도달했고, 이 결정에 대한 기밀 유지에도 합의했다.

내가 기억하는 한 그것은 가장 힘겹고 복잡한 의사결정이었다. 존이 떠난 이후 피트 닥터Pete Docter를 픽사의 최고크리에이티브책임자로, 그리고 '겨울왕국'의 각본과 감독을 맡았던 제니퍼 리Jennifer Lee를 월트디즈니애니메이션의 최고크리에이티브책임자로 임명했다. 두 사람 모두 뛰어난 재능을 가졌고, 주위 사람들에게 영감을 불어넣어 주는 존경할 만한 인물들이다. 두 사람의 리더십은 자칫 고통스러운 상황에 처할 수도 있었던 회사에 희망의 서광을 비추어주었다.

14.
핵심가치

CORE VALUES

2018년 6월 12일, 로어 맨해튼 지방법원에서 AT&T의 타임워너 인수에 대해 적법하다는 판결이 내려졌다. 다음 날, 브라이언 로버츠는 컴캐스트가 주당 35달러(총 640억 달러)의 현금 인수가를 제안했다고 공식발표했다. 당시 우리가 제안한 인수가격은 주당 28달러에 불과했다. 컴캐스트의 제안은 현저히 차이가 나는 높은 금액이었을 뿐만 아니라 주식보다는 현금을 선호하는 다수의 주주에게 더할 나위 없이 매력적인 조건이었다. 우리의 숙원 사업이자 지난 6개월간 공을 들여온 인수거래에 갑작스럽게 적신호가 켜진 것이었다.

폭스는 컴캐스트의 인수제안에 대한 표결을 위해 1주일 후 런던에서 이사회를 개최할 예정이었다. 새로운 인수가를 제시하기 위해서는 신속한 의사결정이 필요했다. 우리가 취할 방안은 다음 3가지 중 하나였다. 첫째, 컴캐스트가 제안한 인수가에 약간 못 미치는 금액을 제시하고 폭스의 이사회가 AT&T 판결에도 불구하고 디즈니와의 합병이 법적 승인 절차를 거치는 데 상대적으로 수월할 것이라 믿어주기를 기대한다. 둘째, 컴캐스트와 동일한 금액을 제안한 다음 다수의 주주가 주식보다는 현금을 선호한다 해도 제반 상황을 감안해서 우리의 거래를 무산시키지 않길 희망한다. 셋째, 더 높은 인수가를 제안하고 컴캐스트가 거기서 호가를 더 높일 만한 여력이 없기를 기대한다.

다수의 임원과 금융계 관계자들이 논의에 참여했고 모두 하나 같이 컴캐스트보다 낮거나 동일한 인수가를 제시하고 우리가 법적 절차상의 문제에서 우세하다는 점에 승부를 걸어보라고 조언했다. 나는 KO 펀치를 날리는 쪽을 선택했고 상향 조정한 인수조건에 대한 이사회의 승인도 얻어냈다. 한편 앨런 브레이버맨은 우리가 폭스 인수전에서 승리할 경우 법적 승인에 문제가 생기지 않도록 법무부 관계자들과 계속 논의를 진행해나갔다.

컴캐스트의 제안을 표결하기 위한 폭스 이사회가 열리기 이틀 전, 나는 앨런과 케빈, 크리스틴, 낸시 리와 함께 런던으로 향했다. 우리가 제시할 인수금액에 대해서는 팀 내의 극소수에게만 알렸으며 보안유지가 중요하다는 점을 모두에게 인지시키는 일도 잊지 않았다. 그들보다 높은 금액을 제시한다는 우리의 계획을 컴캐스트가 눈치 채지 못하게 해야 했기 때문이다.

우리는 런던에서 한 번도 이용한 적이 없는 호텔을 숙소로 정하고 예약에도 다른 이름을 사용했다. 사실인지는 알 수 없었으나 컴캐스트 측에서 경쟁사의 전용기 이동 경로를 추적하기도 한다는 말을 들었던 터라 런던으로 곧바로 가지도 않았다. 먼저 벨파스트에 도착한 후 거기서 다른 전세기를 빌려 런던으로 움직였다.

런던으로 향하는 비행기에 오르기 직전 나는 루퍼트에게 전화를 걸어 "내일 만났으면 합니다."라고 말했다. 다음 날 늦은 오후, 케빈과 나는 루퍼트와 존 낼런을 만나기 위해 그의 사무실을 찾았다. 우리 네 사람은 발코니 너머로 풍경이 내다보이는 매끈한 대리석 탁자 주위에 둘러앉았다. 지난 12월에 루퍼트와 내가 함께 사진을 찍었던 그 발코니였다. 나는 바로 본론으로 들어갔다.

"주당 38달러로 하겠습니다. 절반은 현금, 나머지 반은 주식으로 지급하는 조건입니다." 그것이 우리가 제시할 수 있는 최종금액이라고 했다.

38달러를 제시한 데는 그만한 이유가 있었다. 컴캐스트 역시 우리의 움직임에 따라 이미 제시한 입찰가격을 상향 조정할 가능성이 있었다. 만약 우리가 35달러를 제시하면 그들은 36달러를 부를 것이고, 만약 우리가 36달러로 가면 그들은 37달러로 올릴 것이었다. 매번 우리보다 조금 더 높은 금액으로 정하며 기껏해야 조금 더 올리는 것일 뿐이라고 안도할 가능성이 높았다. 그런 식으로 전개되면 인수금액이 주당 40달러에 이르는 상황이 벌어질 수도 있었다. 하지만 우리가 처음부터 38달러라는 금액을 부른다면 그들은 이미 제시한 가격에서 적어도 주당 3달러 이상을 더 높여야 하므로 심각하게 고민하지 않을 수 없을 것이었다(게다가 전액 현금 지급 조건이었으니 더 많은 차입금이 필요할 터였고 그것은 곧 부채의 현저한 증가를 의미했다).

컴캐스트는 다음 날 아침 폭스 이사회에서 자신들이 제시한 인수금액을 승인할 것으로 추측하고 있었다. 그러나 루퍼트는 우리가 제시한 새로운 입찰가격을 이사회에 전달했고, 그대로 승인되었다. 이사회가 끝나자마자 폭스 측은 디즈니가 제시한 새로운 금액과 조건을 수용하기로 결정했음을 컴캐스트에 통보했고, 우리 또한 즉시 폭스와 함께 그 내용을 공식발표했다. 투자자들에게 입찰가격이 조정된 경위를 설명해야 했지만, 런던에서 설명회를 가질 수는 없는 노릇이었다. 애초 우리의 런던행 자체가 비밀이었기 때문에 아무런 준비가 되어 있지도 않았다. 궁여지책으로 내 호텔 방에서 스피커폰으로 투자자들과 전화 회의를 하게 되었다. 우리 일행 몇 명이 호텔 방에 모여 앉은 상태에서 나와 크리스틴이 투자자들과 스피커폰을 통해 대화를 나누던 중 방 뒤쪽에 켜놓은 TV의 CNBC 채널에서는 조금 전 우리가 성사시킨 거래에 관한 뉴스가 흘러나왔다. 그 모든 것이 다소 비현실적으로 느껴졌다.

마지막 입찰 직후 나는 앨런 브레이버맨에게 폭스 인수에 대해 법무부의 동의를 얻어낼 수 있을지 알아보라고 지시했다. 당시 디즈니가 TV 스포츠 분야에 대한 점유율이 높았기 때문에 폭스의 지역 스포츠 네트워크까지 소유한다면 문제가 될 수 있다는 점을 잘 알고 있었다. 우리는 법무부와의 문제를 신속히 정리하려면 지역 스포츠 네트워크를 처분하는 데 동의하는 것이 낫겠다고 결정했고 실제로 그렇게 이행했다. 그렇게 우리는 주당 38달러의 인수가격을 넘어서야 하는 문제에 더해 여전히 복잡하고 긴 법적 절차가 남아 있는 컴캐스트에 비해 월등한 우위를 점할 수 있게 되었다. 2주 후, 스포츠 네트워크를 매각한다면 인수 거래를 막기 위한 소송을 제기하지 않을 것이라는 법무부의 약속을 받아냈다. 법무부의 보장이 결정적 요소라는 것이 입증되었다.

폭스 이사회의 표결이 완료된 후 거래의 승인을 이사회의 만장일치로 권고하는 새로운 위임안이 폭스 주주들에게 전달되었다. 표결 절차가 7월 말에 완료될 예정이었으니 컴캐스트가 더 높은 인수가를 제시할 수 있는 시간은 아직도 충분히 남아 있는 셈이었다. 그야말로 피가 마르는 몇 주를 보내야만 했다. 나는 컴퓨터를 켤 때나 이메일을 확인할 때 혹은 CNBC 방송을 볼 때마다 컴캐스트가 우리보다 높은 인수가를 제시했다는 뉴스가 나오는 것은 아닌지 촉각을 곤두세우곤 했다. 7월 말, 나는 케빈과 함께 3일간 회의에 참석하기 위해 이탈리아로 갔다가 다시 런던으로 돌아왔다.

CNBC에서 방영하는 프로그램 '거리 위의 불평 Squawk on the Street' 의 진행자 데이비드 파버 David Faber의 전화를 받은 것은 런던에 돌아와 차로 이동하고 있을 때였다. 내가 전화를 받자마자 데이비드는 이렇게 물었다.

"이 발표에 대해 하실 말씀이 있으신가요?"

"무슨 발표 말인가요?"

"컴캐스트의 발표 말입니다."

나의 불안감은 즉각적으로 최고조를 향해 치달았다.

"발표 내용을 아직 듣지 못했습니다만…." 내가 말했다.

데이비드는 속보의 내용을 전해주었다.

"브라이언 로버츠가 입찰 포기를 선언했습니다."

컴캐스트가 우리보다 높은 인수가를 제시했다는 소식을 듣게 될 것이라는 생각에 빠져 있었던 터라 내 입에서 나온 즉각적 반응은 다름 아닌 "이런 젠장!"이었다. 나는 잠시 숨을 가다듬은 후 보다 격식을 갖춘 표현으로 내 입장을 전달했다.

"시청자들에게는 당신이 나에게 그 소식을 전했다고 말하면 되겠군요." 실제로 데이비드는 내가 한 말을 그대로 시청자들에게 전달했다. "이런 젠장 Holy crap!"까지 포함해서 말이다.

콘텐츠 제국, 디즈니 은하계를 완성하다

인수거래를 실제로 마무리 짓기에 앞서 우리에게는 여전히 미국 이외의 나라, 즉 러시아와 중국, 우크라이나, 유럽연합, 인도, 한국, 브라질, 멕시코 등 우리가 사업을 수행하는 모든 나라에서 해당 국가의 법적 절차를 밟아야 하는 문제가 남아 있었다. 수개월에 걸쳐 하나씩 승인을 받아나갔고 마침내 2019년 3월, 루퍼트와 내가 처음 대화를 나눈 지 19개월 만에 공식적으로 인수합병 절차를 종료할 수 있었다.

모든 절차가 시의적절하게 마무리되었다. 그다음 달인 4월 11일, 디즈니의 새로운 소비자 직접판매 사업의 세부내용을 투자자들에게 설명하는 행사가 개최되었다. 매우 공들여 준비하고 치밀한 리허설까지 거친 행사였다. 폭스 인수를 제때 종결하지 못했다면 그날의 행사는 사뭇 다른 모습이었을 것이다. 수백 명의 투자자와 미디어 관계자들이 사운드스테이지의 관람석을 가득 메우고 앉아 거대한 무대와 배경 화면을 지켜보았다.

우리는 전부터 월스트리트에 준비가 갖춰지는 대로 새로운 스트리밍 서비스에 관한 정보를 공유하겠다고 공언한 터였다. 그와 관련해 세부정보를 어느 수준까지 밝히는 게 적절한지를 놓고 내부에서 논쟁을 이어갔다. 나는 모든 것을 투명하게 공개하고 싶었다. 지금까지 디즈니가 눈앞에 닥친 난관을 극복해온 방법은, 숨김없이 있는 그대로를 드러내는 것이었다(2015년 우리 모두가 피부로 느낄 수 있었던 미디어 업계의 붕괴 현상을 토로했던 그 치명적인 실적보고 화상회의에서와 마찬가지로). 나는 이번에도 그런 파괴에 직면해 그것을 수용하고 우리 자신이 파괴자가 되기 위해 그동안 우리가 무엇을 어떻게 했는지를 있는 그대로 밝히고 싶었다. 우리가 만들어낸 콘텐츠와 그것을 전달하기 위해 개발한 기술을 그들에게 보여주고 싶었다. 아울러 폭스가 이 새로운 전략에 얼마나 완벽하게 들어맞는지 그리고 얼마나 강력한 추진력을 발휘할지를 실제로 보여주는 것이 중요했다. 새로운 전략을 이행하는 데 투입될 비용과 수익성에 미칠 단기적 손실, 장기적 관점에서 도출한 예상수익 등을 투명하게 공개하는 것이 관건이었다.

내가 무대로 올라가 1분 30초에 불과한 짧은 연설을 마쳤다. 이어서 새롭게 합병된 디즈니와 21세기폭스의 역사를 보여주기 위해 제작한 아름다운 영상이 화면에 펼쳐졌다. '우리는 지금 새로운 방향으로 나아가고 있지만, 우리가 하는 모든 일의 중심에는 창의성이 있다'는 것을 표현하기 위한 나름의 방법이었다. 아주 오랜 세월 동안 디즈니와 폭스는 사람들의 기억 속에 길이 남는 놀라운 엔터테인먼트를 창출해왔다. 그런 두 기업이 이제 하나가 되었으니 지금까지 해왔던 일들을 더욱 강력하게 추진하게 될 터였다.

그날의 모임으로 2004년 디즈니 이사회와의 첫 인터뷰에서 시작된 긴 여정이 일단락되는 셈이었다. 문제는 미래다. 디즈니의 미래는 3가지 우선순위에 달려 있다. 고품격 브랜드 콘텐츠의 창출, 기술에 대한 투자, 글로벌 성장이 그것이었다. 우리가 추진하는 모든 일이 그 템플릿을 중심으로 어떤 모양새를 갖추어나갈 것인지 그때는 미처 예측할 수 없었다. 오늘 같은 날이 올 것이라 예상할 수도 없었다. 회사의 미래를 위한 청사진에 그 3가지의 중심 기둥이 이토록 명백하게 드러나게 될 줄 누가 알았겠는가.

디즈니의 다양한 사업부문을 이끄는 책임자들이 차례로 무대에 올라 앞으로 시작될 새로운 스트리밍 서비스를 통해 제공될 콘텐츠들을 소개했다. 디즈니, 픽사, 마블, 스타워즈, 내셔널지오그래픽…. 마블에서는 3편의 원작 프로그램을, 루카스필름에서는 2개의 새로운 시리즈를 제작할 예정이었다. 거기에 '스타워즈' 스핀오프 실사 시리즈로서는 최초인 '만달로리안'도 포함되었다. 픽사 시리즈와 새로운 디즈니 TV 프로그램, '레이디와 트램프'를 포함한 오리지널 실사영화도 서비스에 포함될 것이었다. 모두 합쳐 25가지가 넘는 신규 프로그램과 10편의 원작영화 또는 특집방송들이 서비스가 시작되는 첫 해에 제공되는 것이었다.

우리는 그 모든 작품에 디즈니 스튜디오에서 제작하는 영화나 TV 프로그램에 쏟는 것과 똑같은 관심과 열정을 투입했다. 특히 품질 면에서 말이다. 1937년 '백설공주와 일곱 난쟁이' 이후에 제작된 모든 애니메이션 영화들부터 '캡틴 마블', '어벤저스: 엔드게임'을 포함한 다수의 마블 영화들까지 실질적으로 디즈니가 소장하고 있는 모든 작품도 우리의 새로운 서비스를 통해 제공될 것이었다. 여기에 폭스가 가세하게 되었다는 것은 600여 편이 넘는 '심슨네 가족들'까지 새로운 서비스에 포함된다는 것을 의미했다.

새롭게 아시아 지역 운영 책임자로 선임된 우다이 샹카르Uday Shankar는 프레젠테이션의 종반부에 무대에 올라 인도에서 가장 규모가 큰 스트리밍 서비스인 핫스타Hotstar를 소개했다. 소비자 직접판매 전략으로 무게중심을 이동하기로 결정한 디즈니는 이제 폭스 인수 덕분에 전 세계에서 가장 활기차게 번창하는 시장에서 가장 큰 규모의 소비자 직접판매 사업을 벌이게 된 것이었다. 그것이 바로 글로벌 성장이었다.

스마트 TV와 태블릿, 휴대전화기 등의 단말기에서 애플리케이션이 작동하는 방식을 시연하기 위해 케빈 메이어가 무대에 올랐을 때 나는 2005년 아이팟의 시제품을 손에 든 채 내 사무실에 서 있던 스티브 잡스의 모습을 떠올리지 않을 수 없었다. 업계의 다른 사람들과 달리 당시 우리는 변화를 기꺼이 수용했고 지금도 그때와 다르지 않았다. 15년 전 우리가 스스로 던졌던 것과 유사한 질문을 짚어 나가고 있지 않은가. 고품질 브랜드 제품이 변화된 시장상황에서 더욱 큰 가치를 보유할 가능성은 있는가? 어떻게 하면 고객들에게 우리의 제품을 더욱 적절하게, 더욱 창의적으로 전달할 수 있는가? 새로 형성되고 있는 소비 습관은 어떤 것이며 우리는 어떻게 거기에 적응할 것인가? 어떻게 하면 기술로 인한 붕괴 혹은 파괴의 희생자가 되지 않고, 성장을 위한 새롭고 강력한 도구로 기술을 활용할 수 있는가?

애플리케이션 제작과 콘텐츠 창출의 비용, 거기다 디즈니의 전통적인 비즈니스를 약화시킴으로써 발생하는 손실까지 더한다면 초기 몇 년 동안은 연간 수십억 달러의 수익이 줄어들 것이다. 성공이 수익으로 정량화되기까지는 수년이 소요될 것이라는 뜻이다. 가장 먼저 측정할 수 있는 수치는 가입자의 수다. 우리는 전 세계에서 가능한 한 많은 사람들이 접속할 수 있는 서비스를 제공할 계획이었고, 우리가 책정한 가격이 초기 5년 내에 6,000만~9,000만 명 정도의 가입자를 불러들일 수 있을 것이라 내다봤다. 케빈 메이어가 월 6.99달러에 서비스를 판매한다는 계획을 발표했을 때, 청중들 사이에서 탄성이 터져 나왔다.

월스트리트의 반응은 우리의 예상을 훨씬 뛰어넘었다. 내가 미디어 업계의 붕괴를 거론했던 2015년, 디즈니의 주가는 낙석처럼 떨어졌다. 지금은 그와 정반대로 치솟고 있었다. 투자자들을 초빙해 행사를 연 다음 날, 디즈니의 주가는 11%나 뛰어올라 사상 최고가를 기록했다. 월말에는 상승폭이 거의 30%에 육박했다. 2019년 봄까지 이어진 그 시절이야말로 나의 CEO 재임기간 중 최고의 시간이었다. '어벤저스: 엔드게임'이 개봉되었고, 궁극적으로 역대 최대의 흥행수익을 거두어들인 영화가 되었다. 곧이어 새로운 스타워즈 테마파크인 '은하계의 끝Galaxy's Edge'을 디즈니랜드 내에 개장했다. 또한 컴캐스트가 보유하고 있던 훌루의 잔여지분에 대한 매입 계약도 성사시켰다. 훌루를 보유한다는 것은 곧 디즈니플러스를 통해 제공되지 않는 콘텐츠의 스트리밍 서비스에 대해서도 구독자를 확보할 수 있다는 의미였다. 투자자들에게는 또 다른 보상이 주어지는 셈이었다.

지난 시간을 통해 내가 배운 것이 있다면, 그것은 이 정도 규모의 기업에서는, 이렇게 많은 직원을 두고 온 세상에 커다란 발자국을 남기는 이런 거대 기업에서는, 예상치 못한 일이 언제든지 일어날 수 있다는 것이다. 나쁜 일이 일어나는 것 자체를 피할 수는 없다. 그러나 당시 한동안은 15년간의 노력이 마침내 결실을 맺기라도 한 것처럼 흡족하고 즐거운 나날의 연속이었다.

디즈니 이전의 삶과 이후의 삶

앞서 밝혔지만 폭스의 인수를 위한 협상에 돌입하기 이전에 나의 은퇴 예정일은 2019년 6월로 잡혀 있었다(그전에도 은퇴를 계획한 적이 있었지만 뜻대로 이루어지지 않았다. 하지만 그 무렵에는 ABC 시절부터 시작해 45년 동안 업계에 몸담았던 터라 떠나려는 마음이 상당히 굳건한 상태였다). 하지만 은퇴는커녕 오히려 14년간의 재임 기간을 통틀어 가장 막중한 책임감을 느끼며 그 어느 때보다 더 열심히 일하고 있었다. 그전까지는 업무에 온전히 몰입하지 못했다거나 일을 통해 보람을 느끼지 못했다는 말이 아니다. 다만 68세의 나이에 이른 나의 삶이 전에 내가 그리던 모습과는 거리가 있었다는 얘기다. 성취의 강렬함도 불현듯 찾아오는 일종의 아쉬움을 완전히 차단해 주지는 못했다.

디즈니가 계획하고 있던 미래와 그것을 이루기 위해 미친 듯이 매진하는 것은 내가 없더라도 전개될 일이었다. 나의 새로운 퇴임 일자는 2021년 12월이지만, 나는 벌써부터 가끔 그날을 그려본다. 예상치 못한 시간에 그 생각이 떠오른다고 해야 옳겠다. 신경이 쓰여 산만해질 정도는 아니지만 내가 탄 '놀이기구'에서 내려야 할 때가 오고 있음을 상기하기에는 충분하다. 수년 전 한 친구가 장난삼아 나에게 "디즈니 이후의 삶은 있는가?Is there life after Disney?"라고 적힌 자동차 번호판 홀더를 선물했고, 나는 그것을 곧장 내 차에 붙였다. 물론 그 질문에 대한 대답은 늘 "예스"였지만, 지금은 그 어느 때보다 더욱 실존주의적으로 느껴진다.

최근 들어 더욱 확신을 갖게 된 무언가로부터 나는 위안을 얻었다. 한 사람이 과도한 권력을 지나치게 오랫동안 가지면 결코 좋지 않다는 생각이 그것이다. 생산성과 효율성이 아무리 탁월하다 할지라도 기업은 일정 시점 이후로는 CEO를 교체할 필요가 있다. 다른 CEO들이 동의할지는 모르겠지만, 그 직위는 막강한 권력을 축적할 수 있고, 그럴수록 그것을 행사하는 데 절제력을 유지하기가 점점 어려워진다는 것이 나의 판단이다.

사소한 것들부터 바뀌기 시작한다. 자신감이 자신에 대한 과도한 신뢰로 바뀌고 결국 장애가 되기도 한다. 이미 모든 것을 안다고 느끼기 시작하면, 인내심이 사라지고 타인의 의견을 묵살할 수도 있다. 물론 의도적인 것은 아니겠지만 대개는 그렇게 된다는 말이다. 그래서 주변 사람들의 말에 더욱 귀를 기울이고 다양한 의견에 관심을 보이고자 의식적으로 노력해야 한다. 나는 지근거리에서 함께 일하는 임원들에게 이런 말을 한 적이 있다. 일종의 안전장치인 셈이다. "만약 내가 지나치게 오만하거나 인내심을 잃은 모습을 보이면 나에게 꼭 알려주어야 합니다." 그들이 그렇게 해야만 했던 적도 없지 않았다. 다만 그것이 너무 잦은 일은 아니었기를 바랄 뿐이다.

이런 책의 지면을 빌어 나의 재임 기간 중에 디즈니가 이룬 모든 성공이 내가 처음에 제시한 비전을 완벽하게 실행에 옮긴 결과인 것처럼 으스대는 일은 어렵지 않을 것이다. 예컨대 다른 무엇보다 3가지 핵심전략에 집중한 것이 지금의 디즈니를 만든 것임을 처음부터 알았다는 식으로 말이다. 하지만 그것은 과거를 돌이켜보며 짜 맞출 때나 도출할 수 있는 스토리에 불과하다.

진실은 이렇다. 나는 CEO로서 회사를 이끌기 위해 미래 계획을 제시해야 할 필요가 있었을 뿐이다. 나는 다만 다른 무엇보다 '품질'이 가장 중요하다고 믿었을 뿐이고, 새로운 기술과 파괴를 두려워하는 대신 수용할 필요가 있으며, 새로운 시장을 확장해 나가는 일이 관건이라는 데 확신을 가졌을 뿐이다. 이 여정이 어디서 어떤 식으로 끝날 것인지에 대한 구체적인 아이디어는 전혀 없었다.

누적된 경험도 없이 리더십의 원칙을 결정하기란 불가능하다. 그러나 나에게는 훌륭한 멘토들이 있었다. 마이클 아이즈너가 그중 한 명인 것은 부정할 수 없다. 그 전에는 톰과 댄이 있었고 그 이전에는 룬이 있었다. 그들 모두 각자의 분야에서 대가의 경지에 오른 인물들이다. 나는 그들로부터 많은 것을 배웠다. 그다음은 나의 직관을 믿었고, 주변 사람들에게도 그렇게 할 것을 권유했다. 나의 '직관'이 특정한 리더십의 자질(분명히 설명할 수 있는)로 형성된 것은 아주 많은 시간이 흐른 뒤의 일이다.

최근 나는 CEO로 취임한 첫 날 디즈니의 전 직원들에게 보낸 이메일을 다시 읽어보았다. 앞으로 나아가기 위한 3가지 핵심전략을 설명하는 것이 주요 내용이었지만 '디즈니의 놀라운 세계 The Wonderful World of Disney'와 '미키 마우스 클럽 The Mickey Mouse Club'을 즐겨보며 언젠가 디즈니랜드에 갈 수 있다면 어떤 기분일까를 상상하던 평범한 꼬마 시절의 기억을 일부 공유하기도 했다. 1974년 여름, ABC에 입사해서 처음에 얼마나 긴장했었는지에 대해서도 썼다. "언젠가 내가 소중한 유년기 기억을 안겨준 회사의 경영을 책임지는 자리에 앉게 될 것이라고는, 아니 내가 언젠가는 디즈니에서 직장생활을 하게 될 것이라고는 상상해본 적도 없었습니다." 이메일에는 그렇게 적혀 있었다.

사실 내 인생에는 아직도 도무지 믿어지지 않는 한 가지가 있다. 지나온 삶의 궤적들이 완벽하게 앞뒤가 맞아떨어진다는 것이 이상하다는 의미다. 오늘이 내일로 이어졌고, 이 직무가 저 직무로 연결되었으며, 하나의 선택이 다음의 선택을 잉태했다. 이렇게 삶의 스토리라인에 일관성과 연속성이 주어질 수도 있는 것인가. 개중에는 지금과 다른 결과로 이어졌을 뻔했던 순간들도 무수히 많았다. 나에게 주어진 행운이나 내가 만난 훌륭한 멘토들 혹은 저것이 아닌 이것을 선택하도록 만든 나의 직관이 없었다면 과연 지금의 내가 이 자리에서 이런 이야기를 할 수 있었겠는가. 행운이 성공의 많은 부분을 좌우한다는 것은 아무리 강조해도 지나치지 않을 것이다. 그런 면에서 나는 지금까지 놀랍도록 운이 좋은 사람이었다. 돌이켜보면 실로 꿈만 같았던 일들의 연속이었다.

브루클린의 작은 집 거실에 앉아 TV에 나오는 아네트 푸니셀로 Annette Funicello와 '미키 마우스 클럽'을 지켜보던 꼬마가, 할아버지와 할머니의 손을 잡고 생애 첫 영화였던 '신데렐라'를 보며 흥분했던 꼬마가, 침대에 누워 2~3년 전에 본 '데비 크로켓Davy Crockett'의 장면을 떠올려 보던 그 꼬마가 이만큼의 시간이 지난 지금 월트 디즈니의 유산을 관리하는 사람이 되어 있을지 누가 알았겠는가?

어쩌면 우리 대다수가 이와 유사한 삶의 여정을 밟았는지도 모른다. 지금의 내가 누구이고 어떤 상태에 이르렀든, 본질적으로 우리는 여전히 오래전 지금보다 단순했던 어느 시기의 꼬마라는 느낌을 가지고 있지 않은가. 리더십의 비결 또한 그것과 다르지 않다는 것이 내 생각이다. 나에게 막강한 힘이 있고 내가 중요한 사람이라고 온 세상이 부추기더라도 본질적 자아에 대한 인식을 놓치지 않는 것이 바로 리더십의 비결이라는 얘기다. 세상이 하는 말을 지나치게 믿기 시작하는 순간, 어느 날 거울을 보며 이마에 자신의 직함이 새겨져 있는 것을 발견하는 순간, 이미 삶의 방향은 사라진 것이다. 삶의 여정 어디에서 어떤 모습으로 살아가고 있든 나는 언제나 지금까지의 나와 같은 사람이다. 이 사실은 아주 어렵지만 가장 필수적인 교훈으로 마음에 담아 두어야 한다.

부록

이 책의 핵심주제는 리더십이다. 집필을 마무리하는 시점에 리더십에 관한 다양한 교훈을 한 자리에 모아두면 훨씬 유용하겠다는 생각이 들었다. 많은 교훈이 구체적이고 규범적이지만 일부는 다소 철학적이라는 점을 참고할 필요가 있다. 이렇게 모아놓고 읽어보니 지난 45년 동안 나의 길을 이끌어준 일종의 지도 같다는 생각이 든다. '이것은 내가 이분한테 배운 것이고 저것은 그분한테 배운 것이군. 이것은 당시에는 이해하지 못했지만 나중에 깨달은 것이고, 경험이 좀 쌓여야 이해할 수 있는 것이었어…' 여기 소개한 개념들과 거기에 특정한 맥락과 비중을 더하기 위해 본문에 소개한 스토리들이 독자 여러분의 경험에 연결되고 공명하길 바란다.

- 위대한 스토리를 전하려면, 위대한 재능이 필요하다.

- 혁신이 그 어느 때보다 중요해졌다. 혁신 아니면 죽음이다. 새로

운 것을 두려워하면 혁신은 불가능하다.

- 나는 종종 '철저한 완벽 추구'에 대해 말한다. 사실 이 표현은 많은 것을 의미하기 때문에 쉽게 정의내릴 수가 없다. 내가 말하는 '완벽 추구'는 일련의 특정한 규칙이라기보다는 사고방식에 관한 것이다. 다른 모든 것을 희생하더라도 추구해야 하는 완벽주의가 아니다. 사람들이 평범함을 받아들이길 거부하는 환경을 창출하는 것이 핵심이다. '충분히 좋은 것'에 만족하고자 하는 충동을 경계하는 것이다.

- 일을 망쳤다면 그에 대해 책임을 져라. 직장에서나 일상생활에서 나 스스로 잘못을 인정하고 책임지는 자세를 보이면 주변 사람들은 당신을 더욱 존중하고 신뢰할 것이다. 실수를 피하는 것은 불가능하다. 하지만 실수를 인정하고 거기서 배우며, 누구라도 때로는 실수하고 그것을 고칠 수 있다는 본보기를 세우는 것은 가능하다.

- 누구라도 정중하게 대하라. 모든 사람을 공정하게 대우하고 공감하는 자세를 가져야 한다. 그렇다고 해서 기대치를 낮추거나 실수가 대수롭지 않다는 메시지를 전하라는 의미는 아니다. 사람들은 누군가가 자신의 의견을 들어주길 바라고, 정서적으로 일관되고 공정한 대우를 받고 싶어 한다. 당신은 그런 분위기를 만들어야 한다. 또한 정직한 실수에 대해서는 두 번째 기회를 가

질 수 있는 환경을 조성해야 한다는 것을 의미한다.

- 탁월함과 공정함이 상호 배타적일 필요는 없다. 완벽을 위해 노력하되, 지나치게 제품에만 신경 쓰다가 사람을 놓치는 함정에 빠지지 않도록 주의하라.

- 진정한 고결함, 즉 자신이 어떤 사람인지 알고 옳고 그름에 대한 명확한 인식을 토대로 움직이는 것은 리더십의 비밀병기다. 자신의 직감을 믿고 사람들을 존중하면 회사는 당신이 믿는 가치를 대변하게 될 것이다.

- 경험보다 능력을 중시하고 사람들이 스스로 지녔다고 아는 수준보다 높은 역량을 요하는 역할을 맡겨라.

- 모르는 것은 물어보고, 이해하지 못하는 부분은 사과하지 말고 인정하라. 배울 필요가 있는 것은 최대한 빨리 익히기 위해 노력하라.

- 창의력 관리는 과학이 아니라 예술이다. 조언을 제공할 때는 상대방이 얼마나 많은 부분을 프로젝트에 쏟아붓고 있는지 그리고 얼마나 많은 것이 그 프로젝트에 달려 있는지에 초점을 맞추어라.

- 부정적으로 시작하지 말고, 작게 시작하지도 말라. 사람들은 종종 명확하고 일관된 큰 생각이 없을 때, 그 부족함을 숨기는 방법으로 세부사항에 지나치게 초점을 맞춘다. 소소하게 시작하면 보잘것없어 보일 뿐이다.

- ABC에서 황금시간대를 맡은 첫해에 내가 배운 모든 것 중에서 가장 심오한 것은 '창의성이 과학이 아니라는 사실'이었다. 나는 노력 부족으로 벌어진 실패가 아닌 한, 실패에 비교적 관대해졌다. 혁신을 원한다면 실패를 허용할 필요가 있었기 때문이다.

- 안전제일주의를 경계하라. 위대함을 창출할 수 있는 사업에 뛰어들라.

- 야심이 기회보다 앞서 달리게 하지 마라. 장래의 직무나 프로젝트에 많은 관심을 기울이면 현재 자신이 처한 상황에 불만과 조바심이 생길 수 있다. 야심은 현재의 책무에 충실하지 못하게 만드는 경향이 있기에 생산성 저하라는 역효과를 낳을 수 있다. 따라서 균형을 찾는 방법을 아는 것이 중요하다. 인내심을 갖고 현재의 직무를 잘 수행하며, 조직에 기여해 성장할 기회를 모색하고, 태도와 열정과 집중력을 바탕으로 기회가 열렸을 때 보스가 바로 떠올리는 사람이 되어야 한다.

- 나의 예전 상사 댄 버크는 내게 다음과 같이 적혀 있는 메모지를 건넨 적이 있다.

  "트롬본 오일 제조 사업에는 뛰어들지 말라. 세계 최고의 트롬본 오일 제조업자가 될 수 있을지 몰라도, 결국 세계 전체의 트롬본 오일 소비량은 연간 수십 리터에 불과하다."

  나와 회사의 자원을 빨아 먹으면서도 돌려주는 것은 많지 않은 작은 프로젝트에 투자하지 말라는 뜻이었다. 나는 여전히 그 메모를 책상 서랍에 보관하고 있으며, 무엇을 추구하고 어디에 에너지를 쏟을지에 대해 경영진과 대화를 나눌 때 꺼내서 보여주곤 한다.

- 회사의 최상위에 있는 사람들이 역기능적 관계에 들어가면 그 밑의 나머지 사람들이 제대로 일할 방도가 없다. 항상 싸우는 부모를 둔 자녀들과 같은 상황이다. 아이들은 항상 긴장감을 느끼고 부모에게 반감을 품거나 형제자매끼리 서로 미워하고 싸운다.

- 리더가 마땅히 해야 할 일을 하지 않으면 주위 사람들이 금세 알아차리고, 당연히 그들의 존경심도 빠르게 사라진다. 늘 신경을 쓰고 주의를 기울여야 한다. 상황에 따라 다르겠지만, 회의 때는 가급적 끝까지 자리를 지키는 게 바람직하다. 다른 사람들의 문제를 들어주고 해결책을 찾도록 도와야 한다. 그것 역시 리더의 직무다.

- 누구나 자신이 '없어서는 안 될 사람'이라고 믿고 싶어 한다. '그 일을 할 수 있는 유일한 사람은 바로 나'라는 생각에 집착하지 않아야 한다. 본질적으로 훌륭한 리더십은 대체 불가능성에 있는 게 아니다. 부하직원들이 당신의 자리에 오를 준비를 갖추도록 돕고, 당신의 의사결정에 참여하도록 이끌며 그들이 개발해야만 하는 기술을 가르쳐주어라. 그들이 향상을 꾀하도록 돕고, 때로는 다음 단계로 올라갈 수 없는 이유를 솔직히 말해주는 것, 그것이 바로 훌륭한 리더십이다.

- 회사의 평판은 직원의 행동과 제품의 품질을 합한 총계다. 리더는 항상 직원에게 그리고 제품에 진실성을 요구해야 한다.

- 마이클 아이즈너는 "세부사항까지 꼼꼼하게 통제하는 경영 스타일이 과소평가되고 있다."고 말하곤 했다. 나 역시 일정 부분은 그의 말에 동의한다. 세부사항에 공을 들이면 리더가 얼마나 큰 관심을 갖고 있는지를 보여줄 수 있다. '위대함'은 종종 매우 작은 것들의 집합체이기도 하다. 하지만 이런 경영의 단점은, 자칫 숨 막힐 듯한 분위기를 조성하며 리더가 구성원들을 신뢰하지 않는다는 인상을 주기 쉽다는 것이다.

- 우리는 너무도 빈번히 용기가 아닌 두려움에 이끌려 방향을 정한다. 그래서 진행 중인 거대한 변화를 견뎌낼 가능성이 없는 낡

은 모델을 보호하는 데 집요하게 노력한다. 현재의 모델, 때로는 지금까지 수익성이 좋았던 모델을 내려놓고 다가오는 변화에 대응하기 위해 그것을 중단하거나 축소하는 결정을 내리기란 결코 쉬운 일이 아니다.

- 만약 리더인 당신이 회사 복도를 오르내리며 직원들에게 "하늘이 무너지고 있다!"고 계속 소리 지르면 어떤 일이 벌어질까? 우울과 비운의 기운이 점차 회사 전체에 스며들게 된다. 리더는 주변 사람들에게 비관론을 퍼뜨려서는 안 된다. 사기가 급속도로 떨어지기 때문이다. 비관주의자를 따르려는 사람은 아무도 없다. 비관론은 피해망상을 유발하고, 그것은 다시 방어적인 태도를 초래하며, 그것은 다시 리스크 혐오를 일으킨다.

- 낙관주의는 당신 자신과 당신을 위해 일하는 사람들에 대한 신뢰에서 나온다. 상황이 좋지 않은데도 좋다고 말하라는 의미가 아니다. '상황이 호전될 것'이라는 맹목적 신념을 전달하라는 의미도 아니다. 그저 당신 자신과 주변 사람들의 능력을 믿으라는 의미다.

- 사람들은 때때로 대대적인 변화를 기피하려 든다. 첫발자국을 떼어놓기도 전에 무언가에 대한 시도가 승산이 있는지부터 판단하고 부정적인 결과를 부각시키기 때문이다. 아무리 승산이 없

어 보이는 일도 대개는 그렇게까지 절망적이지는 않다. 충만한 에너지와 신중함 그리고 헌신적인 마음만 있다면, 아무리 과감한 아이디어라도 실행에 옮길 수 있다.

- 우선순위를 명확하게, 반복적으로 전달해야 한다. 우선순위를 명확하게 설명하지 않으면 구성원들은 무엇에 중점을 둬야 할지 몰라 우왕좌왕한다. 시간과 에너지와 자본이 낭비될 수밖에 없다.

- 리더는 구성원들이 일상 업무를 추측해서 처리하도록 만들지만 않아도 그들의(그리고 그들 주변 사람들의) 사기를 아주 많이 진작시킬 수 있다. 우리가 하는 대부분의 일은 상당한 집중력과 에너지를 쏟아부어야 하는 복잡한 일들이다. 하지만 '우리가 앞으로 나아가야 할 지점은 저곳이다', '저곳에 도달하기 위한 방법은 이것이다'와 같은 메시지를 전달하는 일은 비교적 간단하다.

- 기술발전은 결국 오래된 비즈니스 모델을 쓸모없게 만든다. 당신이 취할 수 있는 방법은 둘 중 하나다. 상황의 변화를 한탄하며 현재 상태를 보호하기 위해 모든 힘을 쏟거나, 반대로 경쟁사보다 더 열정적이고 창의적으로 변화한 상황을 이해하고 받아들이기 위해 노력하는 것이다.

- 중요한 것은 과거가 아니라 미래다.

- 모든 사람들이 당신에게 훌륭하다고 말하면 지나친 낙관론에 빠지기 쉽다. 그럴 때일수록 스스로가 위태롭지는 않은지 경각심을 갖고 주의를 기울이는 것이 중요하다.

- 대부분의 사람들이 협상에서 '상대에 대한 존중'을 저평가한다. 적절한 존중은 앞길을 밝혀주지만, 존중의 부재는 엄청난 대가를 요구한다.

- 리더는 숙제를 해야 한다. 준비를 해야 한다는 뜻이다. 예를 들어, 올바른 결정인지 판단하는 데 필요한 모형을 만들어보지도 않고 중요한 인수합병에 대한 의사결정을 내릴 수는 없는 법이다. 그러나 세상에 100% 확실한 것은 없다는 사실 또한 인정해야 한다. 주어지는 데이터의 양과는 무관하게 여전히 그리고 궁극적으로 의사결정은 리스크를 수반할 수밖에 없다. 그 리스크를 감수할 것인가 감수하지 않을 것인가는 결국 리더의 직감이 결정한다.

- 무언가가 옳지 않다는 느낌이 들면, 그것은 분명 잘못된 결정이다.

- 인수작업을 진행하는 기업들은 정작 자신들이 무엇을 인수하는지와 관련해서 세심한 주의를 기울이지 못하는 경우가 많다. 단순히 유형자산이나 제조자산 혹은 지적재산권을 획득하는 것으로 인식하기 때문이다(특정 업계에서는 비교적 그런 경우가 많은 것

도 사실이다). 하지만 대부분의 경우 그들이 실제로 인수하는 것은 사람들이다. 창의성을 기반으로 하는 비즈니스에서 기업의 진정한 가치는 바로 '사람'에 있다.

- 리더는 그 회사의 전형이자 화신이다. 이것이 의미하는 바는 다음과 같다. 당신의 가치, 즉 고결함과 품위, 정직에 대한 인식과 세상을 이해하는 방식이 회사의 가치를 대표한다. 7명 조직의 책임자든, 25만 명 조직의 수장이든 마찬가지다. 당신에 대한 사람들의 인식이 곧 회사와 조직에 대한 인식이다.

- 직원을 해고하거나 맡고 있던 업무를 빼앗는 것은 보스의 입장에서 가장 힘겨운 일임에 틀림이 없다. 나 또한 지금까지 유능한 직원들에게 나쁜 소식을 전해야만 했던 일이 수차례 있었다. 그중 몇몇은 개인적으로 친하기도 했고, 내가 그 자리에 임명했지만 더 이상의 발전을 기대할 수 없었던 사람들도 있었다. 이 경우 나는 가능한 한 단도직입적으로 내용을 전달하려고 노력한다. 명확하고 간결하게 이유를 설명하고, 내가 앞으로도 변화가 없을 것이라고 생각한 이유도 정확히 알려준다. 그런 상황에서 흔히 쓰는 완곡한 표현법이 있지만, 그것은 오히려 듣는 사람을 더욱 불쾌하게 만든다. 상대를 존중한다면 당신이 내린 결정에 대해 명확하게 설명해야 한다. 해고를 통보하는 대화는 고통스럽지 않을 수 없다. 하지만 적어도 솔직할 수는 있다.

- 주변에 사람을 둘 때는 능력뿐만 아니라 품성도 고려해야 한다. 진정한 품성, 즉 공정성과 개방성, 상호존중을 중시하는 본성은 직업 세계에서 마땅히 갖춰야 하는 수준보다 드물게 눈에 띄는 훌륭한 자질이다. 리더는 구성원들에게서 그런 자질을 찾아야 하고 또 육성시켜야 한다.

- 협상에 들어갈 때는 처음부터 당신의 입장을 명확히 밝혀야 한다. 초기에 엉뚱한 기대감을 갖게 했다가 거기서 깎아나가는 방식을 취하면 신뢰는 무너진다. 그런 장기적 신뢰 상실을 감수해도 좋을 만큼 가치 있는 단기적 소득이란 존재할 수 없다.

- 팀의 구성원들에게 내가 느끼는 불안과 초조를 표출하는 것은 역효과를 초래할 뿐이다. 미묘하기는 하지만 (그들과 함께 참여하며) 그들이 느끼는 긴장감을 공유하고 있음을 전달하는 것과 내가 느끼는 긴장감을 완화하기 위해 그들에게 성과를 요구하는 것 사이에는 분명한 차이가 있다.

- 대부분의 거래에는 사적인 감정이 개입된다. 특히 상대방이 창조한 무언가를 놓고 협상하는 경우에는 더욱 그러하다. 당신은 어떤 거래에서든 먼저 자신이 무엇을 원하는지 알아야 하지만, 그 거래가 상대방에게는 어떤 의미를 갖는지도 알 필요가 있다.

- 무언가를 만드는 일에 종사하고 있다면, 그 무언가를 가장 위대하게 만들어라.

- 지금은 잘 돌아가고 있지만 미래가 의심스러운 사업부문을 스스로 파괴한다는 결정은, 실로 적잖은 용기가 필요하다. 장기적 성장을 기대하면서 의도적으로 단기적 손실을 감수한다는 결정이기 때문이다. 기존의 일상 업무와 우선순위를 깨뜨리고, 직무를 바꾸고, 책임을 재할당하는 과정을 밟아야 한다. 전통적인 비즈니스 수행방식이 서서히 위축되고 새로운 모델이 부상하면(그리고 손실이 발생하면) 사람들은 불안해하기 십상이다. 회사의 문화와 사고방식 측면에서도 큰 변화가 필요하다. 결국 리더는 그동안 경력을 쌓으며 기존 사업의 성공에 기초해 보상을 받은 사람들에게 이렇게 말하는 셈이다. "이제 그 일에는 더 이상 그렇게 많은 관심을 두지 마세요. 대신 이 일에 신경을 써주세요." 그러나 이 일에서는 아직 수익이 발생하지 않으며 앞으로도 한동안 돈이 되지 않을 것이다. 이런 종류의 불확실성을 다루는 방법은, 기본으로 돌아가는 것이다. 전략적 우선순위를 명확하게 정해서 설명하라. 미지의 세계에 발을 들여놓는 상황에서도 낙관론을 유지하라. 혼란에 빠진 구성원들이 언제든 리더에게 문제를 토로할 수 있는 환경을 만들고 그들을 공정하게 대우하라.

- 어떤 조직에서든 한 사람이 너무 오래 권력을 잡는 것은 바람직

하지 않다. 당신의 목소리가 방 안의 다른 모든 사람의 목소리보다 크게 울리는 것을 당신 자신은 깨닫지 못한다. 사람들은 당신이 입을 열 때까지 자신의 의견을 꺼내지 않는 데 익숙해지고, 당신에게 아이디어를 제안하거나 당신의 아이디어에 반대하거나 개입하는 것을 두려워하게 된다. 이런 일은 아무리 좋은 의도를 갖고 직무에 임하라도, 리더라면 누구에게나 일어날 수 있다. 이런 상황의 파괴적인 영향을 막으려면 비판을 수용하는 등의 노력을 의식적이고 적극적으로 기울여야 한다.

- 일에서나 삶에서나 진정으로 겸손한 태도로 임해야 한다. 내가 누리는 성공은 부분적으로 나 자신의 노력 때문이겠지만, 그보다 훨씬 더 많은 타인들의 노력과 지원, 본보기 덕분이다. 또한 동시에 내가 통제할 수 없는 운명의 전환과 전개 덕분이기도 하다.

- 세상 사람들이 당신에 대해 아무리 중요하고 강력한 인물이라고 치켜세워도 적절한 수준의 자의식을 잃지 말라. 사람들의 찬사를 지나치게 믿기 시작하는 순간, 거울 속 자신의 이마에 직함이 새겨져 있는 것을 발견하는 순간, 이미 삶의 방향은 상실된 것이다.

감사의 말

"성공에는 많은 아버지가 있지만, 실패는 고아다."라는 오래된 격언이 있다. 나의 경우, 많은 아버지와 어머니가 성공을 도왔다. 지난 15년 동안 디즈니에서 달성한 모든 것은 고위경영진과 수만 명의 디즈니 직원(내부에서는 '캐스트 멤버'라 부른다), 수천 명에 달하는 창작 관계자들(내가 이 책에 소개한 탁월한 스토리들을 만들기 위해 그토록 많은 시간과 노력을 바친 감독과 작가, 배우 등)을 포함한 수없이 많은 사람들이 협력한 결과물이었다.

내가 감사를 전해야 하는 모든 사람을 열거하자면 한도 끝도 없을 것이다. 지면 관계상 아래의 소수로 한정하는 점을 양해해주기 바란다. 이들의 노력과 헌신이 없었다면, 나와 디즈니는 성공의 근처에도 이르지 못했을 것이다.

스테파니 볼츠Stephanie Voltz는 나의 이 여정을 처음부터 함께하며 단지 내가 탄 '놀이기구'가 정시에 운행되도록 하는 것 이상의 일을 하며 늘 미소를 잃지 않고 성원해주었다. 앨런 브레이버맨과 제니아 무차도 처음부터 내 곁을 지키며 나와 회사에 귀중한 공헌을 했다. 케빈 메이어는 전략의 대가이자 거래의 해결사다. 어떤 CEO도 케빈보다 나은 전략 파트너는 구할 수 없을 것이다. 제인 파커는 10년 동안 우리의 인적자원부 책임자로 활약했다. 이 부분에 인재가 없으면 누구도 회사를 잘 운영할 수 없다. 제인은 그런 측면에서 스타급 이상이다. 아울러 3명의 탁월한 CFO를 언급하고 싶다. 톰 스택스와 제이 라슬로, 크리스틴 맥카시가 그들이다. 이들의 지혜와 관점, 전략적·재정적 통찰력이 우리가 수행한 많은 일에 큰 도움이 되었다.

밥 채펙은 소비자 제품 및 테마파크 사업의 운영에 크게 기여했다. 상하이 디즈니랜드 개장의 일등공신이다. 조지 보든하이머George Bodenheimer와 지미 피타로Jimmy Pitaro는 ESPN을 능숙하고도 탁월하게 이끌었다. 앨런 혼은 내가 영입한 최고의 인물이다. 우리의 영화 스튜디오에서 리더십을 발휘해 회사 전체를 상업적으로 그리고 예술적으로 빛나게 해주었다. 존 래시터와 에드 캣멀, 그리고 그들의 뛰어난 감독 및 애니메이터팀은 픽사를 활기차고 창의적으로 이끌며 월트디즈니애니메이션에 활력을 불어넣었다. 밥 와이즈Bob Weis와 1,000여 명의 이매지니어들이 상하이 디즈니랜드를 설계하고 건설했다. 그것은 비전과 열정, 창의성, 인내심, 비범한 노력과 희생으로 거둔 승리다.

거의 15년 동안 CEO 직무에 종사하면서, 나는 몇몇 탁월한 보좌관과 함께 일하는 행운을 누렸다. 레슬리 스턴Leslie Stern, 케이트 맥클린Kate McLean, 아그네스 추Agnes Chu, 낸시 리 등이 그들이다. 그리고 히더 키리아코Heather Kiriakou에게도 수년간의 노고를 치하하고 싶다. 더불어 월트디즈니컴퍼니 이사회의 임원들, 특히 조지 미첼과 존 페퍼John Pepper, 오린 스미스Orin Smith, 수전 아놀드Susan Arnold에게도 심심한 감사를 표한다. 우리의 비전을 지원하고 조언과 격려를 아끼지 않았다는 점에 감사드린다. 성공한 기업은 공통분모가 있다. 바로 경영진과 이사회의 강력한 파트너십이다. 우리의 파트너십은 월트디즈니컴퍼니의 성공에서 가장 핵심적인 역할을 했다.

45년 동안의 회사생활에서 나는 많은 상사의 지도를 받았다. 나를 믿어준 그들 모두를 기록하며 감사를 전한다. 하비 칼핀Harvey Kalfin, 디트 존커Deet Jonker, 팻 쉬어러Pat Shearer, 밥 앱터Bob Apter, 어윈 와이너Irwin Weiner, 찰리 래버리Charlie Lavery, 존 마틴John Martin, 짐 스펜스Jim Spence, 룬 얼리지, 존 시아스John Sias, 댄 버크, 톰 머피, 마이클 아이즈너, 그리고 마지막으로 이 책의 집필에 도움을 준 사람들에게 심심한 감사를 표한다. 조엘 러벨Joel Lovell에게 협력과 우정에 깊이 감사드린다. 교훈과 기억, 경험을 공유하는 귀중한 시간이었다. 에스더 뉴버그Esther Newberg는 내가 이 책을 쓰기로 결심하는 데 결정적인 역할을 했다(이 작업이 수월할 것이라고 한 당신의 조언은 완전히 틀렸다는 얘기는 꼭 해야겠소이다!). 앤디 워드Andy Ward의 리더십과 조언, 격려는 경탄과 존경으로 찬미해야 마땅하다.

저자소개

지은이 **로버트 아이거**

로버트 아이거는 월트디즈니컴퍼니의 회장이다. 2005년 10월부터 사장 겸 CEO로 재직했으며 2000년에서 2005년까지는 사장 겸 COO로 재임했다. 1974년 ABC에서 직장생활을 시작해 ABC 그룹 회장 자리에 올라 TV 네트워크와 방송 및 케이블 그룹을 경영했다. 캐피털시티즈/ABC와 월트디즈니컴퍼니의 합병을 인도한 후 1996년 디즈니 소유의 ABC 그룹 회장으로 디즈니의 고위경영진에 합류했으며, 1999년에는 월트디즈니인터내셔널의 회장직까지 수행했다. 그때부터 미국 이외의 지역에서 디즈니의 입지를 확대하며 오늘날의 글로벌 디즈니를 위한 청사진을 마련했다.

옮긴이 **안진환**

1963년 서울에서 태어나 연세대학교를 졸업했다. 저서로《영어 실무 번역》,《Cool 영작문》등이 있으며, 역서로《스티브 잡스》,《넛지》,《부자 아빠 가난한 아빠》,《괴짜경제학》,《빌게이츠@생각의 속도》,《팀 쿡》,《온워드》,《글로벌 그린 뉴딜》,《조너선 아이브》,《스틱!》,《포지셔닝》,《전쟁의 기술》,《마켓 3.0》,《이코노믹 씽킹》,《실리콘밸리 스토리》외 다수가 있다.

THE RIDE OF A LIFETIME
디즈니만이 하는 것

2020년 5월 4일 초판 1쇄 | 2025년 10월 10일 34쇄 발행

지은이 로버트 아이거 **옮긴이** 안진환
펴낸이 이원주

기획개발실 강소라, 김유경, 강동욱, 박인애, 류지혜, 고정용, 이채은, 최연서
마케팅실 양근모, 권금숙, 양봉호 **온라인홍보팀** 신하은, 현나래, 최혜빈
디자인실 진미나, 윤민지, 정은예 **디지털콘텐츠팀** 최은정 **해외기획팀** 우정민, 배혜림, 정혜인
경영지원실 강신우, 김현우, 이윤재 **제작실** 이진영
펴낸곳 (주)쌤앤파커스 **출판신고** 2006년 9월 25일 제406-2006-000210호
주소 서울시 마포구 월드컵북로 396 누리꿈스퀘어 비즈니스타워 18층
전화 02-6712-9800 **팩스** 02-6712-9810 **이메일** info@smpk.kr

ⓒ 로버트 아이거 (저작권자와 맺은 특약에 따라 검인을 생략합니다)
ISBN 979-11-6534-097-1 (03320)

- 이 책은 저작권법에 따라 보호받는 저작물이므로 무단전재와 무단복제를 금지하며, 이 책 내용의 전부 또는 일부를 이용하려면 반드시 저작권자와 (주)쌤앤파커스의 서면동의를 받아야 합니다.
- 잘못된 책은 구입하신 서점에서 바꿔드립니다.
- 책값은 뒤표지에 있습니다.

쌤앤파커스(Sam&Parkers)는 독자 여러분의 책에 관한 아이디어와 원고 투고를 설레는 마음으로 기다리고 있습니다. 책으로 엮기를 원하는 아이디어가 있으신 분은 이메일 book@smpk.kr로 간단한 개요와 취지, 연락처 등을 보내주세요. 머뭇거리지 말고 문을 두드리세요. 길이 열립니다.